www.nanumant.com

NCS 국가직무능력표준
National Competency Standards
(회계 2, 3수준)

K-IFRS
회계원리

김광용 · 강희일 공저

Accounting Principles

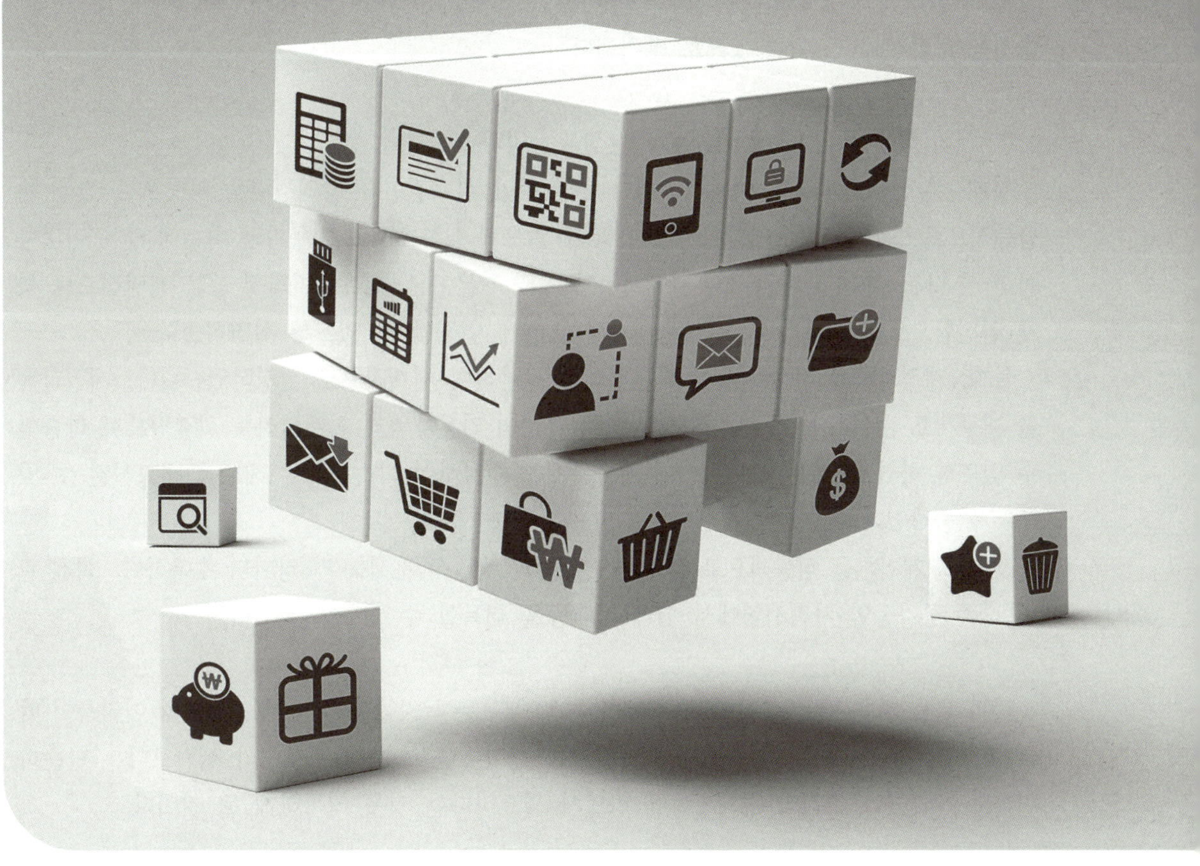

머리말

IFRS 회계원리

지금의 글로벌 경제하에서 기업 경영은 급격하게 발전하며 전문화 되어 가고 있다. 이 중에서 기업 경영에서 중요성이 날로 커지고 있는 핵심 부분이 회계업무고, 회계의 사회적 역할도 지속적으로 확대되고 있다.

사회적 필요에 의해 발명된 회계라는 도구는 일상생활에서의 언어처럼 경제생활의 의사소통수단으로 자리를 잡고 있다. 즉, 오늘날의 회계시스템은 경제사회가 필요로 하는 정보를 가장 효율적인 방법으로 생산하여 전달하고 있다. 회계가 경제생활에서 가장 핵심적인 요소인 만큼, 학습자들이 간결하고 체계적으로 기술된 교재로 학습한다면 학습능률 제고는 물론, 학습의욕 또한 더욱 고취될 것으로 생각된다.

본 서의 특징은 크게 네 가지로 구분할 수 있다.

첫째, 본서는 최적화된 이론정리이다. 오랫동안 실무경험과 강의경력을 바탕으로 했을 때 공통적으로 느꼈던 것은 이론이 바탕이 되지 않으면 실무에서도 업무파악 하는데 많은 어려움이 따른 다는 것이다. 따라서 본서에서는 회계의 기본이론, 회계순환과정 등을 개념적으로 쉽게 설명함으로써 회계를 시작하는 사람들도 쉽게 이해할 수 있도록 설명하였다.

둘째, 계정과목을 자산, 부채, 자본회계로 구분하여 체계적으로 설명하였습니다. 계정과목을 재무제표 순서에 맞게 구성하여 각 계정과목의 기본개념과 회계처리를 실질적으로 학습할 수 있도록 하였고, 본문 사이사이에 기출문제를 수록하여 학습자의 이해도를 제고시킬 수 있도록 기술하였다.

셋째, 회계이론을 심층적으로 분석한 객관식과 주관식 문제를 각 장마다 수록하여 회계 관련 각종 국가공인 자격시험에서 쉽게 자격증을 취득할 수 있도록 하였다.

말과 글을 처음 배우는 것처럼, 회계를 처음 배우는 독자들에게는 어느 정도의 어려움이 따를 것으로 예상된다. 그러나 인내심을 갖고 도전한다면, 회계라는 도구가 생각보다는 단순하면서도 개인이나 조직의 경제활동에 반드시 필요하다는 것을 터득하게 될 것이다.

저자는 본 교재를 통해 독자들이 쉽게 회계를 접할 수 있도록 계속적인 노력을 기울이고 있다. 그럼에도 불구하고 저자들의 부족한 부분이 발견될 것이다. 이러한 부분이 발견되거나 좋은 교재가 되는데 필요한 조언이 있으시면 언제든지 제안해 주시면 계속 보완하고 개선할 것이며 독자 여러분의 지적을 겸허히 받아들일 것이다.

본서의 원고 정리와 편집 작업에 노고를 아끼지 않은 나눔에이엔티 직원들과 이 책을 출간하도록 격려해 주신 나눔에이엔티 사장님에게 진심으로 감사를 드린다.

2022년 10월

Contents IFRS 회계원리

Chapter 01. 회계의 기초개념
제1절 회계의 의의와 목적   3
제2절 회계정보이용자   8
제3절 회계의 분류   10
제4절 회계원칙과 외부감사제도   14
- 단원별 연습문제   20

Chapter 02. 재무제표
제1절 재무제표의 의의와 종류   25
제2절 재무상태표   28
제3절 포괄손익계산서   34
제4절 자본변동표와 현금흐름표   42
제5절 재무보고와 공시제도   44
- 단원별 연습문제   47
- 연습문제   51

Chapter 03. 거래의 인식과 측정
제1절 회계거래의 기록   57
제2절 계 정   64
제3절 회계등식   66
제4절 분개장과 총계정원장   72
- 단원별 연습문제   82
- 연습문제   85

Chapter 04. 회계순환과정과 재무제표 작성
제1절 회계순환과정과 결산절차   97
제2절 시산표의 작성   99
제3절 결산수정분개   102
제4절 재무제표의 작성   109
제5절 회계장부의 마감   112
- 단원별 연습문제   116
- 연습문제   120

Chapter 05. 현금및현금성자산

제1절 현금 및 현금성자산	127
제2절 당좌예금과 기타예금	130
제3절 현금에 대한 내부통제제도	133
제4절 단기금융자산	142
・단원별 연습문제	144
・연습문제	148

Chapter 06. 채권과 채무

제1절 수취채권과 지급채무의 의의와 분류	155
제2절 외상매출금와 외상매입금의 회계처리	156
제3절 받을어음과 지급어음의 회계처리	160
제4절 매출채권의 대손과 평가	165
제5절 매출채권의 활용	169
제6절 기타 채권과 채무	171
・단원별 연습문제	182
・연습문제	

Chapter 07. 재고자산

제1절 재고자산의 의의와 취득원가	193
제2절 재고자산의 원가배분	196
제3절 재고자산평가손실과 감모손실	207
제4절 기말재고자산의 포함 여부	212
・단원별 연습문제	219
・연습문제	223

Chapter 08. 유형자산과 무형자산

제1절 유형자산의 의의와 분류	233
제2절 유형자산의 취득원가 결정	235
제3절 유형자산의 취득 후 원가	238
제4절 유형자산의 감가상각	240
제5절 유형자산의 평가	247
제6절 무형자산의 의의와 취득	251

Contents IFRS 회계원리

제7절 무형자산의 상각과 평가 … 254
제8절 영업권 … 256
- 단원별 연습문제 … 257
- 연습문제 … 262

Chapter 09. 금융자산

제1절 금융자산의 정의와 분류 … 269
제2절 상각후원가측정금융자산 … 274
제3절 기타포괄손익-공정가치측정금융자산 … 277
제4절 당기손익-공정가치측정금융자산 … 281
제5절 관계기업과 종속기업 투자 … 285
제6절 기타의 비유동자산 … 288
- 단원별 연습문제 … 290
- 연습문제 … 294

Chapter 10. 비유동부채

제1절 부채의 의의와 분류 … 301
제2절 사채 … 303
제3절 충당부채와 우발부채 … 312
제4절 기타 비유동부채 … 318
- 단원별 연습문제 … 319
- 연습문제 … 324

Chapter 11. 자 본

제1절 자본의 의의와 분류 … 331
제2절 자본금 … 333
제3절 자본잉여금 … 340
제4절 자본조정과 기타포괄손익누계액 … 342
제5절 이익잉여금 … 346
제6절 자본변동표 … 353
- 단원별 연습문제 … 355
- 연습문제 … 360

연습문제 정답편 … 363

Chapter 01

회계의 기초개념

제1절 회계의 의의와 목적
제2절 회계정보이용자
제3절 회계의 분류
제4절 회계원칙과 외부감사제도
단원별 연습문제

Chapter 01 회계의 기초개념

제1절 회계의 의의와 목적

01 기업의 활동

회계에 대하여 설명하기 전에 먼저, 기업의 경영 활동에 대해 이해를 할 필요가 있다. 기업의 경영 활동은 크게 영업활동, 투자활동, 재무활동으로 구분할 수 있다. 영업활동은 기업이 원재료를 구매하여 이를 생산하고 판매하는 활동을 의미하고, 투자활동은 영업활동을 위해 공장을 건설하거나 다른 기업의 주식을 취득하는 것을 말하며, 재무활동은 영업활동과 투자활동을 위한 자금을 조달하는 것과 조달된 자금을 상환하는 것을 말한다.

(1) 영업활동

영업활동(operating activities)은 기업실체의 재고자산과 용역의 매입과 생산 활동, 마케팅 활동 및 이러한 활동을 지원하는 일반관리활동 등 기업의 이익창출에 직접적인 관련성이 있는 활동을 말한다.

상품매매업의 영업활동은 상품의 매입에서부터 판매를 거쳐 판매대금의 회수에 이르는 전 과정에서 이루어진다. 이 과정을 영업주기라고 한다. 제조업의 영업주기는 원재료의 매입으로부터 제품의 생산과 판매를 거쳐 판매대금의 회수까지의 과정으로 이루어진다. 구체적으로 영업활동에는 다음과 같은 활동이 포함된다.

① 매입: 상품이나 원재료 등 재고자산과 노동력 기타 용역의 구입
② 생산: 원재료와 노동력 및 기타원가요소를 결합하여 제품을 제조하는 활동
③ 마케팅: 상품·제품 판매와 용역 제공 및 물류와 광고 등의 활동
④ 일반관리: 자료처리, 회계, 연구개발, 디자인 기타 지원서비스 등과 종업원 급여, 전기요금 등 공공요금, 세금 등 기업운영과 관련된 비용의 발생과 지급 등 재화와 용역의 매입·생산·판매를 지원하는 활동

(2) 투자활동

투자활동(investing activities)은 영업활동을 위한 기반을 구축하는 활동으로서 주로 영업

용 비유동자산의 취득과 처분활동을 말한다. 경영자는 영업활동에 필요한 토지·건물·기계장치·차량운반구·비품 등의 유형자산(토지와 설비자산) 및 특허권·컴퓨터S/W 등 무형자산을 취득하고 처분한다. 투자활동에는 이외에도 비영업용 자산 (투자부동산이나 다른 회사가 발행한 보통주와 회사채 등 장단기의 유가증권, 장단기의 금융상품과 대여금)을 취득하고 처분하는 활동도 포함된다.

(3) 재무활동

경영자는 투자자와 채권자(자금대여자)로부터 영업활동과 투자활동에 필요한 자금을 조달하여야 한다. 이와 같이 영업활동 이외의 다른 원천으로부터 기업 활동에 필요한 자금을 조달하고 상환하는 경영자의 활동을 재무활동(financing activities)이라고 한다.

02 회계의 의의

회계학은 우리의 현실에서 발생하는 경제활동을 대상으로 하는 학문이다. 이러한 경제활동은 인류의 탄생과 더불어 시작되었다. 따라서 회계의 역사도 인류의 역사와 함께하여 왔다. 그러나 많은 사람들이 회계를 실제로 접하기도 전에 두려움부터 앞서는 것이 현실이다. 우리가 외면을 하고 싶지만 현실 속에서 우리는 회계의 홍수 속에서 살아갈 수 밖에 없다.

회계의 전통적 정의는 단순한 장부기입, 즉 부기(book-keeping)라는 기술적 측면을 강조해 왔다. 미국공인회계사회(American Institute of Certified Public Accountant, AICPA)는 회계를 다음과 같이 정의하였다.

> 회계는 재무적 성격을 가진 거래나 사건을 의미 있는 방법으로 기록, 분류, 요약하고 그 결과를 해석하는 기술이다.

이러한 회계의 정의는 회계의 일부 기능인 회계정보의 생산 측면에만 초점을 맞춘 것으로, 회계를 과학(science)이라기보다 단순히 경제적 사건을 기록하는 기술(art)로 보고 있다.

그 후 회계의 정의에 대해 미국회계학회(American Accounting Association, AAA)와 재무회계기준위원회(Financial Accounting Standards Board, FASB) 등 회계 관련 기관의 노력으로 회계의 본질을 하나의 정보시스템(information system)이라는 관점으로 보기 시작하였다.

오늘날 회계정보의 이용 측면을 강조하여 미국회계학회(American Accounting Association, AAA)는 다음과 같이 회계를 정의하고 있다.

> 회계는 정보이용자가 합리적인 판단이나 의사결정을 할 수 있도록 기업실체에 관한 유용한 경제적 정보를 식별, 측정, 전달하는 하나의 시스템이다.

이러한 회계의 정의는 다음과 같은 의미를 가지고 있다.

첫째, 회계정보의 이용 측면을 강조하고 있으며, 의사결정에 있어 회계정보의 유용성을 중시하고 있다.

둘째, 회계는 정보시스템(information system)의 일종이다. 회계는 회계정보의 산출뿐만 아니라 산출된 회계정보가 정보이용자의 의사결정에 유용한 정보가 되도록 산출된 정보를 분석하고 전달하는 일련의 정보전달과정이다.

03 회계의 목적과 기능

회계의 정의가 경제적 실체의 경제활동을 재무제표라는 일정한 수단을 통하여 회계정보이용자들에게 전달하는 과정이라면 회계의 목적은 무엇인가?

일반적으로 회계의 목적은 경제적 실체와 관련된 모든 이해관계자들이 경제적 의사결정을 할 때 필요한 유용한 정보를 제공하는데 있다.

회계의 이러한 목적을 달성하기 위해서는 ① 회계거래의 인식과 측정기능, ② 회계자료를 유용한 정보로 변환시키기 위한 자료의 처리, ③ 산출된 정보의 전달(보고)이라는 세 가지 기능이 필요하다. 이러한 기능들을 수행하기 위해서 여러 가지 절차를 체계적으로 설계하고 운용할 수 있는데 이를 회계정보시스템(accounting information system)이라고 한다.

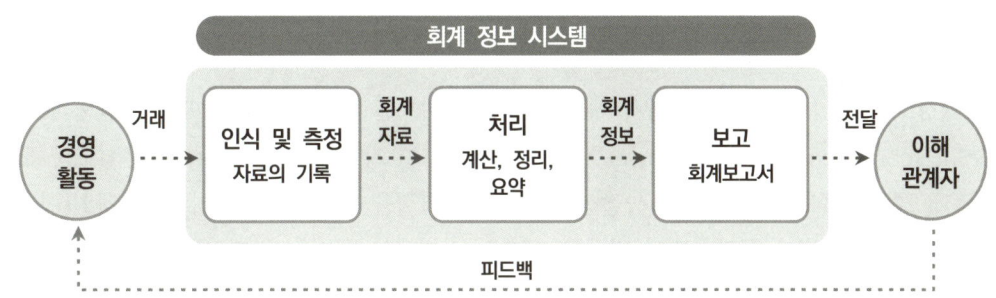

그림 1-1 회계 정보 시스템의 구성

[그림 1-1]에서 나타난 것처럼 회계를 하나의 통합된 시스템으로 본다면, 이러한 시스템을 유기적으로 돌아가게 하는 기능에 대해 구체적으로 설명하면 다음과 같다.

(1) 회계거래의 인식과 측정기능

기업이 경영활동을 하면 기업에 경제적 영향을 미치는 경제적 사건(economic events)이 발생하며, 이를 회계에서는 거래(transactions)라 한다. 기업은 거래가 발생하면 이를 인식한다. 인식(recognition)은 기업의 여러 가지 활동 중 회계기록의 대상이 되는 활동을 식별하는 것이다. 측정(measurement)은 회계기록의 대상(회계상 거래)에 대해 구체적인 수치를 부여하고 계량화하는 것을 말한다.

(2) 회계자료의 처리기능

회계거래가 인식과 측정과정을 거쳐 회계시스템에 기록되면 기록된 자료는 체계적으로 저장되고 유용한 정보로 변환된다. 회계시스템은 의사결정자들이 이용하기 쉽도록 자료를 분류하고 요약한다.

(3) 회계정보의 보고기능

기업이 재무상태와 경영성과에 관한 재무정보를 이해관계자에게 보고(전달)하는 핵심 수단은 재무제표(financial ststements)이다.

04 회계의 사회적 기능

회계는 정보이용자의 의사결정에 유용한 정보를 제공하여 사회 전체적으로 합리적인 결과를 가져오도록 함으로써 사회에 기여하는 회계의 사회적 역할을 수행한다.

(1) 경제적 자원의 효율적 배분

회계정보는 기업의 생산성을 평가하는 데 유용한 정보를 제공함으로써 희소한 경제적 자원(social scarce economic resource)이 생산성이 높은 기업에 효율적으로 배분되도록 도움을 준다. 주주나 채권자는 투자의사결정과 신용의사결정을 할 때 생산성이 높은 기업(이익을 많이 창출하는 기업)에 투자하거나 자금을 대여할 것이므로 회계는 경제적 자원을 효율적으로 배분하는 데 기여한다. 또한, 기업에 배분된 자원은 경영자가 효율적으로 관리하여 그 자원을 이용하여 더 많이 생산할 수 있으므로 경영자는 회계정보를 활용하여 자원을 효율적으로 배분하려 할 것이다.

(2) 수탁책임에 대한 보고

수탁책임(stewardship responsibility)은 경영자(대리인, agents)가 주주나 채권자(소유주, owners)로부터 수탁 받은 경제적 자원을 효율적으로 운영하고 관리할 책임을 말한다. 경영자(주로 전문경영인)는 수탁책임에 따라 기업의 경제적 자원을 배분하고 그 결과를 이해관계자에게 보고할 의무가 있으며, 회계정보(재무제표)를 수탁책임의 보고수단으로 활용한다.

(3) 기타 사회적 통제의 합리화

회계정보는 국가의 주요 정책의사결정에 도움이 된다. 회계정보는 대규모 기업집단에 대한 규제, 노사 간 임금협약, 세율이나 공공요금의 결정 등 사회적 통제기능을 수행하는데 활용된다. 예를 들어, 노사 간 임금협약을 체결할 때 기업의 경영성과나 재무상태를 나타내는 회계정보가 기본적인 자료로 사용될 것이며, 세율이나 공공요금을 결정할 때에도 기업의 회계정보를 활용한다. 또한, 환경운동, 부패방지운동 등 각종 시민단체 등이 기업 활동이 환경, 부패에 미치는 영향을 평가하고 감시하는 데에도 기업의 회계정보를 활용한다.

제2절 회계정보이용자

회계는 정보이용자의 의사결정에 유용한 정보를 제공한다. 의사결정의 주체인 정보이용자(즉, 이해관계자)는 기업을 중심으로 내부이용자(internal users)와 외부이용자(external users)로 나눌 수 있다. 내부이용자(내부이해관계자)는 기업의 경영을 담당하고 있는 경영자와 종업원을 들 수 있다. 외부이용자(외부이해관계자)는 기업의 영업활동, 투자활동과 재무활동에 관심을 갖고 있는 투자자, 채권자, 정부(규제)기관과 고객 등을 들 수 있다.

│표 1-1│ 회계정보이용자의 주요 관심사와 회계정보의 활용

구분		내용
내부 회계정보이용자	경영자	경영의사결정, 적절한 보상
	종업원	안정적 고용, 적절한 보상
외부 회계정보이용자	투자자	주가의 성장성, 배당의 안정성 투자회수의 안정성
	채권자	이자 지급 능력, 원금회수의 안정성
	정부기관	고용수준 유지 확대, 원활한 조세 징수
	소비자	품질개선 및 가격인하
	거래처	안정적 대금 회수, 계약의 지속
	인근주민	환경보전 활동, 고용수준 유지

회계에서 기업실체가 제공하는 재무정보의 이용자 즉 회계정보이용자는 크게 나누어 투자자와 채권자 및 기타정보이용자로 구분할 수 있다.

위의 회계정보이용자는 기업을 중심으로 다음과 같이 분류할 수 있다.
① 내부이해관계자 : 경영자를 비롯한 경영진
② 외부이해관계자 : 투자자와 채권자 및 기타 이해관계자

01 내부회계정보이용자

(1) 경영자

경영자(management)는 기업의 인적·물적 자원을 활용하여 기업활동을 계획(planning)하고 이의 수행을 통제(control)하는 역할을 한다. 경영자는 영업활동, 투자활동과 재무활동을 수행하기 위하여 여러 가지 경영의사결정을 하며, 이 과정에서 의사결정의 효율성을 높이기 위하여 회계정보를 이용한다.

(2) 종업원

종업원(employee)은 기업의 안정성과 수익성에 대한 정보에 관심을 갖는다. 그들은 또한 기업의 보수, 퇴직급여 및 고용기회 제공능력을 평가할 수 있는 정보를 필요로 한다. 따라서 종업원은 기업의 고용안정성과 급여지급능력을 평가하기 위하여 회계정보를 이용한다.

02 외부회계정보이용자

(1) 투자자

투자자(investors)는 투자에 내재된 위험과 투자수익에 대한 정보에 관심을 갖는다. 이들은 주식을 살 것인지, 계속 보유할 것인지에 관한 의사결정 문제를 안고 있으며, 이를 위하여 주가의 성장성, 배당의 안정성, 투자회수의 안정성 등을 판단하는 데 유용한 회계정보를 필요로 한다.

(2) 채권자

채권자(creditors)는 기업에 장·단기 자금을 대여한 개인이나 기관이며, 넓은 의미에서 투자자에 속한다. 채권자들은 대출 여부, 대출기간 연장 여부, 대출금 상환 독촉 여부 등과 이자율 크기 결정 등에 관한 의사결정 문제를 안고 있으며, 이를 위하여 이자와 원금회수의 안정성 등을 판단하는 데 유용한 회계정보를 필요로 한다.

(3) 정부기관(규제기관)

국세청과 지방자치단체의 지방세 담당부서는 조세의 부과와 징수, 공정거래위원회는 독과점 및 초과이윤의 감시, 기획재정부나 지방자치단체는 전기, 철도, 버스 등 공익산업의 공공요금 결정과 통제에 회계정보를 이용한다. 한국거래소는 주식의 상장과 상장폐지의 결정과 특정주식거래의 일시정지 또는 제한 의사결정, 금융감독원은 금융기관의 부실가능성의 감시에 회계정보를 이용한다.

(4) 기타 외부정보이용자

고객과 공급자는 장기적이고 안정적으로 제품을 공급받거나 공급하기 위한 의사결정에 회계정보를 이용한다. 노동조합은 임금협상에 회계정보를 이용하고, 시민단체는 기업활동과 정부정책을 비판하는데 회계정보를 이용한다. 그 밖의 외부이용자에 학계, 언론기관 등이 있다.

제3절 회계의 분류

회계는 장부기록 방법에 따라 단식회계와 복식회계로 분류되고, 회계주체의 정보이용 목적에 따라 영리회계와 비영리회계로 분류되며, 회계정보이용자의 정보이용 목적에 따라 재무회계와 관리회계로 분류된다. 또한 재무회계와 불가분의 관계에 있는 회계감사와와 세무회계도 회계영역에 속한다.

01 단식회계와 복식회계

단식회계는 일정한 원칙 없이 단순히 현금의 유입과 유출이 발생하는 거래를 순서대로 장부에 기록하는 방법으로 주로 가정에서 사용하는 가계부나 개인들이 사용하는 용돈기록장을 기록할 때 사용된다. 이러한 단식부기는 단순히 현금흐름 위주로 거래를 기록하는 것이므로 기록방법이 손쉽다는 장점이 있으나, 거래가 재무상태와 경영성과에 미치는 영향을 파악하기 곤란하다는 단점이 있다.

복식회계는 일정한 원리에 따라 거래의 발생원인과 결과를 모두 장부에 기록함으로써 어떠한 거래가 재무상태와 경영성과에 미치는 영향을 지속적으로 기록하는 방법으로 대부분의 영리조직과 비영리조직에서 사용되고 있다. 한편 복식회계는 거래의 발생원인과 결과를 모두 장부에 기록함으로서 거래의 기록에 오류를 자동 검증할 수 있다.

02 영리회계와 비영리회계

회계는 영리를 목적으로 하는 기업 등에서 재무상태와 경영성과를 파악하는데 사용되는 영리회계와 정부와 지방자치단체 및 공공단체 등 주로 공익을 목적으로 하는 경제단위에서 사용되는 비영리회계 분야로 나눌 수 있다.

03 재무회계와 관리회계

기업을 둘러싼 대표적인 외부이해관계자는 투자자와 채권자이다. 투자자와 채권자 등 기업외부이해관계자들의 기업에 관한 경제적 의사결정에 유용한 재무정보의 측정과 공시를 주된 과제로 하는 회계분야가 재무회계(financial accounting)이다.

투자자와 채권자는 기업에 대한 자원제공자로서 기업에 대하여 직접적인 경제적 이해관계가 있다. 그러나 이들은 자신들의 경제적 의사결정에 필요한 특정한 정보를 작성하여 보고하여 주도록 기업에 요구할 수 있는 위치에 있지 않다. 이들은 기업에 관한 정보를 입수할 수 있는 권한과 능력 및 자원에 제약이 크다. 그러므로 이들이 기업실체와 관련된 경제적 의사결정을 하려면 그 기업실체의 경영자가 제공하는 재무제표 및 관련정보를 이용할 수밖에 없다.

이와 같은 특성을 지닌 외부이해관계자를 위한 재무보고를 주된 과제로 하는 회계가 재무회계이다. 투자자와 채권자 등 기업외부 이용자들의 정보수요의 충족을 위해 회계정보가 일반목적 재무보고의 형태로 제공된다. 한마디로 재무회계는 외부재무보고목적의 회계이다.

재무회계는 다수 외부정보이용자들의 공통된 정보욕구를 충족시켜야 하므로 보고 형식이 정형화되고, 보고주기도 분기 단위, 반기 단위, 1년 단위 등으로 정기적이며, 보고내용도 화폐적 정보가 중심이 되고, 무엇보다 일정한 회계원칙에 따라 작성된 정보를 제공하여야 한다.

> **다음 중 재무회계에 대한 설명으로 틀린 것은?**
> ① 보고서는 정기적(1년, 반기, 분기)으로 보고 한다.
> ② 주로 내부이용자인 경영자가 정보이용자가 된다.
> ③ 재무제표(재무보고서)에 의해 정보가 제공된다.
> ④ 기업회계기준에 의거하여 작성된다.
>
> ②
> 재무회계의 정보이용자는 주로 외부정보이용자인 투자자와 채권자이다.

한편 경영자의 의사결정에 필요한 재무정보의 생성과 제공을 주요 과제로 하는 회계가 관리회계이다. 경영자가 영업활동과 투자활동 및 재무활동을 영위하려면 전략적·전술적·일상적 의사결정을 한다. 이러한 경영의사결정을 지원하는 시스템 역할을 하는 회계분야가 관리회계(managerial accounting)이다.

관리회계는 경영자가 장단기의 경영계획을 수립하고 그 계획을 실행하고, 실행결과를 평가하여 개선조치를 취하는 데 필요한 정보를 측정하고 이를 보고하는 것을 주요한 과제로 한다. 또한 관리회계정보는 예를 들어 부품을 자체생산 또는 외부 매입할 것인가, 기존의 기계설비를 교체할 것인가, 제품라인을 추가 또는 기존제품의 생산을 중단할 것인가, 제품믹스를 어떻게 구성할 것인가, 재고수준과 제품 가격은 어느 수준에서 결정할 것인가 하는 의사결정에 사용된다.

[표1-2]에서 보는 바와 같이 재무회계와 관리회계 간에 큰 차이점이 있다. 그럼에도 불구하고 재무회계에 대한 지식이 관리회계분야의 과제를 파악하고 분석하는 경우에 기본적으로 필요하다.

표 1-2 재무회계와 관리회계의 비교

구 분	재무회계	관리회계
회계의 목적	외부재무보고	내부보고
정보 이용자	투자자와 채권자	경영자
준거기준	기업회계기준	일정한 준거기준 없음
정보제공수단	재무제표(재무보고서)	일정한 형식 없음
정보의 시간성	주로 과거의 역사적 정보	주로 미래 예측정보
정보의 내용	주로 화폐적 정보	화폐적, 비화폐적 정보

예를 들어 재무회계의 기본수단인 복식부기에 대한 지식이 제조원가 흐름을 파악하는데 도움이 된다. 또한 손익계산서의 내용을 잘 알고 있으면 그 지식을 이용하여 여러 의사결정 대안들이 이익에 미치는 영향을 쉽게 예측하고 비교 평가할 수 있게 된다. 그리고 재무회계의 역사적 원가자료는 미래원가를 예측하는 기본적 데이터베이스이므로 원가의 개념과 원가행태 및 원가측정방법에 대해 공통의 관심을 가진다.

관리회계는 경영자를 포함한 소수의 내부정보이용자들의 정보욕구를 충족시켜야 하므로 보고 형식이 정형화되어 있지 않고, 보고 주기도 부정기적이며, 보고내용은 화폐적 정보뿐만 아니라 비화폐적 정보도 포함되고, 회계정보 작성에 일정한 회계원칙이 적용되지 않는다.

04 회계감사

회계감사(auditing)는 재무제표 등에 대한 감사기준, 감사절차(감사증거의 수집 등), 감사보고서의 작성 등 외부감사제도에 관한 회계분야로서 재무회계와 불가분의 관계가 있다.

외부감사제도는 재무제표를 작성하여 공시하는 기업과 독립적인 입장에 있는 외부감사인(공인회계사 또는 회계법인)이 기업의 재무제표가 기업회계기준 등 '일반적으로 인정된 회계원칙'에 따라 적정하게 작성·공시되었는지 여부를 검토하고 그 검토결과에 대한 의견(감사의견)을 감사보고서의 형식으로 공표하도록 하는 제도이다.

05 세무회계

세무회계는 세법규정을 적용하여 기업의 과세대상소득을 측정하고, 기업이 납부하여야 할 세액을 결정하는 과정을 다루는 회계분야이다. 재무회계자료는 기업회계기준에 의거하여 작성되고 세무회계자료는 세법규정에 근거하여 계산된다. 따라서 기업회계기준에서 수익과 비용으로 인식하는 것을 세법에서는 익금(益金)과 손금(損金)으로 인정하지 않는 경우도 있고 반대로 기업회계기준에서 수익과 비용으로 인식하지 않는 것을 세법에서는 익금과 손금으로 인정하는 경우도 있다.

그러므로 기업회계기준에 따라 작성된 수익과 비용 등의 재무회계자료를 기본 뼈대로 하고 여기에 세법의 규정을 적용하여 세무조정(tax reconciliation)을 거쳐 과세소득 등 세무회계자료를 작성하는 것이 보통이다. 이 점에서 재무회계가 세무회계의 기본이 된다고 할 수 있다.

제4절 회계원칙과 외부감사제도

01 일반적으로 인정된 회계원칙

기업은 경제적 사건이나 거래를 측정·보고하는데 있어 일반적으로 인정된 회계원칙을 준수하여야 한다. 기업은 다수의 정보이용자가 정보를 비교할 수 있도록 일정한 기준에 따라 재무제표를 작성하여야 하는데 재무제표를 작성하고 공시하는 데 있어 지켜야 할 기준을 기업회계기준 또는 일반적으로 인정된 회계원칙(Generally Accepted Accounting Principles, GAAP)이라 한다.

일반적으로 인정된 회계원칙은 다수의 권위 있는 전문가의 합의에 따라 회계이론과 회계실무를 체계화한 것으로 회계행위의 지침이 되며 회계실무를 이끌어가는 지도원리가 된다. 또한 회계원칙은 경제환경과 기업실무의 변화에 대응하여 계속적으로 변화하는 특징이 있다.

일반적으로 인정된 회계원칙은 재무제표의 작성자 또는 이용자 이외의 독립적인 제3자가 제정하는 것이 바람직하다. 현재 우리나라는 한국회계기준원이 일반적으로 인정된 회계원칙을 제정하고 있으며, 각 국가마다 독립적인 기관에서 일반적으로 인정된 회계원칙을 제정하고 있다.

02 외부감사제도

외부정보이용자(즉, 투자자, 채권자, 정부기관 등)가 신뢰성 있는 재무정보를 이용할 수 있도록 해주는 감시장치 중 하나가 외부감사제도이다.

외부감사제도(external auditing)는 기업의 재무제표가 일반적으로 인정된 회계원칙에 따라 적정하게 작성되었는지를 독립된 회계전문가(공인회계사)가 감사하고 그에 따른 감사의견을 표명함으로써 재무제표의 신뢰성을 높이고 재무제표이용자가 회사에 대해 올바른 판단을 할 수 있도록 해주는 제도이다.

'주식회사의 외부감사에 관한 법률'에 따라 직전 회계연도 말의 자산총액, 매출액 또는 종업원 수 등이 일정 규모 이상인 주식회사는 회사가 작성한 재무제표에 대해 외부감사인인 공인회계사의 회계감사를 의무적으로 받아야 한다.

공인회계사는 기업의 재무제표가 일반적으로 인정된 회계원칙에 따라 적정하게 작성되었는지 여부를 독립된 전문가로서 감사하고 감사의견을 표명하는 감사보고서를 작성한다. 감사의견에는 적정의견(unqualified opinion), 한정의견(qualified opinion), 부적정의견(adverse opinion), 의견거절(disclaimer of opinion)이 있다.

| 표 1-3 | 감사의견의 종류와 내용

구분	내용
적정의견	감사범위에 어떠한 제한도 받지 않았으며, 회계감사기준을 준수하여 감사를 실시한 결과 재무제표가 기업회계기준에 따라 적정하게 작성되었다고 판단되는 경우에 표명하는 의견
한정의견	재무제표에 중요한 영향을 미치는 감사범위에 제한이 있었거나 또는 기업회계기준의 적용에 관해 경영자와 중요한 의견불일치가 있는 경우에 표명하는 의견
부적정의견	기업회계기준의 적용과 관련하여 재무제표에 특히 중요한 영향을 미치는 경영자와 의견불일치가 있는 경우에 표명하는 의견
의견거절	감사인의 독립성이 결여되어 있거나 재무제표에 특히 중요한 영향을 미치는 감사범위에 제한이 있는 경우에 표명하는 의견

 연습문제

다음 중 감사의견에 대한 설명으로 틀린 것은?

① 의견거절: 감사범위 제한이 특히 중요하고 전반적이어 충분하고 적절한 감사 증거를 확보할 수 없어 감사의견을 표명할 수 없는 경우
② 한정의견: 재무제표에 중요한 영향을 미치는 감사범위에 제한이 있었거나 또는 기업회계기준의 적용에 관해 경영자와 중요한 의견불일치가 있는 경우에 표명는 의견
③ 부적정의견: 기업회계기준의 적용과 관련하여 재무제표에 특히 중요한 영향을 미치는 경영자와 의견불일치가 있는 경우에 표명하는 의견
④ 적정의견: 회사의 재무상태나 경영성과가 양호한 경우

 ④
적정의견은 기업회계기준에 따라 적정하게 작성되었다고 판단되는 경우에 표명하는 의견으로 기업의 재무상태나 경영성과의 양호함을 나타내는 것은 아님.

03 우리나라의 회계기준

(1) 현행 기업회계기준

우리나라의 회계원칙은 기업회계기준이라고 하며, 회계정보의 투명성과 국제회계기준과의 정합성을 제고하기 위하여 2011년부터 한국채택국제회계기준을 전면 도입하였다. 우리나라는 2007년 3월에 국제회계기준을 일반적으로 인정된 회계원칙으로 도입한다는 발표를 한 후, 2009년 말에 한국회계기준원이 국제회계기준을 번역한 한국채태국제회계기준을 제정·공표하였다. 한국채택국제회계기준을 도입한 이후 기업회계기준은 한국채택국제회계기준, 일반기업회계기준, 중소기업회계기준 등으로 구분한다.

표 1-4 우리나라의 회계기준

구분	한국채택국제회계기준 (K-IFRS)	일반기업 회계기준	중소기업 회계기준	특수분야 회계기준
적용대상	상장기업	비상장기업	비상장중소기업	특수분야
구성	기업회계기준서	일반기업회계기준	중소기업회계기준	특수분야회계기준
	기업회계기준해석서	해석	–	해석

주식회사는 상장주식회사와 비상장주식회사로 구분한다. '주식회사의 외부감사에 관한 법률(이하 외감법)'에 따르면 상장주식회사는 한국채택국제회계기준을 의무적으로 적용하여야 한다. 비상장주식회사는 대부분 중소기업이며, 이들은 외감법을 적용받는 주식회사와 외감법을 적용받지 않는 주식회사로 구분한다. 이 중 외감법을 적용받는 주식회사는 비교적 규모가 큰 비상장주식회사로 일반기업회계기준을 적용하나 자발적 선택에 따라 한국채택국제회계기준을 적용할 수 있다. 한편, 외감법을 적용받지 않는 주식회사는 규모가 작은 비상장주식회사로 중소기업회계기준을 적용한다.

표 1-5 기업의 유형과 회계기준의 적용

구분	상장기업 (외감법 적용)	비상장기업	
		외감법 적용	외감법 비적용
적용회계기준	한국채택국제회계기준	일반기업회계기준 (한국채택국제회계기준을 적용할 수 있음)	중소기업회계기준

(2) 기업회계기준 제정기관

한국회계기준원(Korea Accounting Institute, KAI)은 기업의 재무보고와 외부감사인의 감사가 통일성과 객관성을 유지할 수 있는 회계처리기준의 제정에 관한 업무를 수행한다.

한국회계기준원은 2007년 7월부터 '주식회사의 외부감사에 관한 법률'에 따라 금융위원회의 위탁으로 기업회계기준을 제정·개정·해석하고 있고, 회계 및 외부감사제도와 관련된 주요 제도 및 정책 등에 관한 연구를 수행하고 있으며, 회계처리기준에 관한 사항을 심의·의결하기 위하여 관계전문가로 구성된 한국회계기준위원회(Korea Accounting Standards Board, KASB)를 두고 있다. 한국회계기준원은 2007년 11월 23일 한국채택국제회계기준을 제정하였고, 2009년 11월 27일 일반기업회계기준을 제정하였다.

보론

1. 회계의 기본가정

회계의 기본가정은 회계가 이루어지는 경제적·사회적·정치적인 환경을 귀납적으로 고찰하여 도출이 되는 기본적 전제조건으로서, 회계이론을 연역적으로 형성하고 전개하기 위하여 불가피하게 요구되는 기본 명제를 말한다. 일반적으로 적용되는 회계의 기본가정에는 기업실체의 가정, 계속기업 가정, 회계기간의 가정, 화폐적 측정의 가정 등을 들 수 있다.

(1) 기업실체(Business Entity)의 가정

기업실체의 가정은 기업을 소유주와 독립된 회계단위로 간주하고, 그 회계단위의 관점에서 재무정보를 식별, 측정, 보고한다는 가정이다. 이 때 기업실체는 일종의 경제단위로서 법률적 실체와 반드시 일치하지 않을 수 있고 일반적으로 경제적 실체가 법률적 실체보다 포괄적인 개념인데, 작게는 개인, 동창회, 친목회등부터 크게는 국가에 이르기까지 다양하다.

(2) 계속기업(Going Concern)의 가정

계속기업의 가정은 기업실체가 예측 가능한 가까운 미래에 청산하거나 사업의 중요한 일부분을 처분하지 않을 것이라는 가정이다. 계속기업 가정이 유효한 경우와 그렇지 않은 경우, 예컨대 청산을 전제로 하는 경우 재무상태와 경영성과의 측정기준이 달라지기 때문에 도출되는 가정이다.

(3) 회계기간(기간별 보고)의 가정

회계기간의 가정은 기업실체의 존속기간을 일정한 기간 단위로 분할하여 재무보고를 해야 함을 의미한다. 만약 회계기간을 인위적으로 나누지 않는다면 회계정보이용자들은 기업이 청산하지 않는 한 기업이 존속하는 기간 동안 재무상태와 경영성과를 알 수 없게 된다. 요컨대 회계기간의 가정은 계속기업 가정에 따라 끊임 없이 지속되는 기간을 분기와 반기 또는 1년 등 임의적인 기간으로 나누어 정기적으로 재무보고를 하여야 한다는 것을 말한다.

> **회계기간 또는 회계연도**
>
> 일반적으로 기업은 1년을 단위로 재무보고를 수행하나, 우리나라의 경우 상장기업 등 일정 요건에 해당하는 기업들은 분기 단위로 재무보고를 하도록 규정하고 있다.

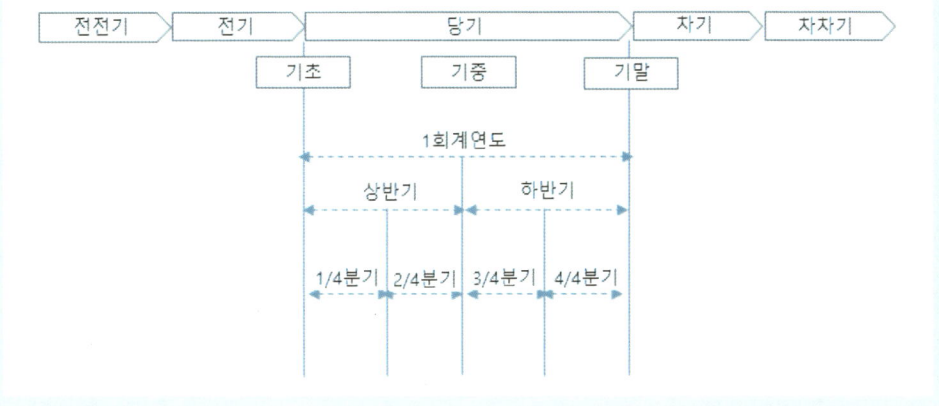

(4) 화폐적 측정의 가정

화폐적 측정의 가정은 회계의 대상이 되는 것은 화폐금액으로 측정 가능한 항목이어야 한다는 가정이다. 예컨대 기업의 뛰어난 기술력이나 브랜드, 영업망, 유능한 경영자의 존재 등은 일반적으로 기업의 가치를 높여주는 요소이기는 하나 화폐금액으로 측정할 수 없으므로 회계상 식별, 측정, 기록할 수 없는 항목이다.

2. 회계정보의 질적 특성

유용한 재무정보의 질적 특성(qualitative characteristcs of useful financial information)은 일반목적 재무보고에서 제공하는 정보가 이용자의 의사결정에 유용한 정보가 되기 위하여 갖추어야 할 속성을 말한다.
재무정보가 유용하기 위해서는 목적적합해야 하고 나타내고자 하는 바를 충실하게 표현해야 한다. 재무정보가 비교가능하고, 검증가능하여, 적시성 있고, 이해가능한 경우 그 재무정보의 유용성은 보강된다. 이렇게 유용한 재무정보의 질적 특성은 [그림 1-2]와 같다.

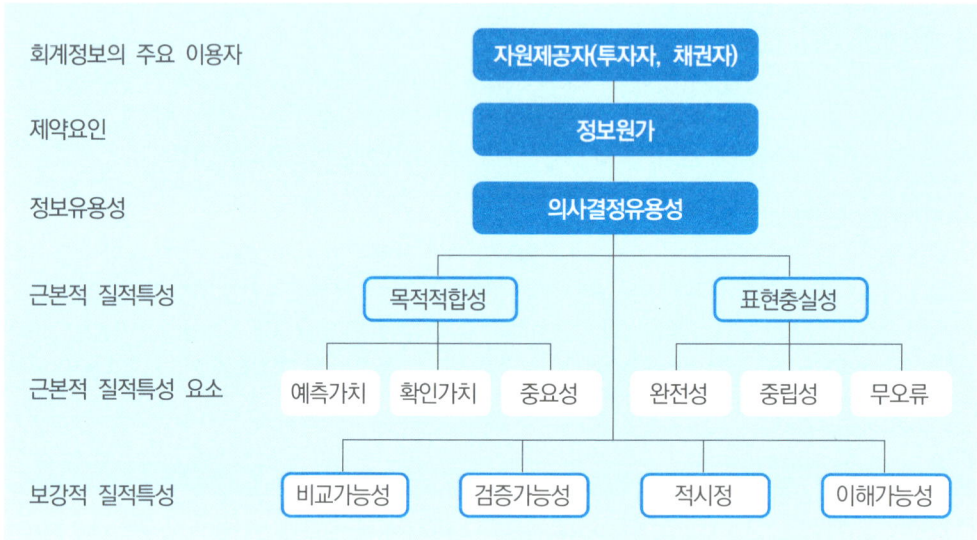

┃그림 1-2┃ **재무정보의 질적 특성**

(1) 근본적 질적 특성

① 목적적합성

정보이용자의 의사결정에 차이를 발생시킬 수 있는 정보의 자질을 말하며, 예측가치, 확인가치 또는 이 두 가지 모두를 갖추고 있다면 그 재무정보는 의사결정에 차이를 발생시킬 수 있다.
- 예측가치 : 정보이용자가 과거나 현재의 정보를 통하여 미래 현금흐름을 예측할 수 있는 정보의 속성을 말하는데, 재무정보가 예측가치를 가지기 위하여 그 자체가 예측정보 또는 예상치일 필요는 없다.
- 확인가치 : 정보이용자가 과거의 예측을 확인하거나 수정하는데 유용한 정보의 속성을 말한다.
- 중요성 : 개별기업의 재무보고서 관점에서 해당 정보와 관련된 항목의 성격이나 규모 또는 이 둘 모두에 근거하여 해당 기업의 특유한 측면에서의 목적적합성을 말한다.

② 표현충실성

재무정보가 나타내고자 하는 현상을 충실하게 표현해야 하며, 이를 위하여 서술이 완전하고 중립적이며 오류가 없어야 한다는 정보의 자질을 말한다.
- 완전성 : 재무정보는 정보이용자가 서술되는 현상을 이해하는데 필요한 모든 정보를 포함하여야 한다는 속성
- 중립성 : 재무정보의 선택이나 표시에 편의(bias)가 없어야 한다는 속성
- 무오류 : 현상의 기술에 오류나 누락이 없고, 재무정보 작성에 사용되는 절차의 선택과 적용시 절차상 오류가 없어야 한다는 속성

 연습문제

다음은 한국채택국제회계기준의 재무정보 질적특성 중 표현충실성에 대한 서술이다. 올바르지 않은 것은?
① 필요한 기술과 설명을 포함하여 정보이용자가 서술되는 현상을 이해하는데 모든 정보를 포함하는 것이다.
② 정보이용자가 미래결과를 예측하기 위해 사용하는 절차의 투입요소로 사용될 수 있는 재무정보의 가치를 말한다.
③ 현상의 기술에 오류나 누락이 없고, 보고 정보를 생산하는데 사용되는 절차의 선택과 적용시 절차상 오류가 없음을 의미한다.
④ 재무정보의 선택이나 표시에 편의가 없어야 한다.

 ②
재무정보의 질적특성 중 목적적합성에 대한 설명이다.

(2) 보강적 질적 특성

① 비교가능성

재무정보는 기업 간 또는 기간별 비교가 가능하도록 회계처리 방법 및 절차를 일관성 있게 적용하여야 한다는 속성을 말한다.

② 검증가능성

재무정보는 합리적인 판단력을 가진 독립된 서로 다른 관찰자가 어떠한 서술이 충실한 표현이라는 점에 대하여 비록 완전히는 아니더라도, 의견이 일치하여야 한다는 속성을 말한다. 이를 위하여 재무정보는 객관적인 증거와 자료에 근거하여 작성되어야 한다.

③ 적시성

재무정보는 정보이용자의 의사결정에 영향을 미칠 수 있도록 제 때에 이용가능해야 한다는 속성을 말한다.

④ 이해가능성

재무정보는 사업활동과 경제활동 등에 대한 기본적 소양을 갖춘 정보이용자가 이해할 수 있도록 명확하고 간결하게 분류하여 특징짓고 표시하여야 한다는 속성을 말한다.

단원별 연습문제

01 다음의 의미를 가장 잘 나타내는 것은?

> 회계정보이용자의 합리적인 의사결정에 유용한 정보를 제공한다.

① 회계목적　　② 회계분류　　③ 회계연도　　④ 회계단위

02 감사보고서에서 회사의 외부감사인은 재무제표에 대한 의견을 표명하게 되는데 이를 감사의견이라고 한다. 다음 감사의견의 종류는?

> 위 문단에서 기술한 사항의 유의성 때문에 본 감사인은 동 재무제표에 대한 의견을 표명하지 아니합니다.

① 적정의견　　② 한정의견　　③ 부적정의견　　④ 의견거절

03 다음중 기업의 경영활동에 해당하지 않는 것은?

① 투자활동　　② 영업활동　　③ 재무활동　　④ 경영활동

04 다음 중 회계에 대한 설명으로 가장 옳지 않은 것은?

① 재무회계는 기업의 특성에 따른 차이점을 반영하기 위하여 정보제공수단으로 일정한 형식이 없이 자유롭게 작성할 수 있다.
② 정보이용자들의 합리적인 의사결정을 위해 재무정보를 생성하고 전달하는 과정을 '회계'라고 한다.
③ 회사의 회계정보 이용자란 투자자뿐만 아니라 채권자 및 경영자, 과세당국도 포함하는 개념이다.
④ 재무회계는 주로 회사 외부의 이해관계자들에게 재무정보를 제공하는 것을 목적으로 한다.

05 다음 보기의 설명에 해당하는 회계의 분류는?

> 정보이용자는 주로 투자자와 채권자이며, 기업회계기준에 의하여 작성된 재무제표(재무보고서)에 의하여 정보를 제공하며, 보고빈도는 정기적으로 보고한다.

① 재무회계　　② 관리회계　　③ 회계감사　　④ 세무회계

06 한국채택국제회계기준에 대한 설명으로 틀린 것은?

① 한국채택국제회계기준은 상장법인만이 적용가능한 회계기준이다.
② 비상장법인은 일반회계기준을 적용하며, 상장법인 등이 적용하고 있는 한국채택국제회계기준을 적용하여 회계처리할 수도 있다.
③ 중소기업회계기준은 '주식회사등의외부감사에관한법률'상 외부 회계감사 대상 법인이 아닌 기업의 회계처리에 적용된다.
④ 중소기업회계기준 적용대상인 기업이라도 일반기업회계기준을 적용할 수 있다.

07 재무회계와 관리회계에 대한 비교한 것으로 옳지 않은 것은?

		재무회계	관리회계
①	보고대상	외부 정보이용자	내부 정보이용자
②	보고시기	수시보고	정기보고
③	보고형식	일정한 형식에 따름	정해진 기준 없음
④	보고대상	일정한 규정에 따름	정해진 기준 없음

08 다음 중 재무제표의 기본가정이 아닌 것은?

① 기업실체의 가정　　② 계속기업
③ 기간별보고　　④ 충실한 표현

09 다음 중 근본적 질적특성인 '목적접합성'에 대한 설명으로 맞는 것은?

① 필요한 기술과 설명을 포함하여 정보이용자가 서술되는 현상을 이해하는 데 필요한 모든 정보를 포함하는 것이다.
② 재무정보의 선택이나 표시에 편의가 없는 것을 말한다.
③ 정보이용자의 의사결정에 차이가 나도록 하는 것을 말하며, 예측가치와 확인가치가 있다.
④ 정보이용자가 항목 간의 유사점과 차이점을 식별하고 이해할 수 있게 하는 특성이다.

10 다음 중 재무보고의 목적에 대한 설명으로 옳지 않은 것은?

① 종업원은 내부이용자이므로 재무적 정보를 필요로 하지 않는다.
② 경영자가 올바른 경영을 하기 위해서 회사가 필요로 하는 자금이 얼마인지 등을 예측하는 데 필요한 정보를 제공한다.
③ 채권자에게는 회사의 상환능력을 평가하는 데 유용한 정보를 제공한다.
④ 주주에게는 회사에 대한 투자여부를 결정하는 데 유용한 정보를 제공한다.

11. 다음 중 근본적 질적특성인 '표현충실성'에 대한 설명으로 틀린 것은?

① 완전한 서술은 필요한 기술과 설명을 포함하여 정보이용자가 서술되는 현상을 이해하는데 필요한 모든 정보를 포함하는 것이다.
② 완벽하게 충실한 표현을 하기 위해서는 서술이 완전하고, 중립적이며, 오류가 없어야 할 것이다.
③ 관측 가능하지 않은 가격이나 가치의 추정치는 절차상의 오류가 없더라도 충실한 표현이라고 할 수 없다.
④ 중립적 서술은 재무정보의 선택이나 표시에 편의가 없어야 함을 의미한다.

정답 및 풀이

1. ① 회계목적에 대한 설명이다.
2. ④ 의견거절에 대한 설명이다.
3. ④ 기업의 경영활동은 영업활동, 투자활동, 재무활동으로 구분할 수 있다.
4. ① 재무회계는 기업회계기준에 의하여 재무제표(재무보고서)를 작성한다.
5. ① 재무회계에 대한 설명이다.
6. ① 한국채택국제회계기준은 상장법인과 일부 금융기관(연결 비상장회사 포함)이 적용대상이다.
7. ② 재무회계는 보고주기가 정기적이고, 관리회계는 보고가 수시로 이루어진다.
8. ④ 충실한 표현은 회계정보의 질적특성(신뢰성)에 해당한다.
9. ③ ① 완전한서술에 대한 설명이다.
   ② 중립적서술에 대한 설명이다.
   ④ 비교가능성에 대한 설명이다.
10. ① 종업원은 급여인상에 대한 협상을 위하여 회사에 대한 재무적 정보를 필요로 한다.
11. ③ 관측 가능하지 않은 가격이나 가치의 추정치도 추정치로서의 금액을 명확하고 정확하게 기술하고, 추정 절차의 성격과 한계를 설명하며, 그 추정치를 도출하기 위한 적절한 절차를 선택하고 적용하는데 오류가 없다면 그 추정치의 표현은 충실하다고 할 수 있다.

Chapter 02

재무제표

제1절 재무제표의 의의와 종류
제2절 재무상태표
제3절 포괄손익계산서
제4절 자본변동표와 현금흐름표
제5절 재무보고와 공시제도
단원별 연습문제

Chapter 02 재무제표

제1절 재무제표의 의의와 종류

01 의의

재무제표(Financial Statement. F/S)는 채권자, 주주, 종업원 등의 다양한 이해관계자들에게 회계정보를 전달하는 핵심적인 수단을 말하는 것으로 기업의 경영활동을 재무적으로 표현한 여러 회계보고서를 통칭한다.

02 종류

국제회계기준에서는 기본 재무제표로서 재무상태표, 포괄손익계산서, 자본변동표, 현금흐름표의 네 가지와 여기에 주석을 추가로 포함시킨다.

표 2-1 | 재무제표의 종류

재 무 제 표	보 고 내 용
재무상태표	일정시점의 재무상태(자산·부채·자본)를 보고
포괄손익계산서	일정기간 동안 기업의 경영성과(수익·비용)를 보고
현금흐름표	일정기간 동안 기업의 현금유입과 유출에 대한 현금흐름 보고
자본변동표	일정기간 동안 기업의 자본의 크기와 변동에 대한 정보 보고
주석(notes)	특정 계정과목에 대해서 별도 정리하여 보고

03 재무제표 작성 및 표시의 일반원칙

재무제표 작성과 표시의 일반원칙은 국제회계기준 '재무제표 표시'에 규정하고 있다. '재무제표 표시'는 과거기간의 재무제표나 다른 기업의 재무제표와 비교가능하도록 일반목적 재무제표의 표시에 관한 기준을 정하고 있다. '재무제표 표시'는 재무제표의 표시에 관한 전반적인 요구사항, 재무제표의 구조에 대한 지침과 재무제표의 내용에 대한 최소한의 요구사항을 규정한다.

(1) 공정한 표시

재무제표는 기업의 재무상태, 재무성과 및 현금흐름을 공정하게 표시(fairly presentation)해야 한다. 국제회계기준에 따라 재무제표가 작성되면 공정하게 표시된 재무제표로 본다.

(2) 계속기업

경영자는 재무제표를 작성할 때 계속기업(going concern)으로서의 존속가능성을 평가해야 하며, 기업의 청산 또는 경영활동의 중단의도가 있는 경우가 아니면 계속기업을 전제로 재무제표를 작성해야 한다.

(3) 발생기준 회계

기업은 현금흐름 정보를 제외하고는 발생기준(accrual basis) 회계를 사용하여 재무제표를 작성한다. 발생기준 회계를 사용하는 경우 각 항목이 '개념체계'의 정의와 인식요건을 충족할 때 자산, 부채, 자본, 수익, 비용으로 인식한다.

(4) 중요성과 통합표시

유사한 항목은 중요성(materriality) 분류에 따라 재무제표에 구분하여 표시한다. 상이한 성격이나 기능을 가진 항목은 구분하여 표시한다. 다만 중요하지 않은 항목은 성격이나 기능이 유사한 항목과 통합(aggregation)하여 표시한다.

(5) 상계

회계기준에서 요구하거나 허용하지 않는 한 자산과 부채 그리고 수익과 비용은 상계(offsetting)하지 아니한다.

(6) 보고빈도

전체 재무제표는 적어도 1년마다 작성한다. 재무제표 보고기간이 1년을 초과하거나 미달하면 그 이유와 금액의 비교가능성이 결여되어 있다는 사실을 공시한다.

(7) 비교정보의 공시

회계기준에서 달리 요구하거나 허용하지 않는 한 당기 재무제표에 보고되는 모든 금액에 대해 전기 비교정보를 공시한다. 당기 재무제표를 이용하는 데 목적적합하다면 서술형 정보에서도 비교정보를 포함시킨다.

(8) 표시의 계속성

회계기준에서 변경을 요구하거나 다른 표시방법이 명백하게 더 적절한 경우를 제외하고는 재무제표 항목의 표시와 분류는 매기 동일해야 한다.

 **연습문제**

다음 중 재무제표의 작성과 표시에 대한 설명으로 잘못된 것은?
① 재무제표 항목의 표시나 분류방법이 변경되는 경우에도 전기의 항목은 재분류하지 아니한다.
② 재무제표가 일반기업회계기준에 따라 작성된 경우에는 그러한 사실을 주석으로 기재하여야 한다.
③ 재무제표는 재무상태표, 포괄손익계산서, 현금흐름표, 자본변동표 및 주석으로 구분하여 작성한다.
④ 재무제표의 작성과 표시에 대한 책임은 경영진에게 있다.

 ①
재무제표 항목의 표시나 분류방법이 변경되는 경우에는 당기와 비교하기 위하여 전기의 항목을 재분류하고, 재분류 항목의 내용, 금액 및 재분류가 필요한 이유를 주석으로 기재한다. 다만, 재분류가 실무적으로 불가능한 경우에는 그 이유와 재분류되어야 할 항목의 내용을 주석으로 기재한다.

제2절 재무상태표

01 의의

　재무상태표(statement of financial position)는 일정시점에 있어 기업의 재무상태에 대한 정보를 제공하는 재무제표이다. 재무상태는 기업이 보유하고 있는 자산, 부채와 자본의 구성상태를 말한다. 정보이용자는 재무상태표를 통해 기업의 재무구조, 유동성, 부채상환능력, 영업환경의 변화에 대한 적응능력 등을 평가할 수 있다.

　재무상태표는 재무상태, 즉 자금의 운용상태(자산)와 조달원천(부채와 자본)의 관계를 나타낸다. 재무상태표에서 자산항목은 기업이 조달한 자금을 어떻게 활용하고 있는가 하는 자금의 운용상태(즉, 투자활동)를 나타내며, 부채와 자본항목은 이와 같은 자금의 조달원천을 표시하여 기업의 자본을 어떻게 조달하였는가 하는 자본구조(즉, 재무활동)를 나타내고 있다. 따라서 재무상태표는 기업의 자금조달활동과 투자활동의 결과를 한 시점에서 정리한 보고로서의 의미를 갖는다.

> **알아두기** **재무상태표를 통하여 알 수 있는 정보**
> - 기업의 총자산 규모를 알 수 있다.
> - 기업 자본 대비 기업 부채의 규모를 알 수 있다.
> - 재무구조의 건전성을 파악할 수 있다.
> - 적절한 유동성(유동자산 대 유동부채의 비율)의 규모를 알 수 있다.

02 재무상태표의 구조와 내용

　재무상태표의 구조는 자산을 왼쪽(차변)에 부채와 자본을 오른쪽(대변)에 나타낸다. 재무상태표에서 자산은 부채와 자본의 합계액과 항상 일치한다. 이러한 관계를 회계등식 또는 재무상태표등식이라고 한다.

$$자산 = 부채 + 자본$$

　재무상태표의 보고양식은 계정식과 보고식이 있다. 계정식은 좌우 대칭으로 왼쪽에는 자산을 나열하고 오른쪽에는 부채와 자본을 나열한다. 보고식은 좌우 구별 없이 위에서부터 자산, 부채와 자본을 순서대로 나열한다. 실무에서는 일반적으로 보고식을 사용한다.

재무상태표

㈜백석　　제×기 20×1년 12월 31일 현재　　(단위: 원)

자산		부채	
유동자산		유동부채	
현금및현금성자산	×××	매입채무	×××
단기금융자산	×××	단기차입금	×××
매출채권	×××	비유동부채	
재고자산	×××	장기차입금	×××
비유동자산		사채	×××
투자자산	×××	부채총계	×××
유형자산	×××	자본	
무형자산	×××	자본금	×××
기타자산	×××	자본잉여금	×××
		기타포괄손익누계액	×××
		이익잉여금	×××
		자본총계	×××
자산총계	×××	부채와 자본총계	×××

┃그림 2-1┃ 계정식 재무상태표

　국제회계기준에서는 재무제표의 양식, 표시되어야 할 항목의 순서나 형식을 규정하고 있지 않다. 다만, 별도로 구분표시되어야 할 최소한의 항목을 명시하고 있으며, 유동자산과 비유동자산, 유동부채와 비유동부채를 구분하여 표시하도록 하고 있다. 기업의 재무상태를 이해하는 데 목적적합한 경우에는 필요하다면 재무상태표에 항목, 제목 및 중간합계를 추가하여 표시할 수 있다.

03 재무상태표의 작성방법

(1) 유동과 비유동의 구분

　국제회계기준에서는 재무상태표를 작성할 때 유동성구분법을 사용한다. 자산과 부채를 유동과 비유동으로 구분하여 표시하는 이유는 유동자산과 유동부채에 대비한 기업의 단기자금 운용능력의 평가를 쉽게 하고, 비교적 단기간에 현금화되지 못하는 자산을 유동자산에 포함시켜 현금유동성을 높게 보고할 위험에 대비하기 위해서이다.

　재무상태표를 작성할 때 유동성구분법 이외의 유동성배열법도 사용할 수 있다. 유동성배열법이 신뢰성 있고 더욱 목적적합한 정보를 제공하는 경우를 제외하고는 유동성구분법을 사용하여야 한다. 유동성(liquidity)은 기업이 자산을 현금으로 손쉽게 전환해서 부채를 상환하거나 기타 필요한 곳에 사용할 수 있는 능력을 의미한다. 유동성이 높다는 것은 자산의 경우 현금으로 전환되는 속도가 빠르다는 것을 의미하며, 부채의 경우 현금으로 지급하는 시기가 빨리 도래한다는 것을 의미한다.

(2) 유동성구분법

재무상태표는 유동성의 크기에 따라 자산을 유동자산과 비유동자산으로 구분하고, 부채를 유동부채와 비유동부채로 구분하여 표시한다.

(3) 자산과 부채의 총액표시

국제회계기준에서 요구하거나 허용하지 않는 한 자산과 부채는 상계(offset)하지 아니한다. 자산과 부채를 상계표시하면 기업의 전체적인 규모나 재무구조를 파악하기 어렵다.

04 재무상태표의 구성요소

(1) 자산

> 자산(assets)은 과거사건의 결과로 기업이 통제하고 있으며, 미래 경제적 효익이 기업에 유입될 것으로 기대되는 '경제적 자원'이다.

자산은 기업이 영업활동 혹은 기타의 목적을 달성하기 위하여 소유 또는 통제하고 있는 유형 및 무형의 재화, 용역 및 권리 등을 포함한 제반 경제적 자원을 말한다. 자산은 기본적으로 그 기업에 대하여 장래 경제적 효익을 제공할 수 있는 잠재력을 보유하고 있으며 기업이 이를 소유하거나 통제할 수 있을 때에 한해 재무상태표에 계상될 수 있다.

자산은 최소한 유동자산과 비유동자산으로 구분하여 표시한다. 다양한 형태의 비유동자산을 함께 보유하는 경우에는 이를 다시 몇 개로 소분류하여 표시하기도 한다.

유동자산(current assets)은 현금 또는 12개월 이내의 기간에 현금화되거나 사용되어 소모될 자산들을 말한다. 아래의 경우에 해당하는 경우 유동자산으로 분류하고 그 외에는 비유동자산으로 분류한다.

- 기업의 정상영업주기(normal operating cycle) 내에 실현될 것으로 예상되거나 정상영업주기 내에 판매하거나 소비할 의도가 있다.

- 주로 단기매매목적으로 보유하고 있다.
- 보고기간 후 12개월 이내에 실현될 것으로 예상한다.

|표 2-2| **자산의 분류**

구분			내 용
유동자산	현금 및 현금성자산	현 금	한국은행에서 발행한 지폐와 주화(동전) 또는 통화대용증권
		요구불예금	당좌예금, 보통예금
		현금성자산	취득 당시 만기가 3개월 이내에 도래하는 단기금융상품
	대여금 및 수취채권	매출채권	상품 등을 매출하고, 발생한 외상대금(외상매출금), 상품 등을 매출하고, 대금으로 받은 약속어음(받을어음)
		단기대여금	차용증서나 어음을 받고 금전을 단기간 타인에게 빌려주는 것(상환기간 1년 이내)
		미 수 금	일반적 상거래(상품 등) 외의 자산을 처분(매각)하고 대금을 받지 못한 금액
		기타금융상품	정기예금 등 금융기관이 취급하는 금융상품으로 만기가 1년 이내에 도래하는 것
	단기금융상품(당기손익-공정가치측정 금융자산)		1년 이내에 매도할 목적이거나 만기가 도래하는 유가증권
	재고자산		정상 영업과정에서 판매를 목적으로 보유중(상품, 제품)이거나 생산중(반제품, 재공품)인 자산 혹은 생산에 사용될 원재료
	기타자산	선급금	상품 등을 매입하기로 계약하고 계약금을 미리 지급한 금액
		미수수익	당기에 발생한 수익으로 1년 이내에 제품이 인수, 회수되는 것
		선급비용	당기에 현금으로 지출한 비용 중 다음 회계기간에 속하는 비용
비유동자산	투자자산	장기매출채권	재고자산에 대한 외상매출채권으로 1년 이후에 회수되는 것
		장 기 대 여 금	차용증서나 어음을 받고 금전을 장기간 타인에게 빌려주는 것(상환기간 1년 이상)
		투자부동산	투자를 목적으로 소유하고 있는 토지, 건물 등
		장기금융상품	장기적인 투자수익을 목적으로 보유하고 있는 주식 또는 채권(상각후원가측정 금융자산, 기타포괄손익-공정가치측정 금융자산)
	유형자산		영업활동에 사용할 목적으로 보유하고 있는 물리적 실체가 있는 자산(토지, 건물, 기계장치, 차량운반구 등)
	무형자산		영업활동에 사용할 목적으로 보유하고 있는 물리적 실체가 없는 자산(특허권, 산업재산권, 개발비, 영업권 등)
	기타 비유동자산		위에 속하지 않는 비유동자산(전세권, 임차보증금, 영업보증금 등)

> **알아두기** 회계용어 해설
> - 일반적인 상거래 : 기업이 영업활동을 목적으로 보유하는 있는 자산(=재고자산)인 상품 등의 매입과 매출의 거래
> - 일반적인 상거래 외 : 기업이 영업활동을 목적으로 보유하고 있는 자산(=재고자산)인 상품 외의 모든 거래

(2) 부채

> 부채(liabilities)는 과거사건에 의하여 발생하였으며, 경제적 효익이 내재된 자원이 기업으로부터 유출됨으로써 이행될 것으로 기대되는 '현재의무'이다.

 기업이 제3자에게 금전과 재화의 변제 또는 용역을 제공해야 하는 미래의 경제적 의무를 가르킨다. 따라서 기업이 의무이행을 위하여 미래에 자산을 사용하거나 용역을 제공하는 등 경제적 자원의 희생이 예상될 경우에는 이를 부채로 계상해야 한다. 부채는 1년을 기준으로 유동부채와 비유동부채로 구분한다.

│표 2-3│ 부채의 분류

구분			내 용
유동부채	금융부채	매입채무	상품 등을 매입하고, 발생한 외상대금(외상매입금), 상품 등을 매입하고, 발행한 약속어음(지급어음)
		단기차입금	타인으로부터 돈을 빌리고, 상환기간이 1년 이내인 경우
		미지급금	일반적인 상거래 외의 자산을 매입(구입)하고 지급하지 않은 대금
	충당부채		제품보증의무이행, 손해배상청구소송 등에 예상되는 금액을 추정하여 계상한 것(제품보증충당부채, 손해배상손실충당부채 등)
	기타부채	예수금	일반적인 상거래 이외에서 잠시 보관하고 있는 돈(ex. 소득세, 지방소득세, 건강보험료 등)
		선수금	상품 등을 매출하기로 계약하고, 계약금을 미리 받은 금액
		미지급비용	당기에 발생한 비용으로 1년 이내에 지급되는 것
		선수수익	당기에 현금으로 받은 수익 중 다음 회계기간에 속하는 것
비유동부채	투자자산	장기매입채무	재고자산에 대한 외상매입채무로 1년 이후에 지급하는 것
		장기차입금	타인으로부터 돈을 빌리고, 상환기간이 1년 이상인 경우
		장기미지급금	재고자산 이외의 자산에 대한 외상매입채무로 1년 이후에 지급하는 것
		사채	주식회사가 장기자금을 조달하기 위해 채무증권을 발행하고 차입한 채무
	충당부채		종업원이 퇴직할 때 지급할 퇴직금이나 퇴직연금의 현재가치
	기타부채		위에 속하지 않는 비유동부채(장기선수금 등)

 연습문제

> **다음 중 부채의 정의에 대한 설명으로 틀린 것은?**
> ① 부채의 정의를 충족한다면 금액의 추정이 불확실하더라도 부채로 인식 한다.
> ② 부채는 과거의 거래나 그 밖의 사건에서 발생한다.
> ③ 현재 의무를 이행하기 위해서는 미래 경제적 효익이 내재 된 자원을 희생하게 된다.
> ④ 경제적 효익이 내재 된 자원이 기업으로부터 유출됨으로써 이행될 것으로 기대되는 현재의 의무이다.
>
> ①
> 부채를 인식하기 위해서는 금액을 신뢰성 있게 추정할 수 있어야 한다.

(3) 자본

자본(equity)은 기업의 총자산에서 총부채를 차감한 잔여지분, 즉 '소유주의 청구권'이다.

자본은 소유주에 귀속되어야 할 몫을 나타내기 때문에 소유주지분이라고도 한다. 자본은 잔여지분이므로 회계등식 또는 재무상태표등식에서 도출한 다음 등식으로 나타내는데, 자본등식이라 한다.

자산 – 부채 = 자본(순자산)   ⇨   자본 등식

▌표 2-4 ▌ 자본의 분류

구분	내용
자본금	주주가 납입한 자본으로 법률이 정한 납입자본금(주식수 × 1주당 액면금액)
자본잉여금	증자, 감자나 그 밖의 자본거래에서 발생하는 자본금의 초과액(주식발행초과금, 감자차익, 자기주식처분이익 등)
자본조정	자본에 가산 또는 차감하여야 할 임시적 성격의 항목(자기주식, 감자차손 등)
기타포괄손익누계액	자산재평가이익, 기타포괄손익–공정가치측정금융자산평가손익 등의 누적잔액으로 주로 자산평가에서 발생한 미실현손익의 성질을 가진 항목
이익잉여금	영업활동에 따른 손익거래에서 발생한 순이익 중에서 배당금으로 지급되지 않고 회사 내부에 유보된 이익(이익준비금, 감채적립금, 사업확장적립금 등)

 연습문제

회사의 자산과 부채가 다음과 같을 때 자본(순자산)은 얼마인가?

- 상품 100,000원   • 대여금   40,000원   • 매입채무 70,000원
- 비품   80,000원   • 미지급금 10,000원

① 100,000원   ② 140,000원   ③ 30,000원   ④ 50,000원

 ②
자산 – 부채 = 자본(순자산)이므로
자산 220,000원(상품 100,000원 + 대여금 40,000원 + 비품 80,000원) – 부채 80,000원
(매입채무 70,000원 + 미지급금 10,000원) = 140,000원이 계산된다.

제3절 포괄손익계산서

01 의의

포괄손익계산서(statement of comprehensive income)는 일정기간 동안 기업의 경영성과에 대한 정보를 제공하는 재무보고서로서, 당기순손익, 기타포괄손익, 총포괄손익을 일정한 형식에 따라 나타낸다.

총포괄손익(comprehensive income)은 일정기간 동안 소유주와의 거래를 제외한 거래에서 발생한 자본의 변동을 말한다. 당기순손익은 수익에서 비용을 차감하여 표시하는 경영성과이고, 기타포괄손익은 기타포괄손익-공정가치측정 금융자산평가손익과 재평가잉여금과 같은 보유손익으로 주로 구성된다.

> **알아두기** 손익계산서를 통하여 알 수 있는 정보
> - 기업의 경영성과(이익)를 알 수 있다.
> - 기업의 비용관리가 효율적인지의 여부를 알 수 있다.
> - 기업이 계속 성장을 하고 있는지 알 수 있다.
> - 기업의 당기순이익은 적절하게 산출되었는지를 알 수 있다.

02 포괄손익계산서의 구조

국제회계기준에서는 포괄손익계산서의 양식이나 항목 및 배열순서 등을 정하지 않고 있다. 다만 수익, 금융비용, 당기순손익, 총포괄손익 등과 같이 반드시 개별금액으로 나타내어야 할 최소한의 항목만을 정하고 있다.

포괄손익계산서의 양식은 보고서명, 회사명, 회계기간, 금액단위, 기업의 경영성과를 나타내며 수익과 비용으로 구성되어 있다.

포괄손익계산서는 두 부분으로 나누어 볼 수 있다. 하나는 매출액에서 시작하여 여러 수익과 비용을 가감한 당기순이익까지의 한 부분이고, 다른 한 부분은 당기순이익에서 기타포괄손익을 가감하여 산출된 당기총포괄이익까지의 부분이다.

국제회계기준에서는 당기순이익과 기타포괄손익 두 부분을 합쳐서 포괄손익계산서를 작성해도 되고, 이를 두 개의 별도 표로 작성해도 된다고 규정하고 있다. 만약 두 개의 별도 재무보고서를 만드는 경우에는 매출액부터 당기순이익까지의 부분은 '손익계산서'라고 부르고, 당기순이익부터 총포괄이익까지는 '포괄손익계산서'라고 부른다. 따라서 포괄손익계산서라는 이름으로 두 종류의 다른 재무보고서가 존재하므로 명칭을 사용할 때 주의해야 한다.

포괄손익계산서

㈜백석   20×1년 1월 1일부터 20×1년 12월 31일까지   (단위 : 원)

과목	제×(당)기	
매출액		×××
매출원가		×××
매출총이익		×××
판매비		
물류원가	×××	
판매원급여	×××	×××
관리비		
관리사원급여	×××	
대손상각비	×××	×××
영업이익		×××
금융수익		×××
금융비용		×××
기타수익		×××
기타비용		×××
법인세비용차감전순이익		×××
법인세비용		×××
당기순이익		×××
법인세효과후기타포괄손익		
토지재평가이익	×××	
기타포괄손익-공정가치측정금융자산평가이익	×××	×××
당기총포괄이익		×××
주당순이익 : ×××		

그림 2-2 포괄손익계산서

03 포괄손익계산서의 구성요소

포괄손익계산서는 일정기간 동안 기업의 경영성과(이익)에 관한 정보를 제공한다. 이익은 성과의 측정치로 사용되거나 투자수익률과 같은 재무분석의 자료로 사용된다. 이익의 측정과 직접 관련된 요소는 수익과 비용이다. 여기에는 수익, 비용, 당기순이익, 기타포괄손익, 총포괄손익에 대해 살펴본다.

(1) 수익의 정의와 인식기준

> 수익(revenue)은 '자산의 유입이나 증가 또는 부채의 감소'에 따라 자본의 증가를 초래하는 특정 회계기간 동안에 발생한 경제적 효익의 증가로서, 지분참여자의 출연과 관련된 것은 제외한다.

수익과 비용의 인식은 회계장부에 수익과 비용으로 기록하는 것으로 현금기준과 발생기준이 있다.

- 현금기준(cash basis)은 현금이 유입되는 시점에 수익을 인식하고, 현금이 유출되는 시점에 비용을 인식한다. 현금기준에 따라 재무제표를 작성하면 결산일 현재 수익이 발생하였다 하더라도 현금을 수령하지 않았다면 수익을 기록하지 않을 것이며, 결산일 현재 비용이 발생하였다 하더라도 현금을 지급하지 않았다면 비용을 기록하지 않을 것이다.
- 발생기준(accrual basis)은 현금의 유입과 유출시점에 관계없이 거래가 발생한 시점에 수익과 비용을 인식한다. 회계기준은 발생기준을 근간으로 수익과 비용을 인식한다. 발생기준에서는 수익은 실현주의에 따라 인식하고 비용은 수익·비용대응의 원칙에 따라 비용을 관련 수익에 대응시키는 방법으로 인식한다.

(2) 수익의 분류

수익은 크게 매출액, 영업이익, 기타이익으로 구분하여 표시한다.

표 2-5 수익의 분류

구분	내용
매출액	기업의 주된 영업활동에서 발생한 제품, 상품, 용역 등의 총매출액에서 매출할인, 매출환입, 매출에누리 등을 차감한 금액
매출총이익	매출액-매출원가
영업이익	매출총이익-판매비와 관리비
기타수익	기업의 정상영업활동 이외의 활동(투자활동과 재무활동)과 관련하여 발생하는 수익으로서 배당금수익, 임대료수익, 유형자산처분이익 등

(3) 수익의 인식

① 수익인식기준

수익은 거래와 관련된 경제적 효익의 유입가능성이 증가하고 해당 금액을 신뢰성 있게 측정할 수 있을 때 인식하며, 그 거래에 따라 받았거나 받기로 한 대가의 공정가치로 측정한다.

수익의 실현기준은 발생기준이 수익에 적용된 것이다. 수익은 경영활동의 전과정을 통하여 지속적으로 발생한다. 기업이 영업을 시작한 후 현금으로 상품을 매입하여 보관관리하고 진

열·판촉하여 상품을 판매한다. 현금판매의 경우 상품은 즉시 현금으로 전환되며, 외상판매의 경우 대금회수 과정이 추가로 필요하다. 영업주기 동안 얻은 수익에서 발생한 비용을 차감하면 1영업주기 동안 발생한 이익이 계산된다.

이론적으로 본다면 수익은 영업주기의 진행정도에 따라 비례적으로 인식할 수 있을 것이다. 그러나 이것은 이론적으로만 가능하지 영업주기의 진행단계별로 수익을 측정한다는 것은 불가능하다. 따라서 몇 가지 중요한 조건이 충족되면 수익을 인식하도록 실현원칙(realization principle)을 규정하였다. 실현원칙은 수익이 ① 실현되었거나(realized) 실현가능하며(realizable), ② 벌어들인(earned) 시점에 인식된다는 것이다.

- 실현기준은 이익창출의 중요한 활동이 완료되었다는 것을 의미한다. 재화를 판매하는 기업은 재화의 인도시점, 용역을 판매하는 기업은 용역을 제공한 시점이 중요한 활동이 완료된 시점이다.
- 가득기준은 측정할 수 있어야 한다는 의미이다. 즉 현금의 회수나 매출채권 금액을 합리적으로 측정가능한 시점에 수익을 인식한다. 추가적인 판매보증, 사후서비스의 제공, 매출채권 손상차손 등이 있다 하더라도 이들 비용을 합리적으로 예측할 수 있기 때문에 수익의 인식시점에 영향을 미치지 아니한다.

보론 — 제1115호 고객과의 계약에서 생기는 수익의 수익 인식

국제회계기준 고객과의 계약에서 생기는 수익에 의하면 기업이 수익을 인식할 때 다음의 5단계를 따르도록 되어 있다.

■ 제1단계 : 고객과의 계약을 식별

고객은 기업의 통상적인 활동의 산출물인 재화나 용역을 대가와 교환하여 획득하기로 기업과 계약한 당사자를 말하며, 계약은 둘 이상의 당사자 사이에 집행가능한 권리와 의무가 생기게 하는 합의를 말한다. 수익을 인식하기 위해 회사가 먼저 해야 할 일은 고객과의 계약(의 존재 여부)을 결정하는 것이다. 고객과의 계약에 해당하려면 둘 이상의 당사자가 계약(서면, 구두, 거래관행 등)을 승인하고, 계약에서 각자의 권리, 의무, 지급조건을 식별할 수 있으며, 당사자가 각자의 의무를 수행할 의도가 있고 대가의 회수가능성이 높다는 것 등의 조건을 충족하여야 한다.

■ 제2단계 : 수행의무의 식별

수행의무는 고객과의 계약에서 재화 또는 용역을 고객에게 이전하기로 한 각 약속을 말한다. 고객과의 계약은 하나의 수행의무만 구성될 수 있고 여러 개의 수행의무로 구성될 수 있다.
다음의 2가지 기준을 충족하는 경우 수행의무는 별도로 구분된다.
1. 재화나 용역이 구별된다. 즉 고객이 재화나 용역 그 자체에서나 효익을 얻거나 고객이 쉽게 구할 수 있는 다른 자원과 함께하여 재화나 용역에서 효익을 얻을 수 있다.
2. 재화나 용역을 이전하기로 한 회사의 약속을 계약 내의 다른 약속과 별도로 식별할 수 있다.

- **제3단계 : 거래가격의 산정**

    거래가격은 고객에게 약속한 재화나 용역을 이전하고 그 대가로 기업이 받을 권리를 갖게 될 것으로 예상하는 금액이다. 거래가격은 고객이 지급하는 고정된 금액일 수도 있으나, 어떤 경우에는 변동대가를 포함하거나 현금 외의 형태로 지급될 수도 있다.

    거래가격은 계약에 유의적인 금융요소가 포함된다면 화폐의 시간가치 영향을 조정하며, 고객에게 지급하는 대가가 있는 경우에도 거래가격에서 조정한다. 대가가 변동된다면 고객에게 약속한 재화나 용역을 이전하고 그 대가로 받을 권리를 갖게 될 것으로 예상하는 금액을 추정한다.

- **제4단계 : 계약 내 수행의무에 거래가격의 배분**

    4단계는 3단계에서 산정한 거래가격을 2단계에서 분리한 각 수행의무에 배분하는 것이다. 배분기준은 각 수행의무의 개별판매가격이다.

    거래가격은 일반적으로 계약에서 약속한 각 구별되는 재화나 용역의 상대적 개별 판매가격을 기준으로 배분한다. 개별 판매가격은 관측할 수 없다면 추정해야 한다.

- **제5단계 : 수행의무 이행에 따른 수익인식**

    기업이 약속한 재화나 용역을 고객에게 이전하여 수행의무를 이행할 때(고객이 재화나 용역을 통제하게 되는 때) 수익을 인식한다. 인식하는 수익 금액은 이행한 수행의무에 배분된 금액이다.

    수행의무는 한 시점에 이행하거나, 기간에 걸쳐 이행하는 수행의무의 수익은 그 수행의무의 진행률을 적절하게 측정하는 방법을 선택하여 기간에 걸쳐 인식한다.

 연습문제

> **고객과의 계약에서 생기는 수익에 대한 설명으로 옳지 않은 것은?**
> ① 고객에게 이전할 재화나 용역에 대하여 받을 권리를 갖게 될 대가의 회수 가능성이 높지 않더라도, 계약에 상업적 실질이 존재하고 이전할 재화나 용역의 지급조건을 식별할 수 있으면 고객과의 계약으로 회계처리한다.
> ② 거래가격 산정 시 제3자를 대신해서 회수한 금액은 제외하며, 변동대가, 비현금 대가, 고객에게 지급할 대가 등이 미치는 영향을 고려한다.
> ③ 고객에게 약속한 자산을 이전하여 수행의무를 이행할 때 수익을 인식하며, 자산은 고객이 그 자산을 통제할 때 이전된다.
> ④ 이미 인식한 누적 수익 금액 중 유의적인 부분을 되돌리지 않을 가능성이 매우 높은 정도까지만 추정된 변동대가의 일부나 전부를 거래가격에 포함한다.
>
> **풀이** ① 고객에게 이전할 재화나 용역에 대하여 받을 권리를 갖게 될 대가의 회수 가능성이 높고, 계약에 상업적 실질이 존재하고 이전할 재화나 용역의 지급조건을 식별할 수 있으며 고객과의 계약으로 회계처리한다.

② 재화의 판매와 수익인식기준

재화를 판매하는 기업은 판매시점에 수익이 실현되었다고 보기 때문에 판매시점에 수익을 인식하며, 이를 판매기준이라 한다. 상품을 고객에게 인도할 때 판매과정의 대부분이 끝나기 때문에 판매기준을 인도기준이라고도 한다. 일반적으로 판매를 목적으로 고객에게 재화를 인도하면 재화의 법률적 소유권과 함께 그 재화와 관련된 위험과 효익도 함께 이전된다.

대부분의 경우 상품의 인도시점을 판매의 완료시점으로 보나 위탁판매나 시용판매 등과 같은 인도시점에 판매가 완료되지 않는 특수한 판매형태의 경우 거래의 특성에 따라 재화의 소유에 따른 위험과 효익이 이전되는 시점을 분석하여 결정하여야 한다.

③ 용역의 제공과 수익인식기준

용역을 제공하는 기업은 일반적으로 진행기준(percentage of completion method)에 따라 수익을 인식하며, 이 기준은 용역의 진행률에 따라 수익을 인식한다. 진행률(percentage of completion)은 용역을 제공하기 위한 작업의 진척도를 말하며, 거래의 특성에 따라 원가발생비율이나 공사계약진행률 등 여러 가지로 측정할 수 있다.

한편, 진행기준과 달리 완성기준(complete contract method)은 건설공사 등이 완성되어 제품이 인도 또는 용역의 제공이 완료되는 시점에 수익을 인식한다.

④ 이자, 배당금, 로열티와 수익인식기준

이자수익, 배당수익, 로열티수익 등은 대부분 시간이 지나면 계속적으로 발생하며, 이들 수익은 시간의 경과에 따른 발생기준에 따라 수익을 인식한다. 또한 로열티수익은 일정기간의 고객매출액 또는 생산액 등 계약에 정한 방법에 따라 인식한다.

04 비용

(1) 비용의 정의

- 비용(expense)은 '자산의 유출이나 감소 또는 부채의 증가'에 따라 자본의 감소를 초래하는 특정 회계기간 동안에 발생한 경제적 효익의 감소로서, 지분참여자에 대한 분배와 관련된 것은 제외한다.

(2) 비용의 분류

비용은 매출원가, 판매비와 관리비, 금융비용, 법인세비용, 기타비용으로 구분한다.

| 표 2-6 | 비용의 분류

구분	내용
매출원가	당기에 판매된 제품이나 상품 등의 매출액에 대응되는 제조원가 또는 매입원가
판매비	제품, 상품과 용역의 판매활동원가와 물류원가
관리비	기업의 일반관리활동에서 발생하는 비용(관리사원의 급여, 감가상각비, 광고선전비, 여비교통비 등)
금융비용	영업활동 이외의 활동과 관련하여 발생한 비용(이자비용)
기타비용	영업활동 이외의 활동과 관련하여 발생한 비용(당기손익-공정가치측정 금융자산평가손실, 유형자산처분손실 등)
법인세비용	법인세차감전순이익에 대해 당기에 부담해야 하는 법인세비용

(3) 비용의 인식

비용은 자산의 감소나 부채의 증가와 관련하여 미래 경제적 효익이 감소하고 해당 금액을 신뢰성 있게 측정할 수 있을 때 인식한다. 비용을 인식하는 기준은 기본적으로 인과관계에 근거한 대응원칙이다. 대응원칙(matching principle)은 수익을 얻기 위해 소요된 비용을 그 수익의 인식시점에 함께 인식한다는 원칙으로, 직접대응과 간접대응이 있다.

직접대응(direct matching)은 개별대응이라고도 하며, 특정한 수익과 인과관계가 명확한 비용을 그 수익의 인식과 동시에 인식한다. 이러한 비용을 직접비용(direct expense)이라고 하며, 매출원가, 판매수수료 등을 예로 들 수 있다.

간접대응(indirect matching)은 기간대응(periodic matching)이라고도 하며, 특정한 수익과 인관관계가 명확하지 않은 비용을 같은 기간에 실현된 수익과 대응되는 것으로 가정하여 비용화한다. 이러한 비용을 간접비용(indirect expense)이라고 하며, ①체계적인 방법으로 회계기간 간에 배분하는 비용(유형자산의 감가상각비, 영업권, 특허권과 같은 무형자산 상각비)과 ②발생 즉시 비용화하는 비용(광고선전비)이 있다.

05 당기순이익, 기타포괄손익과 총포괄손익

(1) 당기순이익

당기순이익은 발생기준을 적용하여 산출한 특정 보고기간 동안의 재무성과 측정치이다. 기업의 투자자나 채권자 및 일반이해관계자들은 당기순이익을 기업의 수익성을 나타내는 가장 중요한 성과측정치로 간주하고 있다.

기업의 주된 영업활동과 관련하여 발생한 수익인 매출액에 매출원가를 대응시켜 매출총이익을 계산하고 여기에 다시 정상영업활동에서 발생하는 판매비와 관리비를 차감하여 영업이익을 구한다. 한편, 이로부터 기업의 주된 영업활동과 직접 관련 없이 발생하는 금융수익이나 기타수익 등을 가산하고 금융비용이나 기타비용을 차감하여 법인세비용차감전순이익을 산출하며, 여기에 법인세비용을 차감하여 당기순이익을 산출한다. 산출된 당기순이익은 보고기간말에 재무상태표의 이익잉여금으로 대체된다.

(2) 기타포괄손익

자본의 증가나 감소를 초래하며 광의의 수익이나 비용의 정의에 해당되지만 당기순손익을 결정하는 데 반영하지 아니하는 수익과 비용 항목이 있는데, 이를 기타포괄손익(other comprehensive income)이라 한다. 기타포괄손익의 예로는 유형자산의 재평가이익, 기타포괄손익-공정가치측정 금융자산평가손익 등이 있다. 기타포괄손익은 보고기간말에 재무상태표의 기타포괄손익누계액을 구성하는 각 기타포괄손익누계액의 항목으로 대체된다.

(3) 총포괄손익

총포괄이익은 포괄손익계산서에서 산출되는 최종 성과측정치로서 한 보고기간 동안 기업과 주주 간의 자본거래를 제외한 순자산의 증감액을 나타낸다. 당기순이익이 총포괄이익보다 기업 이해관계자들의 경제적 의사결정에 더 유용하게 사용되고 있다.

 연습문제

(가), (나), (다) 및 (라)에 들어갈 용어를 올바르게 짝지은 것은?

- 재무상태표는 (가)의 (나)를 나타내는 재무제표이다.
- 손익계산서는 (다)의 (라)를 나타내는 재무제표이다.

① 가 : 일정기간   나 : 재무상태   다 : 일정시점   라 : 경영성과
② 가 : 일정기간   나 : 경영성과   다 : 일정시점   라 : 재무상태
③ 가 : 일정시점   나 : 재무상태   다 : 일정기간   라 : 경영성과
④ 가 : 일정시점   나 : 경영성과   다 : 일정기간   라 : 재무상태

풀이 ③

제4절 자본변동표와 현금흐름표

01 자본변동표

자본변동표(statement of changes in equity)는 기업의 회계기간 동안 발생한 소유주지분, 즉 자본의 변동내역을 종합적으로 보여주는 재무제표이다. 자본변동표는 납입자본이나 이익잉여금의 변동, 그리고 그 외 기타포괄손익으로 분류되는 항목들의 기중변동내역을 보고한다. 즉, 자본변동표는 기초의 자본에서 출발하여 기중의 자본의 변동을 거쳐 기말의 자본에 이르는 과정을 보여준다.

02 현금흐름표

현금흐름표(statement of cash flow)는 기업의 회계기간 동안 발생한 현금의 유입 및 유출에 관한 정보를 제공한다. 현금흐름표는 기업의 주된 영업활동에서 발생한 현금흐름정보, 유·무형자산 취득 등의 투자활동 현금흐름정보, 그리고 사채발행 등의 자금조달과 상환 등을 위한 재무활동 현금흐름정보를 분류하여 표시한다. 이러한 현금흐름정보는 기업의 현금창출능력, 위험 등을 평가하는데 유용한 정보이다.

03 주석

주석(footnotes)은 재무제표에 부가된 설명을 말한다. 한 기간의 모든 거래들의 결과를 숫자로 요약한 재무제표는 기업의 경영성과와 재무상태를 완전하게 보고하는 데 한계가 있다. 이러한 재무제표 보고상의 한계를 보완하기 위하여 주석이 필요하다. 즉, 주석은 재무제표이용자가 재무제표가 어떻게 작성되었는지를 이해할 수 있도록 유용한 정보를 제공한다. 주석은 일반적으로 다음 사항을 포함한다.

- 재무제표 작성기준 및 중요한 회계정책
- 일반기업회계기준에서 주석공시를 요구하는 사항
- 재무상태표, 손익계산서, 현금흐름표 및 자본변동표의 본문에 표시되지 않지만 재무제표를 이해하는데 도움이 되는 정보

04 재무제표 간의 상호관련성

재무제표는 일정시점의 재무상태를 나타내는 재무상태표와 일정기간 동안 기업의 경영성과를 나타내는 손익계산서, 일정기간 동안 기업의 현금흐름을 나타내는 현금흐름표와 일정기간 동안 자본의 변동을 나타내는 자본변동표 등이 있다. 재무제표 중에서 일정시점으로 표시하는 재무제표는 재무상태표 뿐이고 나머지는 모두 일정기간 동안의 활동을 표시한다. 이러한 재무제표 간의 연계성(articulation)을 표시하면 [그림 2-3]과 같다.

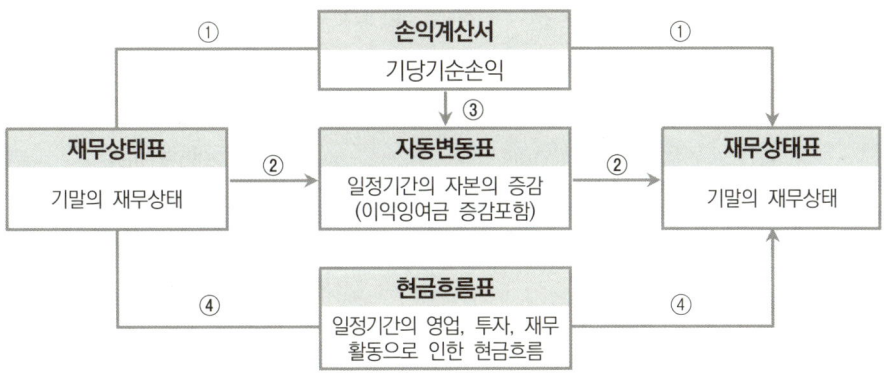

┃그림 2-3┃ 재무제표 간의 상호연계성

- 손익계산서의 당기순손익은 재무상태표 자본의 구성항목으로 연결된다. 즉, 당기순손익은 손익계산서에서 산출된 후 기초의 재무상태표에서 기말의 재무상태표로 연결된다.
- 기초 재무상태표 자본에 자본변동표의 자본 순증감분을 가감하면 기말 재무상태표 자본과 일치하게 된다.
- 손익계산서의 당기순이익은 자본변동표 이익잉여금의 변동에 반영됨으로써 서로 연결되고 있다.
- 기초 재무상태표 현금에 현금흐름표 현금의 증감분(기업활동에 의한 현금흐름 증감분)을 가감한 것이 기말 재무상태표의 현금과 일치할 것이다.

제5절 재무보고와 공시제도

재무제표의 작성과 공시에 관하여 여러 가지 차원의 제도적 규제 장치가 있다.

01 기업의 공시제도

기업의 환경이 복잡해지는 오늘날 다양한 회계정보에 대한 공시요구가 증가하고 있다. 우선 주요 법률에서 정하고 있는 회계정보의 작성 및 공시제도를 요약하면 [표 2-7]과 같다.

│표 2-7│ 회계정보의 작성 및 공시제도

구분	소규모회사 (자산 120억원 미만)	자산 120억원 이상	
		비상장회사	상장회사 (유가증권, 코스닥, 코넥스시장)
상법	결산재무제표의 작성 및 열람		
주식회사 등의 외부감사에 관한 법률	강제적 외부감사		
자본시장과 금융투자업에 관한 법률	-	-	정기 및 수시 공시

상법에서는 모든 회사에 대해 매결산기마다 재무제표를 작성하여 이사회의 승인을 받도록 규정하고 있다.

주식회사 등의 외부감사에 관한 법률(이하 외감법)은 독립된 외부감사인으로 하여금 주식회사가 작성한 재무제표에 대한 회계감사를 실시하게 함으로써 회계처리의 적정성을 통해 기업의 이해관계자를 보호하고 회사의 건전한 발전을 위한 법률이다. 특히 외감법에서는 재무제표의 종류, 준수되어야 할 기업회계기준, 외부감사인의 자격 및 회계감사기준 등을 규정하고 있다. 2020년부터는 주식회사가 상장되어 있거나 예정인 경우, 그리고 직전 사업연도말에 자산총액 또는 매출액이 500억원 이상, 또는 다음 기준 중에서 3가지 이상에 해당하지 않는 회사이면 독립된 외부감사인으로부터 외부감사를 받아야 한다.[1] 또한 외감법에서는 재무제표를 작성하는 경영자와 이를 감사하는 감사인의 부정행위에 대한 엄격한 벌칙 조항과 손해배상 책

---

[1] 2020년부터 유한회사도 직전 사업연도말에 자산총액 또는 매출액이 500억원 이상이거나 다음 기준 중에서 3가지 이상에 해당하지 않으면 외부감사대상이 된다.
① 자산 120억원 미만, ② 부채 70억원 미만, ③ 매출액 100억원 미만, ④ 종업원 수 100명 미만, ⑤ 사원 50명 미만

임의무 규정을 함께 두고 있다.

　자본시장과 금융투자에 관한 법률(이하 자본시장법)은 한국거래소에서 유가증권을 거래하고 있는 상장회사를 주요대상으로 재무 및 회계에 관한 엄격한 공시규정을 규정함으로써 일반투자자 및 채권자에게 영향을 미칠 수 있는 중요한 기업정보를 신속하고 공정하게 시장에 전달하도록 하고 있다.

　자본시장법에서는 여러 가지 유형의 유통시장 공시제도를 운영하고 있다. 정기공시제도에서는 매사업연도 경과 후 90일 이내에 감사필 연차재무제표를 포함한 사업보고서를 매반기 및 분기에는 경과 후 45일 이내에 당기간 재무제표를 공시하게 하고 있다. 또한 수시공시제도를 통해 장래계획, 잠정영업실적을 포함한 기업 내에서 발생하는 주요 경영사항을 그리고 특수공시사항으로서 합병·분할·영업양수도 신고나 자기주식 취득 및 처분신고 등을 공시하게 하고 있다.

02　완전공시와 주석

　자금을 필요로 하는 정보제공자와 여유자금을 보유하고 있는 정보이용자 간의 정보불균형이 심할 경우 자본시장을 통한 자금흐름이 원활히 이루어지기 어려워지고, 자본주의 경제의 근간이 흔들릴 위험이 있다. 이러한 이유에서 회계기준은 정보제공자로 하여금 질적 및 양적으로 충분한 정보를 강제적으로 공시하도록 하여 정보제공자와 정보이용자 간의 정보불균형을 해소하기 위한 노력을 기울이고 있다.

　재무제표 본문 내용에 추가하여 상세한 정보를 전달하기 위해서 우선 주석과 부속명세서 등이 이용된다. 이들은 재무제표의 본문에 표시하기 어려우나 이용자의 정보수요에 목적적합한 정보를 추가적으로 제공하는 역할을 한다. 국제회계기준에서는 특히 중요한 회계정책의 요약과 그 밖의 설명으로 구성된 주석의 기능을 크게 강조하여 각 기준서에서 주석의 기재사항을 상세히 정하고 있다.

03　부문별 보고

　기업의 영업활동이 점차 다양해지면서 투자자나 재무분석가는 기업의 재무제표에 나타나지 않는 상세한 정보를 제공할 수 있는 부문별 보고(segmental reporting)를 필요로 한다. 여기서 부문으로는 한 기업의 영업활동이 여러 지역에 걸쳐 있으면 지역별로 수익과 비용을 나누거나 만약 몇 개의 주요제품군을 판매하고 있다면 제품군별로 수익과 비용을 나누게 되는데,

기본적으로는 회사 경영자가 경영관리목적에 따라 세분하고 있는 부문을 그대로 사용한다.

국제회계기준에서는 부문별 보고를 주석으로 상세히 공시하도록 요구하고 있다.

04 중간재무보고

중간재무보고(interim reporting)란 1년보다 짧은 기간인 반기(6개월) 또는 분기(3개월)의 회계기간을 대상으로 수행되는 재무보고이다. 중간재무보고는 적시성 있는 중간재무제표의 제공을 통하여 정보의 유용성을 제고시킨다.

상장회사는 중간재무보고서로서 반기재무제표와 분기재무제표를 작성하고 있다. 국제회계기준에서는 중간재무정보로서 기업이 원하면 연차재무제표에서 정하는 방법에 따라 작성된 전체 재무제표와 완전한 주석을 포함할 수 있게 하고 있다. 그러나 최소한 요약재무상태표, 요약포괄손익계산서, 요약자본변동표, 요약현금흐름표, 그리고 연차재무제표 보고 이후 갱신내용이 상대적으로 중요하지 않은 주석사항을 제외한 선별적 주석을 포함시킬 것을 요구하고 있다.

단원별 연습문제

01 재무제표 작성원칙에 대한 설명으로 옳지 않은 것은?

① 기업은 현금흐름 정보를 제외하고는 발생기준 회계를 사용하여 재무제표를 작성한다.
② 재무제표가 한국채택국제회계기준의 요구사항을 모두 충족한 경우가 아니라면 한국채택국제회계기준을 준수하여 작성되었다고 기재하여서는 아니 된다.
③ 일반적으로 재무제표는 일관성 있게 1년 단위로 작성해야 하므로, 실질적인 이유로 특정 기업이 보고기간을 52주로 하는 보고관행은 금지된다.
④ 한국채택국제회계기준이 달리 허용하거나 요구하는 경우를 제외하고는 당기 재무제표에 보고되는 모든 금액에 대해 전기 비교정보를 표시한다.

02 다음 중 재무상태표에 대한 설명으로 틀린 것은?

① 자본이란 회사의 자산 총액에서 부채 총액을 차감한 잔여 금액으로 회사의 자산에 대한 주주의 잔여청구권을 말한다.
② 기간별 비교가능성을 제고하기 위하여 전기와 당기를 비교하는 형식으로 표시한다.
③ 관련된 자산과 부채를 상계하여 순액으로 표시한다.
④ 부채란 과거의 거래나 사건의 결과로 현재 회사가 부담하고 있고 미래에 자원이 유출 또는 사용이 예상되는 의무이다.

03 재무회계 개념체계에서 재무제표 요소의 인식기준으로 틀린 것은?

① 과거 사건의 결과로 기업이 통제하고 있지 않더라도 미래경제적효익이 기업에 유입될 것으로 기대되는 경우에는 자산으로 인식한다.
② 부채는 과거 사건으로 생긴 현재 의무로서 기업이 가진 경제적효익이 있는 자원의 유출을 통해 그 이행이 예상되는 의무이다.
③ 비용은 자산의 유출이나 소멸 또는 부채의 증가에 따라 자본의 감소를 초래하는 특정 회계기간 동안에 발생한 경제적효익의 감소로서 지분참여자에 대한 분배와 관련된 것은 제외한다.
④ 수익은 자산의 증가 또는 부채의 감소에 따라 자본의 증가를 가져오는 특정 회계기간 동안에 발생한 경제적효익의 증가를 말한다.

04 포괄손익계산서의 내용으로 옳지 않은 것은?

① 당기순손익의 구성요소는 단일 포괄손익계산서의 일부로 표시되거나 두 개의 보고서로 표시될 수 있다.
② 당기순손익과 총포괄손익은 지배기업의 소유주와 비지배지분에게 귀속되는 금액을 구분하여 포괄손익계산서에 공시한다.
③ 포괄손익계산서에서 세후 중단영업손익은 구분되어 표시된다.
④ 비용을 기능별로 분류하는 것이 성격별 분류보다 더욱 목적적합한 정보를 제공하므로, 비용은 기능별로 분류한다.

05 다음 일반 기업회계기준의 손익계산서 작성기준에 대한 설명 중 가장 잘못된 설명은?

① 수익은 실현시기를 기준으로 계상한다.
② 수익과 비용은 순액으로 기재함을 원칙으로 한다.
③ 비용은 관련 수익이 인식된 기간에 인식한다.
④ 수익과 비용의 인식기준은 발생주의를 원칙으로 한다.

06 다음 중 수익 인식에 관한 내용으로 틀린 것은?

① 관련된 비용을 신뢰성 있게 측정할 수 없어도 수익을 인식할 수 있다.
② 수익 금액을 신뢰성 있게 측정할 수 있는 시점에 인식한다.
③ 재화의 인도 이후에도 판매자가 관련 재화의 소유에 따른 유의적인 위험을 부담하는 경우 인도시점에 수익을 인식하지 않는다.
④ 할부판매의 경우 장·단기 구분 없이 재화가 고객에게 인도되는 시점에 수익으로 인식한다.

07 다음 중 「고객과의 계약에서 생기는 수익」에 대한 설명으로 옳지 않은 것은?

① 거래가격의 후속변동은 계약 개시시점과 같은 기준으로 계약상 수행의무에 배분한다.
② 기업이 고객에게 대가를 지급하는 경우 고객에게 지급할 대가가 고객에게서 받은 구별되는 재화나 용역에 대한 지급이 아니라면 그 대가는 별도의 판매비로 처리한다.
③ 거래가격을 산정하기 위해서는 계약 조건과 기업의 사업 관행을 참고하며, 거래가격에는 제삼자를 대신해서 회수한 금액은 제외한다.
④ 고객에게서 받은 대가의 일부나 전부를 고객에게 환불할 것으로 예상하는 경우에는 환불부채를 인식한다.

08 다음 중 재무제표에 대한 설명으로 틀린 것은?

① 재무상태표는 일정 시점의 자산, 부채 그리고 자본에 대한 정보를 제공한다.
② 손익계산서는 일정기간 동안의 경영성과에 대한 정보를 제공한다.
③ 자본변동표는 일정 시점의 자본의 크기와 그 변동에 관한 정보를 제공한다.
④ 현금흐름표는 일정기간 동안의 현금흐름에 대한 정보를 제공한다.

09 다음 중 발생주의에 의한 회계처리에 해당하는 것을 모두 고른 것은?

㉠ 상품의 인도시점에 매출을 인식하는 것
㉡ 기계장치에 대한 감가상각비를 계상하는 것
㉢ 종업원에 대한 퇴직급여충당부채를 계상하는 것
㉣ 매출채권에 대한 대손충당금을 계상하는 것

① ㉠, ㉡
② ㉠, ㉢
③ ㉡, ㉢, ㉣
④ ㉠, ㉡, ㉢, ㉣

10 재무제표 구조와 내용에 대한 설명으로 옳지 않은 것은?

① 유동성 순서에 따른 표시방법을 적용할 경우 모든 자산과 부채는 유동성 순서에 따라 표시한다.
② 정상적인 활동과 명백하게 구분되는 수익이나 비용은 당기손익과 기타포괄손익을 표시하는 보고서에 특별손익 항목을 표시한다.
③ 중요한 정보가 누락되지 않는 경우 재무제표의 표시통화를 천 단위나 백만 단위로 표시할 수 있으며 금액 단위를 공시해야 한다.
④ 비용의 성격별 또는 기능별 분류방법 중에서 신뢰성 있고 목적적합한 정보를 제공할 수 있는 방법을 적용하여 당기손익으로 인식한 비용의 분석방법을 표시한다.

11 중간재무보고서의 종류에 해당하지 않는 것은?

① 요약재무상태표
② 요약포괄손익계산서
③ 요약재무상태표
④ 요약제조원가명세서

정답 및 풀이

1. ③ 일반적으로 재무제표는 일관성 있게 1년 단위로 작성한다. 그러나 실무적인 이유로 어떤 기업은 예를 들어 52주의 보고기간을 선호한다. 기준서는 이러한 보고관행을 금지하지 않는다.
2. ③ 자산과 부채는 원칙적으로 상계하여 표시하지 않는다. 다만, 기업이 채권과 채무를 상계할 수 있는 법적 구속력 있는 권리를 가지고 있고, 채권과 채무를 순액 기준으로 결제하거나 채권과 채무를 동시에 결제할 의도가 있다면 상계하여 표시하는 경우와 다른 장에서 요구하거나 허용하는 경우에는 예외로 한다.
3. ① 자산은 과거 사건의 결과로 기업이 통제하고 있고 미래경제적효익이 기업에 유입될 것으로 기대되는 자원이다.
4. ④ 비용을 기능별로 분류하는 것이 성격별 분류보다 더욱 목적적합한 정보를 제공하지만 두 방법 중 하나를 기업이 합리적으로 선택할 수 있다.
5. ② 수익과 비용은 총액으로 기재함을 원칙으로 한다.(총액주의)
6. ① 수익과 관련 비용은 대응하여 인식한다. 즉, 특정 거래와 관련하여 발생한 수익과 비용은 동일한 회계기간에 인식한다. 일반적으로 재화의 인도 이후 예상되는 품질보증비나 기타 비용은 수익인식시점에 신뢰성 있게 측정할 수 있다. 그러나 관련된 비용을 신뢰성 있게 측정할 수 없다면 수익을 인식할 수 없다. 이 경우에 재화 판매의 대가로 이미 받은 금액은 부채로 인식한다.
7. ② 자업이 고객에게 대가를 지급하는 경우 고객에게 지급할 대가가 고객에게서 받은 구별되는 재화나 용역에 대한 지급이 아니라면 그 대가는 거래가격에서 차감한다.
8. ③ 자본변동표는 일정기간 동안의 자본의 크기와 그 변동에 관한 정보를 제공한다.
9. ④ 발생주의는 현금의 유입 및 유출에 관계없이 수익 또는 비용을 인식하는 개념이다. 모든 보기 문항은 발생주의에 따른 회계처리이다.
10. ② 정상적인 활동과 명백하게 구분되는 수익이나 비용은 당기손익과 기타포괄손익을 표시하는 보고서에는 특별손익 항목은 나타나지 않는다.
11. ④ 요약제조원가명세서는 중간재무보고서에 해당하지 않는다.

연습문제

문제 1

다음의 (   )안에 알맞은 용어를 넣으시오.

(1) 기업이 소유하는 모든 재화 및 채권을 총칭해서 (   )이라 한다.
(2) 기업이 일정시점 타인에게 갚아야 할 채무를 (   )라 한다.
(3) (   ) - (   ) = (   ) 을 자본 등식이라 한다.
(4) 기업의 일정시점의 재무상태를 나타내는 일람표를 (   )라 한다.
(5) (   ) = (   ) + (   ) 을 재무상태표 등식이라 한다.

문제 2

다음 과목 중 자산은 A, 부채는 L, 자본은 C로 (   )안에 표시하시오.

(1) 매 입 채 무 (   ) (2) 단 기 매 매 증 권 (   ) (3) 받 을 어 음 (   )
(4) 자 본 금 (   ) (5) 지 급 어 음 (   ) (6) 건 물 (   )
(7) 단 기 대 여 금 (   ) (8) 미 수 금 (   ) (9) 차 량 운 반 구 (   )
(10) 비 품 (   ) (11) 미 지 급 금 (   ) (12) 상 품 (   )
(13) 단 기 금 융 상 품 (   ) (14) 외 상 매 입 금 (   ) (15) 선 급 금 (   )
(16) 매 출 채 권 (   ) (17) 선 수 금 (   ) (18) 인 출 금 (   )
(19) 단 기 차 입 금 (   ) (20) 토 지 (   ) (21) 소 모 품 (   )
(22) 보 통 예 금 (   ) (23) 외 상 매 출 금 (   ) (24) 당 좌 예 금 (   )

문제 3

미래상회의 20×1년 1월 1일의 재무상태는 다음과 같다. 아래 자료에 의해 미래상회의 재무상태표를 작성하시오.

현 금	₩320,000	외 상 매 출 금	₩170,000	당 좌 예 금	₩230,000
단 기 매 매 증 권	₩160,000	받 을 어 음	₩50,000	상 품	₩190,000
건 물	₩700,000	외 상 매 입 금	₩330,000	지 급 어 음	₩250,000
미 지 급 금	₩120,000	단 기 차 입 금	₩220,000	자 본 금	₩900,000

재 무 상 태 표

미래상회   20×1년 1월 1일 현재   단위 : 원

자 산	금 액	부 채·자 본	금 액

문제 4

나눔상회의 20×1년 1월 1일의 재무상태는 다음과 같다. 아래 자료에 의해 나눔상회의 재무상태표를 작성하시오.

현　　　　　금 ₩520,000　외 상 매 출 금 ₩200,000　단 기 대 여 금 ₩730,000
단 기 매 매 증 권 ₩250,000　받 을 어 음 ₩230,000　미　수　금 ₩120,000
상　　　　　품 ₩150,000　건　　　　물 ₩300,000　외 상 매 입 금 ₩400,000
지 급 어 음 ₩320,000　단 기 차 입 금 ₩280,000　자　본　금 ₩(?)

재 무 상 태 표

나눔상회   20×1년 1월 1일 현재   단위 : 원

자 산	금 액	부 채·자 본	금 액

문제 5

다음의 (   )안에 알맞은 용어를 넣으시오.

(1) 기업의 경영활동으로 인해, 순자산의 증가를 가져오는 원인을 (   )이라 한다.
(2) 기업의 수익의 창출을 위해, 순자산의 감소를 가져오는 원인을 (   )이라 한다.
(3) 기업의 일정기간의 경영성과를 나타내는 일람표를 (   )라 한다.
(4) 손익계산서의 차변에는 (   )을, 대변에는 (   )을 기입한다.
(5) 손익계산서의 대변합계금액이 많으면 (   )이 발생하고, 차변합계금액이 많으면 (   )이 발생한다.

문제 6

다음 과목 중 수익은 R, 비용은 E를 (   )안에 표시하시오.

(1) 세 금 과 공 과 (   ) (2) 여 비 교 통 비 (   ) (3) 유형자산처분손실 (   )
(4) 단기매매증권처분이익 (   ) (5) 잡   손   실 (   ) (6) 보   험   료 (   )
(7) 잡   비 (   ) (8) 급   여 (   ) (9) 수 수 료 수 익 (   )
(10) 상 품 매 출 이 익 (   ) (11) 광 고 선 전 비 (   ) (12) 유형자산처분이익 (   )
(13) 통   신   비 (   ) (14) 이 자 비 용 (   ) (15) 단기매매증권처분손실 (   )
(16) 소 모 품 비 (   ) (17) 이 자 수 익 (   ) (18) 수 수 료 비 용 (   )
(19) 운   반   비 (   ) (20) 도 서 인 쇄 비 (   ) (21) 임   대   료 (   )

문제 7

구미상회의 20×1년 1월 1일부터 12월 31까지의 수익과 비용에 관한 자료에 의하여 손익계산서를 작성하시오.

상 품 매 출 이 익 ₩980,000   임   대   료 ₩320,000 이 자 수 익 ₩250,000
급   여 ₩450,000   통   신   비   ₩30,000 보 험 료 ₩130,000
수   선   비 ₩130,000 수 도 광 열 비 ₩220,000 세 금 과 공 과 ₩50,000
소   모   품   비 ₩110,000 여 비 교 통 비 ₩150,000 잡   비 ₩30,000

손익계산서

구미상회   20×1년 1월 1일부터 12월 31일까지   단위 : 원

비 용	금 액	수 익	금 액

문제 8

강남상회의 20×1년 1월 1일부터 12월 31까지의 수익과 비용에 관한 자료에 의하여 손익계산서를 작성하시오.

상 품 매 출 이 익	₩750,000	수 수 료 수 익	₩250,000	이 자 수 익	₩320,000
급 여	₩380,000	임 차 료	₩150,000	보 험 료	₩180,000
광 고 선 전 비	₩260,000	수 도 광 열 비	₩250,000	세 금 과 공 과	₩60,000
소 모 품 비	₩110,000	잡 비	₩150,000	잡 손 실	₩30,000

손익계산서

강남상회   20×1년 1월 1일부터 12월 31일까지   단위 : 원

비 용	금 액	수 익	금 액

Chapter 03

거래의 인식과 측정

제1절 회계거래의 기록
제2절 계정
제3절 회계등식
제4절 분개장과 총계정원장
단원별 연습문제

Chapter 03 거래의 인식과 측정

제1절 회계거래의 기록

01 회계거래의 의의

기업이 상품매매, 비품구입, 현금차입 등과 같은 경영활동(영업활동)을 하면 경제적 영향을 미치는 사건이 발생한다. 이러한 사건을 경제적 사건 또는 단순히 사건이라고도 하며 회계인식(회계기록)을 해야 한다는 관점에서 회계사건이라고도 한다. 경제적 영향은 자산, 부채와 자본이 변동(증가, 감소)하거나 수익과 비용이 발생하는 것을 말한다. 이러한 경제적 사건의 결과로 자산, 부채, 자본의 항목들이 변화하여 이들을 재무제표에 기록할 필요가 있을 때 이러한 경제적 사건을 회계거래라 한다.

02 일반적인 거래와 회계거래

회계기록의 대상은 회계거래(accounting transaction)이다. 회계에서 말하는 거래, 즉 회계상 거래는 일반적인 거래와 일치하지 않는다는 데 유의하여야 한다.

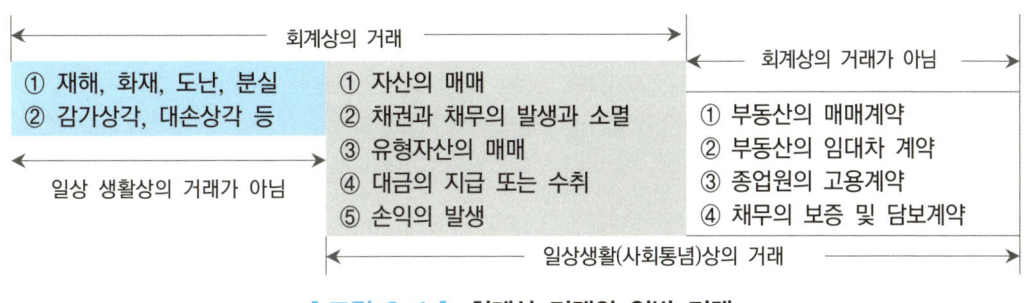

┃그림 3-1┃ 회계상 거래와 일반 거래

거래가 발생하였을 때 회계상 거래로 인식(회계장부에 기록하여야 할 거래인지 판단)되려면 다음의 두 가지 조건을 충족하여야 한다.

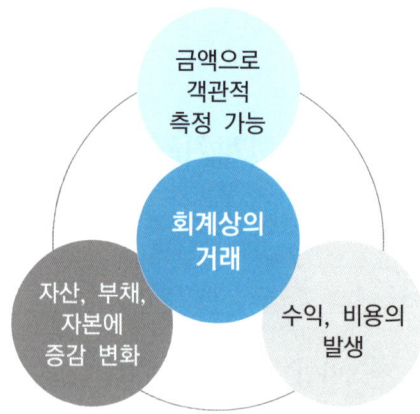

① 그 거래가 기업의 재무상태(자산, 부채 및 자본 중의 하나 또는 그 이상)에 변동을 가져와야 한다.
② 재무상태의 변동을 화폐단위로 신뢰성 있게 측정할 수 있어야 한다.

예제 3-1 회계상 거래

다음은 ㈜서초의 거래내역이다. 이 중 회계상 거래인 것을 고르시오.

① 4월 1일 주당 액면금액이 5,000원인 보통주 1000주를 발행하여 발행금액 5,000,000원으로 영업을 시작하였다.
② 4월 3일 사무실에 사용할 목적으로 사무용 컴퓨터 1대를 600,000원에 구입하면서 200,000원은 현금으로 지급하고, 잔액은 2개월 후에 지급하기로 하였다.
③ 회사에 근무할 직원을 채용하였다.
④ 4월 4일 사업자금이 부족하여 서초은행에서 현금 1,000,000원을 차입하였다.
⑤ 4월 6일 인쇄용지, 토너 등의 소모품을 300,000원에 구입하면서, 100,000원은 현금으로 지급하고, 잔액은 1개월 후에 지급하기로 하였다.
⑥ 월세 250,000원을 주기로 하고 사무실 임차계약을 체결하였다.
⑦ 4월 9일 지역신문에 광고선전비 100,000원을 현금으로 지급하였다.
⑧ 4월 10일 ㈜강남에 500,000원의 경영자문 용역을 제공하고 300,000원은 현금으로 받고, 잔액은 외상으로 하였다.
⑨ 4월 13일 서초은행에서 차입한 돈 중에서 400,000원의 원금과 이자 20,000원을 포함하여 현금으로 상환하였다.
⑩ 4월 17일 ㈜방배에 300,000원의 경영자문 용역을 제공하고 현금으로 받았다.
⑪ 4월 20일 4월 10일 받지 못했던 경영자문에 대한 용역대금을 현금으로 받았다.
⑫ 4월 23일 사무실의 사용료로 현금 150,000원을 지급하였다.
⑬ 4월 25일 종업원에 대한 급여 100,000원을 현금으로 지급하였다.

 **연습문제**

다음 중 회계상의 거래가 아닌 것은?
① 월 급여 3,000,000원을 지급하는 조건으로 종업원을 채용하다.
② 종업원이 회사의 현금 400,000원을 분실하다.
③ 사장이 현금 20,000,000원을 개인용도로 인출하다.
④ 회사의 차입금 3,000,000원을 기업주가 대신 상환하다.

 ①
회계상에서의 거래는 회사 재산상의 증감 사항을 가져오는 사건을 뜻한다. 채용하였을 뿐 급여를 지급하지 않았으므로 회계상 거래라 할 수 없다.

03 거래의 8요소 : 거래요소의 결합관계

(1) 거래의 8요소의 결합관계

기업의 경영활동에 따라 발생하는 거래는 자산의 증가와 감소, 부채의 증가와 감소, 자본의 증가와 감소, 수익의 발생과 비용의 발생이라는 8가지 요소로 구성되며, 이를 거래의 8요소라 한다. 거래의 8요소가 서로 결합되어 여러 가지 조합을 이루는 관계는 [그림 3-2]와 같다.

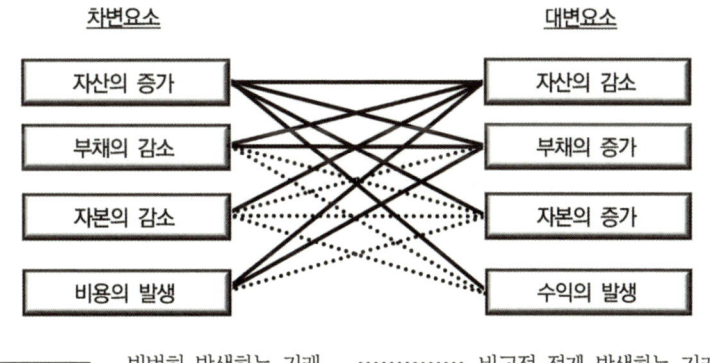

┃그림 3-2┃ **거래의 8요소 결합관계**

위의 [그림3-2]에서 왼쪽을 차변이라 하고, 오른쪽을 대변이라 한다. 모든 거래는 차변요소와 대변요소가 여러 가지 형태로 결합하여 발생한다. 위 그림의 결합관계는 재무상태표등식과 손익계산서등식을 기초로 작성하였다.

재무상태표 등식 : 자산 = 부채 + 자본
손익계산서 등식 : 비용 + 당기순이익 = 수익

자산은 재무상태표 등식의 왼쪽에 기입하므로 증가를 차변(왼쪽)에, 감소를 대변(오른쪽)에 표시한다. 부채와 자본은 재무상태표 등식의 오른쪽에 기입하므로 증가를 대변(오른쪽)에, 감소를 차변(왼쪽)에 표시한다.

수익은 손익계산서 등식의 오른쪽에 기입하므로 수익의 발생을 대변(오른쪽)에 표시하며, 비용은 손익계산서 등식의 왼쪽에 기입하므로 비용의 발생을 차변(왼쪽)에 표시한다.

(2) 거래요소별 결합관계에 대한 예시

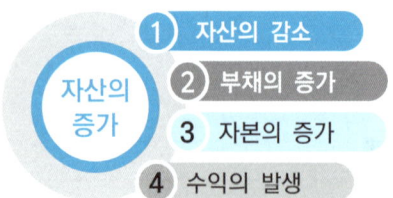

∴ 상품 ₩300,000을 현금으로 매입하다.
∴ 비품 ₩150,000을 외상으로 매입하다.
∴ 현금 ₩1,000,000을 출자하여 사업을 개시하다.
∴ 대여금 이자 ₩200,000을 현금으로 받다.

∴ 매입채무 ₩300,000을 수표로 지급하다.
∴ 매입채무 ₩150,000을 어음 발행하여 지급하다.
∴ 차입금 ₩800,000을 주식 발행하여 지급하다.
∴ 거래처로부터 외상매입금 ₩200,000을 면제받다.

∴ 기업주가 개인용도로 ₩500,000을 가져가다.
∴ 상임이사가 퇴사하면서 출자하였던 ₩500,000을 차입금으로 전환하다.
∴ 사업확장적립금 ₩300,000을 자본에 전입하다.

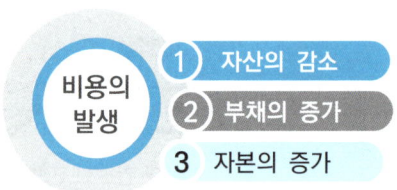

∴ 직원급여 ₩400,000을 보통예금계좌에서 이체하다.
∴ 사채 이자 ₩250,000을 지급하지 못하였다.
∴ 차입금 이자 ₩150,000과 대여금 이자 ₩150,000을 서로 상계처리하다.

 연습문제

> **거래의 결합관계로 틀린 것은 무엇인가?**
> ① 자산의 증가는 차변에 자산의 감소는 대변에 기록한다.
> ② 부채의 증가는 대변에 부채의 감소는 차변에 기록한다.
> ③ 수익의 증가는 차변에 수익의 감소는 대변에 기록한다.
> ④ 비용의 증가는 차변에 비용의 감소는 대변에 기록한다.
>
> **풀이** ③
> 수익의 증가는 대변에 수익의 감소는 차변에 기록한다.

(3) 거래의 이중성과 복식부기

거래는 자산, 부채와 자본의 증가와 감소, 수익과 비용의 발생이라는 차변요소와 대변요소가 결합하여 발생한다. 따라서 거래가 발생하면 차변과 대변 양쪽에 동일한 금액을 이중으로 기입한다. 이를 거래의 이중성이라 한다.

거래의 이중성에 따라 모든 거래는 반드시 어떤 계정의 차변과 다른 계정의 대변에 같은 금액이 기입되므로, 아무리 많은 거래가 기입되더라도 계정 전체를 두고 보면 모든 계정의 차변합계와 대변합계는 반드시 일치하게 되는데, 이를 대차평균의 원리라 한다.

대차평균의 원리에 따라 총계정원장 전체 계정의 차변합계와 대변합계를 비교하여 그것이 일치하는지를 확인함으로써 기록이나 계산의 정확성 여부를 자동적으로 검증할 수 있다. 만일 차변합계와 대변합계가 일치하지 않는다면 분개에서 원장에 전기하는 과정 중 어딘가 그 계산이나 기록이 잘못되어 있다는 것을 의미한다. 이와 같은 기능을 복식부기의 자기검증기능이라고 한다. 이것이 거래를 기록할 때 차변과 대변을 동시에 기록하는 복식부기를 사용하여야 하는 이유이다.

복식부기는 거래의 이중성에 따라 차변과 대변에 같은 금액을 두 번 기록하게 되는 회계기록 방법을 말한다.

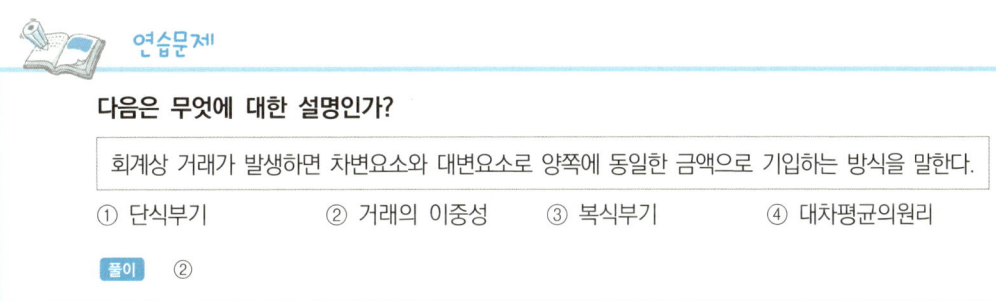

04 거래의 종류

(1) 수익과 비용의 발생 여부에 따라

① 교환거래(exchange transaction)

자산·부채·자본(재무상태표상 구성요소)의 증감변화만 발생하는 거래로 비용·수익의 발생이 없는 거래이다.

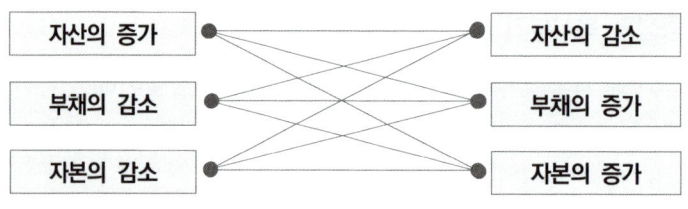

| 그림 3-3 | 교환거래

> **예제**
> ① 상품을 매입하고 대금은 현금으로 지급한 경우
>   차) 상   품 (자산의 증가)   대) 현   금 (자산의 감소)
> ② 현금을 빌려온 경우
>   차) 현   금 (자산의 증가)   대) 단기차입금 (부채의 증가)
> ③ 현금을 출자하여 영업을 개시한 경우
>   차) 현   금 (자산의 증가)   대) 자 본 금 (자본의 증가)

② 손익거래(profit transaction)

수익이나 비용이 발생하는 거래로 상대변에는 재무상태표상 구성요소만이 증가하거나 감소한다.

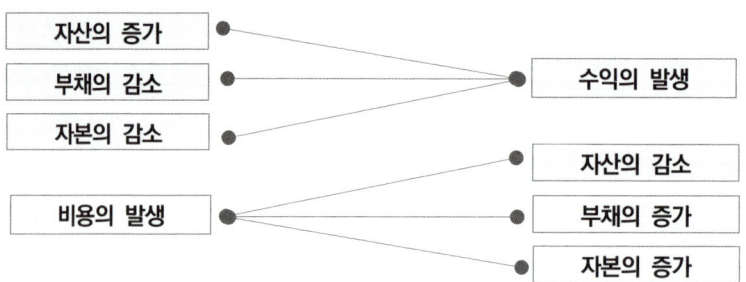

| 그림 3-4 | 손익거래

> **예제**
> ① 종업원 급여를 현금으로 지급한 경우
>   차) 급   여 (비용의 발생)   대) 현   금 (자산의 감소)
> ② 현금으로 이자를 받은 경우
>   차) 현   금 (자산의 증가)   대) 이 자 수 익 (수익의 발생)
> ③ 자동차세를 현금으로 납부한 경우
>   차) 세금과공과 (비용의 발생)   대) 현   금 (자산의 감소)

③ 혼합거래(mixed transaction)

하나의 거래에 교환거래와 손익거래가 혼합된 거래이다. 즉, 거래의 총액에 자산·부채·자본의 증감액과 수익·비용의 발생이 혼합된 거래이다.

① 상품 원가 ₩1,000을 ₩1,200에 매출하고 대금은 현금으로 받은 경우
　　차) 현　　　　금 (자산의 증가)　　　대) 상　　　　　품 (자산의 감소)
　　　　　　　　　　　　　　　　　　　　　　상품매출이익 (수익의 발생)
② 단기차입금 ₩2,000과 그에 대한 이자 ₩500을 현금으로 지급한 경우
　　차) 단기차입금 (부채의 감소)　　　　대) 현　　　　　금 (자산의 감소)
　　　　이 자 비 용 (비용의 발생)

(2) 현금수지(수입과 지출)에 따라

구분	내용	예
입금거래	현금이 유입되는 거래	상품의 현금판매, 대여금 원금과 이자수취
출금거래	현금이 유출되는 거래	차입금 원금과 이자지급
대체거래	현금의 유입과 유출이 없는 거래	상품의 외상구입

3전표를 사용하는 회사에서 다음 각 거래에 대해서 작성하는 전표를 바르게 나타낸 것은?

① 상품을 매출하고 대금은 현금으로 받다. : 대체전표.
② 상품을 매입하고 대금은 보통예금통장에서 계좌이체하다. : 대체전표
③ 직원의 회식비를 현금으로 지급하다. : 입금전표
④ 거래처 외상매출금을 거래처 당좌수표로 받다. : 대체전표

풀이　②
　　　①은 입금전표, ③은 출금전표, ④는 입금전표

제2절 계 정

01 계정의 의의와 설정

회계상 거래가 발생하면 자산·부채·자본의 증감 변화와 수익·비용이 발생 또는 소멸하게 되는데 이러한 증감 변화를 명백하게 하기 위하여 구체적인 항목을 세워 기록, 계산하는데 그 계산단위를 계정(account : a/c)이라 하고, 계정에 붙이는 이름을 계정과목이라 하며, 이러한 계정을 기록하는 지면을 계정계좌라 한다. 이때 계정의 왼쪽을 차변(debtor : Dr), 계정의 오른쪽을 대변(creditor : Cr)이라 한다.

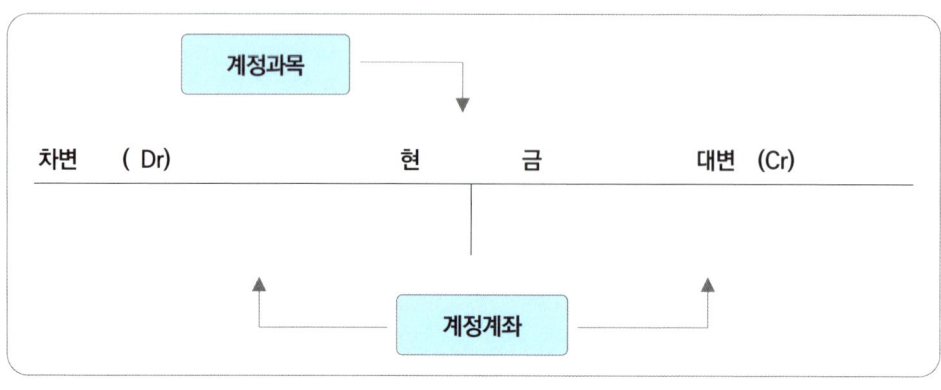

| 그림 3-5 | 계정

02 계정의 분류

계정은 회계의 목적에 따라 재무상태표 계정과 손익계산서 계정으로 분류한다.

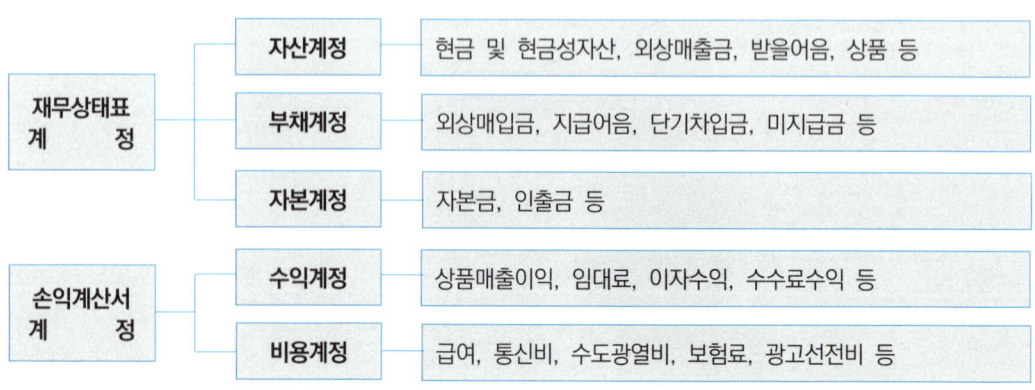

| 그림 3-6 | 계정의 분류

03 계정의 기입방법

(1) 재무상태표계정의 기입

① 자산계정은 증가를 차변에, 감소를 대변에 기입하며, 잔액은 항상 차변에 남는다.
② 부채계정은 증가를 대변에, 감소를 차변에 기입하며, 잔액은 항상 대변에 남는다.
③ 자본계정은 증가를 대변에, 감소를 차변에 기입하며, 잔액은 항상 대변에 남는다.

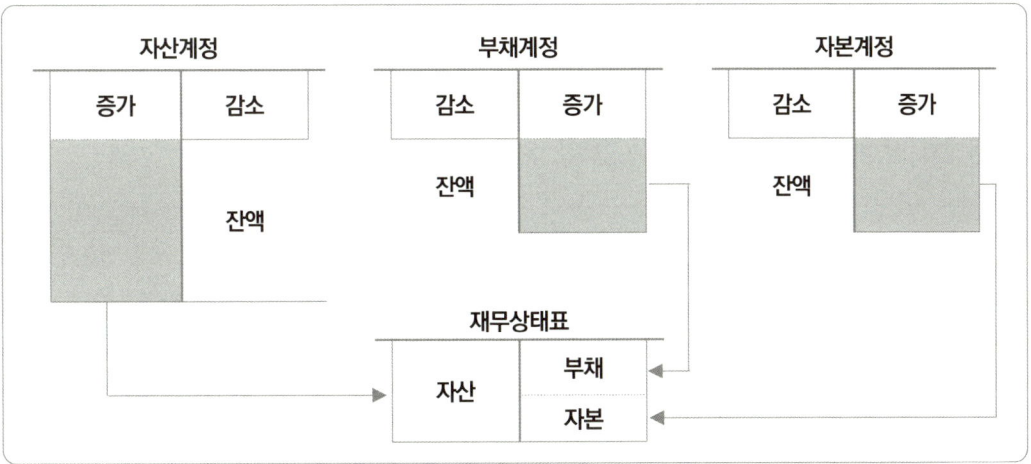

┃그림 3-7┃ 자산·부채·자본 계정의 기입법칙

(2) 손익계산서계정의 기입

① 수익계정은 발생을 대변에, 소멸을 차변에 기입하며, 잔액은 항상 대변에 남는다.
② 비용계정은 발생을 차변에, 소멸을 대변에 기입하며, 잔액은 항상 차변에 남는다.

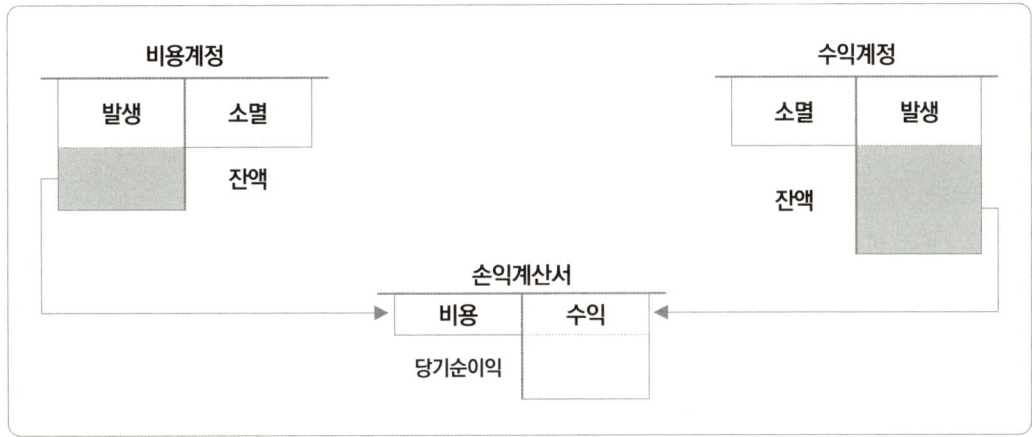

┃그림 3-8┃ 수익·비용 계정의 기입법칙

제3절 회계등식

01 회계등식에 의한 장부기록원리

거래가 발생하면 기업이 보유하고 있는 자산이나 부채가 변동(증가 또는 감소)한다. 자산에서 부채를 빼고 남은 순자산을 자본이라 한다.

거래의 발생에 따른 재무상태의 변동내용을 장부에 기록하기 위하여 자산, 부채와 자본 중의 하나 또는 그 이상의 변동내용을 장부에 기록하기 위하여 자산, 부채와 자본의 관계를 등식으로 표현할 수 있는데, 이를 회계등식 또는 재무상태표등식이라 한다. 회계등식의 핵심은 어떤 거래가 발생한다 하더라도 등호는 항상 유지된다는 것이다.

재무상태표 등식 : 자산 = 부채 + 자본

기업이 영업활동을 하는 과정에서 수익이나 비용이 발생한다. 이익(당기순이익)은 수익이 비용보다 큰 경우에 발생하며, 반대로 비용이 수익보다 큰 경우에는 손실(당기순손실)이 발생한다.

수익과 비용이 발생하는 거래의 경우에도 회계등식이 성립한다. 수익이 발생하면 그만큼 자산이 증가(또는 부채가 감소)하면서 자본도 증가하며, 비용이 발생하면 그만큼 자산이 감소(또는 부채가 증가)하면서 자본도 감소한다. 따라서 수익에서 비용을 뺀 당기순이익만큼 자본이 증가한다. 이를 등식으로 표현하면 다음과 같다.

손익계산서등식 : 수익 – 비용 = 당기순이익

재무상태표 등식에 기초하여 수익과 비용거래를 기록하면 재무상태(자산, 부채, 자본)에 대한 회계정보는 제공할 수 있으나, 경영성과(수익, 비용과 당기순이익)에 대한 회계정보는 제공할 수 없다. 왜냐하면 일정기간 동안 발생한 수익과 비용이 별도로 구분되어 표시되지 않고 순액인 당기순이익으로 자본에 포함되어 표시되기 때문이다.

02 회계등식을 이용한 거래의 분석

종합사례

경영컨설팅을 제공하는 ㈜백석의 20×1년 거래내역은 다음과 같다.

- 【거래 1】 1월 10일 주당 액면금액이 5,000원인 보통주 1,000주를 발행하여 발행금액 5,000,000원으로 영업을 시작하였다.
- 【거래 2】 2월 3일 사무실에 사용할 목적으로 사무용 컴퓨터 1대를 600,000원에 구입하면서 200,000원은 현금으로 지급하고, 잔액은 2개월 후에 지급하기로 하였다.
- 【거래 3】 3월 4일 사업자금이 부족하여 서초은행에서 현금 1,000,000원을 차입하였다.
- 【거래 4】 4월 6일 인쇄용지, 토너 등의 소모품을 300,000원에 구입하면서, 100,000원은 현금으로 지급하고, 잔액은 1개월 후에 지급하기로 하였다.
- 【거래 5】 5월 9일 지역신문에 광고선전비 100,000원을 현금으로 지급하였다.
- 【거래 6】 6월 10일 ㈜강남에 500,000원의 경영자문 용역을 제공하고 300,000원은 현금으로 받고, 잔액은 외상으로 하였다.
- 【거래 7】 7월 13일 서초은행에서 차입한 돈 중에서 400,000원의 원금과 이자 20,000원을 포함하여 현금으로 상환하였다.
- 【거래 8】 8월 17일 ㈜방배에 300,000원의 경영자문 용역을 제공하고 현금으로 받았다.
- 【거래 9】 9월 20일 4월 10일 받지 못했던 경영자문에 대한 용역대금을 현금으로 받았다.
- 【거래10】 10월 23일 사무실의 사용료로 현금 150,000원을 지급하였다.
- 【거래11】 11월 25일 종업원에 대한 급여 100,000원을 현금으로 지급하였다.

【거래 1】 주식의 발행

거래 1은 ㈜백석에 5,000,000원의 현금(자산)을 증가시키고 5,000,000원의 자본금(자본)을 증가시킨다. 거래 1의 영향을 회계등식으로 나타내면 다음과 같다.

	자산	+	비용	=	부채	+	자본	+	수익
	현금						자본금		
거래 전 :	0						0		
거래 영향 :	5,000,000						5,000,000		
거래 후 :	5,000,000						5,000,000		

【거래 2】 비품의 구입

거래 2은 600,000원의 비품(자산)을 증가시키고, 구입대금 중 현금으로 지급한 200,000원의 현금(자산)을 감소시키며 나머지는 앞으로 지급하여야 할 400,000원의 미지급금(부채)을 증가시킨다. 거래 2의 영향을 회계등식으로 나타내면 다음과 같다.

		자산	+	비용	=	부채	+	자본	+	수익
		현금 등				미지급금		자본금		
거래 전	:	5,000,000				0		5,000,000		
거래 영향	:	600,000 -200,000				400,000				
거래 후	:	5,400,000				400,000		5,000,000		

【거래 3】 현금의 차입

거래 3은 1,000,000원의 현금(자산)을 증가시키고, 1,000,000원의 단기차입금(부채)을 증가시킨다. 거래 3의 영향을 회계등식으로 나타내면 다음과 같다.

		자산	+	비용	=	부채	+	자본	+	수익
		현금 등				미지급금 등		자본금		
거래 전	:	5,400,000				400,000		5,000,000		
거래 영향	:	1,000,000				1,000,000				
거래 후	:	6,400,000				1,400,000		5,000,000		

【거래 4】 소모품의 구입

거래 4은 300,000원의 소모품(자산)을 증가시키고, 100,000원의 현금(자산)을 감소시키며, 나머지는 앞으로 지급하여야 할 200,000원의 미지급금(부채)을 증가시킨다. 거래 4의 영향을 회계등식으로 나타내면 다음과 같다.

		자산	+	비용	=	부채	+	자본	+	수익
		현금 등				미지급금 등		자본금		
거래 전	:	6,400,000				1,400,000		5,000,000		
거래 영향	:	300,000 -100,000				200,000				
거래 후	:	6,600,000				1,600,000		5,000,000		

【거래 5】 광고선전비 지급

거래 5는 100,000원의 광고선전비(비용)를 발생시키고, 100,000원의 현금(자산)을 감소시킨다. 거래 5의 영향을 회계등식으로 나타내면 다음과 같다.

		자산	+	비용	=	부채	+	자본	+	수익
		현금 등		광고선전비		미지급금 등		자본금		
거래 전	:	6,600,000		0		1,400,000		5,000,000		
거래 영향	:	-100,000		100,000		200,000				
거래 후	:	6,500,000		100,000		1,600,000		5,000,000		

【거래 6】 용역의 매출

거래 6은 300,000원의 현금(자산)과 200,000원의 외상매출금(자산)을 증가시키고, 500,000원의 용역매출(수익)을 발생시킨다. 거래 6의 영향을 회계등식으로 나타내면 다음과 같다.

		자산	+	비용	=	부채	+	자본	+	수익
		현금 등		광고선전비		미지급금 등		자본금		용역매출
거래 전	:	6,500,000		100,000		1,600,000		5,000,000		0
거래 영향	:	300,000 200,000								500,000
거래 후	:	7,000,000		100,000		1,600,000		5,000,000		500,000

【거래 7】 차입금의 현금상환

거래 7은 420,000원의 현금(자산)을 감소시키고, 400,000원의 단기차입금(부채)이 감소하고, 20,000원의 이자비용(비용)을 발생시킨다. 거래 7의 영향을 회계등식으로 나타내면 다음과 같다.

		자산	+	비용	=	부채	+	자본	+	수익
		현금 등		광고선전비		미지급금 등		자본금		용역매출
거래 전	:	7,000,000		100,000		1,600,000		5,000,000		500,000
거래 영향	:	-420,000		20,000		-400,000				
거래 후	:	6,580,000		120,000		1,200,000		5,000,000		500,000

【거래 8】 용역의 매출

거래 8은 300,000원의 현금(자산)을 증가시키고 300,000원의 용역매출(자본)을 증가시킨다. 거래 8의 영향을 회계등식으로 나타내면 다음과 같다.

	자산 현금 등	+	비용 광고선전비	=	부채 미지급금 등	+	자본 자본금	+	수익 용역매출
거래 전 :	6,580,000		120,000		1,200,000		5,000,000		500,000
거래 영향 :	300,000								300,000
거래 후 :	6,880,000		120,000		1,200,000		5,000,000		800,000

【거래 9】 외상매출금의 회수

거래 9는 200,000원의 현금(자산)을 증가시키고 200,000원의 외상매출금(자산)을 감소시킨다. 거래 9의 영향을 회계등식으로 나타내면 다음과 같다.

	자산 현금 등	+	비용 광고선전비	=	부채 미지급금 등	+	자본 자본금	+	수익 용역매출
거래 전 :	6,880,000		120,000		1,200,000		5,000,000		800,000
거래 영향 :	200,000 −200,000								
거래 후 :	6,880,000		120,000		1,200,000		5,000,000		800,000

【거래 10】 임차료의 지급

거래 10은 150,000원의 임차료(비용)를 발생시키고 150,000원의 현금(자산)을 감소시킨다. 거래 10의 영향을 회계등식으로 나타내면 다음과 같다.

	자산 현금 등	+	비용 광고선전비	=	부채 미지급금 등	+	자본 자본금	+	수익 용역매출
거래 전 :	6,880,000		120,000		1,200,000		5,000,000		800,000
거래 영향 :	−150,000		150,000						
거래 후 :	6,730,000		270,000		1,200,000		5,000,000		800,000

【거래 11】 급여의 지급

거래 11은 100,000원의 급여(비용)를 발생시키고 100,000원의 현금(자산)을 감소시킨다. 거래 11의 영향을 회계등식으로 나타내면 다음과 같다.

		자산 현금 등	+	비용 광고선전비	=	부채 미지급금 등	+	자본 자본금	+	수익 용역매출
거래 전	:	6,730,000		270,000		1,200,000		5,000,000		800,000
거래 영향	:	−100,000		100,000						
거래 후	:	6,630,000		370,000		1,200,000		5,000,000		800,000

제4절 분개장과 총계정원장

01 분개와 분개장

(1) 분개의 의의

기업에서 발생하는 수많은 거래를 각 계정의 차변과 대변에 바로 기입하면 기록의 오류 또는 누락이 발생할 가능성이 있다. 따라서 거래를 각 계정에 기입하기 전에 미리 다음의 내용을 결정하여야 한다.

> 1. 어느 계정에 기입할 것인가?
> 2. 그 계정의 차변 또는 대변 어느 쪽에 기입할 것인가?
> 3. 기입할 금액은 얼마인가?

이러한 절차를 분개(Journalizing)라 한다. 분개는 거래가 발생하면 거래를 식별하여 자산, 부채, 자본, 수익과 비용의 세부항목으로 분류하여 거래의 발생순서대로 기록하는 것이다.

(2) 분개장의 기입방법

분개를 기입하는 장부를 분개장이라 한다. 분개장(journal book)은 거래의 발생순서에 따라 분개를 기입하는 장부이다.

> **알아두기 분개장에 분개하는 방법**
> ① 자산의 증가는 차변에, 자산의 감소는 대변에 기록한다.
> ② 부채의 증가는 대변에, 부채의 감소는 차변에 기록한다.
> ③ 자본의 증가는 대변에, 자본의 감소는 차변에 기록한다.
> ④ 수익의 발생(증가)은 대변에, 수익의 감소는 차변에 기록한다.
> ⑤ 비용의 발생(증가)은 차변에, 비용의 감소는 대변에 기록한다.

1/1 (차) 현금 1,000,000   (대) 자본금 1,000,000

분 개 장 (단위:원)

월	일	적요	원면	차변	대변
1	1	(현　　금)	1	1,000,000	
		(자 본 금)	10		1,000,000
		현금을 출자하여 영업을 개시하다.			

|그림 3-9| 표 분개장의 양식

분개장을 사용할 경우의 장점은 다음과 같다.
① 특정한 거래와 관련된 모든 정보가 한 곳에 나타나며 당해 거래와 관련된 설명도 추가적으로 나타난다.
② 기업의 특정 회계연도에 관련된 모든 영업활동이 순차적으로 기록되어 특정 일자나 특정 기간의 거래에 대한 정보의 추적이 매우 쉽다.
③ 회계처리는 기록시 오류가 발생할 수 있는데, 분개장을 이용할 경우 거래를 직접 총계정원장으로 기입함으로써 발생할지도 모를 오류의 가능성을 훨씬 줄인다.

(3) 사례분석

거래가 발생하면 직접 분개장이란 장부에 분개내용을 기록, 작성해야 하나, 회계원리 학습에서는 직접 분개장에 분개를 하지 않고, 편의상 간편분개법으로 분개를 한다. 앞의 거래에 대하여 간편분개법에 의한 분개를 한 후 분개장을 작성해 보기로 한다.

【거래 1】 1월 10일 주당 액면금액이 5,000원인 보통주 1,000주를 발행하여 발행금액 5,000,000원으로 영업을 시작하였다.

[거래분석]
- 현　금(자산) 5,000,000원 증가 → 현금계정의 차변에 기입
- 자본금(자본) 5,000,000원 증가 → 자본금계정의 대변에 기입

[분개]

(차) 현　　　금　　　　5,000,000　　　(대) 자본금　　　　5,000,000

【거래 2】 2월 3일 사무실에 사용할 목적으로 사무용 컴퓨터 1대를 600,000원에 구입하면서 200,000원은 현금으로 지급하고, 잔액은 2개월 후에 지급하기로 하였다.

[거래분석]
- 비　품(자산) 600,000원 증가 → 비품계정의 차변에 기입
- 현　금(자산) 200,000원 감소 → 현금계정의 대변에 기입
- 미지급금(부채) 400,000원 증가 → 미지급금계정의 대변에 기입

[분개]

(차) 비　　　품　　　　600,000　　　(대) 현　　　금　　　　200,000
　　　　　　　　　　　　　　　　　　　　　　미지급금　　　　400,000

【거래 3】 3월 4일 사업자금이 부족하여 서초은행에서 현금 1,000,000원을 차입하였다.

[거래분석]
- 현　금(자산) 1,000,000원 증가 → 현금계정의 차변에 기입
- 단기차입금(부채) 1,000,000원 증가 → 단기차입금계정의 대변에 기입

[분개]

(차) 현　　금　　　　1,000,000　　　(대) 단기차입금　　　1,000,000

【거래 4】 4월 6일 인쇄용지, 토너 등의 소모품을 300,000원에 구입하면서, 100,000원은 현금으로 지급하고, 잔액은 1개월 후에 지급하기로 하였다.

[거래분석]
- 소모품(자산) 300,000원 증가 → 소모품계정의 차변에 기입
- 현　금(자산) 200,000원 감소 → 현금계정의 대변에 기입
- 미지급금(부채) 400,000원 증가 → 미지급금계정의 대변에 기입

[분개]

(차) 소모품　　　　　300,000　　　(대) 현　　금　　　　100,000
　　　　　　　　　　　　　　　　　　　　미지급금　　　　200,000

【거래 5】 5월 9일 지역신문에 광고선전비 100,000원을 현금으로 지급하였다.

[거래분석]
- 광고선전비(비용) 100,000원 증가 → 광고선전비계정의 차변에 기입
- 현금(자산) 100,000원 감소 → 현금계정의 대변에 기입

[분개]

(차) 광고선전비　　　100,000　　　(대) 현　　금　　　　100,000

【거래 6】 6월 10일 ㈜강남에 500,000원의 경영자문 용역을 제공하고 300,000원은 현금으로 받고, 잔액은 외상으로 하였다.

[거래분석]
- 현　금(자산) 300,000원 증가 → 현금계정의 차변에 기입
- 외상매출금(자산) 200,000원 증가 → 외상매출금계정의 차변에 기입
- 용역매출(수익) 500,000원 증가 → 용역매출계정의 대변에 기입

[분개]

(차) 현　　금　　　　300,000　　　(대) 용역매출　　　　500,000
　　　외상매출금　　　200,000

【거래 7】 7월 13일 서초은행에서 차입한 돈 중에서 400,000원의 원금과 이자 20,000원을 포함하여 현금으로 상환하였다.

[거래분석]
- 단기차입금(부채) 400,000원 감소 → 단기차입금계정의 차변에 기입
- 이자비용(비용) 20,000원 증가 → 이자비용계정의 차변에 기입
- 현금(자산) 420,000원 감소 → 현금계정의 대변에 기입

[분개]

(차)	단기차입금	400,000	(대)	현　금	420,000
	이 자 비 용	20,000			

【거래 8】 8월 17일 ㈜방배에 300,000원의 경영자문 용역을 제공하고 현금으로 받았다.

[거래분석]
- 현　금(자산) 300,000원 증가 → 현금계정의 차변에 기입
- 용역매출(수익) 300,000원 증가 → 용역매출계정의 대변에 기입

[분개]

(차) 현　　금　　　300,000　　　(대) 용역매출　　　300,000

【거래 9】 9월 20일 4월 10일 받지 못했던 경영자문에 대한 용역대금을 현금으로 받았다.

[거래분석]
- 현　금(자산) 200,000원 증가 → 현금계정의 차변에 기입
- 외상매출금(자산) 200,000원 감소 → 외상매출금계정의 대변에 기입

[분개]

(차) 현　　금　　　200,000　　　(대) 외상매출금　　　200,000

【거래 10】 10월 23일 사무실의 사용료로 현금 150,000원을 지급하였다.

[거래분석]
- 임차료(비용) 150,000원 증가 → 임차료계정의 차변에 기입
- 현금(자산) 150,000원 감소 → 현금계정의 대변에 기입

[분개]

(차) 임차료　　　150,000　　　(대) 현　　금　　　150,000

【거래】 11월 25일 종업원에 대한 급여 100,000원을 현금으로 지급하였다.

[거래분석]
• 급여(비용) 100,000원 증가 → 비용계정의 차변에 기입
• 현금(자산) 100,000원 감소 → 현금계정의 대변에 기입

[분개]

(차) 급 여   100,000   (대) 현 금   100,000

지금까지 간편분개법으로 분개한 거래내역을 분개장에 직접 기입해 보면 다음과 같다.

분 개 장

(단위 : 원)

월	일	적 요	원면	차 변	대 변
1	10	현금 　　　　　자본금 현금을 출자하여 사업을 개시		5,000,000	5,000,000
2	3	비품 　　　　　현금 　　　　　미지급금 비품을 일부현금, 일부외상으로 구입		600,000	200,000 400,000
3	4	현금 　　　　　단기차입금 서초은행에서 현금 차입		1,000,000	1,000,000
4	6	소모품 　　　　　현금 　　　　　미지급금 소모품을 일부현금, 일부외상으로 구입		300,000	100,000 200,000
5	9	광고선전비 　　　　　현금 광고선전비 현금 지급		100,000	100,000
6	10	현금 외상매출금 　　　　　용역매출 용역을 일부현금, 일부외상으로 매출		300,000 200,000	500,000
7	13	단기차입금 이자비용 　　　　　현금 차입금 원금을 이자와 함께 상환		400,000 20,000	420,000
8	17	현금 　　　　　용역매출 용역의 현금 매출		300,000	300,000
9	20	현금 　　　　　외상매출금 외상매출금의 현금회수		200,000	200,000
10	23	임차료 　　　　　현금 사무실 사용료의 현금 지급		150,000	150,000
11	25	급여 　　　　　현금 급여의 현금지급		100,000	100,000

> **연습문제**
>
> 다음 중 회계상의 모든 거래를 발생 순서대로 빠짐없이 기입하는 장부는?
> ① 분개장　　　② 매입처원장　　　③ 매출처원장　　　④ 현금출납장
>
> ①
> 　모든 거래를 기록하는 장부는 주요부(분개장과 총계정원장)이다.

02 총계정원장과 전기

(1) 전기와 총계정원장

거래가 발생하면 거래의 발생순서대로 분개장에 분개한다. 분개장에 기록된 거래는 원장의 해당 계정으로 옮겨 적는다. 분개장의 차변에 기입된 내용은 원장의 해당 계정의 차변에 옮겨 적고, 분개장의 대변에 기입된 내용은 원장의 해당 계정의 대변에 옮겨 적는다. 이러한 과정을 전기(Posting)라 한다. 전기는 분개장에 기록된 거래를 같은 계정별로 분류하여 해당 원장에 주기적으로 옮겨 적어 같은 유형의 거래를 한 곳(계정)으로 모으는 단계이다.

기업은 재무제표에 표시되는 각 항목별로 계정을 설정하여 기록한다. 모든 계정이 하나의 장부에 집합된다. 이 장부를 원장 또는 총계정원장(general ledger)이라 한다.

(2) 총계정원장에 전기하는 방법

① 분개장에 기록된 분개의 해당 계정을 찾는다.
② 분개된 차변계정의 금액을 총계정원장의 해당 계정의 차변에 기입하고, 분개된 대변계정의 금액을 총계정원장의 해당 계정의 대변에 기입한다.
③ 총계정원장의 적요란에 상대계정과목을 기입한다.

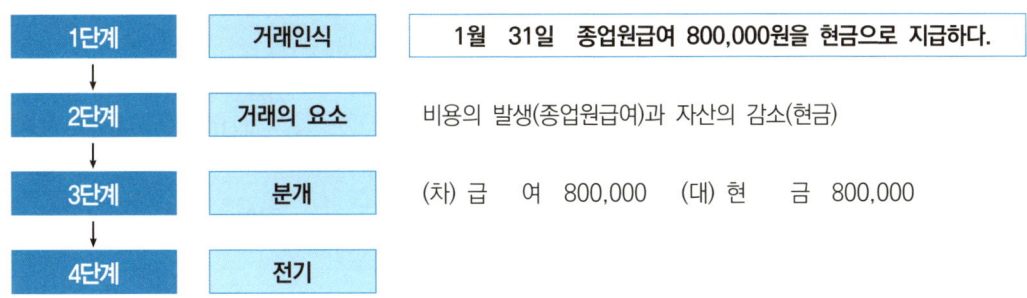

┃그림 3-10┃ 분개와 전기순서

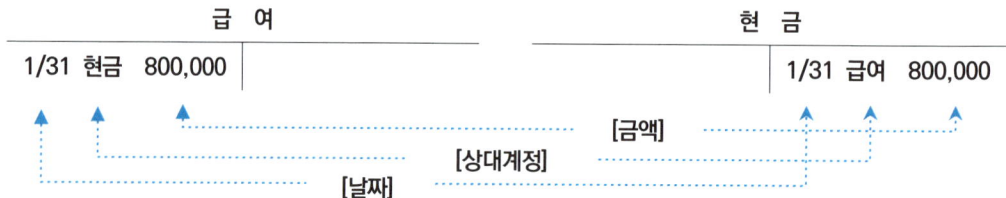

> **알아두기 전기하는 방법**
>
> ① 차변에 분개된 금액은 해당계정 차변에 기입하고, 대변에 분개된 금액은 해당계정 대변에 기입한다.
> ② 거래날짜와 상대계정과목을 기입한다. 단, 상대계정과목이 2개 이상이면 "제좌"라고 기입한다.
> ③ 금액은 자기 자신의 금액을 기입한다.

(3) 예제의 전기와 계정 기입

지금까지 설명한 예제의 분개장에 기록된 거래내역을 약식 T-계정으로 전기해 보자.

```
                       현          금
1/10 자본금      5,000,000  2/3  비품            200,000
3/4  단기차입금  1,000,000  4/6  소모품          100,000
6/10 용역매출      300,000  5/9  광고선전비      100,000
8/17 용역매출      300,000  7/13 제좌            420,000
9/20 외상매출금    200,000  10/23 임차료         150,000
                            10/25 급여           100,000


              외상매출금                              소모품
6/10 용역매출 200,000 | 9/20 현금  200,000     4/6 제좌  300,000


                 비품                              단기차입금
2/3 제좌  600,000                             7/13 현금 400,000 | 3/4 현금 1,000,000


               미지급금                              자본금
              | 2/3 비품   400,000                        | 1/10 현금 5,000,000
              | 4/6 소모품 200,000


               용역매출                                급여
              | 6/10 제좌  500,000         11/25 현금 100,000
              | 8/17 현금  300,000
```

광고선전비			임차료	
5/9 현금 100,000			10/23 현금 150,000	

이자비용	
7/13 현금 20,000	

 이렇게 분개장에서 총계정원장으로 전기를 마침으로써 회계기간 중의 절차는 마치게 된다. 전기 후 각 계정의 잔액은 쉽게 확인할 수 있는데, 비품은 차변잔액이 600,000원, 미지급금은 대변잔액이 600,000원, 자본금은 대변잔액이 5,000,000원, 용역매출은 대변잔액이 800,000원, 급여는 차변잔액이 100,000원으로 나타난다.

 각 계정의 일정시점 잔액을 평상잔액(normal balance)이라고 한다. 잔액은 보통 먼저 증가가 있은 후 감소하고 남은 금액이다. 재무상태표 등식에 따라 증가가 차변인 자산과 비용은 차변잔액이 남고, 증가가 대변인 부채 및 자본과 수익계정은 평상잔액 대변에 남게 된다. 물론 회계기간 중 증가액만큼 동일한 금액이 감소한 미지급금과 재고자산계정은 잔액이 영(0)이 되었다.

03 기초 재무상태와 기말 재무제표

 지금까지 살펴본 예제의 기초 재무상태와 기말 재무제표를 간단히 살펴보기로 하자. 예제는 기초(20×1년초)에 자본금 5,000,000원을 출자하여 영업을 시작하였다. 따라서 기초 시점의 분개는 다음과 같다.

> (차) 현 금 5,000,000원   (대) 자본금 5,000,000원

 이 시점(기초시점)의 재무상태는 예제가 자본금 5,000,000원을 현금의 형태로 사용하고 있음을 알 수 있다. 이를 재무상태표라는 재무제표로 작성해 보면 다음과 같다. 자산(현금 5,000,000원)+자본(자본금 5,000,000원)의 재무상태표등식이 성립하고 있다.

재 무 상 태 표

(주)백석 20×1년 1월 1일 (단위: 원)

자산		부채 및 자본	
현금및현금성자산	5,000,000	자본금	5,000,000
자산합계	5,000,000	부채및자본합계	5,000,000

이를 출발점으로 하여 사례가 회계기간 중 영업한 활동이 분개장을 거쳐 총계정원장으로 전기되었다. 기말(보고기간말)시점의 총계정원장에 남은 각 계정의 잔액(평상잔액)을 확인하여 기말 재무상태표를 작성해 보기로 하자.

재 무 상 태 표

(주)백석　　　　　　　　　　　　20×1년 12월 31일　　　　　　　　　　　　(단위 : 원)

자산		부채 및 자본	
현금및현금성자산	5,730,000	단기차입금	600,000
소모품	300,000	미지급금	600,000
비품	600,000	자본금	5,430,000
자산합계	6,630,000	부채및자본합계	6,630,000

여기에 자본금(자기자본)이 기초 5,000,000원에서 기말 5,430,000원으로 증가하였기 때문에 사례는 20×1년 영업활동을 통하여 430,000원이라는 순이익이 남았다는 것을 알 수 있다. 이렇게 순이익이 발생한 과정을 보여주는 재무제표를 손익계산서라고 한다. 손익계산서의 작성원리는 수익이 발생하면 자기자본이 증가하고, 비용이 발생하면 자기자본이 감소한다. 따라서 총수익에서 총비용을 차감하면 순이익이 계산된다.

손익계산서

(주)백석　　　　　　　　　20×1년 1월 1일부터 12월 31일까지　　　　　　　　　(단위 : 원)

〈수익〉	
용역매출	800,000
〈비용〉	
급여	100,000
임차료	150,000
광고선전비	100,000
이자비용	20,000
당기순이익	430,000

이렇게 기초와 기말 재무상태표의 자기자본을 비교하여 순이익을 계산하는 방법을 재산법이라고 하며, 수익과 비용을 서로 대응시켜 순이익을 계산하는 방법을 손익법이라고 한다.

(1) 손익법

수익과 비용을 비교하여 당기순손익을 계산하는 방법으로 거래접근법이라고도 한다.

손 익 법 ⇨	총수익 − 총비용 = 당기순이익
	총비용 − 총수익 = 당기순손실

(2) 재산법

기초자본과 기말자본을 비교하여 당기순손익을 계산하는 방법으로 자본유지접근법이라고도 한다.

| 재 산 법
(자본유지접근법) | ① 기말자본 − 기초자본 = 순이익
② 기초자본 − 기말자본 = 순손실 | ⇒ 기말자본 − 기초자본 = | (+) 순이익
(−) 순손실 |

단원별 연습문제

01 다음 중 거래의 종류를 연결한 것으로 틀린 것은?

① 이자수익 10,000,000원을 현금으로 받다 - 손익거래
② 영업용 비품을 1,000,000원에 구입하고 대금은 현금으로 지급하다 - 교환거래
③ 보험료 2,000,000원을 현금으로 지급하다 - 손익거래
④ 영업용 건물을 10,000,000원에 구입하고 대금 중 일부는 현금으로 지급하고, 나머지 잔액은 나중에 지급하기로 하다 - 혼합거래

02 다음 중 거래의 성립요건에 해당하지 않는 것은?

① 상품 200,000원을 도난당하다.
② 컴퓨터 1대를 500,000원에 구입하고 대금은 월말에 지급하기로 하다.
③ 회사의 신문대금 30,000원을 현금으로 결제하다.
④ 제주도 감귤농장에 감귤 5,000,000원어치를 주문하다.

03 다음 거래의 유형 중 혼합거래에 해당하는 것은?

① 상품 500,000원을 매입하고 대금은 현금으로 지급하다.
② 상품 700,000원을 매출하고 대금 중 500,000원은 현금으로 받고 잔액은 외상으로 하다.
③ 8월분 직원 급여 2,000,000원을 보통예금에서 계좌이체하다.
④ 단기차입금 500,000원과 이자 30,000원을 현금으로 상환하다.

04 다음과 같은 거래요소의 결합관계로 이루어지는 거래는?

(차변) 자산의 증가	(대변) 자산의 감소

① 사회기부단체에 500,000원을 보통예금에서 계좌이체하여 기부하다.
② 현금 100,000,000원을 출자하여 영업을 개시하다.
③ 사무실 임차보증금 5,000,000원을 당좌수표를 발행하여 지급하다.
④ 사무실에서 사용할 컴퓨터를 2,000,000원에 구매하고 신용카드로 결제하다.

05 다음 중 회계상의 거래에 해당하는 것은?

① 회사 업무용 차량이 필요하여 15,000,000원에 주문하다.
② 신입 사원을 채용하고 매월 2,000,000원을 지급하기로 근로계약을 하다.
③ 판매장에서 사용할 에어컨 구입계약을 하다.
④ 장마로 인한 홍수피해로 회사 창고에 보관중인 상품의 손실이 3,000,000원 발생하였다.

06 다음 중 회계상 거래에 해당되지 않는 것은?

① 보관중인 현금 100,000원을 도난당하였다.
② 화재로 인해 창고에 보관되어 있던 상품 3,000,000원이 소실되었다.
③ ㈜햇님과 1억원의 상품판매계약을 체결하였다.
④ 현금 30,000,000원을 기업주명의 통장으로 출자하다.

07 다음 중 각 날짜별 분개에 대한 거래의 종류로 옳은 것은?

10/6 : 차) 단기차입금	30,000,000원	대) 현금	31,000,000원
이자비용	1,000,000원		
10/9 : 차) 현금	10,000,000원	대) 자본금	10,000,000원

① 10/6 : 혼합거래, 10/9 : 손익거래
② 10/6 : 혼합거래, 10/9 : 교환거래
③ 10/6 : 손익거래, 10/9 : 교환거래
④ 10/6 : 교환거래, 10/9 : 손익거래

08 (가) ~ (다)의 거래와 관련하여 작성되는 전표가 바르게 짝지어진 것은? (단, 3전표제를 채택함)

(가) 상품 10,000원을 매출하고, 대금은 현금으로 받다.
(나) 사무용품 20,000원어치를 구입하고, 대금은 현금으로 지급하다.
(다) 업무용 컴퓨터 1대를 500,000원에 구입하고, 대금은 어음으로 지급하다.

	(가)	(나)	(다)
①	입금전표	출금전표	대체전표
②	입금전표	대체전표	출금전표
③	출금전표	입금전표	대체전표
④	출금전표	대체전표	입금전표

09 다음 중 경영성과에 영향을 미치는 거래는?

① 외상매입금을 현금으로 지급하다.
② 외상매입금을 약속어음을 발행하여 지급하다.
③ 기업주 개인의 차입금을 기업이 대신 지급하다.
④ 차입금에 대한 이자를 현금으로 지급하다.

10 다음 거래에 대한 결합관계를 바르게 나타낸 것은?

> 단기차입금 200,000원을 현금으로 지급하다.

① 자산의 증가 - 자산의 감소
② 비용의 발생 - 자산의 감소
③ 부채의 감소 - 자산의 감소
④ 부채의 감소 - 부채의 증가

정답 및 풀이

1. ④ 혼합거래란 하나의 거래에서 교환거래와 손익거래가 동시에 발생하는 거래를 말한다.
2. ④ 자산, 부채, 자본의 증감변화가 있어야 거래로 인식한다.
3. ④ 혼합거래는 한쪽금액 일부가 수익 또는 비용인 거래를 의미한다.
4. ③ ① (차) 기부금(비용의 발생)   500,000원   (대) 보통예금(자산의 감소)   500,000원
      ② (차) 현금(자산의 증가)   100,000,000원   (대) 자본금(자본의 증가) 100,000,000원
      ③ (차) 임차보증금(자산의 증가) 5,000,000원   (대) 당좌예금(자산의 감소) 5,000,000원
      ④ (차) 비품(자산의 증가)   2,000,000원   (대) 미지급금(부채의 증가) 2,000,000원
5. ④ 주문, 근로계약, 지급하기로 한 거래는 회계상 거래에 해당되지 않는다.
6. ③ 주문, 보관, 계약, 위탁 등은 기업의 자산, 부채, 자본에 증감 변화를 가져오지 않으므로 회계상 거래에 해당되지 않는다.
7. ②
8. ① (가) 입금전표 : 현금 입금
     (나) 출금전표 : 현금 지출
     (다) 대체전표 : 현금 거래 없음
9. ① ②,③ 교환거래, ④ 손익거래(이자비용)
10. ③ 단기차입금-부채, 현금-자산에 해당하며 단기차입금과 현금이 둘다 감소한 경우이다.

연습문제

문제 1

다음의 자료에 의하여 회계상의 거래인 것은 ○표, 아닌 것은 ×표를 하시오.

(1) 상품 ₩300,000을 현금으로 받고 매출하다. ( )
(2) 현금 ₩100,000,000을 출자하여 영업을 개시하다. ( )
(3) 사무실 보증금 ₩20,000,000을 지급하기로 하고 계약하다. ( )
(4) 화재로 인하여 ₩30,000,000의 창고 건물이 소실되다. ( )
(5) 거래처인 한라상회에 상품 ₩6,000,000을 주문하다. ( )
(6) 매월 급여 ₩1,000,000을 지급하기로 하고 종업원 1명을 채용하다. ( )
(7) 상품 ₩500,000을 현금으로 매입하다. ( )
(8) 금고에 보관 중이던 현금 ₩500,000을 도난당하다. ( )
(9) 거래처의 부도로 받을어음 ₩600,000이 회수불능 되다. ( )
(10) 기계장치를 사용함으로 인하여 가치가 감소하다. ( )
(11) 창고에 상품 ₩400,000을 보관하다. ( )
(12) 현금 ₩10,000,000을 대여하다. ( )
(13) 자금의 차입을 위하여 건물 ₩10,000,000을 담보로 제공하다. ( )

문제 2

다음 회계상의 거래를 보고 교환거래는 "교", 손익거래는 "손", 혼합거래는 "혼"이라고 ( )안에 표시하시오.

(1) 상품 ₩1,000,000을 매입하고 대금은 현금지급하다. ( )
(2) 현금 ₩13,000을 도난당하다. ( )
(3) 대여금 ₩500,000과 이자 ₩20,000을 기일에 현금으로 회수하다. ( )
(4) 업무용 책상과 의자 1조를 구입하고 대금은 나중에 지급하기로 하다. ( )
(5) 화재로 상품 ₩300,000을 소실하다. ( )
(6) 점주가 거래처로부터 외상값 ₩400,000을 받아 가계비로 사용하다. ( )
(7) 한 달분 집세 ₩200,000을 현금으로 지급하다. ( )

문제 3

다음 거래를 보고 거래요소의 결합관계와 거래의 종류를 표시하시오.

(1) 현금 ₩6,000,000을 출자하여 영업개시 하다.
(2) 업무용 컴퓨터 ₩1,000,000을 구입하고, 대금은 나중에 지급하기로 하다.
(3) 거래처의 외상매입금 ₩900,000을 현금으로 지급하다.
(4) 영일상점에서 상품 ₩480,000을 매입하고, 대금은 현금으로 지급하다.
(5) 업무용 승용차에 대한 보험료 ₩350,000을 현금으로 지급하다.
(6) 이자 ₩15,000을 현금으로 지급하다.
(7) 건물을 빌려주고 집세 ₩50,000을 현금으로 받다.
(8) 단기대여금 ₩450,000과 이자 ₩9,000을 현금으로 받다.
(9) 단기차입금 ₩840,000과 이자 ₩12,000을 현금으로 지급하다.
(10) 상품 ₩980,000(원가 ₩800,000)을 매출하고, 대금은 월말에 받기로 하다.

No	거래요소의 결합관계		거래의 종류
	차 변	대 변	
(1)			
(2)			
(3)			
(4)			
(5)			
(6)			
(7)			
(8)			
(9)			
(10)			

문제 4

다음의 거래를 분개하시오.

(1) 현금 ₩5,000,000을 출자하여 영업을 개시하다.
(2) 업무용 책상과 의자 ₩150,000을 구입하고, 대금은 현금으로 지급하다.
(3) 상품 ₩3,500,000을 매입하고, 대금 중 ₩2,000,000은 현금으로 지급하고, 잔액은 외상으로 하다.
(4) 종업원에게 급여 ₩700,000을 현금으로 지급하다.
(5) 상품 ₩1,500,000(원가 ₩1,200,000)을 매출하고, 대금 중 ₩500,000은 현금으로 받고, 잔액은 외상으로 하다.
(6) 전기요금 ₩125,000과 수도요금 ₩30,000을 현금으로 지급하다.
(7) 외상매입금 ₩500,000을 현금으로 지급하다.
(8) 현금 ₩1,000,000을 10개월 후 상환하기로 차용증서를 발행하여 주고 차입하다.
(9) 외상매출금 ₩500,000을 약속어음으로 받다.
(10) 건물에 대한 화재보험료 ₩350,000을 현금으로 지급하다.

No	차 변 과 목	금 액	대 변 과 목	금 액
(1)				
(2)				
(3)				
(4)				
(5)				
(6)				
(7)				
(8)				
(9)				
(10)				

문제 5

다음의 거래를 분개하시오.

(1) 현금 ₩1,000,000(단기차입금 ₩300,000 포함)으로 상품매매업을 개시하다.
(2) 상품 ₩1,500,000을 매입하고, 대금 중 ₩1,000,000은 현금으로 지급하고, 잔액은 외상으로 하다.
(3) 장부 및 복사용지 ₩50,000을 구입하고 현금으로 지급하다.
(4) 사무실을 임차하고 집세 ₩500,000을 수표로 발행하여 지급하다.
(5) 자동차세 ₩150,000과 사업소세 ₩170,000을 현금으로 납부하다.
(6) 단기대여금 ₩1,500,000과 그 이자 ₩60,000을 현금으로 회수하다.
(7) 단기차입금 ₩200,000과 그 이자 ₩20,000을 현금으로 지급하다.
(8) 창고에 보관중인 빈 박스 등을 ₩40,000에 처분하고 현금으로 받다.
(9) 전화요금 ₩65,000을 현금으로 납부하다.
(10) 상품 ₩1,850,000(원가 ₩1,500,000)을 매출하고, 대금 중 ₩850,000은 현금으로 받고, 잔액은 약속어음으로 받다.

No	차 변 과 목	금 액	대 변 과 목	금 액
(1)				
(2)				
(3)				
(4)				
(5)				
(6)				
(7)				
(8)				
(9)				
(10)				

문제 6

다음의 연속된 거래를 분개하고 아래 계정에 전기하시오.

2월 1일 현금 ₩2,000,000을 출자하여 상품매매업을 시작하다.
 5일 백두상점에서 1년 이내 상환하기로 하고 현금 ₩700,000을 차입하다.
 9일 한라상점에서 상품 ₩800,000을 매입하고, 대금 중 ₩100,000은 현금으로 지급하고, 잔액은 외상으로 하다.
16일 업무용 책상과 의자 ₩200,000을 구입하고, 대금은 현금으로 지급하다.
19일 서울상점의 외상매입금 ₩100,000을 현금으로 지급하다.
20일 충청상점에 상품 ₩760,000(원가 ₩500,000)을 외상으로 매출하다.
21일 백두상점의 차입금 중 ₩300,000과 이자 ₩25,000을 현금으로 지급하다.
23일 충청상점으로부터 외상매출금 ₩400,000을 현금으로 회수하다.
25일 2월분 종업원 급여 ₩650,000을 현금으로 지급하다.

월일	차 변 과 목	금 액	대 변 과 목	금 액
2월 1일				
5일				
9일				
16일				
19일				
20일				
21일				
23일				
25일				

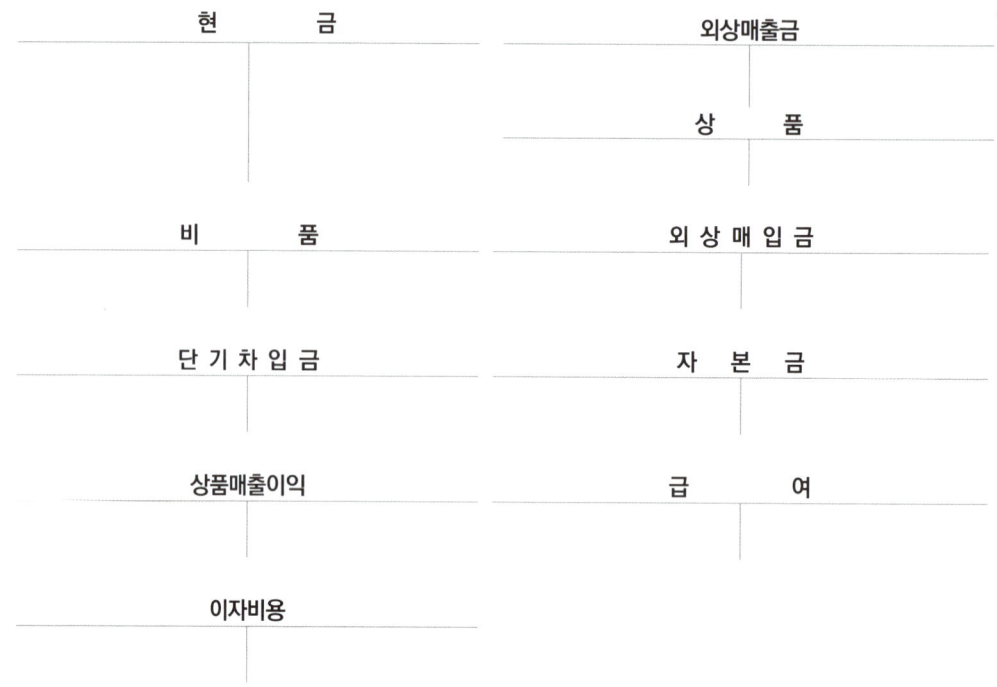

문제 7

다음의 분개를 보고 거래의 내용을 추정하시오.

(단위 : 원)

No	차변과목	금 액	대변과목	금 액	거래내용
(1)	현 금	1,000,000	자 본 금	1,000,000	
(2)	상 품	500,000	현 금 외상매입금	150,000 350,000	
(3)	현 금	600,000	단기차입금	600,000	
(4)	현 금 외상매출금	350,000 400,000	상 품 상품매출이익	500,000 250,000	
(5)	급 여	750,000	현 금	750,000	

문제 8

다음 전기된 계정을 보고 날짜순으로 분개를 추정하시오.

월일	차변과목	금액	대변과목	금액
3월 1일	현금	900,000	자본금	900,000
10일	상품	290,000	외상매입금	290,000
12일	당좌예금	500,000	현금	500,000
15일	현금	350,000	상품 상품매출이익	315,000 35,000
20일	비품	400,000	당좌예금	400,000
25일	외상매입금	250,000	현금	250,000
30일	급여	450,000	현금	450,000

문제 9

다음의 (   )안에 알맞은 용어를 넣으시오.

(1) 손익계산서의 대변합계금액이 많으면 (   )이 발생하고, 차변합계금액이 많으면 (   )이 발생한다.

(2) 순손익을 계산하는 방법에는 (   )과, (   )이 있다.

(3) 기말자본 - 기초자본 = (   )을 재산법 등식이라 한다.

(4) 총수익 - (   ) = 당기순이익을 손익법 등식이라 한다.

(5) 자본의 추가출자 없이 기업의 영업활동의 결과로 자본의 증가를 가져오는 것을 (   )이라 한다.

문제 10

다음 자료에 의하여 (   )안에 알맞은 숫자를 기입하시오. (△는 당기순손실)

No	기초			기말			총수익	총비용	순손익
	자산	부채	자본	자산	부채	자본			
1	35,000	15,000	( )	80,000	55,000	( )	35,000	( )	( )
2	( )	90,000	50,000	( )	82,000	56,000	( )	26,000	( )
3	89,000	34,000	( )	96,000	( )	( )	68,000	( )	△3,000

문제 11

중동상회의 20×1년 1월 1일부터 12월 31일까지의 자료는 다음과 같다. 기초 재무상태표와 기말 재무상태표 및 손익계산서를 작성하시오.

(1) 20×1년 1월 1일(기초)의 재무상태

현금및현금성자산 ₩450,000 단기매매증권 ₩60,000 외상매출금 ₩390,000
받을어음 ₩150,000 상품 ₩350,000 비품 ₩200,000
외상매입금 ₩300,000 미지급금 ₩160,000 단기차입금 ₩140,000

(2) 20×1년 1월 1일부터 12월 31일까지 발생한 수익과 비용

상품매출이익 ₩560,000 임대료 ₩240,000 이자수익 ₩130,000
급여 ₩330,000 수도광열비 ₩160,000 세금과공과 ₩90,000
여비교통비 ₩130,000 보험료 ₩30,000 잡비 ₩40,000

(3) 20×1년 12월 31일(기말)의 재무상태

현금및현금성자산 ₩760,000 단기매매증권 ₩70,000 외상매출금 ₩430,000
받을어음 ₩230,000 상품 ₩260,000 비품 ₩150,000
외상매입금 ₩270,000 미지급금 ₩230,000 단기차입금 ₩250,000

재무상태표(기초)

중동상회 20×1년 1월 1일 (단위 : 원)

자산	금액	부채·자본	금액

손익계산서

중동상회 20×1년 1/1~12/31 (단위 : 원)

비용	금액	수익	금액

재무상태표(기말)

중동상회 20×1년 12월 31일 (단위 : 원)

자산	금액	부채·자본	금액

(1) 기초자본금은 얼마인가? (   )
(2) 기말부채는 얼마인가? (   )
(3) 기말자본금은 얼마인가? (   )
(4) 당기 총비용은 얼마인가? (   )
(5) 당기순손익은 얼마인가? (   )
(6) 재산법 : (   )−(   )=(   )
(7) 손익법 : (   )−(   )=(   )

Chapter 04

회계순환과정과 재무제표 작성

제1절 회계순환과정과 결산절차
제2절 시산표의 작성
제3절 결산수정분개
제4절 재무제표의 작성
제5절 회계장부의 마감
단원별 연습문제

Chapter 04 회계순환과정과 재무제표 작성

제1절 회계순환과정과 결산절차

01 회계순환과정

회계순환과정(accounting cycle)은 회계거래의 기록에서부터 재무제표를 작성하기까지 반복적으로 수행하는 일련의 절차를 말하며, ① 회계기간 중의 거래기록과 ② 회계기간 말의 결산과정으로 나눌 수 있다.

｜표 4-1｜ 회계순환과정

회계순환과정		내용	비고
1단계	거래의 분석	거래를 분석하고 측정함	회계기간 중의 거래기록
	분개	거래의 분석결과를 분개장에 기록함	
2단계	전기	분개장에 기록한 거래를 계정별로 총계정원장의 해당 계정에 옮겨 적음	
3단계	결산수정분개와 전기	• 회계기간 말에 계정별 잔액을 요약하여 수정전 시산표를 작성함 • 회계기간말에 결산수정분개와 전기를 함 • 수정전시산표에 결산수정분개를 반영하여 수정후시산표를 작성함	회계기간 말의 결산과정
4단계	결산 완료	재무제표의 작성	수정후시산표를 근거로 재무제표를 작성함	
		계정마감, 잔액이월	원장의 각 계정을 마감하고 잔액을 이월함	

연습문제

다음 중 회계순환과정을 바르게 나타낸 것은?
① 거래의 인식 → 분개장 → 시산표 → 총계정원장 → 재무제표
② 거래의 인식 → 시산표 → 분개장 → 총계정원장 → 재무제표
③ 거래의 인식 → 총계정원장 → 분개장 → 시산표 → 재무제표
④ 거래의 인식 → 분개장 → 총계정원장 → 시산표 → 재무제표

 ④

02 결산절차

결산(closing)은 일정시점에서 장부를 마감하여 회계기간 중의 경영성과와 회계기간 말의 재무상태를 확정하는 과정을 말한다. 결산의 절차는 예비절차, 본 절차, 결산보고서 작성절차로 나눌 수 있다.

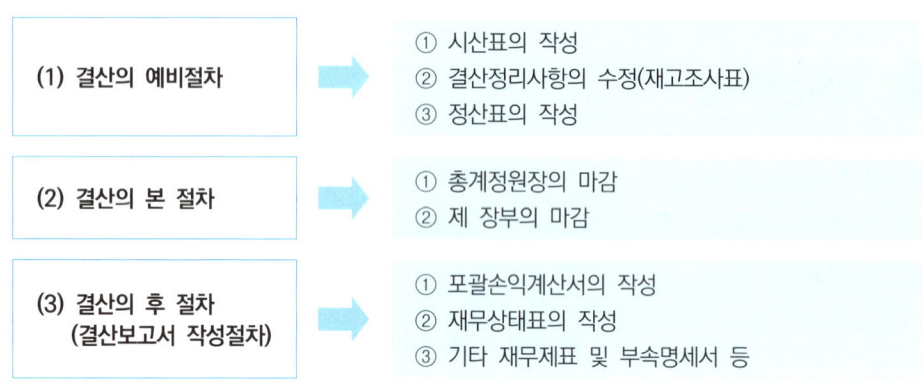

| 그림 4-1 | 결산절차

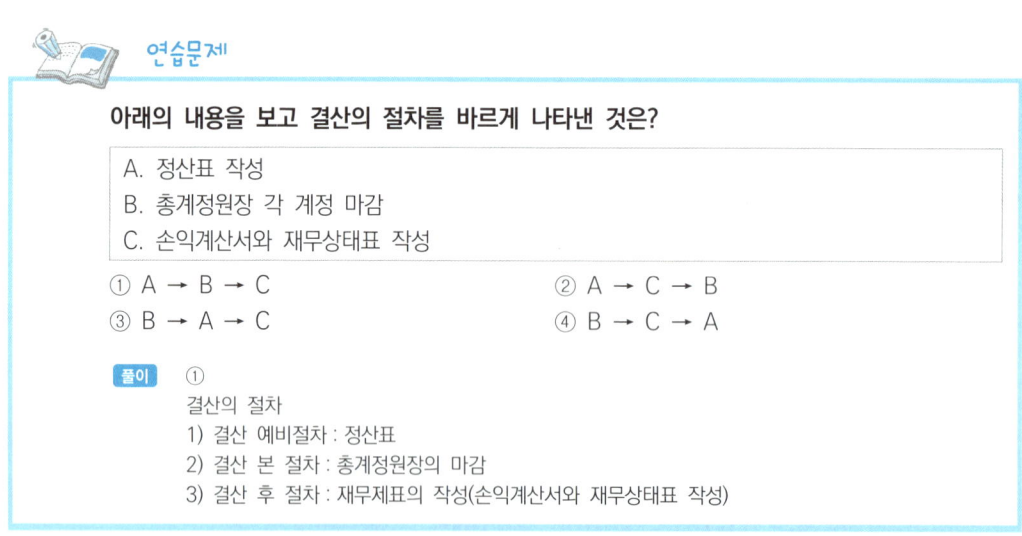

제2절 시산표의 작성

01 시산표의 의의와 작성목적

(1) 시산표의 의의

시산표(Trial Balance : T/B)는 일정시점에서 총계정원장의 모든 계정의 잔액 또는 총액을 모아놓은 표를 말한다. 시산표는 재무제표가 아니며 거래가 발생하면 분개장 또는 전표에 분개한 후 총계정원장에 전기하는데 이러한 일련의 과정이 정확하게 행하여 졌는가를 검산하기 위하여 작성하는 일람표이다.

(2) 시산표의 작성목적

시산표는 원장의 차변과 대변의 합계가 일치하는지를 검증하기 위하여 작성한다. 대차평균의 원리에 따라 총계정원장의 계정을 하나의 표에 모은 시산표의 차변합계와 대변합계는 일치하여야 한다. 만일 시산표의 차변합계와 대변합계가 일치하지 않는다면 분개와 전기 과정 중 어딘가 오류가 발생한 것이므로 재무제표를 작성하기 전에 오류를 찾아내어 수정하여야 한다. 시산표는 재무제표를 쉽게 작성할 수 있도록 한다. 시산표를 작성하면 모든 계정의 잔액이 하나의 표에 모아지기 때문에 재무제표를 작성하는 과정이 단순해지고 재무제표 작성단계에서 발생하는 오류를 줄일 수 있다.

02 시산표의 자기검증기능

(1) 시산표등식

시산표의 차변에는 자산과 비용을 기록하고 대변에는 부채, 자본과 수익을 기록하며, 차변합계와 대변합계는 반드시 일치한다. 이것을 등식으로 나타낸 것을 시산표등식이라고 한다.

시산표 등식 : 자산 + 비용 = 부채 + 자본 + 수익

만약 시산표의 차변과 대변의 합계가 일치하지 않는다면 다음과 같은 오류가 한 개 이상 발생하였기 때문이다.

- 시산표의 차변 또는 대변의 합계를 계산할 때 발생하는 계산상의 오류
- 원장의 각 계정의 잔액을 계산할 때 발생하는 계산상의 오류
- 원장의 잔액을 시산표로 옮겨 적는 과정에서 발생하는 오류
- 분개장에서 원장의 각 계정으로 전기하는 과정에서 발생하는 오류
- 분개과정의 오류

위와 같은 오류가 발생한 경우 오류를 찾아 수정하고 시산표를 재작성한다.

그러나 시산표의 차변과 대변의 합계가 일치한다고 해서 오류가 발생하지 않았다고 할 수 없다는 데 주의하여야 한다. 시산표는 원장의 차변과 대변의 합계가 일치하는지를 검증하기 위한 수단일 뿐이다. 따라서 다음과 같이 차변과 대변에 동일한 금액의 오류가 발생하는 경우에는 시산표를 통하여 검증되지 않는다.

- 분개시 계정과목의 혼동으로 차변 또는 대변의 과목이 잘못 기록된 경우
- 분개시 차변과 대변의 금액을 모두 동일 금액으로 잘못 입력한 경우
- 거래 전체의 분개가 누락된 경우
- 하나의 거래를 이중으로 분개한 경우
- 두 개의 잘못이 서로 우연히 상계된 경우

 연습문제

다음 중 시산표 작성에서 발견할 수 있는 오류는?
① 1,000,000원의 정기예금 계정과목을 정기적금 계정과목으로 사용한 경우
② 200,000원의 현금잔액이 부족한 현금과부족 계정과목을 잡손실 계정과목으로 대체하지 않은 경우
③ 출장여비로 판명된 150,000원의 가지급금 계정과목을 여비교통비 계정과목으로 대체하지 않은 경우
④ 대변에 기말대손충당금 100,000원을 설정하면서 차변에 대손상각비 10,000원으로 분개한 경우

 ④
분개에서 차변과 대변의 금액을 다르게 기입했을 경우 시산표에서 오류발견

(2) 시산표의 자기검증기능

거래의 이중성에 따라 모든 거래는 반드시 어떤 계정의 차변과 다른 계정의 대변에 같은 금액이 기입되므로, 아무리 많은 거래가 기입되더라도 계정 전체를 두고 보면 모든 계정의 차변합계와 대변합계는 반드시 일치하게 되는데 이를 대차평균의 원리라 한다.

대차평균의 원리에 따라 총계정원장의 전체 계정을 하나의 표에 모은 시산표의 차변합계와 대변합계는 일치하여야 한다. 만일 시산표의 차변합계와 대변합계가 일치하지 않는다면 거래분석 및 분개과정에서 원장에 전기하는 과정까지 중 어딘가 기록이나 계산이 잘못되어 있다는 것을 의미한다. 따라서 시산표의 차변과 대변의 합계가 일치하지 않을 경우에는 오류를 찾아내어 수정할 수 있을 것이다. 이것이 거래를 기록할 때 차변과 대변을 동시에 기록하는 복식부기를 사용하여야 하는 이유이다.

03 시산표의 종류

시산표는 작성하는 방법과 목적에 따라 원장의 각 계정 차변과 대변의 합계액을 집계하는 합계시산표, 각 계정의 잔액을 집계한 잔액시산표, 합계시산표와 잔액시산표를 하나의 표에 나타낸 합계잔액시산표가 있다.

수정전 합계잔액시산표

㈜백석 　　　　　　　　　　20×1년 12월 31일 현재 　　　　　　　　　　(단위 : 원)

차변		계 정 과 목	대변	
잔액	합계		합계	잔액
5,730,000	6,800,000	현　　　　　　　　　금	1,070,000	
	200,000	외　상　매　출　금	200,000	
300,000	300,000	소　　　모　　　품		
600,000	600,000	비　　　　　　　　품		
	400,000	단　기　차　입　금	1,000,000	600,000
		미　　지　　급　　금	600,000	600,000
		자　　　본　　　금	5,000,000	5,000,000
		용　　역　　매　　출	800,000	800,000
100,000	100,000	급　　　　　　　　여		
100,000	100,000	광　고　선　전　비		
150,000	150,000	임　　　차　　　료		
20,000	20,000	이　　자　　비　　용		
7,000,000	8,670,000		8,670,000	7,000,000

‖ 그림 4-2 ‖ 수정전 합계잔액시산표 작성

제3절 결산수정분개

01 의의

회계보고는 보통 일정한 보고기간을 대상으로 한다. 이러한 일정한 기간에는 1개월부터 1년 또는 그 이상일 수 있다. 보통의 경우 1년을 회계기간(accounting period)으로 하여 보고기간말 현재(기말시점)의 재무상태와 연간 경영성과를 산출하여 보고한다. 그리고 이러한 과정은 회계순환과정에서 설명한 것처럼 계속적으로 순환한다.

따라서 기말 현재 총계정원장의 각 계정잔액들이 두 개 이상의 회계연도에 연속적으로 영향을 미치는 거래가 아니라면, 잔액의 수정 없이 바로 재무제표를 작성할 수 있다. 그러나 현실적으로 둘 이상의 회계기간에 걸쳐 영향을 미치는 거래들의 경우에는 기간손익을 정확하게 계산하고 기말의 재무상태를 정확히 표시해 주기 위해 결산수정분개를 해 주어야 한다.

02 수익과 비용의 인식기준

(1) 발생기준

일반목적의 재무보고를 위하여 발생기준(accrual basis)에 따른 회계처리방법을 적용하고 있다. 발생기준은 현금의 유입과 유출시점에 관계없이 거래가 발생한 시점에 수익과 비용을 인식한다. 회계기준은 발생기준을 근간으로 수익과 비용을 인식한다.

(2) 수익과 비용의 인식기준

수익(비용)의 인식은 회계장부에 수익(비용)으로 기록하는 것을 말한다. 수익과 비용을 보고할 때 적용되는 원칙에는 수익인식의 원칙과 수익·비용대응의 원칙이 있다. 수익인식의 원칙은 수익은 재화가 판매되거나 용역이 제공된 기간에 인식한다(판매기준)는 것이다. 왜냐하면 수익은 회계거래가 발생했을 때 인식하기 때문이다.

수익·비용대응의 원칙은 수익을 얻기 위해 소요된 비용을 그 수익의 인식시점에 함께 인식한다는 원칙이다. 즉 비용의 인식은 수익의 인식과 연결되어 있으며, 비용인식의 주요한 관점은 비용은 수익발생에 기여했을 때 인식하라는 것이다.

03 결산수정분개의 유형

결산수정분개는 손익의 이연과 손익의 발생으로 구분할 수 있다. 손익의 이연은 현금의 수취나 지급을 통해 해당 회계기간에 이미 기록된 거래 중 아직 발생하지 않은 수익과 비용의 일부를 다음 회계기간으로 이연시키는 것을 말한다. 손익의 발생은 당기에 발생하였으나 다음 회계기간에 현금이 수취 또는 지급되기 때문에 아직 기록되지 않은 수익과 비용을 해당 회계기간에 인식하기 위한 것을 말한다.

결산수정분개의 유형에는 [표 4-2]와 같이 수익이연, 비용이연, 수익발생과 비용발생의 네 가지가 있다.

｜표 4-2｜ 결산수정분개의 유형

손익의 이 연	비용의 이연(선급비용)	: 선급보험료, 선급임차료 등
	수익의 이연(선수수익)	: 선수이자, 선수수수료 등
손익의 발 생	비용의 발생(미지급비용)	: 미지급급여, 미지급임차료 등
	수익의 발생(미수수익)	: 미수임대료, 미수이자 등

(1) 손익의 이연

손익의 이연은 당기가 아니라 차기 이후 기간에 수익 또는 비용을 인식한다는 것을 의미한다. 당기 중에 현금의 수취나 지급에 대한 회계처리는 하였으나 결산일(재무상태표일) 현재 관련 수익과 비용이 발생하지 않은 경우 이에 대해 결산수정분개를 하여야 한다.

이연에 대한 결산수정분개는 기업이 당초 현금의 수취 또는 지급시점에 어떻게 회계처리하였는가에 따라 달라진다.

① 수익의 이연(선수수익)

당기에 이미 현금을 받고 수익으로 기록한 금액 중에서 차기의 수익에 해당하는 부분을 회계기간 말에 이연시키는 것을 수익의 이연이라 한다. 이연될 수익을 선수수익이라고 한다.

수익의 이연에 대한 결산수정분개는 회계기간 말에 선수수익계정의 대변에 기입하여 부채를 증가시키고, 수익계정의 차변에 기입하여 수익을 감소시킨다. 선수수익에는 선수이자, 선수임대료, 선수수수료 등이 있다.

예제 4-1 **수익의 이연**

㈜강남은 20×1년 10월 1일 본사건물의 일부층에 대하여 임대계약을 체결하고 1년간의 임대료 360,000원 전액을 현금으로 미리 받다.

1. 20×1년 10월 1일의 거래를 분개하시오.
2. 20×1년 12월 31일의 결산수정분개를 하시오.

풀이

• 20×1년 10월 1일 :

| (차) 현 금 | 360,000 | (대) 선수수익 | 360,000 |

20×1년 12월 31일 다음과 같은 결산수정분개를 실시하여, 선수수익 중 당기에 귀속되는 3개월분 임대료인 90,000원(=360,000원×3/12개월)을 임대료수익으로 인식하고 동 금액만큼 선수수익계정을 차감한다.

• 20×1년 12월 31일 :

| (차) 선수수익 | 90,000 | (대) 임대료수익 | 90,000 |

20×1년 12월 31일 현재 재무상태표의 유동부채로 분류된 선수수익 잔액은 270,000원(=360,000원-90,000원)이 된다.

② **비용의 이연(선급비용)**

당기에 이미 현금을 지급하고 비용으로 기록한 금액 중에서 차기의 비용에 해당하는 부분을 회계기간 말에 당기 비용에서 제거하고 차기 이후의 비용으로 이연시키는 것을 비용의 이연이라 한다. 이연될 비용을 선급비용이라고 한다.

비용의 이연에 대한 결산수정분개는 회계기간 말에 선급비용계정의 차변에 기입하여 자산을 증가시키고, 비용계정의 대변에 기입하여 비용을 감소시킨다. 선급비용에는 선급이자, 선급임차료, 선급보험료 등이 있다.

예제 4-2 **비용의 이연**

㈜강남은 20×1년 10월 1일 서울화재와 자동차 보험계약을 체결하여 향후 1년간 보험서비스를 받기로 하고 보험료 600,000원을 지급하였다. 보험서비스를 받기 전에 미리 보험료를 지급한 것이므로, 현금지급시 회사는 선급보험료(선급비용)계정으로 처리하였다.

1. 20×1년 10월 1일의 거래를 분개하시오.
2. 20×1년 12월 31일의 결산수정분개를 하시오.

풀이

• 20×1년 10월 1일 :

| (차) 선급보험료 | 600,000 | (대) 현 금 | 600,000 |

20×1년 12월 31일 다음과 같은 결산수정분개를 실시하여, 선수수익 중 당기에 귀속되는 3개월분 보험료인

90,000원(=360,000원×3/12개월)을 보험료로 인식하고 동 금액만큼 선급보험료계정을 차감한다.

• 20×1년 12월 31일 :

| (차) 보험료 | 90,000 | (대) 선급보험료 | 90,000 |

20×1년 12월 31일 현재 재무상태표의 유동자산으로 분류된 선급보험료 잔액은 270,000원(=360,000원 −90,000원)이 된다.

다음 기말결산정리사항 중 수익과 비용의 이연에 해당하는 것으로 짝지어진 것은?
① 임대료 선수분 계상 및 임차료 선급분 계상
② 임대료 선수분 계상 및 임차료 미지급분 계상
③ 임대료 미수분 계상 및 임차료 선급분 계상
④ 임대료 미수분 계상 및 임차료 미지급분 계상

 ①
"이연"은 당해연도에 현금으로 받은 수익 및 현금으로 지급한 비용 중에서 차기연도에 속하는 수익과 비용을 의미함

(2) 손익의 발생

손익의 발생은 당기 중에 현금의 수입과 지출이 없었다 하더라도 당기에 수익과 비용을 인식한다는 것을 의미한다. 당기 중에 수익 또는 비용이 발생하였으나 결산일(재무상태표일)까지 현금의 수취나 지급이 없어(즉, 차기 이후에 현금의 수취나 지급이 일어나) 아무런 회계처리도 하지 않았다면 이에 대해 결산수정분개를 하여야 한다.

① 수익의 발생(미수수익)

당기에 수익이 발생하였으나(대금의 회수일이 도래하지 않아) 결산일까지 현금이 수취되지 않아 장부에 기록되지 않은 수익을 수익의 발생이라 한다. 수익 발생은 임대료수익, 수수료수익, 이자수익과 같이 시간의 경과에 따라 발생하는 것과 용역이 제공되었으나(전체 용역 중 일부분만 제공하여 모든 용역제공이 완료된 후에 대금을 청구하려고) 청구되지 않거나, 회수되지 않은 것이 있다.

수익의 발생에 대한 결산수정분개는 당기에 속하는 수익으로서 아직 받지 않은 금액은 해당 수익계정 대변에 기입하여 가산하고, 자산계정인 미수수익계정으로 처리한다.

예제 4-3 수익의 발생

㈜강남은 20×1년 7월 1일 본사건물의 남은 층을 임대하였다. 임차인은 20×2년 6월 30일에 1년치의 임대료인 600,000원을 지급하기로 하였다. ㈜강남은 20×1년 12월 31일 현재 임대료를 수취하지 못해서 임대료수익을 인식하지 않았다.

1. 20×1년 12월 31일의 결산수정분개를 하시오.

풀이
- 20×1년 12월 31일 :
  재무제표를 작성하기 위해서는 기말시점에 결산수정분개를 통해 6개월치의 임대료인 300,000원(600,000 ×6/12개월)만큼 임대료수익을 인식하고, 미수수익이라는 유동자산을 증가시킨다.

(차) 미수수익	300,000	(대) 임대료수익	300,000

② 비용의 발생(미지급비용)

당기에 속하는 비용으로서 아직 지급되지 않은 금액은 해당 비용계정 차변에 기입하여 가산하고, 부채계정인 미지급비용계정으로 처리한다.

표 4-3 비용의 발생

No	구 분	차 변		대 변	
①	기중에 이자 지급(2개월분)	이 자 비 용	400	현 금	400
②	결산시 미지급분 계상(3개월분)	이 자 비 용	600	미 지 급 비 용	600
③	차기 초 재대체 분개	미 지 급 비 용	600	이 자 비 용	600

예제 4-4 비용의 발생

20×1년 10월 1일 ㈜강남은 연 12% 이자율로 100,000원을 은행으로부터 차입하였다. 이자지급일은 20×2년 4월 1일이다. 20×1년 12월 31일 현재 ㈜강남은 이자비용을 인식하지 않았다.

1. 20×1년 12월 31일의 결산수정분개를 하시오.

풀이
- 20×1년 12월 31일 :
  20×1년에 해당하는 이자비용(10월~12월)을 계산하면 3,000원(=100,000원×12%×3/12개월)이다. 아직 현금으로 지급하지 않았지만 차입금을 사용하는 대가인 이자비용은 기간이 경과함에 따라 지급해야 할 의무가 발생하므로, 다음과 같은 결산수정분개를 실시하여 이를 비용과 부채로 인식한다. 3,000원을 차변에 해당 연도 이자비용으로 인식하고, 대변에 미지급이자(미지급비용)라는 유동부채계정에 기록한다.

(차) 이자비용	3,000	(대) 미지급이자	3,000

(3) 결산수정분개 사례분석

　제3장 회사의 사례를 기초로 결산수정분개 사례를 분석해 보기로 한다. 3장 회사는 결산일인 20×1년 12월 31일 현재 다음과 같은 사항이 발견되었다고 가정한다.

① 거래처 등으로부터 받지 못한 이자 10,000원이 확인되었다. 따라서 ㈜백석은 12월 31일 다음과 같은 결산수정분개를 해 주어야 한다.

　　　　　(차) 미수이자　 10,000원　　(대) 이자수익　　 10,000원

만약 이러한 발생항목에 대한 수정분개를 하지 않으면 자산과 수익이 동시에 과소계상되고 그 결과 당기순이익이 과소표시된다. 따라서 이러한 수정분개는 재무상태표와 손익계산서 계정의 잔액을 증가시킨다.

② 장부상에는 이번 연도의 급여가 200,000원으로 계상되어 있으나, 종업원에게 미지급된 급여가 100,000원이 있다고 한다. 따라서 ㈜백석은 12월 31일 다음과 같이 수정분개를 해주어야 한다.

　　　　　(차) 급여　　 100,000원　　(대) 미지급급여　　 100,000원

만약, 이러한 발생항목에 대한 수정분개를 하지 않으면 비용과 부채가 동시에 과소계상되고 그 결과 당기순이익이 과대표시된다.

③ 12월 15일 현금으로 지급한 임차료 200,000원 중 50%는 이번 연도의 임차료가 아니라 다음 연도의 임차료를 미리 지급한 것이다. 즉, 2년분 임차료를 한꺼번에 지급하였다. 이 경우는 100,000원은 이번 연도의 비용이 아니기 때문에 비용을 취소(이연)시키고, 선급임차료라는 자산으로 처리해 주어야 한다. 따라서 ㈜백석은 12월 31일 다음과 같이 결산수정분개를 해 주어야 한다.

　　　　　(차) 선급비용　　 100,000원　　(대) 임차료　　 100,000원

만약 이러한 발생항목에 대한 수정분개를 하지 않으면 비용계정(임차료)이 과대표시되고, 자산계정(선급임차료)이 과소표시된다. 그 결과 당기순이익이 과소표시된다. 따라서 이미 발생한 비용을 취소하면 다시 자산(선급비용)으로 환원된다.

　이상의 결산수정분개는 결산시점 분개장에서 이루어지며, 분개가 끝나고 나면 이를 총계정원장의 관련 계정으로 전기하여 잔액을 수정해 주어야 한다. ㈜백석의 결산수정분개를 분개장에 분개하고 이를 관련 계정에 전기하면 다음과 같다.

(주)백석   분 개 장   (단위 : 원)

월	일	적요	원면	차변	대변
12	31	미수이자 　　　　　이자수익 발생한 수익을 인식		10,000	10,000
12	31	급여 　　　　　미지급급여 발생한 비용을 인식		100,000	100,000
12	31	선급비용 　　　　　임차료 선급지출된 비용의 이연		100,000	100,000

만약 결산수정분개를 통하여 총계정원장상에 관련계정이 존재하지 않는다면 계정을 새로 설정해야 한다.

```
           미수이자                              이자수익
12/31 이자수익  10,000              │         │ 12/31 미수이자  10,000

            급여                              미지급급여
11/11 현금     500,000              │         │ 12/31 급여    100,000
12/31 미지급급여 100,000

          선급비용                              임차료
12/31 임차료  100,000              │ 12/15 현금  200,000 │ 12/31 선급비용 100,000
```

제4절 재무제표의 작성

01 수정후시산표의 작성

위와 같이 결산수정분개와 전기가 끝나면, 수정전시산표에 결산수정분개를 반영한 수정후시산표를 작성한다.

㈜백석의 예제를 가지고 작성한 결산수정분개를 반영한 수정후시산표를 제시하면 다음과 같다.

수정후 합계잔액시산표

㈜백석　　　　　　　　　20×1년 12월 31일 현재　　　　　　　　(단위 : 원)

차변		계 정 과 목	대변	
잔액	합계		합계	잔액
5,730,000	6,800,000	현　　　　　　　　　금	1,070,000	
	200,000	외　상　매　출　금	200,000	
300,000	300,000	소　　　모　　　품		
600,000	600,000	비　　　품		
10,000	10,000	미　수　이　자		
100,000	100,000	선　급　비　용		
	400,000	단　기　차　입　금	1,000,000	600,000
		미　지　급　금	600,000	600,000
		미　지　급　급　여	100,000	100,000
		자　　　본　　　금	5,000,000	5,000,000
		용　역　매　출	800,000	800,000
		이　자　수　익	10,000	10,000
200,000	200,000	급　　　　　　　　　여		
100,000	100,000	광　고　선　전　비		
50,000	150,000	임　　　차　　　료	100,000	
20,000	20,000	이　자　비　용		
7,110,000	8,880,000		8,880,000	7,110,000

┃그림 4-3┃ 수정후 합계잔액시산표

수정후시산표는 다음의 목적으로 작성한다.
1. 결산수정분개와 전기 후에 차변계정의 잔액의 합계와 대변계정의 잔액의 합계가 일치하는지 여부를 검증한다.
2. 재무제표 작성을 비롯한 결산절차를 쉽게 한다.

02 정산표의 작성

결산과정을 일목요연하게 볼 수 있는 별도의 양식을 작성하여 결산할 수도 있는데, 이를 정산표(work sheet)라 한다. 정산표는 재무제표가 아니고, 정산표의 작성도 결산의 필수적인 절차가 아니라 임의로 선택할 수 있다. 다만 정산표를 작성하면 수정후시산표와 재무제표를 손쉽게 작성할 수 있다.

㈜백석의 예제를 사용하여 정산표를 제시하면 다음과 같다.

정 산 표

㈜백석   20×1년 1월 1일부터 20×1년 12월 31일까지   (단위 : 천원)

계정과목	수정전시산표 차변	수정전시산표 대변	결산수정분개 차변	결산수정분개 대변	수정후시산표 차변	수정후시산표 대변	손익계산서 차변	손익계산서 대변	재무상태표 차변	재무상태표 대변
현 금	5,730				5,730				5,730	
소 모 품	300				300				300	
비 품	600				600				600	
단 기 차 입 금		600				600				600
미 지 급 금		600				600				600
자 본 금		5,000				5,000				5,000
용 역 매 출		800				800		800		
급 여	100		100		200		200			
광 고 선 전 비	100				100		100			
임 차 료	150			100	50		50			
이 자 비 용	20				20		20			
합 계	7,000	7,000								
미 수 이 자			10		10				10	
선 급 비 용			100		100				100	
미 지 급 급 여				100		100				100
이 자 수 익				10		10		10		
합 계			210	210	7,110	7,110				
당 기 순 이 익							440			440
합 계							810	810	6,740	6,740

| 그림 4-4 | 정산표

03 재무제표의 작성

수정후 시산표에는 회계기간의 모든 거래가 반영되어 있다. 수정후 시산표에 표시된 계정과목과 금액을 회계기준에서 정하는 재무제표 작성과 보고양식에 따라 자산, 부채와 자본을 하나의 표에 모으면 재무상태표가 작성되고, 수익과 비용을 하나의 표에 모으면 손익계산서가 작성된다.

㈜백석의 예제를 가지고 작성한 수정후 시산표를 사용하여 손익계산서와 재무상태표를 작성하면 다음과 같다.

손익계산서

㈜백석　　　　　20×1년 1월 1일부터 12월 31일까지　　　　　(단위 : 원)

〈수익〉	
용역매출	800,000
이자수익	10,000
〈비용〉	
급여	200,000
광고선전비	100,000
임차료	50,000
이자비용	20,000
당기순이익	440,000

재 무 상 태 표

㈜백석　　　　　　　20×1년 12월 31일　　　　　　　(단위 : 원)

자산		부채 및 자본	
현금및현금성자산	5,730,000	단기차입금	600,000
미수이자	10,000	미지급금	600,000
선급비용	100,000	미지급급여	100,000
소모품	300,000	자본금	5,000,000
비품	600,000	이익잉여금	440,000
자산합계	6,740,000	부채및자본합계	6,740,000

제5절 회계장부의 마감

01 회계장부의 마감

한 기간의 모든 회계처리가 끝난 뒤에는 장부의 마감이 이루어진다. 장부의 마감(closing the book)은 한 회계기간의 기록내용과 다른 회계기간의 기록내용을 구분하고 준비하기 위하여 이루어지는 결산과정이다.

02 손익계산서계정의 마감

손익계산서계정인 수익과 비용 계정은 당기의 경영성과를 나타내며, 다음기의 경영성과에 영향을 미쳐서는 안 된다.

손익계산서계정의 잔액들은 당기 동안 발생한 수익이나 비용의 잔액이다. 따라서 당 회계연도에만 의미가 있으며 다음 회계연도에는 아무런 의미가 없으므로 잔액이 차기로 이월되어서는 안 된다. 즉 다음 회계연도에서는 계정잔액이 0으로부터 새롭게 출발한다. 따라서 손익계산서계정을 임시계정(temporary account) 또는 명목계정(nominal account)이라고도 부르는데, 이는 손익계산서계정들은 장부마감 후에 잔액을 가지지 않기 때문이다.

(1) 집합손익계정의 설정과 수익계정 및 비용계정의 마감

모든 손익계산서계정의 잔액들은 결산 때 임시적으로 설정되는 집합손익계정에 옮겨지면서 마감이 이루어진다. 이때 계정간 대체를 위한 분개를 하게 되는데, 이를 마감분개(closng entries)라 한다.

마감분개는 장부마감을 위하여 필요한 형식적 절차일 뿐 당기 재무제표상의 수치에는 아무런 영향을 미치지 않는다. 마감분개를 하고 각 계정에 전기하게 되면 모든 비용계정과 수익계정의 잔액은 0이 되고, 그 상태에서 차변합계와 대변합계를 기록하고 마감선을 그어 마감한다.

〈수익계정의 마감〉
(차) 수익　　×××　　(대) 집합손익　　×××

〈비용계정의 마감〉
(차) 집합손익　　×××　　(대) 비용　　×××

(2) 집합손익계정의 마감

손익계산서계정들을 마감하기 위하여 설정된 계정인 집합손익계정 역시 임시계정으로 잔액 없이 마감이 이루어진다.

집합손익계정의 차변합계와 대변합계의 차액은 당기순이익 또는 당기순손실이 발생한 것을 의미한다. 만약 당기순이익이 발생했다면 이익잉여금계정의 대변에 대체되고, 당기순손실이 발생했다면 이익잉여금계정의 차변에 대체되면서 집합손익계정이 마감된다.

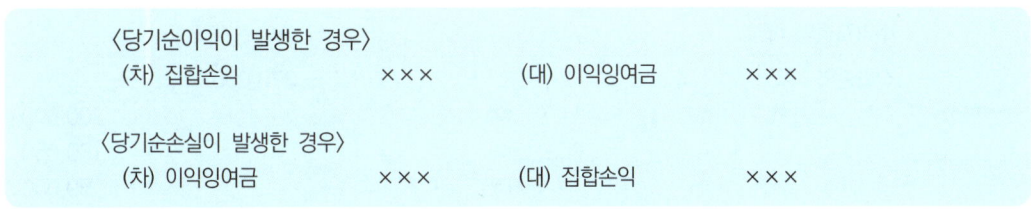

이와 같이 마감분개를 하면 집합손익계정의 잔액은 0이 된다. 동시에 이익잉여금이 당기순이익만큼 증가해서 재무상태표의 자본이 증가하거나 또는 이익잉여금이 당기순손실만큼 감소해서 재무상태표의 자본이 감소한다. 이처럼 손익계산서계정을 마감하고 나면 모든 손익계산서계정의 잔액은 0이 되고, 재무상태표계정인 이익잉여금에 당기순손익이 대체된다. 따라서 재무상태표계정만 계정잔액이 남아 있다. 다음 회계연도가 시작되면 모든 손익계산서계정은 잔액 0으로부터 새로 시작하기 때문에, 다음 회계연도의 경영성과가 새롭게 기록될 수 있다. 즉 당기의 성과와 차기의 성과를 명확하게 구분하기 위해 잔액을 0으로 바꾸는 것이다.

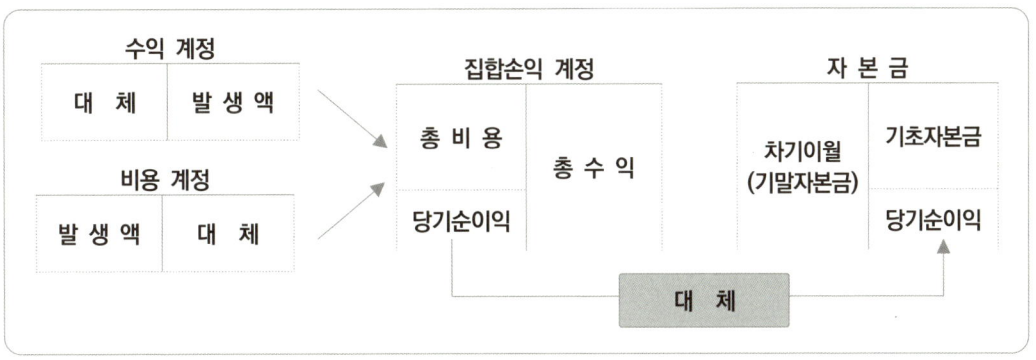

┃그림 4-5┃ 손익계산서 계정의 마감과정

앞에서 살펴보았던 ㈜백석의 수정후시산표를 기초로 하여 수익, 비용계정과 집합손익계정을 마감하는 분개를 해 보면 다음과 같다.

분 개 장

(단위 : 원)

월	일	적 요	원면	차 변	대 변
12	31	용역매출 이자수익 　　　　　집합손익 수익계정의 마감		800,000 10,000	810,000
12	31	집합손익 　　　　　급여 　　　　　광고선전비 　　　　　임차료 　　　　　이자비용 비용계정의 마감		370,000	200,000 100,000 50,000 20,000
12	31	집합손익 　　　　　미처분이익잉여금 집합손익계정의 마감		440,000	440,000

03 재무상태표계정의 마감

 손익계산서계정들과는 달리 재무상태표계정들은 영구계정(permanent account) 또는 실질계정(real account)이라고 부르는데, 이는 한 회계기간이 종료되더라도 잔액이 0이 되지 않고 기말잔액이 차기로 이월되어 계속 유지되는 성격을 가지고 있기 때문이다. 자산이나 부채 및 자본은 다음 회계연도에도 권리나 의무가 전 회계연도말과 동일하게 존속한다. 예를 들어, 연말에 현금잔액이 1,000,000원이라면 다음 연도초에는 현금잔액이 1,000,000원인 상태에서 영업이 개시된다.

 재무상태표계정들의 마감은 분개 없이 다음과 같이 각 계정 내에서 이월기입의 형태로 이루어진다.

① 각 계정의 잔액이 있는 변의 상대편 변에 잔액과 동일한 금액을 적요란에 '차기이월'이라는 용어와 함께 기록한다.
② 차변과 대변의 합계액을 그 아래 기록하면서 계정을 마감한다.
③ 차기 첫 날짜로 해당계정의 전기말 잔액을 '전기이월'이라는 용어와 함께 기록한다.

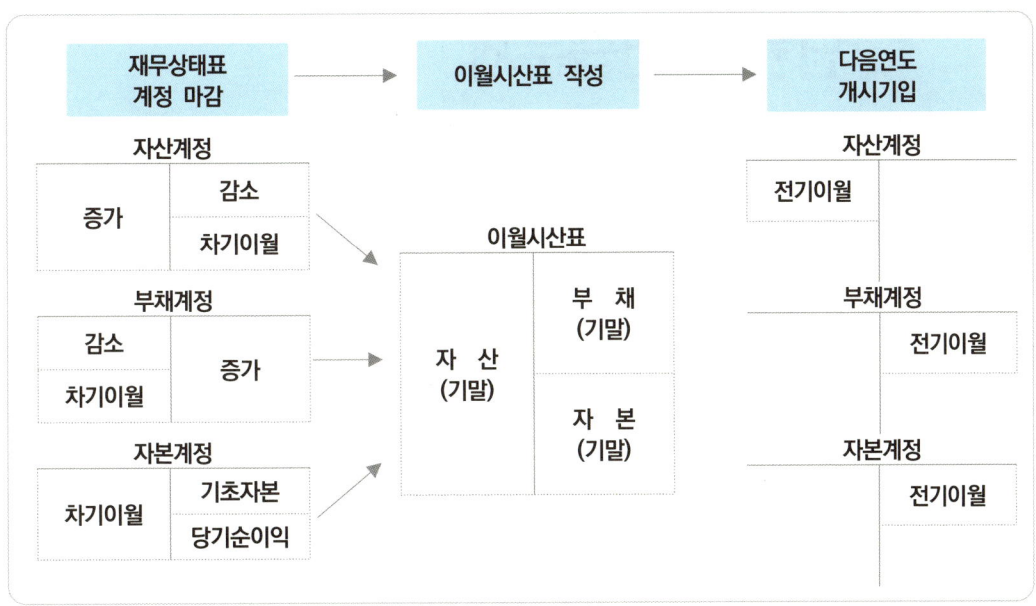

그림 4-6 재무상태표 계정의 마감과정 및 이월시산표 작성

04 이월시산표의 작성

손익계산서 계정(수익, 비용)이 집합손익 계정에 대체되고, 수익, 비용의 차액인 당기순손익이 자본 계정에 흡수됨으로서 자산, 부채, 자본 계정의 잔액이 기말 재무상태표와 동일하게 표시되므로 이월시산표에는 수익, 비용 계정은 제외하고, 자산, 부채, 자본 계정만 표시한다. 이는 제반 결산과정이 정확이 이루어졌는지를 최종적으로 점검하는 절차로서 후에 재무상태표를 작성하는 기초가 된다.

이월시산표

㈜백석　　　　　　　　　20×1년 12월 31일 현재　　　　　　　　　(단위 : 원)

차변	계 정 과 목	대변
5,730,000	현　　　　　　　　　금	
300,000	소　　　모　　　품	
600,000	비　　　　　　　　　품	
10,000	미　　수　　이　　자	
100,000	선　　급　　비　　용	
	단　기　차　입　금	600,000
	미　　지　　급　　금	600,000
	미　지　급　급　여	100,000
	자　　　본　　　금	5,000,000
	미　처　분　이　익　잉　여　금	440,000
6,740,000	합　　　　　　　　　계	6,740,000

단원별 연습문제

01 다음 중 회계의 순환 과정 순서로 올바른 것은?

```
a. 분개              b. 시산표작성          c. 결산수정분개
d. 거래의 발생       e. 총계정원장의 마감   f. 결산보고서 작성 절차
g. 전기(총계정원장)
```

① a→b→c→d→e→f→g ② b→a→d→g→c→e→f
③ d→a→g→b→c→e→f ④ d→a→g→c→b→f→e

02 선수수익으로 계상한 임대수익에 대하여 기말 결산을 수행하지 않았다. 이로 인한 영향으로 옳은 것은?

① 비용의 과대계상   ② 자산의 과소계상
③ 부채의 과소계상   ④ 수익의 과소계상

03 다음 중 총계정원장의 잔액이 항상 대변에 나타나는 계정은?

① 보통예금   ② 수수료비용
③ 임대료   ④ 외상매출금

04 다음 항목 중 수익과 비용의 이연항목으로 바르게 짝지어진 것은?

① 선수수익 - 선급비용   ② 선수수익 - 미수수익
③ 미수수익 - 선급비용   ④ 미수수익 - 미지급비용

05 결산의 절차 중 결산준비를 위한 예비절차에 해당하는 것은?

① 재무상태표의 작성   ② 시산표의 작성
③ 총계정원장의 마감   ④ 포괄손익계산서의 작성

06 다음 중 시산표를 통해 발견할 수 있는 오류는?

① 건물 임대료 100,000원을 현금으로 받은 거래 전체를 누락하였다.
② 종업원의 급여 100,000원을 현금으로 지급한 거래를 이중으로 전기하였다.
③ 단기차입금 계정 대변에 기입할 금액 100,000원을 단기대여금 계정 대변에 기입하였다.
④ 외상매출금 100,000원을 현금으로 회수한 거래를 현금 계정의 차변에는 기입하였으나 외상매출금 계정에는 기입하지 않았다.

07 다음 합계잔액시산표의 자본금(   )에 들어갈 금액은 얼마인가?

합계잔액시산표
20×1년 12월 31일

(주)백석 (단위: 원)

차변		계정과목	대변	
잔액	합계		합계	잔액
4,400,000	60,300,000	현　　　　　금	55,900,000	
7,550,000	10,000,000	당　좌　예　금	2,450,000	
2,650,000	5,000,000	보　통　예　금	2,350,000	
1,450,000	1,450,000	당기손익·공정가치측정금융자산		
5,300,000	5,300,000	상　　　　　품		
5,000,000	5,000,000	토　　　　　지		
65,000,000	65,000,000	건　　　　　물		
2,000,000	2,000,000	비　　　　　품		
		외　상　매　입　금	3,300,000	3,300,000
		지　급　어　음	3,000,000	3,000,000
		예　수　금	1,000,000	1,000,000
		자　본　금	( )	( )
		상　품　매　출	50,000,000	50,000,000
3,000,000	3,000,000	급　　　　　여		
2,000,000	2,000,000	감　가　상　각　비		
		합　　　　　계		

① 41,050,000원
② 41,150,000원
③ 44,050,000원
④ 44,150,000원

08 결산시 미수이자에 대한 분개를 누락한 경우 기말 재무제표에 어떤 영향을 미치는가?

① 비용이 과소 계상된다.
② 부채가 과소 계상된다.
③ 자산이 과소 계상된다.
④ 수익이 과대 계상된다.

09 다음 그림의 (가) 절차에 대한 설명으로 옳은 것만을 〈보기〉에서 있는 대로 고른 것은?

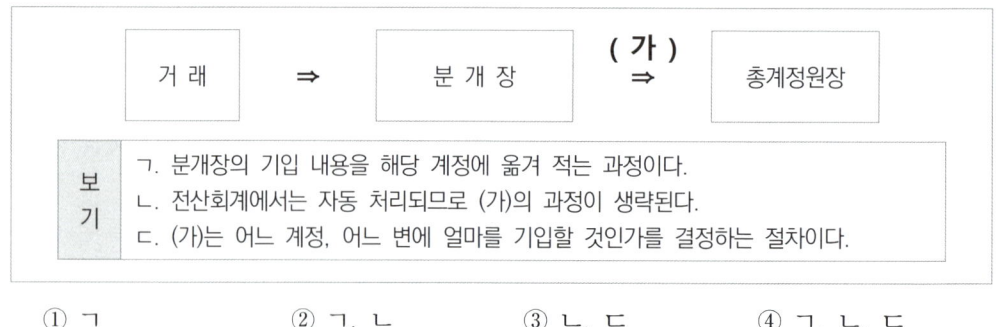

① ㄱ　　　　② ㄱ, ㄴ　　　　③ ㄴ, ㄷ　　　　④ ㄱ, ㄴ, ㄷ

10 다음은 개인기업인 영일상점의 총계정원장 전기 후 작성한 잔액시산표이다. 오류를 올바르게 수정 후 차변의 합계 금액은 얼마인가?

잔액시산표
20×1년 12월 31일

영일상점　　　　　　　　　　　　　　　　　　　　　　　　　　　　(단위: 원)

차　변	원면	계정 과목	대　변
350,000	1	현　　　금	
120,000	2	받 을 어 음	
80,000	3	선 급 금	
	4	상　　　품	150,000
	5	외 상 매 입 금	250,000
	6	미 지 급 금	130,000
200,000	7	자 본 금	
	8	상품매출이익	120,000
80,000	9	이 자 수 익	
50,000	10	보 험 료	
30,000	11	여 비 교 통 비	
910,000		합　　　계	650,000

① 630,000원　　② 680,000원　　③ 780,000원　　④ 830,000원

 정답 및 풀이

1. ③ 거래의 발생 → 분개(분개장) → 전기(총계정원장) → 결산예비절차(시산표작성 → 결산수정분개) → 결산본절차(총계정원장마감) → 결산보고서 작성 절차(손익계산서와 재무상태표 작성)
2. ④ 임대수익을 계상하지 않았으므로 수익의 과소계상이 발생.
3. ③ • 계정 잔액은 증가, 발생하는 계정계좌에 남는다.
   • 대변에 잔액이 남는 계정은 부채계정, 자본계정, 수익계정이다.
4. ① 수익의 이연은 선수수익, 비용의 이연은 선급비용, 수익의 발생은 미수수익, 비용의 발생은 미지급비용
5. ② 예비절차: 시산표작성, 재고조사표 작성, 결산정리, 정산표작성
6. ④ 외상매출금을 현금으로 회수한 거래를 현금 계정의 차변에는 기입하였으나 외상매출금 계정에는 기입하지 않은 경우 차변과 대변의 합계가 일치하지 않는다.
7. ① 차변의 합계 159,050,000원과 대변합계 118,000,000원을 집계하면 그 차액 41,050,000원이 자본금 금액이 된다.
8. ③ 기말분개: (차)미수이자 (대)이자수익을 기장 하게 되면 미수이자인 자산이 증가되고 이자수익인 수익이 발생하여야 하는데, 기장이 누락하면 자산이 감소되고 수익도 감소된다.
9. ② (가)는 '전기'를 말하며, ㄷ. 은 분개에 대한 설명이다.
10. ③ 상품은 자산계정이므로 차변에, 자본금은 자본계정이므로 대변에, 이자수익은 수익계정이므로 대변에 기장되면 차변과 대변합계액은 780,000원이 기록된다.

연습문제

문제 1

포천상점의 제6기(20×1년 1월 1일부터 12월 31까지)말의 잔액시산표(일부)와 결산정리사항에 의하여 결산정리분개를 표시하시오.(상품계정의 분할은 제3법을 사용할 것)

잔 액 시 산 표(일부)

포천상점　　　　　　　　　20×1년 12월 31일　　　　　　　　　(단위: 원)

차변	금액	대변	금액
현　　　　　　　금	150,000	가　　수　　금	50,000
외　상　매　출　금	800,000	대　손　충　당　금	8,000
받　　을　　어　　음	500,000	건물감가상각누계액	400,000
단　기　매　매　증　권	200,000	비품감가상각누계액	50,000
이　　월　　상　　품	250,000	자　　　본　　　금	3,000,000
현　금　과　부　족	2,000	매　　　　　　출	1,200,000
가　　지　　급　　금	50,000	임　　　대　　　료	30,000
건　　　　　　　물	1,000,000	수　수　료　수　익	15,000
비　　　　　　　품	300,000		
급　　　　　　　여	230,000		
소　　모　　품　　비	20,000		
보　　　험　　　료	8,000		
이　　자　　비　　용	20,000		

[결산정리사항]

(1) 기말상품재고원가 ₩150,000　　　(2) 단기매매증권의 공정가액 ₩170,000
(3) 가수금은 외상매출금 회수액으로 판명　(4) 매출채권잔액에 대하여 2%대손예상
(5) 가지급금은 여비교통비로 판명되다　(6) 현금과부족을 정리하다.
(7) 소모품 미사용액 ₩6,000　　　　(8) 건물감가상각은 취득원가의 연 10%
(9) 비품감가상각은 취득원가의 연 5%　(10) 보험료 미경과액 ₩2,000
(11) 이자미지급액 ₩5,000　　　　　(12) 임대료 선수분 ₩3,000
(13) 수수료 미수액 ₩9,000

No	차 변 과 목	금 액	대 변 과 목	금 액
(1)				
(2)				
(3)				
(4)				
(5)				
(6)				
(7)				
(8)				
(9)				
(10)				
(11)				
(12)				
(13)				

문제 2

다음의 수정전 잔액시산표를 자료로 하여 결산수정분개를 표시하시오.

(수정전) 잔 액 시 산 표

(단위: 원)

차변	금액	대변	금액
현 금	3,700,000	외 상 매 입 금	15,000,000
단 기 매 매 증 권	5,000,000	미 지 급 금	10,000,000
외 상 매 출 금	5,000,000	자 본 금	30,000,000
단 기 대 여 금	5,000,000	매 출	15,000,000
미 수 금	6,000,000	단기매매증권처분이익	1,000,000
토 지	10,000,000	배 당 금 수 익	100,000
건 물	10,000,000	이 자 수 익	300,000
차 량 운 반 구	5,000,000		
매 입	20,000,000		
급 여	1,500,000		
보 험 료	200,000		
	71,400,000		71,400,000

[결산수정사항]

(1) 미지급급여 : ₩200,000
(2) 보험료선급액 : ₩100,000
(3) 이자선수액 : ₩250,000
(4) 단기매매증권의 공정가액 평가액 : ₩5,400,000
(5) 기말매출채권 잔액의 3% 대손추정
(6) 건물 내용연수 20년 정액법 상각(잔존가치 0)
(7) 차량운반구 내용연수 5년 정액법 상각(잔존가치 0)
(8) 기말상품재고액 : ₩10,000,000

No	차 변 과 목	금 액	대 변 과 목	금 액
(1)				
(2)				
(3)				
(4)				
(5)				
(6)				
(7)				
(8)				

문제 3

다음 자료에 의하여 20×1년 결산수정분개를 행한 다음, 기말재무상태표와 손익계산서를 작성하시오.

수정전 잔액시산표

(단위 : 원)

차 변	계 정 과 목	대 변
611,000	현　　　　　　　　금	
526,000	단　기　매　매　증　권	
800,000	단　기　대　여　금	
450,000	외　상　매　출　금	
460,000	이　월　상　품	
600,000	건　　　　　　　　물	
	외　상　매　입　금	725,000
	단　기　차　입　금	400,000
	미　지　급　금	100,000
	자　본　금	1,730,000
	매　　　　　　　　출	1,890,000
	이　자　수　익	25,000
	임　대　료	60,000
1,350,000	매　　　　　　　　입	
15,000	이　자　비　용	
28,000	보　험　료	
90,000	영　업　비	
4,930,000		4,930,000

[결산수정사항]

(1) 단기매매증권의 기말 공정가액 : ₩520,000
(2) 외상매출금 대손추정 : 잔액의 5%
(3) 기말상품재고액 : ₩350,000
(4) 건물 감가상각비 : 취득원가의 5%
(5) 이자비용 중 미지급분 : ₩10,000
(6) 보험료 미경과분(선급분) : ₩14,000
(7) 이자수익 중 미수취분 : ₩15,000
(8) 임대료 중 선수분 : ₩15,000

No	차 변 과 목	금 액	대 변 과 목	금 액
(1)				
(2)				
(3)				
(4)				
(5)				
(6)				
(7)				
(8)				

재 무 상 태 표
20×1년 12월 31일　　　　　　　　　　(단위 : 원)

손익계산서
20×1년 1월 1일부터 12월 31일까지　　　　(단위 : 원)

Chapter 05

현금및현금성자산

제1절 현금 및 현금성자산
제2절 당좌예금과 기타예금
제3절 현금에 대한 내부통제제도
제4절 단기금융자산
단원별 연습문제

Chapter 05 현금및현금성자산

제1절 현금 및 현금성자산

01 현금의 의의와 분류

자산은 일반적으로 1년을 기준으로 하여 유동자산과 비유동자산으로 구분한다. 유동자산은 크게 당좌자산과 재고자산으로 대별할 수 있는데, 이 중 '당좌자산'은 재고자산처럼 판매과정을 거치지 않고 바로 현금화할 수 있는 자산을 말한다.

이처럼 당좌자산은 판매과정을 거치지 않고 직·간접적으로 바로 현금화할 수 있기 때문에 유동성(liquidity)이 가장 큰 자산이라고 할 수 있다.

현금(cash)은 유동성이 가장 높은 자산으로 재화나 용역을 취득하거나 부채를 상환하기 위해 사용하는 교환수단이다.

일반적으로 현금은 지폐 및 동전 등의 통화를 지칭하는데, 회계에서는 그 범위가 조금 더 넓게 사용하고 있다. 즉, 회계상 현금은 통화뿐만 아니라 타인발행수표, 배당증권 송금환, 우편환증서, 지급기일도래 국공채이자표 등의 통화대용증권, 당좌예금과 보통예금 등의 요구불예금까지 포함한다.

이외 현금과 유사하기는 하지만 현금으로 분류할 수 없는 항목에는 종업원선대금, 차용증서는 단기대여금으로, 우표와 수입인지는 선급비용(또는 소모품)으로, 선일자수표는 매출채권이나 미수금으로 각각 분류해야 한다.

│표 5-1│ 현금의 분류

구분		예
현금	통화	지폐와 동전(주화)
		외국통화
	통화대용증권	금융기관 발행 자기앞수표, 타인발행 당좌수표, 타인발행 가계수표, 우표환증서, 송금수표, 만기가 도래한 국공채 및 회사채 이자표, 배당금지급통지표, 만기가 도래한 약속어음과 환어음, 일람출금어음 등
	요구불예금	당좌예금, 보통예금

02 현금성자산의 의의 및 분류

현금성자산(cash equivalents)은 기업이 현금의 단기적인 운용목적으로 취득하여 보유하는 유동성이 매우 높은 단기금융상품을 말한다.

현금성자산으로 분류하려면 이자율의 변동에 따른 가치변동 위험이 중요하지 않아 확정된 현금으로의 전환이 용이한 자산을 말한다. 특별한 위험부담 없이 사실상 현금과 거의 동일하게 사용할 수 있어야 한다. 따라서 현금성자산은 가치변동의 위험이 작아야 하므로 통상 취득 당시 만기일이 3개월 이내이어야 하며 그 예는 다음과 같다.

- 취득당시 만기가 3개월 이내에 도래하는 단기채무상품(채권)
- 취득당시 상환기일이 3개월 이내에 도래하는 상환우선주
- 취득당시 3개월 이내의 환매조건인 환매채

| 표 5-2 | 현금 및 현금성자산의 분류

구분			재무상태표 표시
현금 및 현금성자산	통화 및 통화대용증권		유동자산 중 현금및현금성자산
	요구불예금	당좌예금, 보통예금	
		당좌차월	유동부채 중 단기차입금
금융기관이 취급하는 금융상품	취득 당시 만기가 3개월 이내인 단기금융상품		유동자산 중 현금및현금성자산
	취득 당시 만기가 3개월을 초과하거나 재무상태표일부터 만기가 12개월 이내인 금융상품		유동자산 중 대여금 및 수취채권 (단기금융자산)
	재무상태표일부터 만기가 12개월 이후인 금융상품		비유동자산 중 대여금 및 수취채권(장기금융자산)

연습문제

다음 중 현금및현금성자산으로 분류되는 것은?
① 사용이 제한된 예금
② 요구불 당좌예금
③ 통화대용증권에 해당하지 않는 수입인지
④ 취득당시 만기가 1년 이내에 도래하는 금융상품

풀이 ②
요구불예금이란 예금주의 요구가 있을 때 언제든지 지급할 수 있는 예금의 총칭(보통예금과 당좌예금 등)이다.

예제 5-1 현금의 범위

㈜서초는 기말에 금고를 실사한 결과 다음과 같은 자산이 있었다.

통화	100,000원	우표	5,000원	거래처 발행 가계수표	40,000원
우편환증서	8,000원	수입인지	3,000원	배당금지급통지표	200,000원
소액현금	13,000원	만기가 도래한 국채이자표	30,000원	차용증서	50,000원

위의 항목 중 재무상태표에 현금으로 보고될 금액을 계산하시오.

풀이 현금 100,000원 + 40,000원 + 8,000원 + 200,000원 + 13,000원 + 30,000원 = 391,000원

> 통화 + 거래처 발행 가계수표 + 우편환증서 + 배당금지급통지표 + 소액현금 + 만기가 도래한 국채이자표 차용증서는 수취채권으로 보고하고, 우표와 수입인지는 소모품 또는 선급비용으로 보고한다.

제2절 당좌예금과 기타예금

01 당좌예금

기업은 원활한 대금결제 및 내부통제의 수단으로 주거래은행을 설정하여 당좌예금(current deposit) 계좌를 개설할 수 있다. 이로써 현금이나 타인발행수표를 당좌예금계좌에 입금하면 당좌예금계정이 증가하고 당좌수표를 발행하면 당좌예금계정이 감소한다.

당좌예금은 회사의 운영자금을 은행의 당좌예금 계좌에 입금하고 현금결제가 필요할 때 당좌수표를 발행하여 거래한다. 당좌예금은 기업이 언제든지 인출할 수 있기 때문에 현금및현금성자산으로 분류된다.

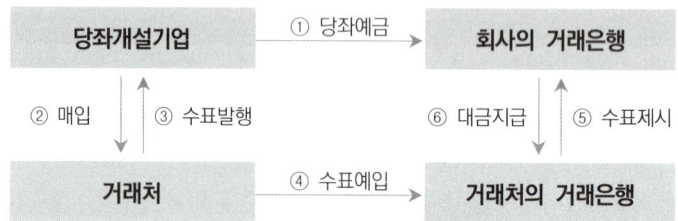

┃그림 5-1┃ 당좌거래의 흐름

예제 5-2 당좌예금

다음 거래를 회계처리하고 당좌예금계정에 전기하시오.

6월 1일 제일은행과 당좌거래계약을 맺고 현금 ₩1,000,000을 예입하다.
  7일 나눔상사로부터 상품 ₩300,000을 매입하고, 대금은 수표를 발행하여 지급하다.
  12일 중앙상사의 빌린 단기차입금 ₩250,000을 당점발행수표를 발행하여 지급하다.
  19일 무주상사에 상품 ₩500,000을 매출하고, 대금은 무주상사 발행의 수표를 받아 즉시 당좌예입하다.
  25일 거래처로부터 회수한 현금 ₩300,000을 은행에 당좌예입하다.

[풀이]

날짜	차 변	금 액	대 변	금 액
6월 1일	당 좌 예 금	1,000,000	현 금	1,000,000
7일	상 품	300,000	당 좌 예 금	300,000
12일	단 기 차 입 금	250,000	당 좌 예 금	250,000
19일	당 좌 예 금	500,000	상 품	500,000
25일	당 좌 예 금	300,000	현 금	300,000

당 좌 예 금

6/01	현	금	1,000,000	6/07	상 품		300,000
19	상	품	500,000	12	단기차입금		250,000
25	현	금	300,000				

02 당좌차월

　기업은 당좌예금 계좌에 예치해 둔 당좌예금 잔액의 범위내에서 당좌수표를 발행할 수 있다. 만일 기업이 은행에 예치한 당좌예금 잔액을 초과하여 당좌수표를 발행하면 은행은 그 수표의 지급을 거절한다. 이와 같이 당좌예금 잔액을 초과하여 은행이 지급을 거절한 당좌수표를 부도수표라 한다.

　당좌수표가 부도날 경우 기업은 은행거래에 있어 상당한 불이익을 받게 된다. 따라서 기업은 사전에 은행과 당좌차월계약을 체결하면 당좌예금 잔액이 없더라도 약정된 당좌차월 한도금액까지 당좌예금 잔액을 초과하여 당좌수표를 발행할 수 있다. 이 경우 당좌예금 잔액을 초과하여 수표를 발행한 금액을 당좌차월(bank overdraft)이라 한다.

　결산시점에 당좌예금 잔액이 차변잔액이면 유동자산으로 분류하고, 이와 반대로 당좌예금 잔액이 대변잔액이면 이 금액은 은행으로부터 차입한 것이므로 단기차입금 계정과목으로 유동부채로 분류한다.

예제 5-3　당좌차월거래

(1) 우리은행과 당좌거래 계약을 하고, 현금 ₩1,000,000을 당좌예금하다. 또한 우리은행과 당좌차월 계약을 맺고, 소유 토지 ₩10,000,000을 근저당 설정하다. 단, 당좌차월 한도액은 ₩5,000,000이다.
(2) 명인상사에서 상품 ₩700,000을 매입하고, 대금은 당점발행 수표를 발행하여 지급하다.
(3) 사무실에서 사용할 복사기를 ₩1,500,000에 구입하고 대금은 수표를 발행하여 지급하다.
(4) 제물포상사의 외상매출금 ₩2,000,000을 동점발행 수표로 회수하여 즉시 당좌예금하다.

풀이

번호	차 변	금 액	대 변	금 액
(1)	당 좌 예 금	1,000,000	현 　　　 금	1,000,000
(2)	상　　　　품	700,000	당 좌 예 금	700,000
(3)	비　　　　품	1,500,000	당 좌 예 금	300,000
			당 좌 차 월	1,200,000
(4)	당 좌 차 월	1,200,000	외 상 매 출 금	2,000,000
	당 좌 예 금	800,000		

 **연습문제**

다음은 ㈜강남의 당좌거래에 관한 대화내용이다. 대화에서 알 수 있는 당좌차월 한도는 얼마인가?

> 부장 - 현재 당좌예금 잔액은 50,000,000원이고, 오늘 결제될 수표는 20,000,000원 입니다.
> 사장 - 그럼 결제 후 당좌수표로 발행할 수 있는 금액은 얼마나 되나요?
> 부장 - 당좌차월 계약이 있어서 70,000,000원 까지 발행할 수 있습니다.

① 60,000,000원   ② 40,000,000원   ③ 30,000,000원   ④ 70,000,000원

풀이 ②
당좌예금잔액 50,000,000원 - 20,000,000원 = 30,000,000원 보유, 추가로 70,000,000원을 발행할 수 있으므로, 당좌차월한도는 40,000,000원

02 기타예금

(1) 기타예금

은행예금에는 당좌예금 이외에 보통예금, 정기예금, 정기적금 등의 다양한 형태의 예금이 있다. 은행예금은 예금 금액의 크기와 거래의 빈도에 따라 다음과 같이 분류한다. 기타예금계정은 당좌예금 이외의 보통예금, 정기예금, 정기적금 등의 예금을 한꺼번에 처리하는 계정이다. 그러나 예금 금액이 많거나 거래가 자주 발생하면 보통예금, 정기예금, 정기적금 등 별도의 계정을 설정하여 기입할 수 있다.

기타예금은 만기가 재무상태표일로부터 12개월 이내 또는 이후에 도래하는지 여부에 따라 유동자산 또는 비유동자산으로 분류한다.

(2) 사용이 제한되어 있는 예금

기타예금 중 그 사용이 제한되어 있는 예금이 있는데, 기업이 은행에서 대출할 때 대출액의 일정비율을 대출기간 중 예금 또는 적금으로 예치한 양건예금(compensating balances), 차입금에 대한 담보로 제공된 예금, 당좌계약을 체결할 때 예치해 둔 당좌개설보증금 등이 있다. 이러한 예금은 차입금을 상환하거나 당좌계약을 해지하기 전까지는 예금의 인출이 제한되어 있기 때문에, 이러한 사항을 재무제표의 주석에 공시하여야 한다.

제3절 현금에 대한 내부통제제도

01 현금에 대한 내부통제

기업은 현금보유액이 부족하면 유동성 부족으로 도산과 같은 심각한 사항에 빠질 수 있는 반면, 이익을 발생시키지 않는 현금을 지나치게 보유하면 수익성이 떨어진다. 현금은 유동성이 높고 입출금이 빈번하기 때문에 도난, 분실, 부정과 기록오류가 발생할 가능성이 높다. 따라서 기업의 경영에 있어 효율적인 내부통제제도가 필요하다.

내부통제제도(internal control system)는 기업의 자산을 보호하고 회계기록의 신뢰성을 높이기 위하여 구축하는 모든 정책과 절차를 의미하는 용어로서, 회계에 대한 제도뿐만이 아니라 일상적인 업무절차 및 업무환경에 대한 사항도 포함하는 개념이다. 즉 재무보고와 기업의 일반적인 활동 모두에 대한 내부통제제도가 수립되어야 한다.

외감법에서는 회계기록과 재무보고의 신뢰성 유지를 위해 일정규모 이상의 기업은 반드시 '내부회계관리제도'를 설계하여 운용할 것을 법규화하고 있다.

현금에 대한 내부통제는 크게 ① 현금 입출금에 대한 통제와 ② 현금 입출금의 문서화 및 검증절차로 구분이 된다.

(1) 현금 입출금에 대한 통제

① 권한과 책임의 부여 및 제한

현금 입출금에 대해서는 소수의 지정된 인원에게 현금출납을 담당하도록 권한과 책임을 부여해야 한다. 이때 상위 직급의 임직원이 권위를 이용하여 임의적인 현금 입출금이 이루어지도록 영향력을 행사해서는 안 된다.

또한 과도한 양의 현금을 소수의 출납담당 직원이 직접 보유하고 관리한다면 관리에 어려움이 있거나 부정이 발생할 수 있으므로 은행과 같은 금융기관에 예치하도록 한다. 은행으로부터의 입출금에 대해서 출납담당자에게 권한과 책임을 부여하고 다른 인원의 접근은 제한해야 한다. 기업들이 많이 사용하는 인터넷뱅킹의 거래비밀번호 및 공인인증서와 같은 중요한 사항은 현금출납담당자만이 관리하도록 해서, 다른 사람이 몰래 예금을 인출하지 못하도록 해야 한다.

② 업무의 분장

기업의 경영활동 전반에서 이루어지는 현금의 지급과 수취에 대한 업무영역별로 별도의 담당자가 지정되어야 한다. 그리고 현금의 흐름과 관련된 담당업무가 충분히 분산되어 있어 현금의 분실과 도난을 방지할 수 있어야 한다.

예를 들어 채권의 지불을 담당하는 부서에서는 채권을 기록하는 부서의 요청이 있는 경우에만 요청서에 명시된 거래처에게 현금을 지급해야 하며 임의로 타인에게 지급해서는 안 된다. 또한 현금지급대상 은행계좌는 타부서에서 통보해온 거래처의 은행계좌이어야 한다. 그리고 현금지급담당자는 현금출납 기록을 담당해서는 안 된다. 만약 이러한 업무가 한 종업원에게 동시에 주어지는 경우 해당 종업원이 부정을 저지르기 위해 현금출금의 기록을 남기지 않거나 기록과는 전혀 다른 계좌로 현금을 지급할 수 있기 때문이다.

(2) 문서화 및 검증절차

① 문서화

모든 현금의 입출금은 즉시 전산시스템 내의 현금출납장과 같은 내부양식에 기록되어야 한다. 즉각적인 문서화가 이루어지지 않는 경우에는 빈번한 현금거래시 기재의 오류 및 누락이 발생하거나, 현금이 분실 또는 도난될 가능성이 있다. 또한 문서화는 추후에 현금 입출금에 대한 검증을 하기 위해서도 필요하다.

② 검증절차

현금의 입출금이 즉각적으로 문서화되더라도 불가피하게 현금 입출금 기록에 오류가 발생할 수 있다. 이러한 경우 기업은 스스로의 현금 보유상황을 정확하게 파악하지 못하며, 부정확한 정보가 재무제표에 포함되어 공시되므로 재무제표의 정보이용자를 오도할 수 있다. 그러므로 기업은 정기적으로 은행계정조정표를 작성함으로써 현금 보유상황을 파악해야 한다.

02 현금과부족

현금은 거래가 빈번하고 기록, 계산의 오류, 분실, 도난 등이 발생하기 쉽기 때문에 장부상 현금계정 잔액과 실제 보유현금 잔액의 차이가 발생할 수 있다. 따라서 수시로 두 금액의 일치 여부를 확인하고, 잔액이 일치하지 않는 경우에 차이의 원인을 밝히려는 노력을 하여야 한다.

장부상 현금계정 잔액과 실제 보유현금 잔액이 일치하지 않는 경우 원인이 밝혀질 때까지 그 차이를 현금과부족 계정이라는 임시계정에 기록한다. 실제잔액이 장부상 잔액보다 크면 현금계정 차변과 현금과부족계정 대변에 기입한다.

현금과부족의 원인을 조사하여 그 원인이 밝혀지면 현금과부족계정의 잔액을 해당 계정으로 대체한다. 만일 결산일까지 현금과부족의 원인이 밝혀지지 않으면 부족액은 잡손실로, 과다액은 잡이익으로 대체한다.

(1) 현금의 부족(장부잔액＞실제잔액)

구　　　분	차　　변	대　　변
현금이 실제로 부족한 경우	현 금 과 부 족　×××	현　　　　금　×××
원인이 판명된 경우	비　　　　용　×××	현 금 과 부 족　×××
결산일까지 원인 불명인 경우	잡　손　실　×××	현 금 과 부 족　×××
결산일 현재 현금이 부족한 경우	잡　손　실　×××	현　　　　금　×××

예제 5-4　현금과부족-부족액

(1) 현금출납장에서 장부잔액은 ₩350,000인데, 현금시재액을 조사한 결과 ₩330,000이었다.
(2) 위의 불일치 원인을 조사한 결과 ₩15,000은 통신비 지급액의 기입 누락으로 판명되었다.
(3) 결산일까지 현금과부족 ₩5,000은 원인이 판명되지 아니하다.
(4) 결산일에 현금의 장부잔액은 ₩300,000이지만, 실제 금고의 잔액은 ₩285,0000이었다. 현재로서는 그 원인을 알 수 없기에 알맞은 회계처리를 하시오.

풀이

번 호	차　　변	금 액	대　　변	금 액
(1)	현 금 과 부 족	20,000	현　　　금	20,000
(2)	통　신　비	15,000	현 금 과 부 족	15,000
(3)	잡　손　실	5,000	현 금 과 부 족	5,000
(4)	잡　손　실	15,000	현　　　금	15,000

(2) 현금의 과잉(장부잔액＜실제잔액)

구　　　분	차　　변	대　　변
현금이 실제로 많은 경우	현　　　　금　×××	현 금 과 부 족　×××
원인이 판명된 경우	현 금 과 부 족　×××	수　　　　익　×××
결산일까지 원인 불명인 경우	현 금 과 부 족　×××	잡　이　익　×××
결산일 현재 현금이 남는(과잉인) 경우	현　　　　금　×××	잡　이　익　×××

예제 5-5　현금과부족-초과액

(1) 현금출납장에서 장부잔액은 ₩200,000인데, 현금시재액을 조사한 결과 ₩230,0000이었다.
(2) 위의 불일치 원인을 조사한 결과 ₩20,000은 은행으로부터 받은 이자에 대한 기장 누락으로 판명되었다.
(3) 결산일까지 현금과부족 ₩10,000은 원인이 판명되지 아니하다.
(4) 결산일에 현금의 장부잔액은 ₩100,000이지만, 실제 금고의 잔액은 ₩115,0000이었다. 현재로서는 그 원인을 알 수 없기에 알맞은 회계처리를 하시오.

번호	차 변	금 액	대 변	금 액
(1)	현　　금	30,000	현 금 과 부 족	30,000
(2)	현 금 과 부 족	20,000	이 자 수 익	20,000
(3)	현 금 과 부 족	10,000	잡 이 익	10,000
(4)	현　　금	15,000	잡 이 익	15,000

연습문제

다음 현금과부족계정의 (　)안에 들어갈 계정과목은?

현금과부족

12/10 이자수익 15,000원 | 12/8 현금 30,000원
12/31 (　) 15,000원 |

① 현금과부족　② 잡이익　③ 잡손실　④ 차기이월

풀이 ②
(차) 현금과부족 30,000원 / (대) 이자수익 15,000원
　　　　　　　　　　　　　　　잡이익　　15,000원

03 소액현금제도

　현금은 분실이나 도난의 위험이 높은 자산이므로 이를 방지하기 위해 은행에 당좌예금계좌를 개설하여 현금의 수입은 즉시 은행에 예치하고 모든 지출은 당좌수표를 발행하여 처리한다. 그러나 기업이 일상적인 업무를 수행하는 과정에서 빈번하게 발생하는 소액의 경비지급까지 일일이 수표를 발행한다는 것은 매우 번거롭고 불편할 수 있다. 이러한 소액의 현금지출업무를 효과적으로 관리하기 위하여 소액현금제도(petty cash system)를 사용한다.

(1) 정액자금전도제도

　기업이 사전에 일정액을 소액현금기금으로 설정하여 관리하는 제도이다. 이 방법은 소액기금을 보충할 때 경비로 지출된 금액만큼의 일정액을 당좌예금에서 인출하여 사용부서(일명 용도계)로 지급한 후 정산하는 제도를 말한다.

(2) 부정액자금전도제도

　이 제도는 소액현금이 소진되려고 할 때마다 적당한 금액을 수시로 보충해 주는 방법이다.

소액현금제도하에서는 현금을 지출할 때마다 회계처리하지 않으며, 현금자금을 설정할 때와 보충할 때만 회계처리한다. 소액현금계정의 잔액은 내부통제를 위하여 설정한 것이기 때문에 결산시 현금에 포함시켜 현금및현금성자산으로 보고한다.

지금은 현금거래가 크게 감소하고 소액의 경우에도 신용카드를 사용할 수 있어 대부분의 회사들은 법인신용카드로 소액경비를 결제하고 소액현금제도를 사용하지 않기도 한다.

예제 5-6 소액현금제도

(1) ㈜서초는 소액현금지출에 사용하기 위하여 5월 1일부터 500,000원의 소액현금을 설정하고 매월 말일에 1개월 동안 사용한 현금에 대해 정산하여 그 부족분을 보충해 주는 소액현금제도를 실시하기로 하였다. 아래의 거래를 분개하시오.
(2) 5월 1일 5월분 소액현금으로 500,000원을 수표발행하여 소액현금담당자에 전도하다.
(3) 5월 중 소액현금담당자는 5월 중 여비교통비 100,000원, 통신비 150,000원, 소모품비 50,000원, 세금과공과 80,000원을 지출하다.
(4) 5월 31일 5월분 소액현금지출과 월말 소액현금잔액을 보고받고 부족분을 보충하기 위해 당좌수표로 발행하다.

풀이

날짜	차 변	금 액	대 변	금 액
5/1	소 액 현 금	500,000	당 좌 예 금	500,000
5월 중	분 개 없 음			
5/31	여 비 교 통 비	100,000	소 액 현 금	380,000
	통 신 비	150,000		
	소 모 품 비	50,000		
	세 금 과 공 과	80,000		
	소 액 현 금	380,000	당 좌 예 금	380,000

04 은행계정조정표

회사의 장부상 당좌예금계정 잔액과 거래은행의 당좌예금 잔액은 기록시점의 차이 등으로 인해 일치하지 않을 경우가 발생할 수 있다. 이러한 차이의 원인을 규명하고 정확한 예금잔액을 파악하기 위하여 작성하는 표를 은행계정조정표(bank reconciliation statement)라고 한다.

(1) 회사 측과 은행 측 잔액의 불일치 원인

① 마감후 입금(deposit in transit)

회사가 은행의 마감시간 이후 입금을 한 경우 다음 날 입금처리 될 수 있는데, 이 경우 은행의 예금잔고가 회사의 잔고보다 과소평가되게 된다. 이때 회사측은 당좌예금계정 차변에 이미 회계처리되어 별도의 수정분개가 필요 없다. 이를 미기입예금이라고도 한다.

② 미결제수표(outstanding checks)

회사의 대금지급을 위해 수표를 발행하고 회계처리하였으나 수표의 소지인이 아직 거래은행에 지급제시하지 않아 당좌예금 잔액에서 결제되지 않은 수표를 말한다. 이때는 은행의 당좌예금 잔액이 과대평가되어 있다. 역시 회사측의 수정분개는 필요 없다.

③ 미통지입금(deposit by third parties)

거래처 등이 회사에 통지하지 않고 온라인 송금(계좌이체) 등으로 회사의 거래은행에 이체한 입금을 말한다. 회사측의 장부상 당좌예금 계정 잔액이 과소평가되어 있으므로 수정분개가 필요하다.

④ 부도수표(non-sufficient fund check)

거래처 등으로부터 받은 수표를 은행에 예입하였으나 수표발행인(거래처 등)의 잔고 부족으로 발행인의 거래은행으로부터 지급거절을 당한 경우 부도수표로 처리되어 회사측에 수표가 반송될 수 있다. 이를 부도수표라고 하며 회사측 당좌예금 잔액을 감소시키고 부도수표로 처리한다.

⑤ 이자수익과 이자비용(onterest revenue or interest expense)

은행의 결산기말이 되면 회사의 예금이나 차입금(당좌차월 등)에 대한 이자수익과 이자비용을 회사측 은행계좌에 반영한다. 만약 회사측이 이러한 사실을 통보 받지 못한 경우라면 이를 당좌예금 잔액에 반영해야 하며, 이에 대한 수정분개도 동시에 이루어져야 한다.

⑥ 은행수수료(bank service charges)

당좌거래 및 어음추심 등의 서비스에 대한 대가로 은행은 회사측에 일정한 수수료를 부과하고 당좌예금 계좌에서 직접 차감할 수 있다. 이러한 사실을 회사측이 통보받지 못한 경우에는 회사측 당좌예금 잔액이 과대평가되어 있어 수정분개가 필요하게 된다.

⑦ 기장오류(entry error)

회사측 또는 은행측 모두 당좌거래와 관련하여 오류를 범할 수 있다. 오류를 범한 당사자는 이를 수정하여 정부상에 반영해야 한다.

한편, 회사측의 당좌예금 잔액과 거래은행의 당좌계좌 잔액의 불일치를 조정하기 위해 작성되는 은행계정조정표는 별도의 양식이 있는 것이 아니라 작성자의 편의에 따라 작성된다.

| 표 5-3 | 은행계정조정표의 차이 조정

구분		내용	처리
회사는 기록하였으나 은행이 기록하지 않은 항목	기발행미인출수표 (미결제수표, 미인출수표)	회사는 수표를 발행하고 장부에 출금기록을 하였으나, 수표소지인이 아직 은행에 청구를 하지 않아 은행은 아직 출금기록하지 않은 경우	은행의 잔액에서 차감
	은행미기입예금 (미기록예금)	회사는 은행에 예입하고 장부에 입금기록을 하였으나 은행은 아직 입금기록하지 않은 경우(예, 은행의 업무마감시간 이후에 임시예치된 경우, 다른 지역에서 송금되어 거래은행에 아직 통지가 되지 않은 경우)	은행의 잔액에 가산
은행은 기록하였으나 회사가 기록하지 않은 항목	미통지예금 (회사 미기입 예금)	은행은 입금처리하였으나 회사는 아직 통보되지 않아 입금기록하지 않은 경우(예, 거래처가 기업에 통보하지 않고 온라인 또는 직접 무통장입금으로 송금한 매출채권, 받을어음의 추심)	회사의 잔액에 가산
	이자수익	은행은 입금처리하였으나 회사는 아직 통보되지 않아 입금기록하지 않은 경우(예, 예금에 대한 이자)	
	부도수표	은행은 출금처리하였으나 회사는 아직 통보되지 않아 출금기록하지 않은 경우	회사의 잔액에서 차감
	이자비용	은행은 출금처리하였으나 회사는 아직 통보되지 않아 출금기록하지 않은 경우(예, 당좌차월에 대한 이자, 차입금에 대한 이자)	
	은행수수료	은행은 출금처리하였으나 회사는 아직 통보되지 않아 출금기록하지 않은 경우(예, 어음추심수수료, 당좌거래 또는 기타용역 제공에 대한 수수료)	

| 표 5-4 | 은행계정조정표 양식

구분			회사측		조정	은행측	
수정전 잔액			×××		≠	×××	
조정 항목	가산(+)	미통지예금	×××			은행미기입예금	×××
		이자수익	×××			기장오류	×××
		기장오류	×××				
	차감(-)	부도수표	×××			기발행미인출수표	×××
		은행수수료	×××			기장오류	×××
		이자비용	×××				
		기장오류	×××				
수정후 잔액			×××		=	×××	

(2) 수정분개

은행계정조정표는 예금을 관리하기 위한 내부통제목적으로 부정기적으로 작성되기도 하지만, 일반적으로 결산시에 정확한 당좌예금 잔액을 재무제표에 공시하기 위하여 정기적으로 작성한다. 따라서 은행계정조정표를 작성하는 과정에서 회사의 장부잔액을 조정하여야 할 시점에 대해서는 이들 사항을 회사장부에 반영하기 위한 수정분개를 하여야 한다. 수정분개시 가산조정항목은 당좌예금을 증가시키고, 차감조정항목은 당좌예금을 감소시키는 회계처리를 한다.

| 표 5-5 | 은행계정조정표 관련 수정분개

구분	회계처리			
가산조정항목	(차) 당좌예금	×××	(대) 가산항목	×××
차감조정항목	(차) 차감항목	×××	(대) 당좌예금	×××

 연습문제

㈜강남의 11월30일 현재 당좌예금잔액과 은행의 당좌예금잔액이 일치하지 않은 사항을 발견하였다. 조정 후 ㈜강남의 당좌예금잔액은 얼마인가?

- 회사 측 당좌예금 잔액 5,000,000원
- 거래처로부터 은행에 입금된 외상대금 3,000,000원 통보받지 못하였다.
- 당좌차월이자 100,000원이 회사에 통보되지 않았다.

① 8,100,000원 ② 8,000,000원 ③ 7,900,000원 ④ 1,900,000원

풀이 ③
조정 전 잔액 5,000,000원 + 미통보금액 3,000,000원 − 미통보이자 100,000원 = 7,900,000원

예제 5-7 은행계정조정표

신한은행과 당좌거래하고 있는 ㈜서초는 매월 말일 은행계정조정표를 작성하여 은행과 회사의 당좌예금 잔액의 차이를 조정한다. 결산을 위해 신한은행에 당좌예금 잔액을 조회한 결과 12월 31일 현재 307,500원이고, ㈜서초의 장부상 당좌예금 잔액은 310,000원이다. 두 금액의 차이를 조사한 결과 차이의 원인이 다음과 같이 밝혀졌다.

(1) 거래처에서 외상매출금 8,000원이 당좌이체 되었으나 회사에서는 아직 모르고 있다.
(2) 발행수표 중 12월 31일까지 은행에서 인출되지 않은 기발행미인출수표는 47,500원이다.
(3) 은행에서 당좌거래수수료 3,000원을 부과하고 이를 ㈜서초의 당좌예금 계좌에서 차감하였는데, 회사에서는 아직 정리하지 않은 상태이다.
(4) 12월 31일 늦게 예입한 수표 30,000원을 은행에서는 다음 해 1월 3일에 입금처리하다.
(5) 거래처에서 받아 예입한 수표 25,000원이 부도났다는 사실을 발견하다.

1. 은행계정조정표를 작성하시오.
2. 회사측이 기말 결산시에 수행할 수정분개를 하시오.

[풀이]

1. 은행계정조정표

	회사측 잔액	은행측 잔액
12월 31일 수정전 잔액	310,000	307,500
조정항목 : 가산(차감)		
1. 미통지예금	8,000	
2. 기말행미인출수표		(47,500)
3. 은행수수료	(3,000)	
4. 은행미기입예금		30,000
5. 부도수표	(25,000)	
12월 31일 수정후 잔액	290,000	290,000

2. 회사측 수정분개

번호	차 변	금 액	대 변	금 액
1	당 좌 예 금	8,000	매 출 채 권	8,000
2	수 수 료 비 용	3,000	당 좌 예 금	3,000
3	부 도 수 표	25,000	당 좌 예 금	25,000

제4절 단기금융자산

01 의의와 종류

(1) 의의

단기투자자산은 기업이 여유자금의 활용목적으로 보유하는 단기예금, 단기대여금, 당기손익인식금융자산 등 단기보유목적 금융자산을 총칭하는 개념이다. 금융기관이 취급하는 예금 중에서 기업이 단기적인 자금운용을 목적으로하거나 결산일 현재 1년 이내에 만기가 도래하는 정기예금, 정기적금 또는 사용이 제한되어 있는 단기예금은 유동자산으로서 단기금융자산에 포함시킨다. 또한 금융기관이 취급하는 정형화된 상품으로서 기업어음, 양도성 예금증서, 어음관리계좌 등도 단기적인 자금운용을 목적으로 하거나 기한이 1년 이내에 도래하는 경우에는 단기금융자산으로 분류한다. 다만 이러한 정형화된 금융상품의 경우에도 취득시 만기가 3개월 이내에 도래하여 유동성이 매우 높은 금융자산은 현금및현금성자산으로 분류한다.

(2) 종류

단기금융상품에는 환매조건부채권(PR), 기업어음(CP), 양도성예금증서(CD), 어음관리계좌(CMA), 금전신탁 등이 있다. 금융자산 중 금융기관이 취급하는 정형화된 금융상품이라는 점에서 금융기관예치금(deposit of cash)라고도 한다.

|표 5-6| 단기금융상품의 종류

구분	내용
환매조건부채권 (repurchase agreement : RP)	• 금융기관이 보유하고 있는 채권을 담보로 제공하고 투자자 등의 돈을 받아 다시 채권에 투자하는 형식의 금융상품이다. 금융기관은 투자자에게 일정 기간이 경과한 후에 이자와 원금을 지급한다.
기업어음 (commercial paper : CP)	• 기업이 단기적인 자금조달을 위해 발행하는 어음으로, 금융기관이 기업으로부터 수수료를 받고 투자자에게 매각한다.
양도성예금증서 (negotiable certificate of deposits : CD)	• 정기예금에 대하여 은행이 발행하는 무기명 잔고증명서이다. 은행은 예금의 만기일에 예금증서 소지인에게 원금 및 약정이자를 지급한다. 이 증서는 예금의 만기일 이전에 유통시장에서 거래할 수 있는 금융상품이다.
어음관리계좌 (cash management account : CMA)	• 고객이 맡긴 예금을 투자금융회사가 어음이나 단기채권, 양도성 예금증서 등에 투자해서 수익을 올린 후 일정 수수료를 제하고 고객에게 돌려주는 금융상품이다.
금전신탁 (money in trust)	• 고객의 일시적인 여유자금을 은행이 위탁받아 유가증권 등에 투자해서 그 실적을 배당형식으로 지급한다.

02 단기금융자산 관련계정 분류

단기금융자산 중 취득일로부터 3개월 이내 만기가 도래하는 것은 현금성자산으로 분류하여 재무상태표의 현금및현금성자산 계정에 보고한다. 한편, 보고기간말을 기준으로 만기가 1년 이내에 도래하는 경우에는 단기금융자산으로 하여 유동자산으로, 만기가 1년 이상인 경우에는 투자자산 중 장기금융자산으로 보고한다.

여기서 한 가지 주의할 점은 사용이 제한되어 있는 요구불예금 또는 취득당시가 아닌 보고기간말 현재 잔여만기가 3개월 이내인 금융상품 등은 현금및현금성자산으로 분류할 수 없다. 사용이 제한된 요구불예금은 기간의 장·단기에 따라 단기금융상품 또는 투자자산 내 장기금융상품으로 분류한다.

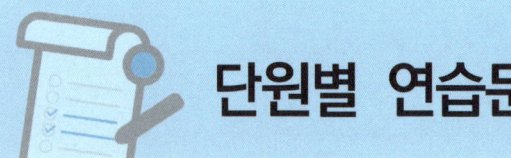 

단원별 연습문제

01 다음 자료에 의한 재무상태표에 표시할 현금및현금성자산의 총액은 얼마인가?

- 우편환증서 : 200,000원
- 당좌예금 : 300,000원
- 배당금지급통지표 : 400,000원
- 당좌차월 : 800,000원
- 양도성예금증서(180일 만기) : 150,000원

① 600,000원 ② 1,020,000원 ③ 1,150,000원 ④ 1,950,000원

02 다음 중 현금및현금성자산으로 볼 수 없는 것은?

① 취득 당시 만기가 3개월 이내 도래하는 양도성예금증서(CD)
② 취득 당시 3개월 이내 환매조건의 환매채(RP)
③ 취득 당시 3개월 이내 기업어음(CP)
④ 보고기말 현재 만기가 3개월 이내에 도래하는 초단기수익증권(MMF)

03 다음에서 설명하고 있는 자산의 종류는 무엇인가?

1. 보고기간 종료일로부터 1년 이내에 보유하는 자산
2. 판매를 목적으로 보유하지 않는 자산

① 당좌자산 ② 재고자산 ③ 투자자산 ④ 무형자산

04 다음 중 당좌자산에 해당하는 것은?

① 상품 ② 매출채권 ③ 비품 ④ 장기투자증권

05 현금계정의 잔액은 30,000원이고 금고의 잔액은 25,000원이다. 이 경우의 분개로 올바른 것은?

① (차) 현　　　금　5,000　　(대) 현금과부족　5,000
② (차) 현금과부족　5,000　　(대) 현　　　금　5,000
③ (차) 현　　　금　5,000　　(대) 잡　이　익　5,000
④ (차) 잡　손　실　5,000　　(대) 현　　　금　5,000

06 기말 현재 현금과부족 잔액 10,000원 중 8,000원이 외상대금 지급으로 판명되었고 잔액은 원인을 알 수 없다. 분개로 옳은 것은?

① (차) 외상매출금　　8,000　　(대) 현금과부족　　10,000
　　 잡　손　실　　2,000
② (차) 외상매입금　　8,000　　(대) 현금과부족　　10,000
　　 잡　손　실　　2,000
③ (차) 현금과부족　　10,000　　(대) 외상매출금　　8,000
　　　　　　　　　　　　　　　　 잡　이　익　　2,000
④ (차) 현금과부족　　10,000　　(대) 외상매입금　　8,000
　　　　　　　　　　　　　　　　 잡　이　익　　2,000

07 ㈜백석은 정액소액현금제도를 채택하고 있다. 정액전도금은 100,000원이며, 매월 정산한다. 20×1년 3월의 소액현금 지출내역이 다음과 같을 경우, 3월 31일 현재 소액현금계정의 잔액은 얼마인가?

・사무용품비 : 12,000원　・우편료 : 8,000원　・접대비 : 32,000원
・교통비 : 19,000원　・현금부족액 : 2,000원

① 1,280,000원　② 1,260,000원
③ 1,000,000원　④ 980,000원

08 ㈜백석은 12월 1일 상품매입 대금 32,000원에 대해 당좌수표를 발행하여 지급하였다. 당좌수표 발행 당시 당좌예금 잔액은 18,000원이었고, 동 당좌계좌의 당좌차월 한도액은 20,000원이었다. 12월 20일 거래처로부터 매출채권 20,000원이 당좌예금으로 입금되었을 때 회계처리로 옳은 것은?

① (차) 당좌예금　　20,000　　(대) 매출채권　　20,000
② (차) 당좌예금　　12,000　　(대) 매출채권　　20,000
　　 당좌차월　　8,000
③ (차) 당좌예금　　8,000　　(대) 매출채권　　20,000
　　 당좌차월　　12,000
④ (차) 당좌예금　　18,000　　(대) 매출채권　　20,000
　　 당좌차월　　2,000

09

㈜백석은 20×1년 12월 31일 현재 장부상 당좌예금 잔액은 118,000원이며, 은행 측 잔액증명서상 잔액은 128,000원이다. 은행계정조정표 작성과 관련된 자료가 다음과 같다면, 은행 측 미기입예금은 얼마인가?

- 거래처에서 송금한 15,000원이 은행에 입금 처리되었으나 아직 은행으로부터 통보받지 못했다.
- 은행이 부과한 은행수수료 2,000원이 아직 회사 장부에 미정리된 상태이다.
- 발행한 수표 중 11,000원이 아직 은행에서 인출되지 않았다.
- 거래처로부터 받아 예입한 수표 6,000원이 부도처리 되었으나 은행으로부터 통보받지 못했다.
- 나머지 잔액 차이는 모두 은행 측 미기입예금에 의한 것으로 확인되었다.

① 4,000원　　② 6,000원　　③ 8,000원　　④ 10,000원

10 다음 중 단기금융상품에 대한 설명으로 가장 틀린 것은?

① 단기매매증권은 주로 단기간 내의 매매차익을 목적으로 취득한 유가증권으로서 매수와 매도가 적극적이고 빈번하게 이루어지는 것을 말한다.
② 단기금융상품은 만기가 1년 이내에 도래하는 금융상품으로 현금성자산이 아닌 것을 말한다.
③ 만기가 1년이내에 도래하는 양도성예금증서, 종합자산관리계좌, 환매채는 단기금융상품이다.
④ 단기매매증권은 다른 범주로 재분류할 수 있고 다른 범주의 유가증권의 경우에도 단기매매증권으로 재분류할 수 있다.

정답 및 풀이

1. ② 1,000,000원
   = 우편환증서 200,000원 + 보통예금 100,000원 + 당좌예금 300,000원 + 배당금지급통지표 400,000원
2. ④ 보고기말 현재 만기가 3개월 이내에 도래하는 것이 아니라 취득 당시 3개월 이내이어야 한다.
3. ① 보기의 내용은 당좌자산에 대한 설명이다.
4. ② 매출채권은 당좌자산에 해당한다. 한편, 상품은 재고자산, 비품은 유형자산, 장기투자증권은 투자자산에 해당한다.
5. ② 장부상 현금잔액과 현금시재액의 차이가 발생하면 임시계정인 현금과부족계정을 이용하여 장부잔액을 현금시재액과 일치시켜 주는 회계처리를 한다.
6. ② 기말의 현금과부족은 나타날 수 없다. 원인이 밝혀진 외상대금 지급액을 제외한 2,000원은 잡손실로 회계처리한다.
7. ③ 정액소액현금제도는 정액의 소액현금을 정한 다음 그 한도 내에서 소액현금을 사용하고 매월 사용액을 보고하면 그 금액만큼 다시 보충해 주는 방식이다. 따라서 3월 중 지출한 금액 71,000원과 현금부족액 2,000원을 매월 말 정산을 통해 보충하므로 3월 31일 현재 소액현금계정 잔액은 1,000,000원이다.
8. ④ 12월 1일 거래에서 당좌차월 12,000원이 발생하여 12월 20일 거래에서 당좌차월 12,000원을 차감한 후 잔액 18,000원이 당좌예금 잔액이 된다.
9. ③

은행계정조정표

회사측잔액	118,000	은행측잔액	128,000
송금입금	(+)15,000	미인출수표	(−)11,000
은행수수료	(−)2,000	미기입예금	(+)8,000
부도수표	(+)6,000		
	125,000		125,000

10. ④ 단기매매증권은 다른 범주로 재분류할 수 없다.

문제 1

다음의 거래를 분개하시오.

(1) 상품 ₩800,000을 매출하고, 대금은 다음과 같이 회수하다.
　　(현금 ₩300,000 자기앞수표 ₩200,000 춘천상회발행 당좌수표 ₩300,000)
(2) 상품 ₩500,000을 매출하고, 대금은 송금환으로 회수하다.
(3) 상품 ₩750,000을 매입하고, 대금 중 ₩350,000은 현금으로 지급하고, 잔액은 소유하고 있던 자기앞수표로 지급하다.
(4) 외상매출금 ₩300,000을 현금으로 회수하여, ₩200,000은 보통예금에 입금하고, 잔액은 현금으로 보관하다.

No	차 변 과 목	금　　액	대 변 과 목	금　　액
(1)				
(2)				
(3)				
(4)				

문제 2

다음 거래를 분개하시오.

(1) 현금의 장부잔액은 ₩137,000인데, 실제잔액은 ₩120,000임을 발견하다.
(2) 상기의 부족액 중 ₩9,000은 이달분 수도료 지급분 기장 누락임이 밝혀지다.
(3) 상기(1)의 부족액 중 ₩8,000은 결산일 현재까지 원인 불명이다.
(4) 결산당일 현금 ₩2,000이 부족한 것을 발견하다.
(5) 현금의 장부잔액보다 금고잔액이 ₩8,000이 많음을 발견하다.
(6) 상기의 과잉액 중 ₩5,000은 집세수입액의 기장 누락으로 밝혀지다.
(7) 상기(5)의 과잉액 중 ₩3,000은 결산일 현재까지 원인 불명이다.
(8) 결산시 현금 ₩500이 과잉됨을 발견하다.

No	차 변 과 목	금 액	대 변 과 목	금 액
(1)				
(2)				
(3)				
(4)				
(5)				
(6)				
(7)				
(8)				

문제 3

다음 거래를 일자별로 분개하시오.

(1) 5/ 1 용도계에 소액자금으로 ₩160,000을 수표로 발행하여 보급해 주다.
(2) 5/30 용도계로부터 다음과 같이 지급액 내역을 보고 받다.
　　　　통신비 ₩45,000　　　수도광열비 ₩20,000　　　잡비 ₩71,000
(3) 6/ 1 이달분 소액자금은 5월분 지급액 만큼 현금으로 보급하다.

No	차 변 과 목	금 액	대 변 과 목	금 액
(1)				
(2)				
(3)				

문제 4

다음의 거래를 분개하시오.

(1) 대구은행과 당좌거래 계약을 맺고, 당좌거래 개설보증금 ₩10,000,000과 당좌예입 금액 ₩1,200,000을 현금으로 입금하다.
(2) 서울가구에서 사무실에서 사용 할 책상 및 의자 ₩500,000을 매입하고, 대금은 수표를 발행하여 지급하다.
(3) 제주상회에 상품 ₩450,000을 매출하고, 대금 중 ₩250,000은 동점발행 수표로 받아 당좌예입하고 나머지는 외상으로 하다.
(4) 상품 ₩700,000을 동경상회에 매출하고, 대금은 전액 당점이 발행한 수표로 받다.

No	차 변 과 목	금 액	대 변 과 목	금 액
(1)				
(2)				
(3)				
(4)				

문제 5

다음 거래를 분개하시오

(1) 현금 ₩1,200,000을 거래은행인 대구은행에 연 10%의 이자를 받기로 하고 1년 만기 정기예금에 가입하다.
(2) 위의 정기예금이 만기가 되어 이자 ₩120,000과 함께 당좌예입하다.
(3) 경기은행에 만기 8개월 후 양도성예금증서 액면 ₩10,000,000을 구입하고, 선이자 ₩300,000을 차감한 나머지는 보통예금에서 이체 지급하다.
(4) 위의 양도성예금증서가 만기가 되어 인출하여 보통예금으로 예입하다.

No	차 변 과 목	금 액	대 변 과 목	금 액
(1)				
(2)				
(3)				
(4)				

문제 6

㈜백석은 20×1년 12월 31일 직원이 회사자금을 횡령한 사실을 확인하였다. 12월 31일 현재 회사 장부상 당좌예금 잔액은 650,000원이었으며, 거래은행으로부터 확인한 당좌예금 잔액은 560,000원이다. 회사 측 잔액과 은행 측 잔액이 차이가 나는 이유가 다음과 같을 때, 직원이 회사에서 횡령한 것으로 추정되는 금액은 얼마인가?

- 은행 미기입 예금 : 45,000원
- 기발행 미인출 수표 : 52,000원
- 회사에 미통지된 입금액 : 22,000원
- 은행으로부터 통보받지 못한 은행수수료 : 15,000원
- 발행한 수표 20,000원을 회사장부에 25,000원으로 기록하였음을 확인함

Chapter 06

채권과 채무

제1절 수취채권과 지급채무의 의의와 분류
제2절 외상매출금과 외상매입금의 회계처리
제3절 받을어음과 지급어음의 회계처리
제4절 매출채권의 대손과 평가
제5절 매출채권의 활용
제6절 기타 채권과 채무
단원별 연습문제

Chapter 06 채권과 채무

제1절 수취채권과 지급채무의 의의와 분류

01 의의

수취채권(receivables)은 기업이 영업활동 과정에서 외상으로 재화를 판매하거나 용역을 제공하고 그 대가로 미래에 현금을 수취할 권리를 획득하는 경우에 발생하는 채권을 말한다.

지급채무(payables)는 기업이 영업활동 과정에서 외상으로 재화를 매입하거나 용역을 제공받고 그 대가로 미래에 현금을 지급할 의무를 부담하는 경우에 발생하는 채무를 말한다.

02 분류

수취채권과 지급채무 중 매출채권(trade receivables)과 매입채무(trade payables)는 일반적인 상거래에서 발생하는 채권과 채무를 말한다. 일반적인 상거래란 당해 사업목적을 위한 정상적인 영업활동에서 발생한 거래를 말한다.

수취채권과 지급채무 중 일반적 상거래 이외의 거래에서 발생한 채권과 채무를 기타채권과 기타채무라 한다.

표 6-1 수취채권과 지급채무

구분		내용	예
수취채권	매출채권	일반적 상거래에서 발생한 채권	외상매출금, 받을어음
	기타채권	일반적 상거래 이외의 거래에서 발생한 채권	단기대여금, 미수금, 미수수익, 선급금, 선급비용 등
지급채무	매입채무	일반적 상거래에서 발생한 채무	외상매입금, 지급어음
	기타채무	일반적 상거래 이외의 거래에서 발생한 채무	단기차입금, 미지급금, 선수수익, 선수금, 미지급비용 등

제2절 외상매출금와 외상매입금의 회계처리

기업의 주된 목적인 일반적 상거래에서 발생한 채권을 외상매출금(accounts receivables)이라 한다. 외상매출금은 신용거래에서 발생하고, 서류로 채권을 확보하지 않으며(구두계약), 회수기간이 짧기(보통 30일에서 90일 내에 회수) 때문에 대부분 이자가 붙지 않는다.

기업의 주된 목적인 일반적 상거래에서 발생한 채무를 외상매입금(accounts payables)이라 한다. 외상매입금은 신용거래에서 발생하고, 서류로 채무를 담보하지 않으며(구두계약), 지급기간이 짧기(보통 30일에서 90일 내에 지급) 때문에 대부분 이자가 붙지 않는다.

01 외상매출금

(1) 외상매출금의 회계처리

주된 영업활동과 관련하여 상품(서비스)를 외상으로 판매(제공)한 경우에는 수익을 인식하는 시점(대부분 인도 또는 판매시점)에 외상매출금계정 차변에 기록하고 매출계정 대변에 기록한다.

| 표 6-2 | 외상매출금의 회계처리

구분	회계처리			
외상 매출시	(차) 외상매출금	×××	(대) 매 출	×××
현금 회수시	(차) 현 금	×××	(대) 외상매출금	×××

연습문제

다음의 대화에서 박대리의 답변을 분개하는 경우 대변 계정과목으로 옳은 것은?

김부장 : 박대리님. 매출처 대한상점에 대한 외상 대금은 받았습니까?
박대리 : 네. 외상대금 100만원이 당사 보통예금 계좌에 입금된 것을 확인하였습니다.

① 현금　　　② 보통예금　　　③ 외상매출금　　　④ 외상매입금

풀이 ③
(차변) 보통예금 1,000,000원 (대변) 외상매출금 1,000,000원

(2) 매출 및 매출채권의 조정

외상으로 상품을 판매한 후 거래처로부터 이를 반품 받는 경우도 있고, 불량 등을 이유로 값을 깎아주는 경우도 발생할 수 있다. 즉, 매출거래와 관련하여 매출에누리, 매출환입, 매출할인 등의 거래가 발생할 수 있는데, 이와 같은 항목들은 비용으로 인식하지 않고 매출에서 차감한다. 따라서 포괄손익계산서에 표시되는 매출액은 총매출액에서 매출에누리, 매출환입, 매출할인을 차감한 후의 순매출액을 의미한다.

> 매출액 = 총매출액 – 매출에누리 – 매출환입 – 매출할인

이때 유의할 점은 매출과정에서 발생하는 운반비는 매출의 차감이 아니라 발생연도의 비용으로 인식한다는 것이다.

① 매출에누리와 환입

판매한 상품에 파손 및 결함, 주문서와의 규격불일치 등의 하자가 발생하면 판매대금의 일부를 깎아주기도 하는데, 이를 매출에누리(sales allowance)라고 한다. 또한 판매한 상품에 결함이 있어 반품되는 경우 이를 매출환입(sales return)이라고 한다. 매출에누리와 매출환입은 성격상 서로 관련성이 높기 때문에 매출에누리와 환입이라는 단일계정으로 통합하여 기록하기도 한다.

매출에누리와 환입이 발생하면 그만큼 거래처로부터 수취할 금액이 감소하므로 매출채권을 감소시키는 회계처리를 한다. 재고자산에 대해서 계속기록법을 적용하는 경우와 실지재고조사법을 적용하는 경우로 구분하여 매출에누리 또는 매출환입이 발생할 때 회계처리를 제시하면 [표 6-3]과 같다.

┃표 6-3┃ 매출에누리 및 매출환입의 회계처리

구분	회계처리	
	계속기록법	실지재고조사법
상품 매출시	(차) 매출채권　　××× 　(대) 매　　출　　××× (차) 매출원가　　××× 　(대) 상　　품　　×××	(차) 매출채권　　××× 　(대) 매　　출　　×××
매출에누리 발생시	(차) 매출에누리　××× 　(대) 매출채권　　×××	(차) 매출에누리　××× 　(대) 매출채권　　×××
매출환입 발생시	(차) 매출환입　　××× 　(대) 매출채권　　××× (차) 상　　품　　××× 　(대) 매출원가　　×××	(차) 매출환입　　××× 　(대) 매출채권　　×××

[표 6-3]에서 매출에누리가 발생할 경우 계속기록법과 실지재고조사법 간에 차이가 없으나, 매출환입이 발생할 경우에는 두 방법 간에 차이가 있다. 매출환입은 판매했던 상품을 반품받는 것이므로 계속기록법 하에서는 당초 인식했던 매출원가를 감소시키고 상품을 증가시키는 분개를 해야 한다.

② 매출할인

상품을 외상으로 판매할 때 채권의 회수를 촉진시키기 위해서 구매자가 상품의 매입대금을 조기에 지급하면 일정액을 할인해주기도 하는데, 이를 매출할인(sales discount)이라고 한다. 매출할인의 조건은 '할인율/할인기간, n/신용기간'의 형태로 표현된다. 외상거래의 할인조건으로는 다음 [표 6-4]과 같은 예를 들 수 있다.

| 표 6-4 | 외상거래의 할인조건 |

할인조건	내용
2/10, n/30	10일 이내에 지급하면 외상대금의 2%를 할인해 주고, 30일 이내에 외상대금을 갚아야 한다.
2/10, n/EOM	10일 이내에 지급하면 외상대금의 2%를 할인해 주고, 나머지 부분은 판매한 월말까지 갚아야 한다. (EOM : 'end of month'의 약자)
n/EOM	외상거래에 대한 할인은 없고, 판매한 달의 말일까지 갚아야 한다.

매출대금이 할인기간 이내에 회수되는 경우 매출할인액만큼 당기의 매출액에서 차감한다. 매출할인에 대한 회계처리 방법으로 총액법과 순액법이 있다. 총액법은 할인액과 상품의 판매액을 구분하지 않고 전체 금액을 매출계정에 기록하는 방법이고, 순액법은 할인액을 제외한 상품의 판매액만을 매출계정에 기입하는 방법이다. 총액법이 간편하여 실무상 많이 사용되고 있다.

매출할인이 발생하면 그만큼 거래처로부터 수취할 금액이 감소하므로 매출채권을 감소시키는 회계처리를 한다. 재고자산에 대해서 계속기록법을 적용하는 경우와 실지재고조사법을 적용하는 경우로 구분하여 매출할인이 발생할 때 회계처리를 제시하면 [표 6-5]과 같다.

| 표 6-5 | 매출할인의 회계처리 |

구분	회계처리	
	계속기록법	실지재고조사법
상품 매출시	(차) 매출채권　　　××× 　　(대) 매　출　　　××× (차) 매출원가　　　××× 　　(대) 상　품　　　×××	(차) 매출채권　　　××× 　　(대) 매　출　　　×××
매출할인 발생시	(차) 현　금　　　××× 　　매출할인　　　××× 　　(대) 매출채권　　　×××	(차) 현　금　　　××× 　　매출할인　　　××× 　　(대) 매출채권　　　×××

포괄손익계산서에 매출액을 공시할 때는 매출에누리와 환입계정과 마찬가지로 매출할인을 차감하여 순매출액을 표시한다.

02 외상매입금

주된 영업활동과 관련하여 상품과 서비스을 외상으로 매입(제공받은)한 경우에는 매입계정 차변에 기록하고 외상매입금계정 대변에 기록한다.

┃표 6-6┃ 외상매입금의 회계처리

구분	회계처리			
외상 매입시	(차) 매 입	×××	(대) 외상매입금	×××
현금 지급시	(차) 외상매입금	×××	(대) 현 금	×××

연습문제

휴대폰대리점인 광명상점의 아래와 같은 거래에 (가), (나)의 대변 계정과목으로 옳은 것은?

- 휴대폰 (@700,000원) 10대 구입 (대금은 외상으로 함)
  (가) 판매용 휴대폰 9대   (나) 직원용 휴대폰 1대

① (가) 외상매입금 (나) 외상매입금   ② (가) 미지급금 (나) 외상매입금
③ (가) 외상매입금 (나) 미지급금   ④ (가) 미지급금 (나) 미지급금

풀이 ③

예제 6-1 외상매출금과 외상매입금

다음의 거래를 분개하시오.
(1) ㈜서울에 상품 200,000원을 외상으로 매출하다.
(2) ㈜강남에서 상품 150,000원을 외상으로 매입하다.
(3) ㈜서초에 상품 80,000원을 외상으로 매출하다.
(4) ㈜서울에서 외상매출금 100,000원을 현금으로 받다.
(5) ㈜강남에 외상매입금 80,000원을 현금으로 지급하다.
(6) ㈜사당에 상품 350,000원을 외상으로 매출하다.

풀이

번호	차 변	금 액	대 변	금 액
(1)	외 상 매 출 금	200,000	매 출	200,000
(2)	매 입	150,000	외 상 매 입 금	150,000
(3)	외 상 매 출 금	80,000	매 출	80,000
(4)	현 금	100,000	외 상 매 출 금	100,000
(5)	외 상 매 입 금	80,000	현 금	100,000
(6)	외 상 매 출 금	350,000	매 출	350,000

제3절 받을어음과 지급어음의 회계처리

01 어음의 의의

기업은 상품을 판매 또는 구매하고 매매대금과 외상대금을 결제할 때 현금이나 수표이외에 어음을 많이 사용한다. 어음은 발행인 또는 지급인이 일정한 금액(액면금액)을 미래의 일정한 일자(만기일 또는 지급일)에 수취인 또는 소지인에게 지급할 것을 약속한 증서를 말한다.

상거래에서 결제수단으로 어음을 많이 사용하는 이유는 어음 자체가 대금결제에 대한 보증력이 강하고, 결제일 이전에 할인 또는 배서양도 등으로 현금화할 수 있기 때문이다.

02 어음의 분류

(1) 상업어음과 금융어음

어음은 거래내역에 따라 일반적 상거래(상품의 매입 등 기업 고유의 영업활동)에서 발행한 상업어음(또는 진성어음)과 자금을 융통하기 위해 발행(자금의 조달 또는 차입수단으로 사용)한 금융어음으로 구분한다.

│표 6-7│ 상업어음과 금융어음의 분류

분류기준	구분	내용
발행 원인	상업어음 (진성어음)	일반적 상거래(영업활동)에서 발행하거나 수취한 어음
	금융어음 (융통어음)	일반적 상거래 이외의 거래(투자와 재무활동), 즉 자금을 융통하기 위해 발행하거나 수취한 어음

상업어음의 채권은 매출채권계정의 차변에 기입하고, 채무는 매입채무계정의 대변에 기입한다. 토지나 건물 등의 자산을 취득 또는 매각함에 따라 어음상 채권이나 채무가 발생하는 경우 어음상 채권은 미수금계정의 차변에 기입하고, 채무는 미지급금계정의 대변에 기입한다.

금융어음의 채권은 대여금계정의 차변에 기입하고, 채무는 차입금계정의 대변에 기입한다.

(2) 회계상 어음의 분류

회계상 어음의 분류는 일반적인 상거래(정상적인 영업활동인 상품매매 또는 서비스제공)와 관련하여 발행한 어음은 수취인에게 어음상의 채권인 받을어음(notes receivable)이 되며, 발행인에게 어음상의 채무인 지급어음(notes payable)이 된다.

표 6-8 받을어음과 지급어음의 분류

분류기준	거래유형		발행인	수취인 또는 소지인
일반적 상거래	정상적인 영업활동		지급어음	받을어음
	정상적인 영업활동 이외의 거래	금융거래(재무거래)	단기차입금	단기대여금
		기타 거래	미지급금	미수금

재무상태표에는 유동자산인 받을어음은 매출채권의 일부로, 유동부채인 지급어음은 매입채무의 일부로 보고된다. 이들 어음의 결산일부터 1년 이후에 만기일이 도래할 경우 장기(성)매출채권 또는 장기(성)매입채무로 분류한다.

03 받을어음과 지급어음의 회계처리

정상적인 영업활동에서 만기일이 1년 이내인 단기의 약속어음을 수취한 때에는 어음상의 채권이 발생하였으므로 받을어음계정의 차변과 매출계정의 대변에 기록하고, 어음대금을 회수한 때에는 어음상 채무가 소멸하였으므로 받을어음계정의 대변과 현금계정의 차변에 기록한다.

정상적인 영업활동에서 약속어음을 발행한 때에는 어음상 채무가 발생하였으므로 지급어음계정의 대변과 매입계정의 차변에 기록하고, 어음대금을 지급한 때에는 어음상 채무가 소멸하였으므로 지급어음계정의 차변과 현금계정의 대변에 기록한다.

표 6-9 받을어음과 지급어음의 회계처리

구분	회계처리	
	수취인(판매자, 채권자)	발행인(구매자, 채무자)
채권(채무) 발생시	(차) 받을어음　　××× 　(대) 매　출　　×××	(차) 매　입　　××× 　(대) 지급어음　　×××
채권(채무) 소멸시	(차) 현　금　　××× 　(대) 받을어음　　×××	(차) 지급어음　　××× 　(대) 현　금　　×××

받을어음		지급어음	
(채권의 발생)	(채권의 소멸)	(채무의 소멸)	(채무의 발생)
어음의 수취	어음대금의 회수 어음의 배서양도 어음의 할인	어음대금의 지급	어음의 발행

그림 6-1 받을어음과 지급어음의 변동

연습문제

다음 중 받을어음계정을 대변에 기입 하는 거래내용은?
① 외상매출대금을 타인발행 약속어음으로 받은 경우
② 외상매입대금을 타인에게 받았던 약속어음으로 지급한 경우
③ 발행하였던 약속어음이 만기가 되어 현금으로 지급한 경우
④ 상품을 매입하고 약속어음을 발행하여 지급한 경우

풀이 ②
① 받을어음/외상매출금, ② 외상매입금/받을어음, ③ 지급어음/현금, ④ 상품/지급어음

예제 6-2 받을어음과 지급어음

다음의 거래를 분개하시오.
(1) ㈜서울에 상품 50,000원을 매출하고 대금은 약속어음을 받다.
(2) ㈜강남에서 상품 80,000원을 매입하고 대금은 약속어음을 발행하여 교부하다.
(3) ㈜서울에서 받은 약속어음 50,000원을 만기가 되어 현금으로 받다.
(4) ㈜강남에 발행한 약속어음 80,000원이 만기가 되어 현금으로 지급하다.

풀이

번호	차 변	금 액	대 변	금 액
(1)	받 을 어 음	50,000	매 출	50,000
(2)	매 입	80,000	지 급 어 음	80,000
(3)	현 금	50,000	받 을 어 음	50,000
(4)	지 급 어 음	80,000	현 금	80,000

04 어음의 할인

받을어음도 외상매출금과 같이 채권 자체를 금융회사에 매각할 수 있다. 상품을 외상으로 판매하고 어음을 받는 경우 어음의 발행일부터 만기일까지 상당한 기간이 걸릴 수 있다. 어음의 할인은 받을어음을 만기일 전에 금융회사에 배서양도하고 자금을 현금화하는 것을 말한다. 이 경우 일정한 이자와 할인료를 차감하고 현금을 받는다.

받을어음 할인의 경우 받을어음을 할인하여 금융회사에 양도하였다고 하여 무조건 장부에서 받을어음을 제거하는 회계처리를 하는 것은 아니다. 국제회계기준에서는 받을어음을 양도함으로써 받을어음의 소유에 따른 위험과 보상의 대부분을 금융회사에 이전한 경우에 받을어음을 장부에서 제거하는 회계처리를 한다(매각거래). 그러나 받을어음을 할인하여 금융회사에 양도하였다 하더라도 받을어음의 소유에 따른 위험과 보상의 대부분을 계속 보유하고 있는 경

우는 받을어음을 담보로 제공하고 자금을 차입한 것과 실질이 같으므로, 받을어음을 장부에서 제거하지 않고 부채(단기차입금)로 인식한다(차입거래).

│표 6-10│ 어음할인의 회계처리

구분	회계처리	
	매각거래	차입거래
받을어음 할인시	(차) 현금　　　　　××× 　　　매출채권처분손실　××× 　　(대) 받을어음　　　　×××	(차) 현금　　　　××× 　　　이자비용　　××× 　　(대) 단기차입금　　×××
어음만기일	회계처리 없음	(차) 단기차입금　××× 　　(대) 받을어음　　×××

어음을 할인할 경우 어음의 할인으로 수취할 금액은 어음의 만기금액에서 할인액을 차감한 금액이다. 그리고 할인받은 시점에서 어음의 장부금액과 현금수령액의 차액을 매출채권처분손실로 처리한다.

> 매출채권처분손실 = 장부금액 – 현금수령액
> 　　　　　　　　 = 장부금액 – [만기금액 – (만기금액 × 할인율 × 할인기간)]

어음을 할인한 경우, 어음을 배서양도한 경우와 마찬가지로 양도한 어음을 만기일에 어음상 채무자(발행인)가 결제하면 양도인에게 아무런 문제가 발생하지 않는다. 그러나 어음상의 채무자가 만기일에 어음금액을 결제하지 않으면 부도가 발생하는데, 이때 양도인(할인받은 기업)은 양수인(은행)에 어음금액을 상환하여야 하는 의무가 발생한다.

연습문제

다음 중 매출채권 등의 양도 및 할인에 관한 설명으로 가장 올바르지 않은 것은?
① 외상매출금의 양도가 양도요건을 만족하지 못하여 차입거래에 해당하는 경우 차입액을 장기차입금으로 처리해야 하며 주석으로 그 내역을 기재하여야 한다.
② 외상매출금의 양도란 외상매출금을 회수기일 전에 금융기관 등에 매각하고 자금을 조달하는 것으로 그 경제적 실질에 따라 매각거래와 차입거래로 구분할 수 있다.
③ 매출채권을 담보로 제공하고 자금을 융통하는 경우 해당 매출채권이 담보로 제공되었음을 공시하여야 한다.
④ 매출채권 등을 양도하는 경우 당해 채권에 대한 권리와 의무가 양도인과 분리되어 실질적으로 이전되는 경우에는 동 금액을 매출채권에서 직접 차감한다.

풀이　①
단기차입금으로 처리한다.

예제 6-4 어음의 할인

㈜강남은 20×1년 10월 1일 소지 중인 액면가액 1,000,000원의 거래처 약속어음(발행일 6월 1일, 만기일 11월 30일, 액면이자율 9%)을 거래은행에 할인하면서 할인료 12%에 해당하는 20,900원(1,045,000×12%×2/12)을 차감한 후 1,024,100원의 현금을 수령하였다. 20×1년 11월 30일 동 어음이 만기결제되면서 어음거래는 종결되었다.

(1) 위의 어음할인을 매각거래로 보는 경우의 회계처리를 하시오.

(2) 위의 어음할인을 차입거래로 보는 경우의 회계처리를 하시오.

풀이 (1) 매각거래

일자	회계처리			
20×1. 10. 1	(차) 현금	1,024,100	(대) 받을어음	1,000,000
	매출채권처분손실	5,900	이자수익	30,000
20×1. 11. 30	분개없음			

* 어음의 만기금액 = 1,000,000 + 1,000,000 × 9% × (6/12) = 1,045,000원
  할인료 = 1,045,000 × 12% × (2/12) = 20,900원
  현금수령액 = 1,045,000 − 20,900 = 1,024,100원
  이자수익 = 1,000,000 × 9% × (4/12) = 30,000원
  매출채권처분손실 = 현금수령액 − 할인시점 장부가액 = 1,024,100 − 1,030,000 = 5,900원

(2) 차입거래

일자	회계처리			
20×1. 10. 1	(차) 현금	1,024,100	(대) 단기차입금	1,000,000
	이자비용	5,900	이자수익	30,000
	(차) 단기차입금	1,000,000	(대) 받을어음	1,000,000
20×1. 11. 30	분개없음			

05 어음의 부도

어음의 만기일이 되면 어음 소지인은 어음 발행인(지급인, 배서인, 채무자)에게 어음을 제시하거나 자기의 거래은행에 추심을 의뢰하여 어음대금의 지급을 청구하게 된다. 그러나 어음 발행인이 자금부족 등의 이유로 지급을 거절하면 이를 어음의 부도라고 하고, 이 어음은 부도어음이 된다.

어음이 부도나면 어음소지인은 배서인, 발행인 그 밖의 어음채무자에게 상환청구권을 행사할 수 있다. 상환청구권은 어음소지인이 어음의 배서인 또는 발행인에게 어음을 제시하고, 어음대금과 함께 만기일부터 청구일까지의 법정이자, 부도로 소지인이 부담한 수수료 등 비용의 지급을 청구할 수 있는 권리를 말한다.

어음을 효율적으로 관리하기 위하여 받을어음계정과 별도로 부도어음계정을 설정할 수 있다. 어음이 부도나면 이를 받을어음계정 대변에서 차감하여 부도어음계정 차변으로 대체시킨다. 이때 부도와 관련된 비용도 부도어음에 포함한다.

제4절 매출채권의 대손과 평가

기업이 상품 등을 외상으로 판매하면 매출채권이 발생한다. 그러나 거래 상대방의 경영상태 악화 등의 이유로 매출채권의 회수가능성이 낮아지는 경우가 발생할 수 있다. 이 경우 매출채권 잔액이 실제 미래의 회수가능액을 반영하지 못하게 된다. 따라서 해당 매출채권에서 발생할 것으로 예상되는 대손가능금액을 추정하여 대손충당금(allowance for doubtful accounts)을 설정하고 관련비용을 대손상각비(bad debt expense)로 인식한다. 대손충당금은 매출채권에 대한 차감계정이며, 대손상각비는 비용계정이다. 따라서 재무상태표에 표시되는 매출채권의 순액(매출채권-대손충당금)은 기업이 추정한 매출채권의 회수가능예상액을 나타낸다.

이러한 대손회계처리는 매출채권으로 인한 수익과 비용을 동일연도에 반영함으로써 수익, 비용대응을 이루고, 재무상태표상의 매출채권을 회수가능금액으로 표시하므로 매출채권의 과대평가를 방지한다는 장점이 있다. 그러나 기말에 대손가능금액을 주관적으로 추정한다는 문제점이 있다.

실무에서는 매출채권이나 대여금 등에 대해서 인식하는 손상차손을 대손상각비, 상대계정은 대손충당금으로 회계처리하는 경우가 많지만, 국제회계기준에서는 대손상각비 계정 대신에 손상차손과 상대계정은 손실충당금을 사용하여 회계처리한다.

01 대손충당금의 추정과 설정

결산기말에 대손 회계처리를 위해서는 우선 대손가능 채권금액을 추정해야 하는데, 이때 과거의 경험 등을 참고로 한다. 대손을 추정하는 방법에는 매출채권잔액비율법, 연령분석법, 기대신용손실법이 있다.

(1) 매출채권잔액비율법

매출채권잔액비율법(percentage of receivables method)은 발생한 매출채권 중 연중에 회수되지 않고 결산일에 남아 있는 매출채권 잔액에 대하여 일정비율의 대손예상률을 곱하여 기말 현재의 대손가능금액을 추정하는 방법이다.

(2) 연령분석법

연령분석법(aging method)은 채권의 발생시점부터 경과된 일수에 따라서 대손가능비율을 달리 적용하는 방법이다. 채권이 발생된 후 오랜 기간 동안 회수되지 않았다면 그 채권의 회수가능성은 매우 낮다고 예상할 수 있고, 발생된 지 얼마 되지 않은 채권의 대손가능성은 상대적으로 낮다고 할 수 있다. 이를 대손추정률에 반영하여 오래된 채권에 대해서는 높은 대손추정률을 적용하고, 최근에 발생한 채권에 대해서는 낮은 대손추정률을 적용한다. 따라서 연령분석법(aging of accounts receivable method)은 매출채권잔액비율법을 사용할 때 보다 좀 더 정밀한 방법으로 잔액비율을 설정하는 방법이다.

(3) 기대신용손실법

기대신용손실법(expected credit loss model)은 결산일에 보유중인 매출채권 잔액에 대해서 미래 기간 동안 채무불이행으로 인해 예상되는 손실금액을 현재가치로 평가한 금액을 대손충당금으로 설정하는 방법이다. 즉 회사는 거래처별로 채권을 회수하지 못하여 발생가능한 손실금액, 채무불이행 위험을 고려한 확률, 그리고 대손 이후에 회수가 예상되는 금액 등을 종합적으로 이용하여 기대신용손실을 계산한다.

국제회계기준에서는 매출채권에 대한 대손충당금은 기대신용손실법을 이용하여 추정하도록 규정하고 있다. 그러나 기대신용손실법이 다른 방법들과 완전히 별개의 방법은 아니다. 미래의 기대신용손실 금액을 예측할 때 과거의 매출채권잔액비율법이나 연령분석법이 보충적으로 사용되기 때문이다.

위의 방법들에 의해 기말 현재의 대손예상금액을 추정하고 나면, 이를 결산정리 전 시산표상 대손충당금 잔액과 비교한다. 추정된 대손예상금액이 대손충당금 잔액보다 큰 경우에는 그 차이금액만큼 대손충당금을 추가로 설정하고 이를 대손상각비로 처리한다. 추정된 대손예상금액이 대손충당금 잔액보다 작은 경우에는 그 차이만큼 대손충당금을 환입한다. 대손충당금환입은 포괄손익계산서상 판매관리비에서 차감하는 형식으로 표시한다. 즉 대손충당금환입이 발생하면 판매관리비가 감소한다.

결과적으로 결산정리 후 대손충당금 잔액은 항상 대손예상금액 추정액과 일치하게 된다. 또한 매출채권에서 대손충당금을 차감한 금액은 항상 추정된 회수가능금액과 일치하게 된다.

02 대손발생시 회계처리

거래처의 파산 등의 이유로 매출채권의 회수가 불가능한 것으로 판명되는 경우에는 대손이 확정되었다고 한다. 이 경우에는 해당 채권금액을 매출채권계정에서 제거시키면서 대손충당금 계정과 상계시킨다. 따라서 이 시점에는 비용이 발생하지 않는다. 만약 발생한 대손금액이 대손처리 전의 대손충당금계정 잔액을 초과하는 경우에는, 그 초과금액만큼은 당기비용(대손상각비)으로 처리한다.

대손충당금의 설정에 관한 회계처리는 경영자의 추정에 근거하여 미래에 대손이 발생할 것으로 예상되는 금액만큼 회계처리하는 것이지만, 대손이 발생하여 매출채권을 대손충당금과 상계시키는 회계처리는 거래처의 파산 등 객관적인 사건의 결과로 채권회수가 불가능한 것으로 확정되는 경우 실시하는 것이다.

03 대손처리한 채권의 회수

대손이 확정되어 장부상에서 제거하였던 매출채권이 다시 회수되는 경우가 있다. 파산한 거래처가 회복하여 채권을 결제한 경우나 담보로 제공 받았던 자산을 매각하여 현금을 수취하는 경우가 이에 해당한다. 이때는 대손발생시 분개하였던 계정과목을 회복시키는 분개를 실시한 후, 매출채권의 회수에 대한 분개를 추가적으로 실시한다.

┃표 6-11┃ 대손회계처리 요약

구분	회계처리
대손충당금의 설정	• 대손추정액 > 대손충당금 잔액 (차) 대손상각비 ××× (대) 대손충당금 ×××
	• 대손추정액 < 대손충당금 잔액 (차) 대손충당금 ××× (대) 대손충당금환입 ×××
대손발생시	• 대손충당금 잔액 > 대손발생액 (차) 대손충당금 ××× (대) 매출채권 ×××
	• 대손충당금 잔액 < 대손발생액 (차) 대손충당금 ××× (대) 매출채권 ××× 대손상각비 ×××
대손처리된 매출채권의 회수	• 대손 발생시 : 대손충당금 잔액 > 대손발생액 (차) 현금 ××× (대) 대손충당금 ×××
	• 대손 발생시 : 대손충당금 잔액 < 대손발생액 (차) 현금 ××× (대) 대손충당금 ××× 대손상각비 ×××

아래 자료에 의하여 손익계산서에 계상할 대손상각비를 계산하면 얼마인가?

- 기초 대손충당금 잔액 : 500,000원
- 7월 15일에 매출채권 회수불능으로 대손처리액 : 700,000원
- 9월 30일에 당기 이전에 대손처리된 매출채권 현금회수액 : 1,000,000원
- 기말 매출채권 잔액 : 100,000,000원
- 대손충당금은 기말 매출채권 잔액의 2%로 한다.(보충법)

① 1,200,000원　　② 1,000,000원　　③ 700,000원　　④ 500,000원

풀이 ①
　　기중대손처리액 200,000원 + 기말추가설정액 1,000,000원 = 1,200,000원
　(1) 기중대손처리액 : (차) 대손충당금　　500,000원 (대) 매출채권　　700,000원
　　　　　　　　　　　　　 대손상각비　　200,000원
　(2) 기말추가설정액 : (차) 대손상각비 1,000,000원 (대) 대손충당금 1,000,000원
　　　• 기말 대손충당금 잔액 : 500,000원 − 500,000원 + 1,000,000원 = 1,000,000원
　　　• 기말 대손충당금 추가 설정 : 100,000,000원 × 2% = 2,000,000원 − 1,000,000원 = 1,000,000원

예제 6-3　대손회계

다음은 20×1년 12월 31일 현재 ㈜서초의 매출채권에 대한 기말잔액이다. 각각의 상황에 대하여 답하시오.

회사명	기말잔액	30일 이하	31일~60일	61일~90일	90일 이상
대손경험율		1%	2%	5%	10%
서울상사	15,000,000원	6,500,000원	8,500,000원		
경기상사	21,000,000원	9,000,000원	5,000,000원	7,000,000원	
인천상사	13,200,000원			4,200,000원	9,000,000원
대전상사	4,800,000원				4,800,000원
합계	54,000,000원	15,500,000원	13,500,000원	11,200,000원	13,800,000원

(1) 대손경험률을 이용하여 연령분석법에 의한 대손추정액을 계산하시오.
(2) 위 대손추정액을 이용하여 수정전시산표상 대손충당금 잔액이 1,000,000원인 경우 회계처리를 하시오.
(3) 위 추정액으로 결산전 대손충당금 잔액이 3,365,000원일 경우 회계처리를 하시오.
(4) 기말매출채권의 잔액을 기준으로 하여 2%의 대손예상액을 추정하고, 대손충당금 잔액이 각각 1,000,000원 및 3,365,000원인 경우의 회계처리를 하시오.

풀이 (1) (15,500,000 × 1%) + (13,500,000 × 2%) + (11,200,000 × 5%) + (13,800,000 × 10%) = 2,365,000원
　　　(2) (차) 대손상각비　　　　　　　1,365,000　　(대) 대손충당금　　　　1,365,000
　　　(3) (차) 대손충당금　　　　　　　1,000,000　　(대) 대손충당금환입　　1,000,000
　　　(4) 추정대손예상액 = 54,000,000 × 2% = 1,080,000원
　　　　　(차) 대손상각비　　　　　　　　 80,000　　(대) 대손충당금　　　　　 80,000
　　　　　(차) 대손충당금　　　　　　　2,285,000　　(대) 대손충당금환입　　2,285,000

제5절 매출채권의 활용

일반적으로 매출채권은 약정된 만기가 되면 현금으로 회수하면서 재무상태표상에서 제거한다. 그러나 영업활동에 필요한 자금이 부족한 중소기업 등에서는 매출채권을 조기회수하여 현금화하기 위한 수단으로 팩토링, 어음할인, 증권발행 등의 다양한 자금조달방법을 이용한다.

01 외상매출금의 팩토링

일반적인 경우에는 외상매출금이 만기일 이전에 현금으로 회수되고 장부에서 제거된다. 그러나 경우에 따라서는 기업의 외상매출금을 회수 이전에 외부 채권추심회사나 할부금융회사에 매각하기도 하는데 이를 외상매출금의 팩토링(Factoring)이라고 한다.

외상매출금을 매각하는 이유는 회사가 현금이 즉시 필요한 경우, 또는 외상매출금 회수에 시간이 오래 걸리거나 회수비용이 많이 들어 채권회수전문회사에 맡기려는 경우 등을 예로 들 수 있다.

외상매출금 팩토링의 경우 외상매출금을 양도하였다고 하여 무조건 장부에서 외상매출금을 제거하는 회계처리를 하는 것은 아니다. 국제회계기준에서는 외상매출금을 양도함으로써 외상매출금의 소유에 따른 위험과 보상의 대부분을 상대방에게 이전한 경우에 외상매출금을 장부에서 제거한다. 그러나 외상매출금을 양도하였다 하더라도 외상매출금의 소유에 따른 위험과 보상의 대부분을 보유하고 있는 경우는 외상매출금을 담보로 제공하고 자금을 차입한 것과 실질이 같으므로, 매출채권을 장부에서 제거하지 않고 단기차입금으로 인식한다.

외상매출금을 매각할 때 매각하는 외상매출금의 일정비율을 수수료로 지급하며, 이 비용은 포괄손익계산서에 기타비용으로 분류한다.

02 신용카드 매출

회사가 고객에게 신용카드를 결제수단으로 재화나 용역을 판매하는 것도 외상매출금 매각거래의 일종으로 볼 수 있다. 신용카드 거래에는 신용카드 회사, 고객, 판매회사의 세 당사자가 거래에 개입된다. 신용카드회사는 고객의 신용을 조사하여 신용카드를 발급하고, 고객은 이를 이용하여 재화와 용역을 구입한다. 판매자인 회사는 신용카드를 제시하는 고객에게 신용매출의 형태로 재화를 판매하며, 신용카드회사로부터 수수료를 제외하고 판매대금을 받는다. 이는 마치 회사가 고객에게 외상으로 물건을 판매하고 이 매출채권을 신용카드회사에 매각함으로써 수수료를 차감하고 현금을 받는 과정과 동일하다. 신용카드 수수료비용은 일반적으로 손익계산서에 영업비용으로 분류한다. 신용카드 매출의 회계처리는 [표 6-12]와 같다.

│표 6-12│ 신용카드 매출의 회계처리

구분	회계처리	
신용카드 매출시	(차) 외상매출금-○○은행신용카드 　　(대) 매출	××× 　×××
은행에서 신용카드매출전표를 제출하고 할인료를 제외한 금액을 받은 경우	(차) 현금 　　수수료비용(할인료) 　　(대) 외상매출금-○○은행신용카드	××× ××× 　×××

제6절 기타 채권과 채무

표 6-13 수취채권과 지급채무 관련 계정

발생원인		채권또는 채무계정	
		채권(유동자산)	채무(유동부채)
일반적 상거래	미수채권·미지급채무	외상매출금 받을어음	외상매입금 지급어음
일반적 상거래 이외의 거래	선급채권·선수채무	선급금	선수금
	미수채권·미지급채무	미수수익	미지급비용
	선급채권·선수채무	선급비용	선수수익
	자금융통 관련 채권·채무	단기대여금	단기차입금
	자금융통 이외 채권·채무	미수금	미지급금
재고자산 이외의 자산 매매	미수채권·미지급채무	미수금	미지급금
	선급채권·선수채무	선급금	선수금

01 미수금과 미지급금

일반적 상거래 이외의 거래 중 자산의 처분과 관련해서 발생되는 채권을 미수금(non-trade accounts receivable)이라 하며, 반대로 채무의 경우는 미지급금(non-trade accounts payable)으로 보고한다. 1년 이내에 회수할 목적인 미수금은 유동자산 중 당좌자산으로 보고하며, 1년 이내에 지급해야 할 미지급금은 유동부채로 분류한다.

표 6-14 미수금과 미지급금의 회계처리

거래내역	차변		대변	
비품을 외상으로 처분시	미수금 감가상각누계액 유형자산처분손실	××× ××× ×××	비품 부가세예수금 (유형자산처분이익)	××× ××× ×××
미수금을 회수시	현금	×××	미수금	×××
비품을 외상으로 구입시	비품 부가세대급금	××× ×××	미지급금	×××
미지급금을 지급시	미지급금	×××	현금	×××

02 단기대여금과 단기차입금

차용증서나 어음 등을 받고 현금을 대여한 경우에 발생하는 채권으로 회수기한이 1년내에 도래하는 것을 단기대여금(loans)이라 한다.

차용증서나 어음 등을 주고 현금을 차입한 경우에 발생하는 채무로 1년내에 상환해야 하는 것을 단기차입금(borrowings)이라 한다.

표 6-15 단기대여금과 단기차입금의 회계처리

거래내역	차변		대변	
차용증서에 의해 대여시	단기대여금	×××	현금	×××
대여금과 이자 회수시	현금	×××	단기대여금 이자수익	××× ×××
차용증서에 의해 차입시	현금	×××	단기차입금	×××
차입금과 이자 지급시	단기차입금 이자비용	××× ×××	현금	×××

03 선급금과 선수금

상품 또는 원재료 등을 매입하거나 매출할 목적으로 인도가 이루어지기 이전에 대금의 일부를 지급 또는 지급받은 경우와 같이 일반적 상거래에서 발생한 채권은 선급금(advances payments)이라 하고, 대금의 일부를 미리 선수한 경우는 선수금(advances received)이라 한다.

표 6-16 선급금과 선수금의 회계처리

거래내역	차변		대변	
상품주문하고 착수금 지급	선급금	×××	현금	×××
상품도착 후 잔액 지급	매입 부가세대급금	××× ×××	선급금 현금	××× ×××
상품주문받고 착수금 수취	현금	×××	선수금	×××
상품인도 후 잔액 수취	선수금	×××	매출 부가세예수금	××× ×××

 연습문제

다음은 유동자산에 속하는 계정들의 잔액이다. 재무상태표에 당좌자산으로 계상될 금액은 얼마인가?

ㄱ. 단기대여금 40,000원   ㄴ. 매출채권 400,000원   ㄷ. 선급비용 600,000원
ㄹ. 선급금 50,000원   ㅁ. 저장품 65,000원

① 1,000,000원   ② 1,040,000원   ③ 1,090,000원   ④ 1,155,000 원

풀이 ③
당좌자산 : 40,000원 + 400,000원 + 600,000원 + 50,000원 = 1,090,000원

04 가지급금과 가수금

(1) 가지급금

실제로 현금지출은 있었으나, 계정과목이나 금액을 확정할 수 없을 때 사용하며, 계정과목이나 금액이 확정되면 해당계정에 대체한다.

(2) 가수금

현금을 받았으나, 계정과목이나 금액을 확정할 수 없을 때 사용하며, 계정과목이나 금액이 확정되면 해당계정에 대체한다.

│표 6-17│ 가지급금과 가수금의 회계처리

거래내역	차변		대변	
여비 지급시	가지급금	×××	현금	×××
여비 정산시	여비교통비	×××	가지급금	×××
	현금	×××		
내용불명의 송금액 수취시	현금	×××	가수금	×××
상품 주문 대금으로 판명시	가수금	×××	선수금	×××

05 미수수익과 미지급비용, 선급비용과 선수수익

기업에서 서비스의 제공과 현금의 수수가 동시에 이루어지지 않고 시차가 발생하는 경우가 많다. 이러한 시차로 인하여 미수수익, 미지급비용, 선급비용, 선수수익과 같은 채권 또는 채무가 발생한다.

표 6-18 미수수익, 미지급비용, 선급비용, 선수수익

구 분	내 용	비 고
미수수익	서비스를 제공하였으나 현금을 받지 못한 경우	채권(자산)
미지급비용	서비스를 제공받았으나 현금을 지급하지 않은 경우	채무(부채)
선급비용	서비스를 제공받기 전에 현금을 지급한 경우	채권(자산)
선수수익	서비스를 제공하기 전에 현금을 받은 경우	채무(부채)

미수수익, 미지급비용, 선급비용, 선수수익은 발생주의에 따라 수익과 비용을 인식하기 때문에 기록하는 것으로, 주로 회계기간 말에 결산수정분개를 할 때 발생한다. 이들 채권과 채무를 기록할 때에는 반드시 그와 관련되는 수익과 비용을 인식하여야 한다.

06 종업원 단기대여금(가불금)과 예수금

(1) 종업원 단기대여금(가불금)

종업원에게 급여에서 차감하기로 하고, 단기적으로 대여(가불 등)한 경우의 채권을 말한다.

(2) 예수금

급여 지급시 장차 외부에 지출하여야 할 금액(소득세, 주민세, 국민연금, 건강보험, 고용보험료 등)을 종업원으로부터 미리 받아 일시적으로 보관하는 경우의 채무로써, 일시적인 경향이 강하다.

표 6-19 종업원단기대여금과 예수금의 회계처리

거래내역	차변		대변	
종업원에게 일시 대여(가불)시	종업원단기대여금	×××	현금	×××
급여에서 가불금, 소득세 등을 차감 지급시	급여	×××	종업원단기대여금 소득세예수금 현금	××× ××× ×××
원천징수한 소득세 납부시	소득세예수금	×××	현금	×××

 연습문제

다음은 급여명세표이다. 급여 지급 시 급여명세표의 공제내역에 관한 회계처리와 관련 있는 계정은?

소속 : 강남상사 영업부		성명 : 성실한	주민등록번호 : 801205-×××××××	
직급(호봉) : ×××(××)			실수령액 : 2,200,000원	
급 여 내 역			공 제 내 역	
기 본 급	1,900,000		소 득 세	150,000
□□수당	300,000		주 민 세	15,000
급 식 비	150,000		건강보험료	85,000
교 통 비	100,000			
급 여 계	2,450,000		공 제 계	250,000

① 예수금　　② 가수금　　③ 선수금　　④ 미수금

풀이 ①

종업원의 급여 지급 시 차감하는 소득세 원천징수액, 국민연금, 건강보험료 등을 일시적으로 보관하는 경우 예수금 계정 대변에 기입하고, 나중에 납부하면 차변에 기입한다.

07 선납세금과 미결산계정

(1) 선납세금

기중에 원천징수한 법인세나 중간예납한 법인세가 있는 경우 처리하는 계정이다. 이는 기말 결산시 법인세 등으로 대체한다. 여기서 원천징수란 세법상 특정 소득에 대해 납세의무자가 소득세를 직접 납부하지 아니하고, 소득을 지급하는 지급자가 원천징수의무자가 되어 소득을 지급하는 경우에 일정 세율에 따라 계산한 세액을 소득 귀속자로부터 징수하여 세무관서에 납부하는 것을 말한다.

│표 6-20│ 선납세금의 회계처리

거래내역	차변		대변	
이자수익, 배당금수익에 대한 법인세 원천징수분	선납세금 현금	××× ×××	이자수익(배당금수익)	×××
법인세 중간예납시	선납세금	×××	현금	×××
결산시 기중선납분 정리	법인세등	×××	선납세금	×××
법인세 계상	법인세등	×××	미지급세금	×××

(2) 미결산계정

보험금의 청구나 소송제기 시 또는 공금횡령 등과 같이 재산의 증감은 있으나 처리할 계정과목이나 금액이 확정되지 않은 경우 일시적으로 처리하는 가계정으로 내용이 확정되면 해당 계정과목으로 대체하여 소멸된다.

표 6-21 미결산계정의 회계처리

거래내역		차변		대변	
보험금 청구시		감가상각누계액 미결산	××× ×××	건물	×××
보험금 확정시	미결산>확정금액	미수금 재해손실	××× ×××	미결산	×××
	미결산<확정금액	미수금	×××	미결산 보험차익	××× ×××

단원별 연습문제

01 다음 자료를 토대로 당기 중 외상으로 매출한 금액으로 옳은 것은?

- 외상매출금 기초잔액 : 500,000원
- 외상매출금 당기회수액 : 600,000원
- 외상매출금 중 에누리액 : 10,000원
- 외상매출금 기말잔액 : 300,000원

① 200,000원　　② 390,000원　　③ 410,000원　　④ 790,000원

02 다음 중 받을어음계정 대변에 기록되는 거래에 해당하는 것은?

① 상품 2,000,000원을 매출하고 매출처 발행 약속어음을 받다.
② 매입처에 발행한 약속어음 2,000,000원이 만기가 되어 현금으로 지급하다.
③ 외상매출금 2,000,000원을 매출처 발행 약속어음으로 받다.
④ 외상매입금 지급을 위하여 소지하고 있던 매출처 발행 약속어음 2,000,000원을 배서 양도하여 외상매입금을 지급하다.

03 다음 자료를 토대로 20×1년말 손익계산서에 보고할 대손상각비는 얼마인가?

- 20×1년 1월 1일 현재 대손충당금 잔액은 150,000원이다.
- 20×1년 5월 10일 거래처의 파산으로 매출채권 200,000원이 회수불능 되었다.
- 기말 매출채권 잔액 7,500,000원에 대해 1%의 대손을 설정하다.

① 25,000원　　② 75,000원　　③ 105,000원　　④ 125,000원

04 다음 보기 내용에 맞는 올바른 회계처리는?

제품을 공급하고 받은 약속어음 550,000원을 주 거래 국민은행에서 50,000원 할인비용을 차감한 후 보통예금계좌로 입금 받았다.(매각거래로 처리할 것.)

① (차) 보통예금　　　　　500,000원　　(대) 받을어음　　550,000원
　　　매출채권처분손실　 50,000원
② (차) 보통예금　　　　　500,000원　　(대) 받을어음　　500,000원
　　　매출채권처분손실　 50,000원　　　　　현금　　　　 50,000원
③ (차) 보통예금　　　　　500,000원　　(대) 받을어음　　550,000원
　　　수수료비용　　　　 50,000원
④ (차) 보통예금　　　　　500,000원　　(대) 받을어음　　500,000원

05 ㈜백석은 20×1년 1월 1일 거래처로부터 액면금액 120,000원인 6개월 만기 약속어음(이자율 연 6%)을 수취하였다. ㈜백석이 20×1년 5월 1일 동 어음을 은행에 양도(할인율 연9%)할 경우 수령할 현금은 얼마인가?(단, 동 어음양도는 금융자산 제거조건을 충족하며, 이자는 월할계산한다)

① 118,146원　　　　　　　　② 119,892원
③ 121,746원　　　　　　　　④ 122,400원

06 아래의 당기 외상매출금 자료를 이용하여 외상매출금 당기 수령액을 계산하면 얼마인가?

• 기초잔액 : 4,000,000원	• 기말잔액 : 2,000,000원
• 외상매출액 : 3,000,000원	• 외상매출액 중 매출취소액 : 1,000,000원

① 3,000,000원　　　　　　② 4,000,000원
③ 5,000,000원　　　　　　④ 6,000,000원

07 다음은 급여명세표의 일부이다. 공제 내역의 (가) 내용을 예수금 계정으로 회계처리하는 경우 (가)의 내용으로 적절하지 않은 것은?

성　명: 김세무		직급(호봉): ×××(××)	
		실수령액: 2,120,000원	
급여 내역		공제 내역	
기본급	1,900,000	(가)	180,000
○○수당	100,000		
○○수당	200,000		
○○수당	100,000		
급여 계	2,300,000원	공제 계	180,000원

① 소득세　　　　　　　　　② 상여금
③ 국민연금　　　　　　　　④ 건강보험료

08 다음의 자료를 토대로 기말에 대손상각비로 추가로 계상할 금액은 얼마인가?
(대손충당금은 보충법 적용)

- 기초 매출채권에 대한 대손충당금 잔액은 200,000원이다.
- 3월 3일 거래처의 파산으로 매출채권 250,000원이 회수불능되었다.
- 기말 매출채권 잔액 25,000,000원에 대해 1%의 대손을 설정하다.

① 50,000원 ② 100,000원
③ 200,000원 ④ 250,000원

09 다음 중 매출채권(A)과 매입채무(B)로 옳게 짝지어진 것은?

① (A) 단기대여금 (B) 지급어음
② (A) 받을어음 (B) 외상매입금
③ (A) 지급어음 (B) 단기차입금
④ (A) 받을어음 (B) 단기차입금

10 다음 계정 기입에 대한 설명으로 옳은 것만을 〈보기〉에서 있는 대로 고른 것은?

대손충당금			
3/15 외상매출금	100,000원	1/ 1 전기이월	200,000원
		4/10 현금	50,000원
		12/31 대손상각비	120,000원

보기
ㄱ. 당기 중 대손확정액은 50,000원이다.
ㄴ. 재무상태표에 표시되는 대손충당금은 270,000원이다.
ㄷ. 손익계산서에 표시되는 대손상각비는 120,000원이다.

① ㄱ, ㄴ ② ㄱ, ㄷ ③ ㄴ, ㄷ ④ ㄱ, ㄴ, ㄷ

11 다음 중 지급어음계정의 차변에 기입되는 거래는?

① 상품 1,000,000원을 매입하고 약속어음을 발행하여 지급하다.
② 상품 3,000,000원을 매입하고 소지하고 있던 약속어음을 배서양도하다.
③ 외상매입금 5,000,000원을 약속어음을 발행하여 지급하다.
④ 당점 발행의 약속어음 6,000,000원이 만기가 되어 현금으로 지급하다.

12 다음 자료에 의하여 당기 외상매입금 지급액을 계산하면 얼마인가?

- 외상매입금 기초잔액 : 600,000원
- 외상매입금 기말잔액 : 400,000원
- 당기의 외상매입액 : 3,200,000원

① 3,400,000원 ② 3,200,000원
③ 2,600,000원 ④ 600,000원

13 매출채권의 손상에 대한 설명으로 옳지 않은 것은?

① 매 기간 말에 매출채권에 대한 손상여부를 검토하여 손상이 발생하였다는 객관적인 증거가 있는 경우에 손상차손(당기비용)을 인식한다.
② 채무자의 신용위험이 유의적으로 증가하지 아니한 경우 보고기간 말에 현재 금융자산이 손상되었다는 객관적인 증거가 없다면 손상을 인식하지 않는다.
③ 전체기간 기대신용손실이 최초인식시점의 추정현금흐름에 포함되었던 기대신용손실액보다 작다 하더라도 전체기간 기대신용손실의 유리한 변동을 손상환입으로 인식한다.
④ 기대신용손실을 측정할 때 가능한 시나리오를 모두 고려할 필요는 없다. 그러나 신용손실의 발생 가능성이 매우 낮더라도 신용손실이 발생할 가능성과 발생하지 아니할 가능성을 반영하여 신용손실이 발생할 위험이나 확률을 고려한다.

1. ③

외상매출금	
기초잔액 500,000원	당기 회수액 600,000원
	에 누 리 액 10,000원
	기 말 잔 액 300,000원

2. ④ 받을어음의 할인, 받을어음 금액 회수, 받을어음 배서양도는 받을어음계정 대변에 회계 처리한다.
    ① (차) 받을어음   2,000,000원   (대) 상품매출   2,000,000원
    ② (차) 지급어음   2,000,000원   (대) 현금   2,000,000원
    ③ (차) 받을어음   2,000,000원   (대) 외상매출금   2,000,000원
    ④ (차) 외상매입금   2,000,000원   (대) 받을어음   2,000,000원

3. ④ 5월 10일 회계처리 : (차) 대손충당금 150,000원   (대) 매출채권 200,000원
                           (차) 대손상각비 50,000원
    기말 회계처리 :   (차) 대손상각비 75,000원   (대) 대손충당금 75,000원
    20×1년말 손익계산서에 보고할 대손상각비는 50,000원 + 75,000원 = 125,000원

4. ① 만기도래 전 받을어음을 할인할 경우 할인금액은 매출채권처분손실계정으로 처리한다.

5. ③ 어음의 만기수취액 : 120,000 + (120,000 × 6% × 6/12) = 123,000원
    할인료 : 123,600 × 9% × 2/12 = 1,854원
    실수령금액 : 123,600 − 1,854 = 121,746원

6. ②

외상매출금	
기초잔액 4,000,000원	매출취소액 1,000,000원
외상매출액 3,000,000원	수령액 ( )
	기말잔액 2,000,000원
7,000,000원	7,000,000원

7. ② 기업이 종업원에게 급여 지급 시 종업원이 국가에 납부하야 할 소득세, 국민연금, 건강보험료 등을 차감하여 지급하고, 이렇게 차감한 금액은 기업이 종업원을 대신하여 해당 기관(세무서등)에 납부하는 절차를 원천징수라 하며, 이때 사용하는 계정은 예수금 계정이다.

8. ④ 기초에 설정한 대손충당금을 3월 3일 대손처리에서 모두 사용하였으므로, 기말에 대손충당금을 전액 25,000,000 × 1% = 250,000원을 새로 보충해야 한다. 따라서 250,000원을 대손상각비로 계상한다.

9. ② 매출채권(받을어음, 외상매출금), 매입채무(지급어음, 외상매입금)

10. ③ 3/15 (차변) 대손충당금 100,000 (대변) 외상매출금 100,000으로 당기 중 대손확정액은 100,000원이다.

11. ④ ① (차) 상품   1,000,000원   (대) 지급어음   1,000,000원
       ② (차) 상품   3,000,000원   (대) 받을어음   3,000,000원
       ③ (차) 외상매입금 5,000,000원   (대) 지급어음   5,000,000원
       ④ (차) 지급어음   6,000,000원   (대) 현금   6,000,000원

12. ① 외상매입금(기초잔액 600,000원 + 당기외상매입액 3,200,000원) − 기말잔액 400,000원
      = 3,400,000원

13. ② 채무자의 신용위험이 유의적으로 증가하지 아니한 경우에는 보고기간 말에 12개월 기대신용손실에 해당하는 금액을 손실충당금으로 측정하여 손상차손을 인식한다.

문제 1

다음 거래를 분개하고, 각 계정에 전기하시오. 단, 상품거래는 3분법, 외상거래는 통제계정에 의한다.

(1) 구미상점에서 상품 ₩350,000을 매입하고, 대금 중 ₩100,000은 당좌수표를 발행하여 지급하고 잔액은 외상으로 하다.
(2) 삼일상점에 상품 ₩424,000을 외상매출하고, 운임 ₩3,000을 현금지급하다.
(3) 삼일상점에 대한 외상대금 ₩200,000을 현금으로 회수하다.
(4) 스마트상점에서 상품 ₩250,000을 외상매입하고, 운임 ₩5,000을 현금지급하다.
(5) 스마트상점에 대한 외상매입금 중 ₩100,000을 수표를 발행하여 지급하다.
(6) 소우상점에 상품 ₩400,000을 매출하고, 대금 중 ₩100,000은 동점발행의 수표로 받아 즉시 당좌예입하고 잔액은 외상으로 하다.

No	차 변 과 목	금 액	대 변 과 목	금 액
(1)				
(2)				
(3)				
(4)				
(5)				
(6)				

총 계 정 원 장

외 상 매 입 금   외 상 매 출 금

매 입 처 원 장	매 출 처 원 장
구 미 상 점	삼 일 상 점
스 마 트 상 점	소 우 상 점

문제 2

다음 거래를 상점별로 각각 분개하시오.

(1) 희망상점은 절망상점에서 상품 ₩230,000을 매입하고, 대금은 45일후 약속어음을 발행하여 지급하다.
(2) 위의 약속어음이 만기일이 되어 수표를 발행하여 지급하다.

No.	상점명	차 변 과 목	금 액	대 변 과 목	금 액
(1)	희망상점				
	절망상점				
(2)	희망상점				
	절망상점				

문제 3

다음 거래를 분개하시오. 단, 외상거래는 통제계정에 의한다.

(1) 강원상점에서 상품 ₩210,000을 매입하고, 대금은 약속어음을 발행하여 지급하다.
(2) 철원상회에 대한 외상매입금 ₩230,000을 약속어음을 발행하여 지급하다.
(3) 전일 광주상점에 발행해 준 약속어음 ₩345,000이 만기일이 되어 당좌수표를 발행하여 지급하다.
(4) 대구상점에 상품 ₩130,000을 매출하고, 대금은 동점발행의 약속어음을 받다.

No	차변과목	금액	대변과목	금액
(1)				
(2)				
(3)				
(4)				

문제 4

다음 거래를 분개하시오.

(1) 미자상점에 현금 ₩770,000을 대여하고 차용증서를 받다.
(2) 구남상점에 대여한 ₩430,000과 이자 ₩20,000을 현금으로 받다.
(3) 효목상점에 차용증서를 발행해 주고 현금 ₩540,000을 차입하여 즉시 당좌예입하다.
(4) 배신자씨에게서 차입한 ₩450,000과 이자 ₩3,000을 당좌수표를 발행하여 상환하다.

No	차변과목	금액	대변과목	금액
(1)				
(2)				
(3)				
(4)				

문제 5

다음 거래를 분개하시오.

(1) 합천상회에 비품 ₩76,000을 매각하고, 대금은 10일후에 받기로 하다.
(2) 전일 매각한 업무용 컴퓨터 외상대금 ₩360,000을 동점발행의 수표로 받다.
(3) 영월상회에서 장부와 필기구 등 ₩53,000을 구입하고 대금은 외상으로 하다.(비용으로 처리)
(4) 사무용 책상 외상대금 ₩230,000을 당좌수표를 발행하여 지급하다.

No	차 변 과 목	금 액	대 변 과 목	금 액
(1)				
(2)				
(3)				
(4)				

문제 6

다음 거래를 분개하시오.

(1) 효성상점에 상품 ₩420,000을 주문하고, 계약금 ₩80,000을 현금으로 지급하다.
(2) 산성상점에서 상품 ₩640,000을 매입하고, 대금은 당좌수표를 발행하여 지급하다. 단, 계약금으로 지급한 ₩40,000이 있다.
(3) 다인상점에서 상품 ₩940,000의 주문을 받고, 계약금조로 ₩200,000을 동점발행의 수표로 받다.
(4) 서대전상점에 상품 ₩570,000을 매출하고, 대금은 전일 당점이 발행한 당좌수표로 받다. 단, 계약금으로 받은 것이 ₩170,000이 있다.

No	차 변 과 목	금 액	대 변 과 목	금 액
(1)				
(2)				
(3)				
(4)				

문제 7

다음 거래를 분개하시오.

(1) 종업원 이대로에게 급여에서 차감하기로 하고 현금 ₩280,000을 가불해주다.
(2) 이대로의 급여 ₩750,000 중 위 가불금을 차감한 잔액을 수표로 발행하여 지급하다.
(3) 이달분 종업원의 급여 ₩960,000 중 선대금 ₩45,000과 소득세 ₩15,000 및 건강보험료 ₩40,000을 차감한 잔액을 현금으로 지급하다.
(4) 위의 소득세를 현금으로 납부하다.

No	차 변 과 목	금 액	대 변 과 목	금 액
(1)				
(2)				
(3)				
(4)				

문제 8

다음 거래를 분개하시오.

(1) 사원 강민수에게 출장을 명하고 여비 개산액 ₩80,000을 현금으로 지급하다.
(2) 강민수가 출장 갔다 돌아와서 잔금 ₩4,000을 현금으로 반환하다.
(3) 출장중인 사원 연하남이 내용불명의 전신환 ₩210,000을 송금해오다.
(4) 연하남이 돌아와서 위의 명세가 외상대금 회수액 ₩110,000과 상품계약금으로 받은 ₩100,000임이 밝혀지다.

No	차 변 과 목	금 액	대 변 과 목	금 액
(1)				
(2)				
(3)				
(4)				

문제 9

다음 각 경우의 거래를 분개하시오.

☞ 공통 : 기말결산시 외상매출금 잔액 ₩900,000에 대하여 2% 대손을 예상하다.
(1) 대손충당금 잔액이 없는 경우
(2) 대손충당금 잔액이 ₩15,000이 있는 경우
(3) 대손충당금 잔액이 ₩25,000이 있는 경우
(4) 대손충당금 잔액이 ₩18,000이 있는 경우

No	차 변 과 목	금 액	대 변 과 목	금 액
(1)				
(2)				
(3)				
(4)				

문제 10

다음 각 경우의 거래를 분개하시오. 외상거래는 통제계정에 의한다.

☞ 공통 : 씨티상점에 대한 외상매출금 ₩200,000이 동점의 파산으로 대손 처리하다.
(1) 대손충당금계정 잔액이 ₩150,000이 있는 경우
(2) 대손충당금계정 잔액이 ₩250,000이 있는 경우
(3) 대손충당금 잔액이 없는 경우

No	차 변 과 목	금 액	대 변 과 목	금 액
(1)				
(2)				
(3)				

문제 11

다음 거래를 분개하시오.

(1) 산격상회에 대한 외상매출금 ₩550,000이 회수불능되어 동점에 매출했던 상품 중 ₩150,000을 회수하고 또한 현금 ₩100,000을 받고, 잔액은 대손처리하다. 단, 대손충당금 계정 잔액은 ₩180,000이 있다.
(2) 범어상점에 대한 외상매출금 ₩470,000이 회수불능되다. 단, 대손충당금계정 잔액은 ₩200,000이 있다.
(3) 당기 범어상점에 대손처리한 외상매출금 중 일부 ₩200,000을 현금으로 회수하다.
(4) 전기에 대손 처리한 외상매출금 ₩380,000 중 ₩150,000을 현금으로 회수하다.
(5) 당기에 대손 처리한 외상매출금 중 ₩60,000을 전일 당점이 발행한 수표로 회수하다.

No	차 변 과 목	금 액	대 변 과 목	금 액
(1)				
(2)				
(3)				
(4)				
(5)				

문제 12

㈜백석은 20×1년 7월 1일 거래처에 상품을 판매하고 이자부약속어음(액면금액 480,000원, 연 5%, 만기 5개월)을 수령하였다. ㈜백석은 동 어음을 2개월 동안 보유 후 거래은행에 연 8%의 이자율로 할인하였다. 어음할인 시 인식해야 할 처분손실은 얼마인가? (단, 어음할인은 금융자산의 제거요건을 충족하며, 이자는 월할 계산한다)

문제 13

㈜백석의 20×1년 12월 31일 손상평가 전 매출채권의 총장부금액은 440,000원이고, 손실충당금 잔액은 10,000원이다. ㈜백석이 20×1년 12월 31일 인식해야 할 손상차손(환입)은 얼마인가?(단, 기대신용손실을 산정하기 위해 다음의 충당금 설정률표를 이용한다)

연체기간	총장부금액	기대신용손실률
연체되지 않음	200,000원	0.3%
1일~30일	130,000원	1%
31일~60일	60,000원	5%
61일~90일	40,000원	7%
91일 이상	10,000원	10%
합계	440,000원	

Chapter 07

재고자산

제1절 재고자산의 의의와 취득원가
제2절 재고자산의 원가배분
제3절 재고자산평가손실과 감모손실
제4절 기말재고자산의 포함 여부
단원별 연습문제

Chapter 07 재고자산

제1절 재고자산의 의의와 취득원가

01 의의

재고자산(inventories)은 기업의 정상적인 영업활동 과정에서 판매를 목적으로 소유하고 있는 자산 또는 판매를 목적으로 생산 중에 있는 자산 또는 제품의 생산이나 용역의 제공과정에 직·간접적으로 사용될 자산을 말한다. 따라서 수익 창출의 직접적인 원인이 되는 자산이기 때문에 상품매매업은 물론이고 제조기업의 경우에도 유동자산 중 가장 큰 비중을 차지한다. 재고자산은 일반적으로 다음과 같이 분류한다.

> 상품 : 상품매매기업이 판매를 목적으로 구입한 완성품
> 제품 : 제조기업이 제조하여 판매할 목적으로 보유하고 있는 완성품
> 반제품 : 제조기업이 제조한 판매가능한 중간제품 및 부분품
> 재공품 : 제품 또는 반제품을 제조하기 위해 제조 중에 있는 것
> 원재료 : 제품 제조에 사용하기 위하여 구입한 원료와 재료
> 저장품 : 공장 또는 사무실에서 사용할 목적으로 보유하고 있는 것

재고자산은 기업이 속한 업종에 따라 그 분류가 달라지는데 동일한 경제적 자원이라도 당해 기업의 주요 영업활동 목적이 무엇이냐에 따라 달라질 수 있다. 예를 들어, 제조업을 영위하는 기업이 공장건설용으로 구입한 토지의 경우는 비유동자산으로 분류되나, 부동산매매업의 토지는 판매를 목적이므로 재고자산으로 분류한다.

02 취득원가 결정

재고자산은 원칙적으로 취득원가로 기록한다. 취득원가는 매입원가 또는 제조원가를 말한다. 매입원가는 매입금액에 매입운임, 수입관세, 하역료 및 보험료 등 취득과정에서 정상적으로 발생한 부대비용을 가산한 금액이다. 만약 취득에 직접적으로 관련되어 정상적으로 발생된

기타원가가 있으면 이를 포함한다. 매입할인, 리베이트 및 기타 유사한 항목은 매입원가에서 차감한다. 다만 판매활동과 관련하여 발생한 비용은 재고자산의 취득원가에 포함하지 않고 당기비용으로 처리하는데, 이 비용은 손익계산서에서 판매비로 분류한다.

> 재고자산의 취득원가(순매입액) = 매입금액 + 직접부대비용 − 매입에누리와 환출, 매입할인

재고자산의 매입과 관련하여 매입에누리, 매입환출, 매입할인이 발생할 수 있다. 계속기록법과 실지재고조사법 중 어떤 방법을 적용하는지에 따라 매입에누리, 매입환출, 매입할인에 대한 회계처리가 다르다.

(1) 매입운임

구입한 상품을 구입처로부터 회사의 매장이나 창고까지 운송할 때에는 운반비가 발생한다. 상품을 구입하는 회사가 운반비를 부담하는 경우 이를 매입운반비라고 부르며, 상품의 구입원가에 가산하여 취득원가를 산정한다.

(2) 매입에누리와 환출

매입한 상품에 파손, 변질, 주문한 다른 상품이 오는 경우가 발생하면 판매자와의 협의를 통해 구입대금의 일부를 할인받기도 하는데, 이를 매입에누리라고 한다. 또한 구입한 상품의 하자를 이유로 반품하는 경우 이를 매입환출이라 한다. 매입에누리와 매입환출 모두 당기 재고자산의 취득원가에서 차감한다.

매입에누리와 매입환출은 재고자산의 취득원가를 낮춘다는 점에서 서로 유사하므로, 두 계정을 매입에누리와 환출이라는 단일계정으로 통합하여 기록하기도 한다.

예제 7-1 재고자산의 취득원가

㈜서초는 20×1년 4월 7일 재고자산 1,000개를 매입하여 이를 단위당 12,000원에 판매하였다. 다음은 이와 관련된 거래자료이다.

단위당 매입가격 : 9,000원	단위당 운송비 : 2,000원
단위당 판매운임 : 2,500원	단위당 매입에누리 : 1,000원

재고자산의 단위당 취득원가는 얼마인가?

풀이 재고자산의 단위당 취득원가 = 단위당 매입가격 + 운송비 − 매입에누리
= 9,000원 + 2,000원 − 1,000원 = 10,000원
판매운임은 판매활동 때문에 발생한 것이므로 재고자산의 취득원가에 포함하지 않는다.

(3) 매입할인

재고자산 매입시 현금을 바로 지급하기보다는 외상으로 구입하는 경우가 일반적이다. 이때 구매자가 상품의 매입대금을 정해진 기간 내에 지급하면 일정액을 할인받기도 하는데, 이를 매입할인이라고 한다. 매입할인의 조건은 '할인율/할인기간, n/신용기간'의 형태로 표현된다. 예를 들어 '2/10, n/30'의 매입할인 조건은 '10일 이내에 구매대금을 지급하면 구매대금의 2%를 할인해주고, 늦어도 30일 내에는 구매대금을 지급해야 한다'는 것을 의미한다. 매입대금을 조기에 지급하는 경우 매입할인액만큼 당기의 재고자산 취득원가에서 차감한다.

구매자의 입장에서 매입에누리와 환출, 매입할인은 판매자의 입장에서 매출에누리와 환입, 매출할인과 대응된다.

> 순매입액 = 총매입액(직접부대비용 포함) - 매입에누리와 환출, 매입할인
> 순매출액 = 총매출액 - 매출에누리와 환입, 매출할인

 연습문제

다음은 재고자산에 대한 설명이다. 이에 대한 설명 중 가장 옳지 않은 것은?

① 정상적인 영업과정에서 판매를 위하여 보유중인 자산은 재고자산이다.
② 재고자산의 취득원가는 매입원가, 제조원가 및 재고자산을 현재의 장소에 현재의 상태로 이르게 하는데 발생한 기타 원가를 모두 포함한다.
③ 재고자산의 매입원가는 매입가격에 수입관세, 매입운임 등 취득과정에 직접 관련된 기타 원가를 가산한 금액이다.
④ 재고자산 취득 후 창고보관 과정에서 발생한 보험료는 재고자산의 원가에 가산한다.

풀이   ④
　　　취득 후의 발생비용은 비용처리(보험료) 한다.

제2절 재고자산의 원가배분

01 재고자산의 원가배분

상품매매기업의 손익계산에 있어 매출과 매출원가가 가장 큰 비중을 차지한다. 매출은 구입된 상품이 판매과정을 통해 고객에게 인도될 때 실현되는 수익으로 판매된 수량에 단위당 판매가격을 곱하여 계산한다. 매출원가는 판매된 상품의 취득원가로 판매된 상품의 수량에 단위당 취득원가를 곱하여 계산한다. 매출액과 매출원가의 차액이 매출총이익이다.

매출은 판매할 때 기록하는 매출계정의 금액이므로 큰 어려움 없이 계산할 수 있으나, 매출원가는 계산하기가 쉽지 않다. 왜냐하면 상품을 매입할 때마다 매입단가가 다를 수 있으므로 판매할 때 어느 (매입)원가로 판매되었는지를 개별적으로 계산하기가 쉽지 않기 때문이다.

매출원가는 다음과 같이 계산된다. 기초재고자산에 당기매입액을 더하면 당기에 판매할 수 있는 판매가능액이 된다. 기초재고자산은 전기에서 이월된 것이고 당기매입액은 매입(재고자산) 계정에 기록된 것이므로 판매가능액은 어렵지 않게 계산할 수 있다. 판매가능액 중 판매한 상품의 원가가 매출원가이고 판매되지 않고 남아 있는 상품의 원가가 기말재고자산이다. 기말재고자산을 파악하면 매출원가가 결정된다.

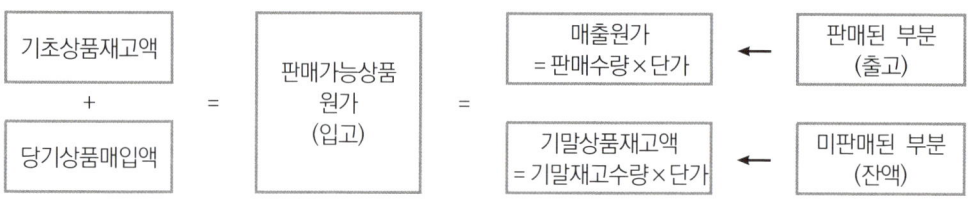

┃그림 7-1┃ **매출원가와 기말재고자산**

기초상품재고액과 당기상품매입액의 합계액을 판매가능상품원가라 하며, 당기비용(매출원가)과 기말재고자산으로 배분된다. 매출원가와 기말상품재고액은 수량에 단가(단위당 원가)를 곱하여 결정한다.

> 기말재고자산 = 기말재고자산 수량 × 기말재고자산의 단가

02 재고자산의 수량결정방법

기업은 회계기간 말 당기의 경영성과와 기말의 재무상태를 평가하여 재무제표를 작성한 후 이를 보고해야 한다. 재고자산의 경우 당기에 회사가 보유하였던 판매가능한 재고자산 중에서 얼마나 판매(판매수량)되었고, 기말 현재 얼마나 남았는지(기말재고수량) 파악해야 한다.

재고자산의 수량을 파악하고 이를 기록, 유지하기 위한 기록방법에는 계속기록법과 실지재고조사법이 있다.

(1) 계속기록법

계속기록법(perpetual inventory system)은 상품을 매입하고 판매할 때마다 상품계정과 매출원가계정에 직접적으로 기록한다. 즉, 상품을 구입하거나 판매할 때마다 그 증감을 상품계정에 기록하는데, 판매에 따라 감소된 재고자산이 매출원가가 된다. 계속기록법의 회계처리를 제시하면 다음과 같다.

```
〈상품매입시〉
    (차) 상    품              ×××    (대) 현금 또는 외상매입금    ×××

〈상품매출시〉
    (차) 현금 또는 외상매출금    ×××    (대) 매    출              ×××
    (차) 매출원가              ×××    (대) 상    품              ×××

〈결산시〉
    결산수정분개 없음
```

계속기록법을 적용하면 상품을 매매할 때마다 상품 계정의 증감을 기록하기 때문에 상품 총계정원장과 매출원가 총계정원장을 보면 특정 시점의 상품 잔액과 일정 기간 동안 발행한 매출원가가 얼마인지 쉽게 파악할 수 있는 장점이 있다.

계속기록법에서는 상품 매매거래가 발생할 때마다 상품을 증가 또는 감소시키기 때문에 기말상품재고액은 상품 총계정원장의 잔액으로 확인된다. 계속기록법을 적용할 경우 매출원가가 먼저 결정되고, 기말상품재고액이 나중에 결정된다.

기초상품재고액 + 당기상품매입액 – 매출원가 = 기말상품재고액

(2) 실지재고조사법

실지재고조사법(periodic inventory system)은 회계기간 중에 상품 매매거래를 간편하게 회계처리하기 위해서 상품을 매입할 때에는 상품 계정을 증가시키는 것이 아니라 매입 계정의 증가로 회계처리한다. 또한 상품을 매출할 때에는 매출만 인식할 뿐 상품을 매출원가로 대체 실지재고조사법을 사용하면 상품 계정의 변동과 매출원가를 모두 인식하지 않기 때문에 결산일 현재 (수정전)시산표에는 상품 계정이 기초 잔액으로 표시되고, 매입 계정만 표시되어 있을 뿐 매출원가는 표시되어 있지 않다. 따라서 결산일에 실사(physical counting)를 통해서 상품이 얼마나 남아 있는지 확인하여 이를 기말 상품 잔액으로 결정하고, 매입 대신에 매출원가가 표시되도록 결산수정분개를 해야 한다. 실지재고조사법을 적용할 때 매출원가의 계산과정은 다음과 같다.

> 기초상품재고액 + 당기상품매입액 − 기말상품재고액 = 매출원가

위의 매출원가 계산과정에 따라 결산수정분개를 한다. 실지재고조사법의 회계처리를 제시하면 다음과 같다.

〈상품매입시〉
　(차) 매　　　입　　　×××　　(대) 현금 또는 외상매입금　×××

〈상품매출시〉
　(차) 현금 또는 외상매출금　×××　　(대) 매　　　출　　　×××

〈결산시〉
　(차) (기말) 상　품　　×××　　(대) (기초) 상　품　　×××
　(차) 매 출 원 가　　　×××　　(대) 매　　　입　　　×××

실지재고조사법에 의한 결산 분개시 차변에 기록되어 있던 (기초)상품과 매입을 모두 대변으로 옮김으로써 이들을 제거하고, 실사를 통해서 확정한 (기말)상품을 차변으로 기록하면 대차 불일치 금액이 차변에 생기는데, 이 금액이 바로 매출원가이다. 그리고 이러한 결산수정분개는 '기초상품 + 당기상품매입액 − 기말상품'의 과정과 같음을 알 수 있다.

상품의 결산수정분개를 통해서 수정전시산표에 표시되어 있는 기초상품과 매입이 수정후시산표의 기말상품과 매출원가로 바뀌는 과정을 예를 들어 살펴보면 다음과 같다.

회사는 기초상품재고액이 600원이고 당기상품매입액이 4,000원이며, 당기 매출액이 7,000원이라면 결산시점의 수정전시산표에는 다음과 같이 표시된다.

(수정전) 시 산 표

……			……		
상 품		600	매 출		7,000
매 입		4,000	……		
……					
		×××			×××

　　수정전 시산표의 상품 잔액은 기초잔액이며, 매출원가가 표시되어 있지 않고 당기 매입이 표시되어 있는 상태이다. 기말상품재고액과 매출원가를 결정하기 위해서 회사는 상품의 실사를 해야 한다. 만약 실사를 통해서 기말상품재고액을 400원으로 결정했다면 매출원가는 다음과 같이 4,200원으로 계산된다.

　　600원(기초재고액) + 4,000원(당기매입액) − 400원(기말재고액) = 4,200원(매출원가)

　　결산일에 다음과 같이 결산수정분개를 한다.

(차)	(기말)상품	400	(대)	(기초)상품	600
	매출원가	4,200		매 입	4,000

　　결산수정분개를 반영한 수정후시산표는 다음과 같다. 즉, 기초상품 600원과 매입 4,000원이 기말상품 400원과 매출원가 4,200원으로 배분되었다.

(수정후) 시 산 표

……			……	
상 품	400		매 출	7,000
매 출 원 가	4,200		……	
……				
	×××			×××

(3) 계속기록법과 실지재고조사법의 비교

　　재고자산을 판매할 때마다 해당 재고자산의 취득원가를 일일이 파악해야 하는 번거로움을 고려하지 않는다면, 재고자산에 대한 내부관리 목적상 계속기록법이 실지재고조사법보다 더 나은 방법이다. 왜냐하면 계속기록법은 경영자에게 특정 시점의 재고자산 잔액과 그때까지 발생한 매출원가에 대한 회계자료를 적시에 제공해 줄 수 있기 때문이다. 대부분의 기업들이 컴퓨터시스템을 사용하여 재고자산을 관리하기 때문에 실시간으로 재고자산 잔액과 매출원가에 대한 정보를 입수할 수 있다. 따라서 실무에서는 대부분 계속기록법을 적용하고 있다.

계속기록법과 실지재고조사법 중 어느 방법을 적용하여 재고자산의 매매거래를 회계처리하였는지에 관계없이 포괄손익계산서에는 동일한 금액으로 매출액과 매출원가가 총액으로 표시되며, 두 금액의 차이인 매출총이익이 표시된다. 또한 재무상태표의 기말재고자산도 동일하게 보고된다.

표 7-1 실지재고조사법과 계속기록법의 분개 요약

거래구분	실지재고조사법	계속기록법
매입시	(차) 매입 ××× (대) 매입채무 ×××	(차) 상품 ××× (대) 매입채무 ×××
매출시	(차) 매출채권 ××× (대) 매출 ×××	(차) 매출채권 ××× (대) 매출 ××× (차) 매출원가 ××× (대) 상품 ×××
결산시	(차) 매출원가 ××× (대) 상품(기초) ××× (차) 상품(기말) ××× (대) 매출원가 ××× (차) 매출원가 ××× (대) 매입 ×××	분개없음

예제 7-2 계속기록법과 실지재고조사법

다음 자료에 의하여 다음의 요구사항에 답하시오. 단, 당기의 매출수량은 600개이며, 매출액은 90,000원이다. 재고자산감모손실은 없는 것으로 파악되었다.

적요	수량	단가
기초재고	300개	@100원
당기매입	500개	@100원

(1) 계속기록법에 따른 물량흐름, 시점별 회계처리, 기말재무제표에 계상될 매출원가 및 기말재고액을 구하시오.
(2) 실지재고조사법에 따른 물량흐름, 시점별 회계처리, 기말재무제표에 계상될 매출원가 및 기말재고액을 구하시오.

풀이 (1) 계속기록법
① 물량흐름 파악

재고자산

기초재고	300개	당기매출	600개 (먼저 결정)
당기매입	500개	기말재고	200개
	800개		800개

② 시점별 회계처리

구분	회계처리				
매입시	(차)	재고자산	50,000	(대) 외상매입금	50,000
매출시	(차)	외상매출금 매출원가	90,000 60,000	(대) 매 출 재고자산	90,000 60,000
재무제표	손익계산서 매출원가 = 600개 × @100 = 60,000원(장부상 결정) 재무상태표 기말재고자산 = 200개 × @100 = 20,000원				

(2) 실지재고조사법
  ① 물량흐름 파악

<table>
<tr><th colspan="4">재고자산</th></tr>
<tr><td>기초재고</td><td>300개</td><td>당기매출</td><td>600개</td></tr>
<tr><td>당기매입</td><td>500개</td><td>기말재고</td><td>200개 (먼저 결정)</td></tr>
<tr><td></td><td>800개</td><td></td><td>800개</td></tr>
</table>

② 시점별 회계처리

구분	회계처리				
매입시	(차) 매 입	50,000	(대) 외상매입금		50,000
매출시	(차) 외상매출금	90,000	(대) 매 출		90,000
결산시	(차) 매 입 재고자산(기말) 매출원가	30,000 20,000 60,000	(대) 재고자산(기초) 매 입 매 입		50,000 20,000 60,000
재무제표	재무상태표 기말재고자산 = 200개 × @100 = 20,000원(실사) 손익계산서 매출원가 = 80,000 - 20,000 = 60,000원				

03 재고자산의 단가결정방법

(1) 원가흐름의 가정

회계기간 동안 재고자산의 단위당 취득원가에 변동이 없다면 매출수량과 기말재고수량을 안분하여 단가만 곱하면 매출원가와 기말재고액을 손쉽게 구할 수 있다. 하지만 동일한 재고자산이라 하더라도 그 취득단가는 변동하는 것이 일반적인 현상이다.

이 경우 판매분과 재고분에 대해 각각의 개별 취득단가를 파악하여 이들 금액을 결정하는 개별법이 가장 이상적인 원가배분방법이다. 그러나 개별법은 현실적으로 수행하기 어려울 뿐만 아니라 효율적인 방법이라고 할 수 없다. 따라서 보다 효율적인 원가배분을 위해 실제 물량흐름에 관계없이 일정한 가정을 통하여 원가를 배분하는 절차를 원가흐름의 가정이라고 한다.

원가흐름의 가정이 중요한 이유는 가정한 원가흐름에 따라 손익계산서에 보고할 매출원가가 달라지고 당기순이익도 달라지며, 재무상태표에 보고할 재고자산도 달라지기 때문이다.

(2) 단가결정방법

원가흐름의 가정에 따른 단가결정방법으로 개별법, 선입선출법, 평균원가법, 후입선출법 등이 있다.

① 개별법

개별법(specific identification method)은 판매되는 재고자산의 원가를 일일이 확인할 수 있을 때 사용할 수 있는 방법으로 매입할 때마다 모든 상품에 그 원가에 해당하는 가격표를 붙여두고, 상품 각각에 대해 단가를 파악하여 판매된 상품과 판매되지 않은 기말재고상품을 구별하여 매입원가를 매출원가와 기말재고로 결정하는 방법이다.

개별법은 원가배분이 실제 물량흐름에 따라 매출원가와 기말재고자산의 금액을 평가하므로, 원가흐름이 실물흐름과 일치하고 수익과 비용이 정확하게 대응되어 손익에 반영된다는 장점이 있다. 그러나 취급하는 품목이 많고 거래가 빈번히 발생하는 경우에는 실무적 적용이 거의 불가능하다는 단점이 있다. 따라서 비교적 개별성이 강한 고가의 모피제품, 자동차, 귀금속, 또는 주문생산하는 선박이나 항공기에 적용할 수 있다.

② 선입선출법

선입선출법(FIFO : first-in, first-out method)은 물량의 실제 흐름과 관계없이 먼저 구입된 재고자산이 먼저 판매된 것으로 가정하여 매입원가를 매출원가와 기말재고로 구분하는 방법이다. 따라서 매출원가는 가장 오래전에 구입한 상품의 원가로 구성되고 기말재고자산은 가장 최근에 구입한 상품의 원가로 구성된다.

선입선출법은 실물흐름과 대체로 일치되는 경향이 있고 적용하기 쉽다는 장점이 있다. 그러나 물가가 계속 상승할 경우 기말재고자산이 최근의 가격으로 평가되어 시가나 공정가치에 근접한다는 점에서 타당성이 인정되지만, 매출원가는 과거의 낮은 원가로 평가되고 매출액은 현행 판매원가로 보고되므로 결국 매출총이익과 당기순이익이 과대평가된다는 단점이 있다.

 **연습문제**

재고자산의 평가방법 중 다음과 같은 특징이 있는 평가방법은?

- 실제물량의 흐름과 원가흐름이 대체적으로 일치한다.
- 기말재고자산이 가장 최근에 매입한 단가가 적용되므로 시가에 가깝게 표시된다.
- 현행수익에 대하여 오래된 원가가 대응되므로 수익비용대응이 부적절하게 표시될 가능성이 있다.

① 선입선출법   ② 후입선출법   ③ 이동평균법   ④ 총평균법

풀이   ① 선입선출법에 대한 설명이다.

③ 평균원가법

평균원가법(average cost method)은 일정기간 동안 재고자산의 매입원가를 평균한 평균원가로 판매가능상품원가를 매출원가와 기말재고로 배분하는 방법이다.

평균원가법은 평균원가를 산정하는 시점에 따라 총평균법과 이동평균법으로 구분하며, 회사가 실지재고조사법으로 재고자산을 기록할 때에는 총평균법을 적용하고, 계속기록법으로 재

고자산을 기록할 때에는 이동평균법을 적용한다.

총평균법(total average cost method)은 일정기간 동안의 판매가능한 상품원가를 판매가능수량으로 나누어 계산된 평균단가를 기말재고단가로 가정하는 방법이다. 이 방법은 계산이 매우 단순하여 실무적으로 적용하기 편리하다는 장점이 있다. 그러나 회계기간 말에 한 번만 해당 회계연도 전체 기간의 평균단가를 계산하기 때문에 기말 이외의 시점에는 재고자산원가를 알 수 없다는 단점이 있다.

이동평균법(moving average cost method)은 재고자산을 구입할 때마다 해당 수량과 금액을 각각 직전까지 기록된 재고수량과 잔액(누계기준 금액)에 더하여 새로운 평균단가를 구하여 기말재고단가로 가정하는 방법이다.

④ 후입선출법

후입선출법(LIFO : last-in, first out method)은 재고자산의 실물흐름에 관계없이 가장 최근에 매입한 재고자산이 먼저 판매된 것으로 가정하여 매입원가를 매출원가와 기말재고로 구분하는 방법이다. 따라서 매출원가는 가장 최근에 구입한 상품의 원가로 구성되고 기말재고자산은 가장 오래전에 구입한 상품의 원가로 구성된다.

후입선출법은 물가가 계속 상승할 경우 기말재고자산이 낮은 가격으로 평가되어 보수주의적 회계처리 관점에서 바람직하다는 장점이 있다. 그러나 실물흐름과 맞지 않는 가정이라는 것과 시간이 지날수록 재무상태표에 표시되는 재고자산금액과 현행원가 간에 차이가 생긴다는 단점이 있다.

예제 7-3 원가흐름의 가정

㈜서울의 20×1년 중 재고자산 관련내역은 다음과 같다. 다음의 각 방법에 따라 실지재고조사법과 계속기록법에 의한 기말재고액과 매출원가를 평가하시오.

일자	거래내역	수량	단가
1월 1일	기초재고	200개	@100원
4월 6일	매출	100개	
7월 12일	매입	800개	@120원
11월 23일	매출	600개	

(1) 판매가능수량과 판매가능액을 계산하시오.
(2) 선입선출법에 의하여 기말재고액을 평가하시오.
(3) 평균원가법에 의하여 기말재고액을 평가하시오.
(4) 후입선출법에 의하여 기말재고액을 평가하시오.

[풀이] (1) 판매가능수량과 판매가능액
　　① 판매가능수량 = (200개 + 800개) = 1,000개
　　② 기말재고수량 = 1,000개 − 700개 = 300개
　　③ 판매가능액 = (200개 × @100원 + 800개 × @120원) = 116,000원

(2) 선입선출법
　　① 실지재고조사법 : 300개 × @120원 = 36,000원
　　② 계속기록법

일자	거래내역(입고,출고)			잔고		
	수량	단가	금액	수량	단가	금액
1.1				200	100	20,000
4.6	(100)	(100)	(10,000)	100	100	10,000
7.12	800	120	96,000	100	100	10,000
				800	120	96,000
						106,000
11.23	(100)	(100)	(10,000)	0	0	0
	(500)	(120)	(60,000)	300	120	36,000
						36,000
12.31				300	120	36,000

(3) 평균원가법
　　① 실지재고조사법(총평균법)
　　　평균단가 = (200개 × @100원 + 800개 × @120원)/1,000개 = @116원
　　　기말재고액 = 300개 × @116원 = 34,800원
　　② 계속기록법(이동평균법)

일자	거래내역(입고,출고)			잔고		
	수량	단가	금액	수량	단가	금액
1.1				200	100	20,000
4.6	(100)	(100)	(10,000)	100	100	10,000
7.12	800	120	96,000	900	117.8	106,000
11.23	(600)	(117.8)	(70,667)	300	117.8	35,333
12.31				300	117.8	35,333

(4) 후입선출법
　　① 실지재고조사법 : 20,000원 + 12,000원 = 32,000원
　　　기초재고분 : 200개 × @100원 = 20,000원
　　　7월 12일분 : 100개 × @120원 = 12,000원
　　② 계속기록법

일자	거래내역(입고,출고)			잔고		
	수량	단가	금액	수량	단가	금액
1.1				200	100	20,000
4.6	(100)	(100)	(10,000)	100	100	10,000
7.12	800	120	96,000	100	100	10,000
				800	120	96,000
						106,000
11.23	(600)	(120)	(72,000)	100	100	10,000
				200	120	24,000
						34,000
12.31				100	100	10,000
				200	120	24,000
						34,000

(3) 원가흐름의 가정과 경제적 효과

　재고자산의 평가는 당기의 이익결정에 직접적으로 영향을 미친다. 즉 기말재고액의 크기에 따라 매출원가가 다르게 결정되며, 이것은 매출총이익과 당기순이익의 크기에 직접적인 영향을 미친다. 일반적으로 물가상승시에 후입선출법이 가장 보수적인 회계처리방법이며, 선입선출법이 가장 많은 순이익을 보고하는 방법이다. 개별법이나 평균원가법은 항상 선입선출법과 후입선출법의 범위 내에서 순이익이 결정된다.

┃표 7-2┃ 원가흐름의 가정과 경제적 효과 비교

구분	물가상승시 원가흐름의 가정이 당기손익에 미치는 영향
매출원가	선입선출법 < 이동평균법 < 총평균법 < 후입선출법
기말재고자산	선입선출법 > 이동평균법 > 총평균법 > 후입선출법
당기순이익	선입선출법 > 이동평균법 > 총평균법 > 후입선출법
법인세비용	선입선출법 > 이동평균법 > 총평균법 > 후입선출법
현금흐름	선입선출법 < 이동평균법 < 총평균법 < 후입선출법

(4) 특수한 원가배분방법

　기말재고자산은 실지재고조사에 의해 파악된 수량에 원가흐름의 가정을 이용한 단가를 적용하여 배분된다. 그러나 기말실사가 불가능하거나 기업이 중간재무제표나 임시적으로 재무제표를 작성할 필요성 및 기타의 목적상 기말재고액을 추정해야 하는 경우가 있다. 이러한 기말재고자산의 추정방법으로는 소매재고법과 매출총이익률법이 있다.

① 소매재고법

　소매재고법은 매출가격기준의 기말재고액에 원가율을 곱해 기말재고자산의 원가를 추정하는 방법으로서 매출가격환원법이라고도 한다. 소매재고법은 기말재고를 판매가격(소매가)으로 평가한 후 여기에 원가율을 곱하여 기말재고자산의 원가를 계산하는 방법이다.

┃표 7-3┃ 소매재고법의 기말재고자산 계산

단계	계산식	비고
판매가격기준 기말재고자산	판매가격기준 기초재고 + 판매가격기준 당기매입 − 당기매출액	판매가격기준 판매가능액 − 당기매출액
원가율	(원가기준 기초재고 + 원가기준 당기매입) ÷ (판매가격 기초재고 + 판매가격기준 당기매입)	원가기준 판매가능액 ÷ 판매가격기준 판매가능액
원가기준 기말재고자산	판매가격기준 기말재고자산 × 원가율	
매출원가 = 원가기준 기초재고자산 + 원가기준 당기매입 − 원가기준 기말재고자산		

소매재고법은 재고자산의 종류가 많고 거래가 아주 빈번하여 보유하고 있는 모든 기말재고의 원가(매입원가)를 실사를 통해 일일이 확인하기가 어려운 백화점이나 슈퍼마켓 같은 소매업에서 사용된다.

② 매출총이익률법

매출총이익률법은 과거의 매출총이익률을 이용하여 당기의 매출액에 대한 매출원가를 추정한 후, 추정매출원가를 기초로 기말재고를 역산하는 방법이다. 매출총이익률법은 매출총이익이 일정기간 동안 계속된다는 가정에 근거하고 있다.

매출총이익률법은 당기매출수량이나 기말재고수량을 고려할 필요 없이 매출액과 매출총이익률을 이용하여 매출원가와 기말재고를 추정한다.

| 표 7-4 | **매출총이익률법의 기말재고자산 계산**

단계	계산식	비고
과거의 평균 매출총이익률	매출총이익÷매출액	매출액＝매출원가＋이익
(추정)매출원가	당기매출액×(1−매출총이익률)	당기매출액−추정매출총이익
기말재고	(기초재고＋당기매입액)−매출원가	판매가능액−매출원가

제3절 재고자산평가손실과 감모손실

재고자산의 공정가치 하락에 따른 평가액의 감소가 재고자산평가손실이고, 수량감소에 따른 평가액의 감소가 재고자산감모손실이다. 재고자산의 평가손실은 측정할 때 실제로 존재하지 않는 재고자산에 대해 공정가치를 적용할 수 없기 때문에 재고자산의 평가손실보다 재고자산감모손실을 먼저 계산한다.

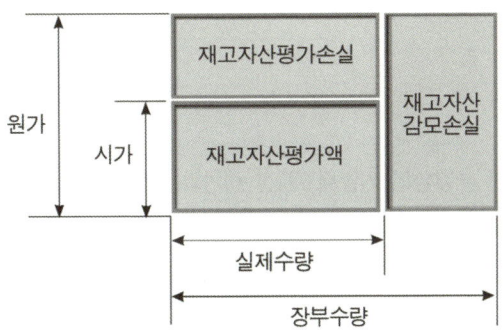

| 그림 7-2 | 재고자산평가손실과 재고자산감모손실

- 재고자산평가손실 : 재고자산의 순실현가능가액이 취득원가보다 하락하는 경우의 차액
- 재고자산감모손실 : 재고자산의 실지재고량이 장부상의 재고량보다 작은 경우의 차액

재고자산평가손실과 재고자산감모손실의 계산	
장부상수량 ×장부상 단가=①	재고자산감모손실=① - ②
실지재고수량×장부상 단가=②	재고자산평가손실=② - ③
실지재고수량×저가법 단가=③	재고자산감모손실=③

01 재고자산감모손실

재고자산감모손실은 재고자산을 보관하는 과정에서 도난, 분실, 파손, 증발 등으로 장부상의 기말재고수량보다 실제 기말재고수량이 적은 경우 발생하는 손실을 말한다.

재고자산감모손실＝장부상 기말재고액－실제 기말재고액
＝(장부 기말재고수량－실제 기말재고수량)×단위당 취득원가

재고자산의 감모는 영업활동 과정에서 정상적으로 발생하기도 하고 비정상적으로 발생하기

도 한다. 재고자산감모손실은 발생한 기간의 비용으로 인식한다. 정상적인 감모손실은 매출원가에 가산하고 비정상적인 감모손실은 기타비용으로 처리한다.

표 7-5 재고자산감모손실의 회계처리

구분		회계처리	
정상적으로 발생한 감모손실 (원가성이 있는 경우)	매출원가에 가산	(차) 매출원가 ××× 　　(대) 재고자산 ×××	
비정상적으로 발생한 감모손실 (원가성이 없는 경우)	기타비용으로 처리	(차) 재고자산감모손실 ××× 　　(대) 재고자산 ×××	

 연습문제

> 20×1년에 개업한 ㈜강남의 기말재고자산 평가와 관련하여 다음 자료로 인하여 재무제표에 미치는 영향에 대한 설명으로 틀린 것은?
>
> > 1. 기말재고자산 수량을 검토한 결과 감모 손실이 1,000,000원 발생하였으며 감모손실의 90%는 정상적인 것이다.
> > 2. 기말재고의 시가와 장부가액을 비교한 결과 시가가 500,000원 높다는 사실을 확인하였다.
>
> ① 재무상태표상 재고자산가액이 500,000원 감소된다.
> ② 손익계산서상 당기순이익은 1,000,000원이 감소한다.
> ③ 손익계산서상 매출원가는 900,000원이 증가한다.
> ④ 재고자산감모손실(영업외비용)은 100,000원이다.
>
> 풀이　①
> 　　재고자산은 이를 판매하여 수익을 인식한 기간에 매출원가로 인식한다. 재고자산의 시가가 장부가액 이하로 하락하여 발생한 평가손실은 재고자산의 차감계정으로 표시하고 매출원가에 가산한다. 그러나 시가가 장부가액보다 상승한 평가이익은 반영하지 아니한다. 재고자산의 장부상 수량과 실제 수량과의 차이에서 발생하는 감모손실의 경우 정상적으로 발생한 감모손실은 매출원가에 가산하고 비정상적으로 발생한 감모손실은 영업외비용으로 분류한다. 관련사례에 대한 회계처리는 다음과 같다.
>
> 　　매출원가　　　　　900,000원　　재고자산　　　　1,000,000원
> 　　재고자산감모손실　100,000원
>
> 　　따라서 재고자산가액은 1,000,000원 감소한다.

02 재고자산평가손실

　기말재고자산은 공정가치로 평가하여 공시하는 것이 정보이용자에게 보다 목적적합한 정보를 제공하는 것이나 보수주의 관점에서 저가법을 적용하는 것이 일반적이다. 저가법에서 사용하는 공정가치가 순실현가능가치이다.

(1) 저가법에 따른 재고자산의 평가

　재고자산의 측정방법에 따라 평가된 기말재고자산은 어느 방법을 선택하는지에 관계없이 취득원가를 근거로 재무상태표에 표시한다. 그러나 회계기간 말에 재고자산을 다시 평가할 때 기술개발에 따른 진부화, 소비자 기호변화에 의한 제품수요감소에 따른 판매가격 하락, 취급부주의에 따른 물리적 손상 등의 이유로 재고자산의 순실현가능가치가 취득원가보다 낮을 경우에는 재고자산을 순실현가능가치로 평가하여야 한다. 순실현가능가치가 취득원가보다 높은 경우에는 재고자산을 취득원가로 평가한다. 따라서 재고자산의 취득원가가 순실현가능가치보다 높은 경우에만 평가손실이 발생한다.

> 저가법에 따른 기말재고자산 = Min(취득원가, 순실현가능가치)

　저가법은 재고자산을 취득원가와 순실현가능가치 중 낮은 금액으로 평가하는 방법으로 보수적 회계처리가 적용되는 대표적인 예라 할 수 있다.
　순실현가능가치는 정상적인 영업과정에서 재고자산을 판매할 경우의 예상판매가격(추정판매가격)에서 판매할 때까지 정상적으로 발생할 것으로 예상되는 판매비용(추정판매비용)을 차감한 금액을 말한다.

> 순실현가능가치 = 예상판매가격 - 예상판매비용

(2) 저가법의 적용방법

　재고자산을 저가법으로 평가하는 방법은 항목기준, 종목기준과 총액기준이 있다. 저가법은 항목별로 적용하는 것을 원칙으로 하되 재고자산이 유사하거나 관련 있는 경우 종목별로 적용할 수 있으나, 총액기준은 허용되지 않는다.

(3) 저가법의 회계처리

　재고자산을 저가법으로 평가할 때 순실현가능가치가 취득원가보다 낮을 경우 그 차액은 재고자산평가손실로 발생한 기간의 비용으로 인식한다. 재고자산평가손실은 손익계산서의 당기비용으로 처리(당기의 매출원가에 가산)하고, 재무상태표의 재고자산을 평가손실만큼 차감한다.
　재무상태표의 재고자산을 차감하는 방법은 재고자산에서 직접 차감할 수도 있고, 재고자산평가충당금계정을 사용하여 간접적으로 차감할 수도 있다.

(차) 재고자산평가손실	×××	(대) 재고자산평가충당금	×××

재고자산은 매 회계기간 말에 순실현가능가치를 재평가한다. 재고자산에 대해 평가손실을 인식한 후 순실현가능가치가 상승하였다면 재고자산의 원가를 초과하지 않는 범위 내에서 재고자산평가충당금환입을 인식한다. 재고자산평가충당금환입은 매출원가에서 차감한다.

(차) 재고자산평가충당금	×××	(대) 재고자산평가충당금환입	×××

연습문제

다음의 재고자산에 대한 설명 중 틀린 것은?
① 평가손실을 초래했던 상황이 해소되어 새로운 시가가 장부금액보다 상승한 경우에는 최초의 장부금액을 초과하지 않는 범위 내에서 평가손실을 환입한다.
② 재고자산평가손실의 환입은 영업외수익으로 분류한다.
③ 재고자산은 정상적인 영업과정에서 판매를 위하여 보유하거나 생산과정에 있는 자산 및 생산 또는 서비스 제공과정에 투입될 원재료나 소모품의 형태로 존재하는 자산을 말한다.
④ 재고자산의 매입원가는 매입금액에 매입운임, 하역료 및 보험료 등 취득과정에서 정상적으로 발생한 부대원가를 가산한 금액이다.

풀이 ②
　　재고자산평가손실의 환입은 매출원가에서 차감한다.

예제 7-4 　재고자산감모손실과 재고자산평가손실

다음의 재고자산 관련자료에 의하여 다음의 요구사항에 답하시오.

• 기초재고액	2,000,000원	• 당기매입액(매입계정)	8,000,000원
• 장부상 기말재고수량	1,500개	• 기말 실사수량	1,200개
• 단위당 취득원가	@1,000원	• 단위당 시가(순실현가능가치)	@900원

(단, 수량부족분 300개 중 80%는 원가성이 있음)

(1) 기말재고자산의 취득원가, 재고자산감모손실 및 재고자산평가손실액을 구하시오.
(2) 결산일의 매출원가 산정, 재고자산감모손실, 재고자산평가손실에 관한 회계처리를 하시오.
(3) 재무상태표상 기말재고자산으로 보고될 금액과 손익계산서에 매출원가로 보고될 금액은 각각 얼마인가?

풀이 (1) ① 기말재고자산 취득원가(장부금액) = 1,500개 × 1,000원 = 1,500,000원
　　　② 재고자산평가손실 = (@1,000 − @900) × 1,200개 = 120,000원
　　　③ 재고자산감모손실 = (1,500개 − 1,200개) × 1,000원 = 300,000원
　　　　− 정상적 감모손실 = 300,000원 × 80% = 240,000원
　　　　− 비정상적 감모손실 = 300,000원 × 20% = 60,000원

(2) 결산일의 회계처리

구분	회계처리				
장부상 매출원가 산정분개	(차) 매　　입 　　재고자산(기말)	2,000,000 1,500,000	(대) 재고자산(기초) 　　매　　입	2,000,000 1,500,000	
	− 정상매출원가 = 10,000,000 − 1,500,000 = 8,500,000원				
재고자산 감모손실	(차) 매　　입 　　재고자산감모손실	240,000 60,000	(대) 재고자산(기말)	300,000	
재고자산 평가손실	(차) 매입(재고자산평가손실)	120,000	(대) 재고자산평가충당금	120,000	

(3) 매입계정 차변합계 10,360,000원(2,000,000 + 8,000,000 + 240,000 + 120,000)에서 대변합계 1,500,000원을 차감한 금액 8,800,000원이 매출원가로서 집합손익계정으로 대체되며, 기말재고자산은 차변금액 1,500,000원에서 대변합계 420,000원을 차감한 1,080,000원이 보고된다. 따라서 기말재고자산은 장부상 1,500,000원이 아닌 1,080,000원이 재무상태표에 보고되며, 매출원가는 정상감모손실 240,000원과 평가손실 120,000원이 가산된 8,860,000원으로 손익계산서에 보고된다.

제4절 기말재고자산의 포함 여부

어떤 항목이 재고자산에 포함되느냐의 여부는 원칙적으로 누가 그 재고자산에 대한 법적 소유권이나 통제권을 갖고 있으며, 더 궁극적으로는 누가 자산의 보유에 따른 경제적 효익과 위험을 부담하고 있느냐를 기준으로 결정된다. 재무상태표일 현재 ① 기업이 자체 혹은 외부 창고나 생산공정 중에 실제 보유하고 있으며 동시에 ② 법적 소유권을 갖고 있는 상품, 제품 및 원재료 등은 당연히 그 기업의 기말재고자산에 포함되어야 할 것이다. 여기에서는 두 가지 중 하나를 충족하지 못한 특수한 경우의 재고자산에 대해 살펴본다.

01 미착상품

미착상품(goods in transit)은 상품을 주문하였으나 운송 중에 있어 아직 도착하지 않은 상품을 말한다. 미착상품의 경우 소유권의 이전(상품 인도에 따른 위험과 책임의 종료) 여부가 상품의 매매계약조건에 따라 결정된다. 즉 결산일에 미착상품이 있는 경우 선적지인도기준(FOB shipping point)이라면 구매자는 당기의 매입으로 인식하여 기말재고자산에 포함시켜야 하고, 도착지인도기준(FOB destination 또는 C.I.F.)이라면 구매자는 차기의 매입으로 처리하여야 한다.

02 위탁상품

위탁판매(consignment sales)는 자기(위탁자)의 상품을 타인(수탁자)에게 위탁하여 판매하는 것을 말한다. 위탁상품(consigned goods)은 위탁자가 수탁자에게 판매를 위탁하기 위하여 발송한 상품으로 위탁품 또는 적송품이라고도 한다.

위탁상품은 수탁자가 위탁상품을 판매하기 전까지 위탁자의 재고자산에 포함시켜야 한다. 위탁판매의 경우 수탁자가 위탁상품을 판매하고 이를 위탁자에게 보고하면, 위탁자는 수탁자가 위탁상품을 판매한 시점에 수익을 인식하고 해당 적송품을 재고자산에서 제외시켜야 한다.

03 시송품

시용판매(sales on approval)는 주문을 받지 않고 상품을 소비자에게 인도하고 소비자가 그 상품을 사용해 본 후 구입하겠다는 의사표시를 하면 판매가 성립되는 판매방식을 말한다.

판매자가 기말에 시송품을 보관하고 있지 않다 하더라도 시송품(또는 시용품)은 소비자가 매입의사를 표시하지 않는 한 판매자의 재고자산에 포함시켜야 한다. 시용판매의 경우 판매자는 소비자가 매입의사를 표시한 시점에 수익을 인식하고 해당 시송품을 재고자산에서 제외시켜야 한다.

 **연습문제**

창고에 보관 중인 기말상품재고액은 4,000,000원이며 아래의 사항은 고려되어 있지 않다. 아래에 제시된 사항을 추가로 고려하여 정확한 기말상품재고액을 계산하면 얼마인가?

- 도착지인도조건으로 매입하여 기말현재 운송 중인 미착상품 : 150,000원
- 위탁판매로 수탁자에게 출고된 상품 : 300,000원(현재 수탁 판매된 상품은 없다.)
- 구매자에게 시송판매된 상품으로 구매자가 보관 중인 상품 : 500,000원
  (기말현재 100,000원에 대해서는 구매자가 매입의사 표시함)
- 할부로 판매한 할부판매상품은 2,100,000원이며 상품의 하자로 300,000원을 할인.

① 4,000,000원   ② 4,550,000원   ③ 4,700,000원   ④ 4,400,000원

 ③

기말상품재고액 : 4,000,000원 + 300,000원 + 400,000원 = 4,700,000원
목적지인도조건의 미착상품은 매입자의 재고자산에 포함되지 않으며, 위탁판매의 경우 수탁자가 보관중인 상품은 재고자산에 포함된다. 시송품은 매입자가 매입의사표시를 하기 전까지 판매자의 재고자산에 포함한다. 할부판매상품은 대금이 회수되지 않았더라도 인도시점에 판매자 재고자산에서 제외한다.

보론 | 상품매매기업의 회계처리

상품매매업을 주된 영업활동으로 하는 ㈜백석의 20×1년도 거래를 대상으로 상품매매기업의 회계순환과정을 회계기간 중의 거래기록과 회계기간 말의 결산과정으로 나누어 설명한다.

종합사례 | 상품매매기업의 회계순환과정

㈜백석의 20×1년도 다음과 같은 거래가 발생하였다.

11월 1일 현금 100,000원을 출자하여 ㈜백석를 설립하였다.
11월 2일 건물을 60,000원에 취득하고 취득원가 중 10,000원만 현금지급하고 50,000원은 외상으로 하다.
11월 4일 사무용 비품을 15,000원의 현금을 지급하고 취득하다.
11월 10일 상품 30,000원을 외상으로 매입하다.
11월 20일 취득원가 20,000원의 상품을 32,000원에 외상으로 판매하다.
11월 25일 11월 10일에 발생한 매입채무 중 10,000원을 현금지급하다.
11월 30일 현금 100,000원을 출자하여 ㈜서초를 설립하였다.
12월 1일 화재보험에 가입하고 1년분 보험료 1,200원을 지급하면서 모두 비용처리하다.
12월 5일 상품 25,000원을 외상으로 매입하다.
12월 10일 상품의 외상판매대금 중 20,000원을 현금으로 받다.
12월 15일 건물 취득과 관련 미지급금 중 15,000원을 현금지급하다.
12월 18일 취득원가 15,000원의 상품을 24,000원에 외상으로 판매하다.
12월 20일 상품의 외상판매대금 중 12,000원을 현금으로 받다.
12월 31일 당기 건물에 대한 감가상각비는 4,000원이다.

(결산일) 당기 비품에 대한 감가상각비는 1,000원이다.
12월분 급여 7,000원은 20×2년 1월 초에 지급할 예정이다.

1. 계속기록법으로 회계처리

일자별로 위의 거래를 분개하면 다음과 같다. 단, 상품매매거래는 계속기록법을 사용한다.

〈11월 1일〉	(차) 현금	100,000	(대) 자본금	100,000		
〈11월 2일〉	(차) 건물	60,000	(대) 현금	10,000		
			미지급금	50,000		
〈11월 4일〉	(차) 비품	15,000	(대) 현금	15,000		
〈11월 10일〉	(차) 상품	30,000	(대) 매입채무	30,000		
〈11월 20일〉	(차) 매출채권	32,000	(대) 매출	32,000		
	매출원가	20,000	상품	20,000		
〈11월 25일〉	(차) 매입채무	10,000	(대) 현금	10,000		
〈11월 30일〉	(차) 급여	6,000	(대) 현금	6,000		
〈12월 1일〉	(차) 보험료	1,200	(대) 현금	1,200		

⟨12월 5일⟩	(차) 상 품	25,000	(대) 매 입 채 무	25,000
⟨12월 10일⟩	(차) 현 금	20,000	(대) 매 출 채 권	20,000
⟨12월 15일⟩	(차) 미 지 급 금	15,000	(대) 현 금	15,000
⟨12월 18일⟩	(차) 매 출 채 권	24,000	(대) 매 출	24,000
	매 출 원 가	15,000	상 품	15,000
⟨12월 20일⟩	(차) 현 금	12,000	(대) 매 출 채 권	12,000
⟨12월 31일⟩	(차) 감 가 상 각 비	4,000	(대) 건물감가상각누계액	4,000
	(차) 감 가 상 각 비	1,000	(대) 비품감가상각누계액	1,000
	(차) 급 여	7,000	(대) 미 지 급 비 용	7,000
	(차) 선 급 비 용	1,100	(대) 보 험 료	1,100

12월 31일자 분개가 결산수정분개에 해당한다. 분개한 내용을 총계정원장에 전기하면 다음과 같다.

현   금

11/1	자본금	100,000	11/2	건물	10,000
12/10	매출채권	20,000	11/4	비품	15,000
12/20	매출채권	12,000	11/25	매입채무	10,000
			11/30	급여	6,000
			12/1	보험료	1,200
			12/15	미지급금	15,000
				기말잔액	74,800
		132,000			132,000

매출채권

11/20	매출	32,000	12/10	현금	20,000
12/18	매출	24,000	12/20	현금	12,000
				기말잔액	24,000
		56,000			56,000

상   품

11/10	매입채무	30,000	11/20	매출원가	20,000
12/5	매입채무	25,000	12/18	매출원가	15,000
				기말잔액	20,000
		55,000			55,000

건   물

11/2	현금	10,000	기말잔액	60,000
11/2	미지급금	50,000		
		60,000		60,000

비   품

| 11/4 | 현금 | 15,000 | 기말잔액 | 15,000 |
| | | 15,000 | | 15,000 |

	매입채무		
11/5 현금	10,000	11/10 상품	30,000
기말잔액	45,000	12/5 상품	25,000
	55,000		55,000

	미지급금		
12/5 현금	15,000	11/2 건물	50,000
기말잔액	35,000		
	50,000		50,000

	자본금		
기말잔액	100,000	11/1 현금	100,000
	100,000		100,000

	매　출		
당기총액	56,000	11/20 매출채권	32,000
		12/18 매출채권	24,000
	56,000		56,000

	매출원가		
11/20 상품	20,000	당기총액	35,000
12/18 상품	15,000		
	35,000		35,000

	급　여		
11/30 현금	6,000	당기총액	13,000
12/31 미지급비용	7,000		
	13,000		13,000

	보험료		
12/1 현금	1,200	12/31 선급비용	1,100
		당기총액	100
	1,200		1,200

	감가상각비		
12/31 건물감가상각누계액	4,000	당기총액	5,000
12/31 비품감가상각누계액	1,000		
	5,000		5,000

	건물감가상각누계액		
기말잔액	4,000	12/31 감가상각비	4,000
	4,000		4,000

	비품감가상각누계액		
기말잔액	1,000	12/31 감가상각비	1,000
	1,000		1,000

미지급비용

기말잔액	7,000	12/31 급여	7,000
	7,000		7,000

선급비용

12/31 보험료	1,100	기말잔액	1,100
	1,100		1,100

위의 총계정원장상 자산·부채·자본 계정의 기말잔액 및 수익·비용 계정의 당기총액을 시산표에 집합시키면 다음과 같다.

시산표

현　　　　금	74,800	매 입 채 무	45,000
매 출 채 권	24,000	미 지 급 금	35,000
선 급 비 용	1,100	미 지 급 비 용	7,000
상　　　　품	20,000	건물감가상각누계액	4,000
건　　　　물	60,000	비품감가상각누계액	1,000
비　　　　품	15,000	자 본 금	100,000
매 출 원 가	35,000	매　　　　출	56,000
급　　　　여	13,000		
보 험 료	100		
감 가 상 각 비	5,000		
	248,000		248,000

위의 시산표는 결산수정분개가 반영된 시산표이므로 수정후시산표이다. 그리고 수정후시산표를 두 부분으로 분리하면 다음과 같이 재무상태표와 포괄손익계산서를 도출할 수 있다.

재무상태표

현　　　　금	74,800	매 입 채 무	45,000
매 출 채 권	24,000	미 지 급 금	35,000
선 급 비 용	1,100	미 지 급 비 용	7,000
상　　　　품	20,000	자 본 금	4,000
건　　　　물	60,000	이 익 잉 여 금	2,900
건물감가상각누계액	(4,000)		
비　　　　품	15,000		
비품감가상각누계액	(1,000)		
	189,000		189,000

포괄손익계산서

매 출 원 가	35,000	매　　　　출	56,000
급　　　　여	13,000		
보 험 료	100		
감 가 상 각 비	5,000		
당 기 순 이 익	2,900		
	56,000		56,000

2. 실지재고조사법으로 회계처리

위의 사례를 실지재고조사법을 적용하고, 결산일 현재 보유하고 있는 상품재고금액이 장부상 금액과 동일한 20,000원이라면 위의 분개 중 아래의 분개 만 제외하고 동일하다.

〈11월 10일〉	(차) 매　　　　입	30,000	(대) 매 입 채 무	30,000
〈11월 20일〉	(차) 매 출 채 권	32,000	(대) 매　　　　출	32,000
〈12월 5일〉	(차) 매　　　　입	25,000	(대) 매 입 채 무	25,000
〈12월 18일〉	(차) 매 출 채 권	24,000	(대) 매　　　　출	24,000
〈12월 31일〉	(차) (기말) 상 품	20,000	(대) 매　　　　입	55,000
	매 출 원 가	35,000		

단원별 연습문제

01 다음 중 재고자산에 해당되는 것으로 올바르게 묶은 것은?

> a. 사무실에서 사용하는 컴퓨터　　b. 판매용 상품
> c. 당사가 제조한 제품　　　　　　d. 공장에서 사용하는 기계장치

① a, b　　② b, c　　③ c, d　　④ b, d

02 다음은 미래상사의 상품거래와 관련된 내용이다. 판매가능금액으로 옳은 것은?

> • 총매출액 : 1,000,000원　　• 기초상품재고액 : 400,000원
> • 총매입액 : 800,000원　　　• 매입에누리액 : 40,000원
> • 매출에누리액 : 100,000원　• 기말상품재고액 : 450,000원

① 50,000원　　② 760,000원　　③ 900,000원　　④ 1,160,000원

03 재고자산의 매입원가에 가산하는 항목에 해당하지 않는 것은?

① 매입운임　　② 매입보험료　　③ 매입에누리　　④ 매입하역료

04 다음 중 재고자산의 단가결정방법 중 선입선출법에 대한 설명으로 적절하지 않은 것은?

① 물가상승시 기말재고자산이 과소평가된다.
② 물량흐름과 원가흐름이 대체적으로 일치한다.
③ 기말재고자산이 현행원가에 가깝게 표시된다.
④ 물가상승시 이익이 과대계상된다.

05 다음은 상품과 관련된 내용이다. 매출원가는 얼마인가?

> • 상품 월초잔액 : 500,000원　• 당월 매입액 : 700,000원　• 매입환출액 : 100,000원
> • 매출에누리 : 100,000원　　• 매출환입액 : 50,000원　　• 상품 월말잔액 : 400,000원

① 550,000원　　② 600,000원　　③ 650,000원　　④ 700,000원

06 재고자산 회계처리에 대한 설명으로 옳지 않은 것은?

① 재고자산의 취득원가는 매입원가, 전환원가 및 재고자산을 현재의 장소에 현재의 상태로 이르게 하는 데 발생한 기타 원가 모두를 포함한다.
② 재고자산을 순실현가능가치로 감액하는 평가손실과 모든 감모손실은 감액이나 감모가 발생한 기간에 비용으로 인식한다.
③ 재고자산을 순실현가능가치로 감액하는 저가법은 항목별로 적용한다.
④ 기초재고수량과 기말재고수량이 같다면, 선입선출법과 가중평균법을 적용한 매출원가는 항상 같게 된다.

07 재고자산의 평가에 대한 설명으로 옳지 않은 것은?

① 재고자산의 저가법은 항목별로 적용한다. 그러나 재고자산 항목들이 서로 유사하거나 관련되어 있는 경우에는 통합하여 적용할 수 있다.
② 재고자산은 평가손실을 초래하였던 상황이 해소되어 시가가 장부가액보다 상승한 경우 최초의 장부가액을 초과하지 않는 범위 내에서 평가손실을 환입하며, 환입된 금액은 당기수익으로 처리한다.
③ 완성할 제품의 시가가 원가보다 높을 때에는 그 제품을 완성하기 위해 보유한 원재료에 대하여 저가법을 적용하지 아니한다.
④ 저가법 적용 시 시가란 순실현가능가치를 말하며, 추정판매가액에서 추정판매비용을 차감한 금액이다.

08 상품매입에 의한 매입에누리와 매입환출, 매입할인에 대한 올바른 회계처리방법은?

① 매입에누리와 매입환출, 매입할인 모두 총매입액에서 차감한다.
② 매입에누리는 수익처리하고, 매입환출은 외상매입금에서 차감한다.
③ 매입에누리와 매입환출은 총매입액에서 차감하고 매입할인은 수익처리한다.
④ 매입에누리와 매입환출, 매입할인 모두 수익처리한다.

09 다음 자료에 기초한 강남회사의 매출원가와 매출총이익은 얼마인가?

- 기초상품 : 100개(@2,000원)
- 당기상품매입 : 900개(@2,000원)
- 당기상품판매 : 800개(@3,000원)

	매출원가	매출총이익		매출원가	매출총이익
①	1,600,000원	900,000원	②	1,600,000원	800,000원
③	2,400,000원	900,000원	④	2,400,000원	800,000원

10 ㈜서울의 12월 매입과 매출자료이다. 선입선출법에 의한 12월 말 재고자산과 매출원가는 얼마인가?

일자	내역	입고 수량	입고 단가	출고 수량
12월 1일	월초재고	100개	300원	
12월 10일	매입	200개	400원	
12월 18일	매출			150개
12월 27일	매입	100개	500원	

	기말재고자산	매출원가		기말재고자산	매출원가
①	110,000원	50,000원	②	80,000원	50,000원
③	60,000원	110,000원	④	50,000원	110,000원

11 기말재고액이 과대계상 되는 오류가 발생한 경우 재무제표에 미치는 효과로 틀린 것은?

① 당기의 매출원가가 과대계상 된다.
② 당기의 순이익이 과대계상 된다.
③ 당기의 매출총이익이 과대계상 된다.
④ 차기에는 순이익이 과소계상 되어 자동조정 된다.

12 ㈜백석의 20×2년 기말재고자산 내역이 다음과 같을 때, 20×2년 당기 손익에 미치는 영향은 얼마인가?

- 장부상 재고자산 : 1,000개
- 조사에 의한 실제 재고수량 : 800개
- 단위당 원가 : 1,000원
- 단위당 시가 : 900원

① 당기순이익 80,000원 감소
② 당기순이익 200,000원 감소
③ 당기순이익 240,000원 감소
④ 당기순이익 280,000원 감소

정답 및 풀이

1. ② b, c (상품, 제품) 재고자산임
2. ④ 판매가능금액이란 기초상품재고액 + 당기상품순매입액을 가산하여 산출
   400,000원 + (800,000원 − 40,000원) = 1,160,000원임.
3. ③ 재고자산의 매입원가는 매입금액에 매입운임, 하역료 및 보험료 등 취득과정에서 정상적으로 발생한 부대원가를 가산한 금액이다. 매입과 관련된 할인, 에누리 및 기타 유사한 항목은 매입원가에서 차감한다.
4. ① 후입선출법에 대한 설명이다.
5. ④ (월초상품재고액 + 당기순매입액) − 월말상품재고액 = 매출원가
   당기순매입액 = 총매입액 − (매입에누리 + 환출액 + 매입할인)
6. ④ 기초재고수량과 기말재고수량이 같다 하더라도 선입선출법과 가중평균법을 적용한 매출원가는 다르게 계산될 수 있다.
7. ② 재고자산은 평가손실을 초래하였던 상황이 해소되어 시가가 장부가액보다 상승한 경우 최초의 장부가액을 초과하지 않는 범위 내에서 평가손실을 환입하며, 환입된 금액은 매출원가에서 차감한다.
8. ① 총매입액에서 매입에누리와 매입환출, 매입할인은 차감한다.
9. ② 매출원가는 판매수량 800개에 단위당가 2,000원이므로 1,600,000원이고
   매출총이익 = 매출액 2,400,000원(판매수량 800개 × 판매가격 3,000원) − 매출원가 1,600,000원
             = 800,000원이 된다.
10. ① 선입선출법가정하의 출고수량 150개의 매출원가는 50,000원
    (출고수량 150개에 적용되는 단가 : 12/1일 100개 × 300원 + 12/10일 50개 × 400원)
    기말재고액 : (12/10일 150개 × 400원 + 12/27일 100개 × 500원) = 110,000원
11. ① 기말재고가 과대계상되면 매출원가가 과소계상되어 매출총이익 및 당기순이익이 과대계상되고 차기에는 기초재고와 매출원가가 과대계상되어 매출총이익과 당기순이익이 과소계상되어 자동 조정된다.
12. ④ 당기순이익 280,000원 감소
    = 재고자산감모손실 200,000원 + 재고자산평가손실 80,000원
    • 재고자산감모손실 : (장부상 재고자산 1,000개 − 실재 재고자산 800개) × 단위당가 1,000원
      = 200,000원
    • 재고자산평가손실 : 실제 재고자산 수량 800개 × (단위당 원가 1,000원 − 단위당 시가 900원)
      = 80,000원

문제 1

다음 거래를 분기법과 총기법으로 각각 분개하고, 계정에 기입마감하시오.

(1) 현대상회에서 상품 ₩280,000을 외상매입하고, 인수운임 ₩5,000을 현금 지급하다.
(2) 위 상품 중 불량품 ₩35,000을 반품하다.
(3) 미래상회에 상품 ₩380,000(원가 ₩300,000)을 외상매출하다.
(4) 위 상품 중 불량품 ₩20,000(원가 ₩15,000)이 반품되어 오다.

[분기법]

No	차 변 과 목	금 액	대 변 과 목	금 액
(1)				
(2)				
(3)				
(4)				

```
              상    품                          상품매출이익
   전기이월  243,000
```

[총기법]

No	차 변 과 목	금 액	대 변 과 목	금 액
(1)				
(2)				
(3)				
(4)				

```
              상    품
   전기이월  243,000
```

문제 2

다음 연속된 거래를 총기법에 의하여 분개하고, 각 계정에 기입하여 마감하시오.

5/7 백합상점에서 상품 ₩450,000을 매입하고, 대금 중 ₩150,000은 현금으로 지급하고 잔액은 외상으로 하다.

13 백합상점에서 매입한 상품 중 불량품 ₩20,000을 반품하다.

18 하나상점에 상품 ₩575,000을 외상매출하고, 운임 ₩20,000은 운송점에 월말에 지급하기로 하다.

24 하나상점에 매출한 상품 중 파손품이 있어 ₩60,000을 에누리하다.

27 국화상점에 상품 ₩280,000을 매출하고, 대금 중 반액 당점발행의 수표로 받고, 잔액은 동점발행의 수표로 받다.

31 기말상품재고원가 ₩216,000

일자	차 변 과 목	금 액	대 변 과 목	금 액
5/ 7				
13				
18				
24				
27				
31				
31				

　　　　　　　　　상　품　　　　　　　　　　　　　　　　　상품매출이익

5/1 전기이월 325,000

　　　　　　　　　　　　　　　　　　　　　　　　　　　　　　손　익

문제 3

다음 거래를 분개하시오. 단, 상품거래는 3분법에 의한다.

(1) 강원상점에서 상품 ₩174,000을 외상매입하다.
(2) 위 상품 중 불량품 ₩25,000을 반품하다.
(3) 평안상점에 상품 ₩250,000(원가 ₩200,000)을 외상매출하다.
(4) 위 상품 중 불량품 ₩50,000(원가 각자 계산할것)을 반품받다.

No	차 변 과 목	금 액	대 변 과 목	금 액
(1)				
(2)				
(3)				
(4)				

문제 4

다음 상품매매에 관한 자료에 의하여 상품 3계정에 기입면을 표시하고, 3계정을 마감하시오. 단 상품매매는 모두 외상거래인 것으로 가정한다.

기초상품재고액   ₩145,000   기말상품재고액   ₩190,000   총 매 입 액   ₩520,000
환 출 액   ₩27,000   매 입 에 누 리   ₩31,000   총 매 출 액   ₩850,000
매 출 에 누 리   ₩7,000   환 입 액   ₩15,000

- 제1법 -

[대체분개]

No	차변과목	금 액	대변과목	금 액
(1)				
(2)				
(3)				
(4)				

- 제2법 -

상 품	매출원가

매 출	손 익

[대체분개]

No	차변과목	금 액	대변과목	금 액
(1)				
(2)				
(3)				

문제 5

다음은 매출총손익의 계산과 관련된 항목들이다. 이들 상호간의 금액을 고려하여 적절한 금액을 산출하시오.

	기초상품	총매입액	매입제비용	매입환출	기말상품	총매출액	매출환입	매출원가	매출총손익
A사	43,000	270,000	5,000	12,000	28,000	350,000	3,000	①	②
B사	65,000	③	4,000	2,000	30,000	④	1,000	240,000	52,000
C사	⑤	425,000	2,000	1,700	42,000	410,000	2,400	⑥	-56,500
D사	67,200	240,000	⑦	5,000	46,000	270,300	4,700	275,000	⑧
E사	86,000	572,000	10,000	2,400	⑨	⑩	4,200	460,000	72,000

문제 6

다음 자료에 의하여 A상품재고장에 선입선출법으로 기입 마감하시오.

3/ 4 매   입 A상품 100개 @₩135 ₩13,500 운임 ₩500 지급
3/ 8 매입에누리 A상품 ₩3,000
3/16 매   출 A상품 80개 @₩220 ₩17,600 운임 ₩1,400 지급
3/23 매   출 A상품 15개 @₩230 ₩3,450
3/24 환   입 A상품 5개(23일분)

상 품 재 고 장

선입선출법   품명 : A상품   (단위 : 개)

월일	적요	인 수			인 도			잔 액		
		수량	단가	금액	수량	단가	금액	수량	단가	금액

문제 7

다음 거래를 선입선출법에 의하여 갑상품재고장에 기입하고 마감하시오.

10/ 3 갑상품 200개 @₩220을 현금매입하다.
10/ 5 갑상품 300개 @₩300에 어음을 받고 매출하다.
10/11 갑상품 20개 환입되다.
10/21 갑상품 100개 @₩250을 외상매입하다.
10/24 갑상품 15개 환출하다.(21일분)
10/28 갑상품 150개 @₩300에 현금 받고 매출하다.
10/29 28일 매출한 상품에 대해 ₩4,000을 에누리해주다.

상 품 재 고 장

선입선출법   품명 : 갑상품   (단위 : 개)

월	일	적 요	인 수			인 도			잔 액		
			수량	단가	금액	수량	단가	금액	수량	단가	금액
10	1	전월이월	200	200	40,000						

문제 8

다음 연필에 관한 자료를 보고, 후입선출법에 의하여 상품재고장에 기입하여 마감하고, 물음에 답하시오.

7/ 3 효성상점에서 연필 40개 @₩600 ₩24,000을 외상매입하고, 반입운임 ₩2,000을 현금지급하다.
7/ 5 대명상점에서 연필 40개 @₩800 ₩32,000에 현금을 받고 매출하다.
7/ 8 복현상점에서 연필 20개 @₩660 ₩13,200을 현금매입하다.
7/11 복현상점에서 매입한 연필 중 품질불량으로 5개를 반품하다.
7/17 불로상점에 연필 25개 @₩800 ₩16,000을 매출하고 동점발행의 약속어음을 받다.
7/19 불로상점에 매출한 연필 2개가 반품되다.

상 품 재 고 장

후입선출법   품명 : 연필   (단위 : 개)

월	일	적 요	인 수			인 도			잔 액		
			수량	단가	금액	수량	단가	금액	수량	단가	금액
7	1	전월이월	20	550	11,000						

문제 9

다음 거래를 A상품의 상품재고장에 이동평균법으로 기입하고, 물음에 답하시오.

5/ 1   전월이월   20개   @₩500   ₩10,000
5/ 5   매   입   50개   @₩710   ₩35,500
5/ 7   환   출   10개(5/5분)
5/ 9   매   출   40개   @₩720   ₩28,800
5/10   환   입   5개
5/28   매   입   5개   @₩760   ₩3,800

상 품 재 고 장

이동평균법   품명 : A상품   (단위 : 개)

월 일	적 요	인 수			인 도			잔 액		
		수량	단가	금액	수량	단가	금액	수량	단가	금액

문제 10

㈜백석의 20×2년 기초 재고자산은 5,000,000원, 당기 순매입액은 24,000,000원이며 당기 순매출액은 30,000,000원이다. ㈜백석의 기말재고자산은 다음과 같다. ㈜백석의 재고자산감모손실 중 70%는 원가성이 있으며 30%는 원가성이 없다. ㈜백석는 재고자산의 저가기준 평가를 항목별 기준으로 적용하며, 재고자산평가손실과 원가성 있는 감모손실은 전액 매출원가에 포함한다. 20×2년에 ㈜백석의 포괄손익계산서에 인식할 매출원가는 얼마인가?

재고자산 종류	재고자산 수량		단위당 취득원가	단위당 순실현가능가치
	장부재고	실지재고		
A상품	1,000개	900개	1,000원	1,100원
B상품	2,000개	1,700개	2,000원	1,500원

문제 11

㈜서초의 20×1년 기말재고자산 내역이 다음과 같을 때, 20×1년 매출원가에 미치는 영향은 얼마인가?

- 장부상 재고자산 : 1,000개
- 단위당 원가 : 1,000원 (시가 800원)
- 조사에 의한 실제 재고수량 : 900개
- 재고자산감모손실의 10%는 비정상적 발생이다.

문제 12

다음은 ㈜강남의 계속기록법에 의한 재고자산 장부 내역이다. 기말에 재고자산을 실사한 결과 재고자산감모 수량이 15개 발생하였다. 재고자산의 단위당 순실현가능가치가 2,700원일 때 다음 자료를 이용하여 계산한 재고자산평가손실과 재고자산감모손실의 합계액은 얼마인가?

일 자	수 량	단 가
기초 재고자산	600개	3,000원
당기 매입	1,400개	3,000원
기말 재고자산	500개	3,000원

Chapter 08

유형자산과 무형자산

제1절 유형자산의 의의와 분류
제2절 유형자산의 취득원가 결정
제3절 유형자산의 취득 후 원가
제4절 유형자산의 감가상각
제5절 유형자산의 평가
제6절 무형자산의 의의와 취득
제7절 무형자산의 상각과 평가
제8절 영업권
단원별 연습문제

Chapter 08 유형자산과 무형자산

제1절 유형자산의 의의와 분류

 유형자산(property, plant and equipment)은 재화의 생산이나 용역의 제공, 타인에 대한 임대 또는 관리활동에 사용할 목적으로 보유하는 물리적 형태가 있는 자산으로서 한 회계기간을 초과하여 사용할 것으로 예상되는 자산을 말한다. 이러한 유형자산은 다음과 같은 특징을 가지고 있다.

1. 정상적인 영업활동(재화와 용역의 생산과 판매)에 사용할 목적으로 보유하는 자산이다.
2. 유형자산은 장기간 사용할 목적으로 보유하는 자산이다. 유형자산은 한 회계기간을 초과하여 장기간에 걸쳐 수익창출활동에 사용되므로 예상되는 기간에 걸쳐 해당 회계기간에 소모된 경제적 효익을 비용인 감가상각비로 배분한다.
3. 유형자산은 물리적 실체(physical substance)를 가지고 있는 실물자산이다. 이러한 점에서 물리적 실체가 없는 무형자산과 구별된다.

표 8-1 유형자산의 분류

구 분	내 용
토지	대지, 임야 등 영업활동에 사용할 목적으로 취득한 자산
건물	건물, 냉난방, 전기, 통신, 조명, 통풍 및 기타의 건물부속설비
구축물	교량, 부교, 궤도, 저수지, 갱도, 굴뚝, 정원설비, 도로포장, 기타의 토목설비 및 공작물 등
기계장치	기계장치, 운송설비(콘베어, 호이스트, 기중기 등)와 기타의 부속설비
차량운반구	철도차량 및 기타의 육상운반구
건설중인자산	유형자산의 건설을 위하여 직접 또는 간접으로 소요된 재료비, 노무비 및 제조간접비로 하되, 건설을 위하여 지급한 도급금액 또는 취득 중인 기계 등을 포함
비품	집기 및 사무용비품
기타유형자산	위 항목 이외의 공구, 기구, 선박, 항공기 등

 유형자산으로 인식하기 위해서는 첫째, 자산으로부터 발생하는 미래 경제적 효익이 기업에 유입될 가능성이 높을 것과 둘째, 자산의 원가를 신뢰성 있게 측정할 수 있을 것 등의 요건을 충족시켜야 한다.

 연습문제

다음은 유형자산에 관한 설명이다. 옳지 않은 것은?
① 미래 경제적 효익이 유입될 가능성이 매우 높고 그 원가를 신뢰성 있게 측정할 수 있어야 한다.
② 토지, 건물, 구축물, 기계장치, 건설중인 자산 등은 유형자산의 대표적인 항목이다.
③ 판매를 목적으로 보유하고 있는 자산이다.
④ 장기적으로 사용할 목적으로 물리적 형체가 있는 자산이다.

풀이 ③ 재고자산에 관한 설명이다.

제2절 유형자산의 취득원가 결정

01 유형자산의 취득원가

유형자산을 장부에 기록하기 위해서는 취득원가를 결정해야 한다. 취득원가는 당해 자산의 구입가격에 본래 의도한 용도에 사용할 수 있기까지 지출된 모든 부대비용, 즉 직접관련원가를 포함한다.

> 유형자산 취득원가 = 구입가격 + 직접관련원가

여기서 직접관련원가는 취득과정에서 발생하는 설치준비를 위한 지출, 외부운송 및 취급비, 설치비, 설계와 관련된 지급수수료, 유형자산 취득과 관련하여 국·공채 등을 불가피하게 매입하는 경우 발생하는 채권 매입금액과 자본화대상인 차입원가, 취득세 및 등록세 등의 제세공과금, 복구원가, 시운전비, 취득과 관련된 각종 부담금 등의 다양한 지출액을 합산한 것이다.

02 취득유형별 취득원가의 결정

(1) 외부구입

유형자산을 외부에서 구입할 때는 구입가격에 매입수수료, 운임, 설치 및 시험운전비, 제세공과금을 합산한 가격으로 취득원가를 결정한다. 단, 장기연불조건으로 외부구입할 경우 현재가치로 평가할 수 있다.

(2) 일괄구입

일괄구입(lump-sum purchase)은 두 종류 이상의 자산을 하나의 가격에 구입하는 것을 말한다. 여러 종류의 유형자산을 일괄하여 취득하면서 개별 유형자산의 취득원가를 구분할 수 없는 경우에는 일괄지급한 구입가격을 각 유형자산의 공정가치에 따라 배분하여 개별자산의 취득원가를 결정한다.

(3) 자가건설

기업이 필요한 자산을 외부에서 구입하지 않고 자가건설(또는 자가제작)하는 경우가 있다.

자가건설한 유형자산의 원가는 자가건설 과정에서 발생한 제조원가와 해당 자산을 가동하는데 필요한 장소와 상태에 이르게 하는데 직접 관련되는 원가를 모두 해당 자산의 취득원가에 포함한다.

자가건설 과정에서 발생한 원가(재료비, 노무비, 제조간접비, 외주원가, 건축허가원가, 설계원가 등)는 건설중인자산계정에 임시로 처리하였다가 자가건설이 완료되면 그 금액을 해당 유형자산계정으로 대체한다.

(4) 교환에 의한 취득

유형자산을 교환으로 취득하는 경우 상업적 실질이 있는 거래에서 교환으로 유형자산을 취득하는 경우 유형자산의 원가는 교환을 위하여 제공한 자산의 공정가치로 측정한다. 다만 교환을 위하여 제공한 자산의 공정가치가 불확실한 경우에는 교환으로 취득한 자산의 공정가치를 원가로 할 수 있다.

연습문제

다음의 유형자산과 관련된 지출금액 중 유형자산의 취득원가에 포함할 수 없는 것은?
① 취득시 발생한 설치비
② 취득시 사용가능한 장소까지 운반을 위하여 발생한 외부 운송 및 취급비
③ 유형자산을 사업에 사용함에 따라 발생하는 수리비
④ 유형자산의 제작 시 설계와 관련하여 전문가에게 지급하는 수수료

 ③
유형자산의 취득원가는 구입원가 또는 제작원가 및 경영진이 의도하는 방식으로 자산을 가동하는데 필요한 장소와 상태에 이르게 하는데 직접 관련되는 지출로 구성된다.
따라서 유형자산을 사업에 사용한 후에 발생하는 수리비의 경우 취득원가에 포함되지 않는다.

예제 8-1 유형자산의 유형별 취득원가 결정

1. ㈜서초는 기계장치를 1,000,000원에 외상으로 구입하고 대금은 3개월 후에 지급하기로 하였다. 기계장치 취득과 관련하여 운반비 100,000원 설치비 50,000원, 시운전비 20,000원을 현금으로 지급하였다.
2. ㈜서초는 건물이 세워져 있는 토지를 6,000,000원에 구입하고 부대원가 200,000원을 수표를 발행하여 지급하다. 구입 당시 토지와 건물의 공정가치는 각각 3,000,000원과 2,000,000원이다.
3. 사무용 건물을 건설하기 위하여 건물이 세워져 있는 토지를 7,000,000원에 현금으로 구입하였다. 건물을 철거하기 위하여 철거비용 200,000원과 토지정지비용 100,000원을 현금으로 지출하였고, 건물철거 과정에서 잔존폐물을 100,000원에 처분하였다.
4. ㈜서초는 공장을 자가건설하기로 하고 공사비 2,000,000원을 현금으로 지급하였다.
5. 위 4의 공사가 완료되어 등기료 50,000원과 취득 관련 세금 30,000원을 현금으로 지급하다.
6. 원가 5,000,000원, 감가상각누계액 3,000,000원의 기계장치를 공정가치 4,000,000원의 트럭과 교환하다.

위 거래를 회계처리하시오.

풀이

구분	회계처리			
1	(차) 기 계 장 치	1,170,000	(대) 미 지 급 금 현 금	1,000,000 170,000
2	(차) 토 지 건 물	3,720,000[1)] 2,480,000[2)]	(대) 당 좌 예 금	6,200,000
3	(차) 토 지	7,200,000[3)]	(대) 현 금	7,200,000
4	(차) 건 설 중 인 자 산	2,000,000	(대) 현 금	2,000,000
5	(차) 건 물	2,080,000	(대) 건 설 중 인 자 산 현 금	2,000,000 80,000
6	(차) 차 량 운 반 구 감가상각누계액	4,000,000 3,000,000	(대) 기 계 장 치 유형자산처분이익	5,000,000 2,000,000

1) 토지의 취득원가 = 6,200,000 × [3,000,000/(3,000,000 + 2,000,000)] = 3,720,000원
2) 건물의 취득원가 = 6,200,000 × [2,000,000/(3,000,000 + 2,000,000)] = 2,480,000원
3) 토지의 취득원가 = 토지와 건물의 구입대가 7,000,000 + 건물철거비용 200,000 + 토지정지비용 100,000
    − 잔존폐물처분금액 100,000 = 7,200,000원

제3절 유형자산의 취득 후 원가

01 의의

유형자산을 취득하여 사용하는 기간 중에도 해당 자산과 관련된 여러 가지 지출이 발생한다. 이때 유형자산의 단순한 수선·유지에서부터 확장·증설, 대체 및 개선 등과 관련하여 발생하는 원가를 해당 유형자산의 취득원가에 가산할 것인가 아니면 발생기간의 비용으로 처리할 것인가 하는 문제가 발생한다.

자산을 취득한 후에 발생하는 지출에 대해서 자본적 지출과 수익적 지출로 구분하여 처리하도록 하고 있다.

02 자본적 지출과 수익적 지출

자본적 지출(capital expenditure)이란 유형자산의 성능수준을 향상시켜 미래 경제적 효익이 증가되는 지출로, 내용연수나 잔존가치를 증가시키거나 새로운 공정의 채택 또는 생산능력의 증대, 원가절감 또는 품질향상 등을 가져오는 경우에는 자본적 지출로 처리한다.

수익적 지출(revenue expenditure)이란 유형자산의 원상회복이나 현상유지를 위한 지출로, 수선·유지를 위한 경상적인 지출과 일정금액 이하의 소액지출, 제작손실의 경우에는 수익적 지출로 처리한다.

표 8-2 │ 자본적 지출과 수익적 지출의 구체적인 구분기준

구 분	자본적 지출	수익적 지출
내 용	① 본래의 용도를 변경하기 위한 개조 ② 엘리베이터 또는 냉난방장치의 설치 ③ 빌딩 등에 있어서 피난시설 등의 설치 ④ 재해 등으로 인하여 건물·기계·설비 등이 멸실 또는 훼손되어 당해 자산의 본래의 용도에 이용 가치가 없는 경우의 복구 ⑤ 기타 개량·증설·확장 등 이와 유사한 성질의 것	① 건물 또는 벽의 도장 ② 파손된 유리나 기와의 대체 ③ 기계의 소모된 부속품의 대체와 벨트의 대체 ④ 자동차 타이어 튜브의 대체 ⑤ 재해를 입은 자산에 대한 외장의 복구, 도장, 유리의 삽입 ⑥ 기타 조업가능상태의 유지 등 위와 유사한 성질의 것

> **예제 8-2** 자본적 지출과 수익적 지출

1. ㈜강남은 사용 중인 건물에 엘리베이터와 냉난방시설을 설치하기 위해 1,000,000원을 수표를 발행하여 지급하다.
2. 수해를 입은 공장건물의 외벽도장과 파손된 유리교체비용 500,000원을 현금으로 지급하다.

위 거래를 회계처리하시오.

[풀이]

구분	회계처리				
1	(차) 건물	1,000,000	(대) 당좌예금	1,000,000
2	(차) 수선비	500,000	(대) 현금	500,000

03 지출 분류의 오류에 대한 영향

유형자산과 관련된 지출을 자본적 지출로 처리할 것인지 또는 수익적 지출로 처리할 것인지는 기간손익결정에 큰 영향을 미친다.

자본적 지출의 경우 당해 자산계정의 차변에 기록되므로 지출연도의 기간손익에는 직접적인 영향을 미치지 않지만, 자산의 내용연수에 해당되는 기간 동안에는 감가상각비가 증가할 것이므로 동 증가액만큼의 기간손익은 감소하게 될 것이다.

한편, 수익적 지출은 지출연도에 전액이 비용처리되므로 당해 연도의 기간손익은 그만큼 감소하나 지출 이후연도에는 손익에 영향을 미치지 아니한다. 따라서 수익적 지출은 초기에 기간이익을 과소계산하기 때문에 내용연수 동안 총 법인세 납부액은 자본적 지출과 동일하나, 초기 더 적은 법인세 지출로 인한 이자상당액을 절감할 수 있다.

연습문제

건물의 에어컨을 수리하고 대금을 현금으로 지급한 후 수익적지출로 처리할 것을 자본적지출로 잘못 처리한 경우에 발생하는 효과로 옳은 것은?

① 자산은 감소하고 부채가 증가한다.   ② 자산은 증가하고 비용도 증가한다.
③ 자산은 감소하고 이익도 감소한다.   ④ 자산은 증가하고 비용은 감소한다.

[풀이] ④
수익적지출로 처리하면 비용이 발생하게 되는데 이를 자본적지출로 처리하게 되면 자산이 증가하는 대신에 비용이 감소하게 된다.
예) 수익적지출시 : 차변) 수선비   대변) 현금
　　자본적지출시 : 차변) 건물　 대변) 현금

제4절 유형자산의 감가상각

01 의의

토지를 제외한 유형자산은 취득 이후 사용, 시간의 경과, 수요변동이나 기술진보 등 여러 가지 원인으로 가치가 감소하는데 이러한 현상을 감가라고 한다. 유형자산의 가치를 감소시키는 원인은 물리적 감가와 기능적 감가(경제적 감가)로 구분할 수 있으며, 기능적 감가에는 진부화(obsolescence)와 부적응화(inadequacy)가 있다.

유형자산의 감소된 가치를 정확하게 측정하는 것은 불가능하다. 따라서 회계에서는 유형자산의 보유와 사용으로 인해 감소된 가치를 직접 측정하는 대신 유형자산의 취득원가를 그 자산의 사용기간에 걸쳐 체계적이고 합리적으로 배분하는 방법을 사용한다. 이러한 배분방법을 사용하여 특정 회계기간에 배분된 유형자산의 가치감소를 감가상각액(depreciation charges)이라 한다.

감가상각(depreciation)은 유형자산의 취득원가에서 잔존가치(salvage value)를 차감한 감가상각대상금액(depreciation base)을 그 자산의 경제적 내용연수(useful life) 동안 체계적이고 합리적인 방법에 따라 각 회계기간에 배분하는 과정을 말한다. 따라서 감가상각은 수익과 비용의 적정한 대응을 위한 원가의 배분과정이지 자산의 평가과정이 아니다.

02 감가상각방법

감가상각방법은 자산의 미래 경제적 효익이 소비되는 형태를 반영하여야 한다. 일반적으로 사용되는 감가상각방법은 다음과 같다.

│표 8-3│ 감가상각방법

구 분	감가상각방법
정액법	정액법
체감잔액법 (가속상각법)	정률법
	이중체감법(정액법의 배법)
	연수합계법
비례법	생산량비례법
	작업시간비례법

(1) 정액법

정액법(straight-line method)은 유형자산의 감가가 시간의 경과에 비례하여 발생하는 것으로 가정하여 매 회계기간에 동일한 금액을 상각하는 방법이다. 정액법에서 매 회계기간의 감가상각비를 계산하는 공식은 다음과 같다.

$$감가상각비 = \frac{(취득원가 - 잔존가치)}{내용연수}$$

예제 8-3 정액법

㈜강남은 20×1년 1월 1일 기계장치를 1,000,000원에 취득하였다. 이 기계장치의 내용년수는 3년, 잔존가치는 100,000원으로 추정되며, 총생산단위는 25,000개, 총작업시간은 10,000시간으로 추정된다. ㈜강남은 20×0년에 이 기계장치를 2,000시간 가동하여 제품 8,000개를 생산하고, 20×1년에 4,500시간 가동하여 제품 10,000개를 생산하였으며, 20×2년에 3,500시간 가동하여 제품 7,000개를 생산하였다.

이 자료를 사용하여 ㈜강남의 정액법에 따른 각 회계기간의 감가상각액을 계산하시오.

풀이

연도	계산식	감가상각비	감가상각누계액	기말 장부금액
20×0년 1월 1일				₩1,000,000
20×0년 12월 31일	(₩1,000,000-₩100,000)×1/3	₩300,000	₩300,000	700,000
20×1년 12월 31일	(₩1,000,000-₩100,000)×1/3	300,000	600,000	400,000
20×2년 12월 31일	(₩1,000,000-₩100,000)×1/3	300,000	900,000	100,000
계		₩900,000		

(2) 체감잔액법

체감잔액법(declining-balance method)은 감가상각 초기에 감가상각액을 많이 인식하고 시간이 경과함에 따라 점차 적게 인식하는 감가상각방법으로 정률법, 이중체감법과 연수합계법이 있다.

1) 정률법

정률법(constant percentage method)은 매 회계기간에 유형자산의 기초장부금액(기초의 미상각잔액)을 구하고, 이에 일정한 상각률을 곱하여 상각액을 계산하는 방법이다. 장부금액은 취득원가에서 기초감가상각누계액을 차감한 금액이다. 정률법에서 매 회계기간의 감가상각비를 계산하는 공식은 다음과 같다.

$$감가상각비 = (취득원가 - 기초감가상각누계액) \times 상각률$$
$$상각률 = 1 - \sqrt[n]{\frac{잔존가치}{취득원가}} \quad n: 내용연수$$

예제 8-4 정률법

㈜강남은 20×1년 1월 1일 기계장치를 1,000,000원에 취득하였다. 이 기계장치의 내용년수는 3년, 잔존가치는 100,000원으로 추정되며, 총생산단위는 25,000개, 총작업시간은 10,000시간으로 추정된다. ㈜강남은 20×0년에 이 기계장치를 2,000시간 가동하여 제품 8,000개를 생산하고, 20×1년에 4,500시간 가동하여 제품 10,000개를 생산하였으며, 20×2년에 3,500시간 가동하여 제품 7,000개를 생산하였다.

이 자료를 사용하여 ㈜강남의 정률법에 따른 각 회계기간의 감가상각액을 계산하시오.

풀이

연도	계산식	감가상각비	감가상각누계액	기말장부금액
20×0년 1월 1일				₩1,000,000
20×0년 12월 31일	₩1,000,000 × 53.58%[1]	₩535,800	₩535,800	464,200
20×1년 12월 31일	₩464,200 × 53.58%	248,718	784,518	215,482
20×2년 12월 31일	₩215,482 − ×₩100,000[2]	115,482	900,000	100,000
계		₩900,000		

[1] 상각률 = $1 - \sqrt[3]{\dfrac{100,000}{1,000,000}}$ = 53.58%

[2] 내용연수 마지막 연도의 감가상각비는 장부금액과 잔존가치가 일치하지 않으므로 이들이 일치하도록 감가상각비를 조정한다.

연습문제

다음 자료에서 20×2년 12월 31일 결산 후 재무제표와 관련된 내용으로 옳은 것은?

- 20×1년 1월 1일 차량운반구 10,000,000원에 취득
- 정률법 상각, 내용연수 5년, 상각률 40%

① 손익계산서에 표시되는 감가상각비는 4,000,000원이다.
② 재무상태표에 표시되는 감가상각누계액은 6,400,000원이다.
③ 상각 후 차량운반구의 미상각잔액은 6,000,000원이다.
④ 상각 후 차량운반구의 미상각잔액은 2,400,000원이다.

풀이 ②
20×1년 12월 31일의 감가상각비 : 10,000,000원 × 0.4 = 4,000,000원
20×2년 12월 31일의 감가상각비 : (10,000,000원 − 4,000,000원) × 0.4 = 2,400,000원
20×2년 12월 31일의 감가상각누계액은 6,400,000원(미상각잔액은 3,600,000원)

2) 이중체감법

이중체감법(double-declining balance method)은 상각률을 간편하게 계산하기 위해 정액법에 따른 상각률의 2배로 적용하고, 정률법과 동일한 방법으로(장부금액에 이중체감률을 곱하여) 감가상각액을 계산하는 방법이다. 이중체감법은 정률법과 같이 기초장부금액에 상각

률을 곱하여 계산하므로 감가상각비 계산과정에서 잔존가치를 고려할 필요가 없다. 이중체감법에서 매 회계기간의 감가상각비를 계산하는 공식은 다음과 같다.

$$감가상각비 = (취득원가 - 기초감가상각누계액) \times 상각률$$
$$상각률 = \frac{1}{내용연수} \times 2$$

이중체감법은 정률법과 달리 상각률에 잔존가치를 고려하지 않기 때문에 내용연수 마지막 연도의 감가상각비는 다음과 같이 계산한다.

$$마지막\ 연도의\ 감가상각비 = 미상각잔액 - 잔존가치$$

예제 8-5 이중체감법

㈜강남은 20×1년 1월 1일 기계장치를 1,000,000원에 취득하였다. 이 기계장치의 내용년수는 3년, 잔존가치는 100,000원으로 추정되며, 총생산단위는 25,000개, 총작업시간은 10,000시간으로 추정된다. ㈜강남은 20×0년에 이 기계장치를 2,000시간 가동하여 제품 8,000개를 생산하고, 20×1년에 4,500시간 가동하여 제품 10,000개를 생산하였으며, 20×2년에 3,500시간 가동하여 제품 7,000개를 생산하였다.

이 자료를 사용하여 ㈜강남의 이중체감법에 따른 각 회계기간의 감가상각액을 계산하시오.

연도	계산식	감가상각비	감가상각누계액	기말장부금액
20×0년 1월 1일				₩1,000,000
20×0년 12월 31일	₩1,000,000×2/3[1]	₩666,667	₩666,667	333,333
20×1년 12월 31일	₩333,333×2/3	222,222	888,889	111,111
20×2년 12월 31일	₩111,111−×₩100,000[2]	11,111	900,000	100,000
계		₩900,000		

1) 상각률 = $\frac{1}{내용연수} \times 2 = \frac{1}{3} \times 2 = 2/3$
2) 내용연수 마지막 연도의 감가상각비는 장부금액과 잔존가치가 일치하지 않으므로 이들이 일치하도록 감가상각비를 조정한다.

3) 연수합계법

연수합계법(sum of the year's digit method)은 감가상각대상금액에 상각률을 곱하여 감가상각액을 계산하나, 상각률의 분모는 내용연수의 합계를 분자는 내용연수를 역순으로 표시한 해당 연도의 숫자를 사용하여 계산한다. 연수합계법에서 매 회계기간의 감가상각비를 계산하는 공식은 다음과 같다.

$$\text{감가상각비} = (\text{취득원가} - \text{잔존가치}) \times \text{상각률}$$

$$\text{상각률} = \frac{\text{내용연수를 역순으로 표시한 해당 연도의 숫자}}{\text{내용연수 합계}}$$

※ 내용연수의 합계는 내용연수가 n년일 때 $\frac{n(n+1)}{2}$이 됨

예제 8-6 연수합계법

㈜강남은 20×1년 1월 1일 기계장치를 1,000,000원에 취득하였다. 이 기계장치의 내용년수는 3년, 잔존가치는 100,000원으로 추정되며, 총생산단위는 25,000개, 총작업시간은 10,000시간으로 추정된다. ㈜강남은 20×0년에 이 기계장치를 2,000시간 가동하여 제품 8,000개를 생산하고, 20×1년에 4,500시간 가동하여 제품 10,000개를 생산하였으며, 20×2년에 3,500시간 가동하여 제품 7,000개를 생산하였다.

이 자료를 사용하여 ㈜강남의 연수합계법에 따른 각 회계기간의 감가상각액을 계산하시오.

풀이

연도	계산식	감가상각비	감가상각누계액	기말장부금액
20×0년 1월 1일				₩1,000,000
20×0년 12월 31일	(₩1,000,000-₩100,000)×3/6[1]	₩450,000	₩450,000	550,000
20×1년 12월 31일	(₩1,000,000-₩100,000)×2/6	300,000	750,000	250,000
20×2년 12월 31일	(₩1,000,000-₩100,000)×1/6	150,000	900,000	100,000
계		₩900,000		

1) 연수합계 = 1 + 2 + 3 = 6

(3) 생산량비례법

생산량비례법(units of production method)은 내용연수를 기준으로 감가상각비를 계산하지 않고 생산량 또는 사용량에 비례하여 감가상각비를 계산하는 방법이다. 산림 또는 유전과 같은 천연자원(natural resources) 또는 광산과 같은 광물자원(mineral resources)의 경우 벌목량 또는 채굴량에 비례하여 자산의 가치가 감소되므로 총추정생산량에 대한 당기실제생산량의 비율에 따라 감가상각비를 계산하면 수익과 비용을 합리적으로 대응시킬 수 있다. 생산량비례법에서 매 회계기간의 감가상각비를 계산하는 공식은 다음과 같다.

$$\text{감가상각비} = (\text{취득원가} - \text{잔존가치}) \times \frac{\text{당기실제생산량}}{\text{총추정생산량}}$$

예제 8-7 생산량비례법

㈜강남은 20×1년 1월 1일 기계장치를 1,000,000원에 취득하였다. 이 기계장치의 내용년수는 3년, 잔존가치는 100,000원으로 추정되며, 총생산단위는 25,000개, 총작업시간은 10,000시간으로 추정된다.
㈜강남은 20×0년에 이 기계장치를 2,000시간 가동하여 제품 8,000개를 생산하고, 20×1년에 4,500시간 가동하여 제품 10,000개를 생산하였으며, 20×2년에 3,500시간 가동하여 제품 7,000개를 생산하였다.

이 자료를 사용하여 ㈜강남의 생산량비례법에 따른 각 회계기간의 감가상각액을 계산하시오.

풀이

연도	계산식	감가상각비	감가상각누계액	기말장부금액
20×0. 1. 1				₩1,000,000
20×0. 12. 31	(₩1,000,000-₩100,000)×8,000/25,000	₩288,000	₩288,000	712,000
20×1. 12. 31	(₩1,000,000-₩100,000)×10,000/25,000	360,000	648,000	352,000
20×2. 12. 31	(₩1,000,000-₩100,000)×7,000/25,000	252,000	900,000	100,000
계		₩900,000		

생산량비례법과 비슷한 방법으로 작업시간비례법이 있다. 작업시간비례법(service hours method)은 생산량비례법의 계산식에서 생산량 대신 작업시간을 대입하면 된다. 작업시간비례법에서 매 회계기간의 감가상각비를 계산하는 공식은 다음과 같다.

$$\text{감가상각비} = (\text{취득원가} - \text{잔존가치}) \times \frac{\text{당기실제작업시간}}{\text{총추정작업시간}}$$

예제 8-8 작업시간비례법

㈜강남은 20×1년 1월 1일 기계장치를 1,000,000원에 취득하였다. 이 기계장치의 내용년수는 3년, 잔존가치는 100,000원으로 추정되며, 총생산단위는 25,000개, 총작업시간은 10,000시간으로 추정된다.
㈜강남은 20×0년에 이 기계장치를 2,000시간 가동하여 제품 8,000개를 생산하고, 20×1년에 4,500시간 가동하여 제품 10,000개를 생산하였으며, 20×2년에 3,500시간 가동하여 제품 7,000개를 생산하였다.

이 자료를 사용하여 ㈜강남의 작업시간비례법에 따른 각 회계기간의 감가상각액을 계산하시오.

풀이

연도	계산식	감가상각비	감가상각누계액	기말장부금액
20×0. 1. 1				₩1,000,000
20×0. 12. 31	(₩1,000,000-₩100,000)×2,000/10,000	₩188,000	₩180,000	820,000
20×1. 12. 31	(₩1,000,000-₩100,000)×4,500/10,000	405,000	585,000	415,000
20×2. 12. 31	(₩1,000,000-₩100,000)×3,500/10,000	315,000	900,000	100,000
계		₩900,000		

03 기중에 취득한 자산의 감가상각

　회계기간 중에 구입한 유형자산의 구입연도분 감가상각비를 결정하는 방법에는 1년기준, 반년기준, 월할기준(monthly basis)이 있다. 1년기준은 자산의 구입시점에 관계없이 1년분 감가상각비 전액을 구입연도의 감가상각비로 하는 방법이다. 반년기준은 회계연도의 상반기에 자산을 구입하면 1년분 상각액을, 하반기에 구입하면 6개월분만 감가상각비로 계상하는 방법이다.

　월할기준은 구입시점부터 회계연도 말까지의 개월 수에 월간 상각비를 곱하여 감가상각비를 결정하는 방법이다. 이상의 세 가지 방법 중 월할기준이 가장 정확한 계산방법이라 할 수 있으나, 법인세법 등 실무에서는 반년기준이 주로 사용되고 있다. 한편, 기중에 처분한 자산은 먼저 기초부터 처분시까지의 감가상각비를 계산한 후의 장부금액과 처분금액을 비교하여 처분손익을 계산한다.

제5절 유형자산의 평가

01 원가모형과 재평가모형

유형자산의 측정방법은 원가모형과 재평가모형 중 한 가지를 선택한다. 유형자산은 취득원가로 인식한다. 최초 인식 후에는 원가모형이나 재평가모형 중 하나를 회계정책으로 선택하여 유형자산 분류별로 동일하게 적용하여야 한다.

원가모형(cost model)을 선택하는 경우, 유형자산은 원가에서 감가상각누계액을 차감한 금액으로 평가한다. 원가모형은 취득원가를 내용연수에 걸쳐 감가상각하여 유형자산을 평가하는 모형이다.

재평가모형(revaluation model)을 선택하는 경우, 유형자산은 재평가금액, 즉 재평가일의 공정가치에서 재평가일 이후의 감가상각누계액을 차감한 금액으로 평가한다. 재평가 모형은 유형자산을 공정가치로 평가하여 유형자산의 경제적 실질을 잘 나타내기 때문에 투자자의 경제적 의사결정에 목적적합한 정보를 제공할 수 있다는 장점이 있다.

02 원가모형과 손상차손

원가모형을 적용하여 자산을 평가할 경우 원칙적으로 자산의 평가손익이 발생하지 않는다. 그러나 유형자산을 취득한 이후 가치가 크게 감소하고 단기간 내에 회복될 수 없는 경우 유형자산의 장부금액을 감소시키고 이를 손상차손(impairment loss)으로 인식하여야 한다. 이렇게 자산의 가치가 하락하는 것을 손상(impairment)이라 하고, 자산의 손상을 시사하는 징후는 유형자산의 진부화 또는 물리적 손상이 발생한 경우, 자산에서 발생할 것으로 예상되는 현금흐름이 심각하게 악화된 경우가 있다. 이러한 경우 유형자산의 회수가능액을 추정하고 장부금액과 비교하는데 이를 손상검사(impairment test)라 한다.

> 손상차손 = 장부금액 – 회수가능액
> 회수가능액 = Max(순공정가치, 사용가치)

회수가능액(recoverable amount)은 자산의 순공정가치와 사용가치 중 큰 금액을 말한다. 순공정가치(net fair value)는 합리적인 판단력과 거래의사가 있는 거래당사자 간에 결정된 공정가치에서 해당 자산의 처분부대원가를 차감한 금액을 말하고, 사용가치(value in use)는 자산을 계속 사용하는 경우 자산이 벌어들일 미래현금흐름을 현재가치로 환산한 금액을 말한다.

순공정가치 = 공정가치 – 처분부대원가

다음 회계기간부터 감가상각비는 취득원가나 수정 전 장부금액이 아니라 당기 말에 수정된 장부금액을 기준으로 계산하여야 한다.

유형자산의 장부금액 = 취득원가 – 감가상각누계액 – 손상차손누계액

예제 8-9 유형자산의 손상차손

㈜강남은 장부금액 3,000,000원의 토지를 소유하고 있다.

다음 거래를 회계처리하시오.
1. 20×1년 말 시세하락으로 토지의 회수가능가액을 2,000,000원으로 평가하다.
2. 20×2년 말에 토지의 회수가능가액이 3,300,000원으로 증가하였다.

풀이

구분	회계처리				
1	(차)	토지손상차손	1,000,000	(대) 토지손상차손누계액	1,000,000
2	(차)	토지손상차손누계액	1,000,000	(대) 토지손상차손환입	500,000

1. 20×1년 말 재무상태표에 토지는 다음과 같이 표시된다.
   토지   3,000,0000
   토지손상차손누계액   (1,000,000)   2,000,000

2. 유형자산손상차손환입은 손상차손누계액의 범위 내에서만 환입됨. 즉, 20×2년 말에 토지의 공정가치이므로 토지손상차손환입금액은 토지의 장부금액을 증가시킬 수 있는 최대금액은 최초의 장부금액 3,000,000원이므로 토지손상차손환입금액은 1,000,000원이다.
   20×2년 말 재무상태표에 토지는 다음과 같이 표시된다.
   토지   3,000,0000

03 재평가모형에 따른 유형자산의 평가

(1) 재평가모형의 의의와 적용

재평가모형은 유형자산을 공정가치로 평가하는 방법이다. 공정가치(fair value)는 합리적인 판단력과 거래의사가 있는 사람들 간에 자산이 거래될 때 결정된 가격으로, 일반적으로 거래가 활성화된 시장에서 형성된 시장가격과 유사한 가격이다.

재평가모형을 사용할 때에는 다음 사항을 고려하여야 한다. 일단 재평가모형을 적용하면 원가모형으로 평가방법을 바꿀 수 없고, 선택한 평가방법을 일관성 있게 적용하여야 한다.

첫째, 동일 분류별 재평가로, 재평가모형을 채택하는 경우 개별자산이 아니라 토지, 기계장치,

차량운반구, 비품 등과 같은 동일한 분류 내의 전체 자산에 대해 재평가모형을 적용하여야 한다.

둘째, 재평가 빈도로, 공정가치의 변동이 크면 매년 재평가하고, 공정가치의 변동이 매년 크지 않으면 3년이나 5년 등 주기적으로 재평가한다.

셋째, 감가상각으로, 재평가모형을 사용하더라도 앞에서 설명한 감가상각방법 중 한가지 방법을 선택하여 매년 동일하게 감가상각을 한다. 재평가 후의 감가상각액은 재평가 한 금액을 근거로 산출하므로 재평가 후의 감가상각비가 변동한다.

(2) 재평가의 회계처리

재평가모형에서는 일정 기간마다 재평가를 실시하여 공정가치를 반영한다. 재평가하여 공정가치가 상승하는 경우나 하락하는 경우 모두 장부금액에 반영한다.

재평가모형을 적용하여 자산을 평가할 경우 유형자산의 장부금액을 재평가금액으로 조정하고, 재평가금액(공정가치)과 장부금액 간의 차이를 평가손익(재평가차액)으로 인식한다. 재평가차액은 자산의 장부금액이 증가하는 재평가증가액과 자산의 장부금액이 감소하는 재평가감소액으로 구분한다. 재평가증가액은 기타포괄이익으로 보고하나 재평가감소액은 당기비용으로 처리한다.

예제 8-10 유형자산의 재평가

㈜강남은 내용연수 3년, 잔존가액 200,000원의 기계장치를 20×1년 초 2,000,000원에 구입하다. 매년 재평가하며 정액법으로 감가상각한다.

다음 거래를 회계처리하시오.
(1) 20×1년 말에 감가상각을 하다.
(2) 20×2년 말 재평가결과 기계장치의 공정가치는 2,300,000원으로 증가하였다.

풀이

구분	회계처리			
1	(차) 감가상각비	600,000[1]	(대) 감가상각누계액	600,000
2	① 평가시점까지의 감가상각누계액 제거[2]			
	(차) 감가상각누계액	600,000	(대) 기계장치	600,000
	② 재평가차액의 회계처리			
	(차) 기계장치	300,000	(대) 재평가잉여금	300,000

1) 감가상각비 = (2,000,000−200,000)/3 = 600,000원
2) ①과 ② 분개를 합하면 다음과 같이 분개할 수 있다.
   (차) 감가상각누계액   600,000   (대) 재평가잉여금   900,000
       기계장치   300,000
   장부금액은 다음과 같이 계산할 수 있다.

구분	재평가 전	재평가 후	재평가 차액
기계장치	2,000,000원	2,300,000원	300,000원
감가상각누계액	(600,000)	(0)	600,000원
장부금액	1,400,000원	2,300,000원	900,000원

04 유형자산의 제거

유형자산의 내용연수가 지나면 폐기되기도 하고 사용 중에도 처분(매각)하거나 다른 자산과 교환하기도 한다. 이와 같이 유형자산을 장부에서 삭제하는 것을 제거라 한다. 유형자산은 처분하는 때 또는 사용이나 처분을 통하여 미래 경제적 효익이 기대되지 않을 때 제거한다.

유형자산을 제거(폐기 또는 처분)하는 경우 그 자산과 관련된 모든 계정(해당 유형자산계정과 감가상각누계액계정)을 재무상태표에서 제거하고 처분금액과 장부금액의 차액을 유형자산처분손익으로 인식한다.

회계기간 중에 제거되면 이번 연도의 감가상각액이 기록되지 않으므로 회계기간초부터 제거시점까지 감가상각을 먼저 인식한 후에 관련 유형자산을 장부에서 제거하고 유형자산처분손익을 계산한다.

예제 8-11 유형자산의 제거

1. ㈜강남은 원가 800,000원, 감가상각누계액 600,000원인 기계를 폐기하다.
2. ㈜강남은 취득원가 2,000,000원, 내용연수 3년, 잔존가액 200,000원의 기계장치를 20×1년 초에 취득하여 정액법으로 감가상각해 오던 중 20×2년 7월 1일에 1,000,000원에 처분하고 대금은 현금으로 받다.

이 거래를 회계처리하시오.

풀이

구분	회계처리			
1	(차) 감가상각누계액 　　유형자산처분손실	600,000 200,000	(대) 기계장치	800,000
2	① 처분시점까지의 감가상각비 　(차) 감가상각비	300,000	(대) 감가상각누계액	300,000
	② 처분에 관한 회계처리 　(차) 현금 　　　감가상각누계액 　　　유형자산처분손실	1,000,000 900,000 100,000	(대) 기계장치	2,000,000

- 처분시점까지의 감가상각비 = (2,000,000−200,000)/3 × 6/12 = 300,000원

제6절 무형자산의 의의와 취득

01 무형자산의 의의와 분류

무형자산(intangible assets)은 재화를 생산하거나 용역을 제공하기 위하여 또는 타인에게 임대하거나 직접 사용하기 위하여 보유하고 있는 물리적 형체가 없는 자산이다. 또한 무형자산은 식별가능하고 미래 경제적 효익을 가져오는 법적 또는 경제적 권리를 나타내는 자산이다.

┃표 8-4┃ 무형자산의 분류

구 분		내용
산업재산권	특허권	특정 발명(신기술 또는 신제품 등)을 특허법에 따라 등록하여 일정기간 독점적·배타적으로 이용할 수 있는 법적 권리
	실용신안권	실용적 고안(물건의 모양·구조 또는 결합 등)을 관련 법률에 따라 등록하여 일정기간 독점적·배타적으로 이용할 수 있는 법적 권리
	의장권	디자인(물건의 외관상 미감을 얻기 위한 고안)을 관련 법률에 따라 등록하여 일정기간 독점적·배타적으로 이용할 수 있는 법적 권리
	상표권	특정 상표를 관련 법률에 따라 등록하여 일정기간 독점적·배타적으로 이용할 수 있는 법적 권리
개발비		신제품 또는 신기술 등의 개발활동과 관련하여 발생한 지출 중 개별적으로 식별가능하고 미래 경제적 효익이 유입될 가능성이 높으며, 취득원가를 신뢰성 있게 측정할 수 있는 것
컴퓨터 소프트웨어		소프트웨어를 구입하기 위하여 지출한 금액
프랜차이즈		특정 상표나 상호에 따라 특정 상품이나 용역을 일정한 지역 내에서 제조·판매할 수 있는 권리
라이선스		특정 기술이나 지식을 일정기간 동안 독점적으로 사용할 수 있는 권리
영업권		한 기업이 동종 산업의 다른 기업에 비해 가지는 정상수익률 이상의 초과이익창출능력을 화폐액으로 표시한 것

 연습문제

다음 내용을 모두 포함하는 계정과목에 해당하는 것은?

- 기업의 영업활동에 장기간 사용되며, 기업이 통제하고 있다.
- 물리적 형체가 없으나 식별가능하다.
- 미래의 경제적 효익이 있다.

① 유가증권   ② 미수금   ③ 특허권   ④ 상품권

풀이 ③ 무형자산에 대한 설명이다.

02 무형자산의 취득

무형자산은 자산으로부터 발생하는 미래 경제적 효익이 기업에 유입될 가능성이 매우 높고, 자산의 원가를 신뢰성 있게 측정할 수 있을 때 인식한다.

(1) 개별 취득한 무형자산의 취득원가

무형자산의 취득원가는 해당 자산을 취득하기 위해 직접 지출한 원가뿐만 아니라 해당 자산을 본래 의도한 용도에 사용할 수 있도록 준비하기 위해 지출한 원가를 가산하여 결정한다. 부대원가는 등록수수료, 제세공과금과 법률비용 등이 있다.

(2) 내부적으로 창출한 무형자산의 취득원가

내부적으로 창출한 무형자산의 경우 무형자산이 자산의 인식기준에 부합하는지를 평가하기가 쉽지 않다. 따라서 내부적으로 창출한 무형자산이 인식기준을 충족하는지를 평가하기 위하여 무형자산의 창출과정을 연구단계와 개발단계로 구분한다.

① 연구단계에서 지출한 비용

연구(research)는 새로운 과학적·기술적 지식이나 이해를 얻기 위해 수행하는 독창적이고 계획적인 탐구활동을 말한다. 연구(또는 내부 프로젝트의 연구단계)에서 발생하는 지출은 미래 경제적 효익을 창출할 무형자산이 존재한다는 것을 입증할 수 없기 때문에 무형자산으로 인식하지 않고, 발생시점에 연구비라는 비용으로 인식한다.

② 개발단계에서 지출한 비용

개발(development)은 상업적인 생산이나 사용 전에 연구결과나 관련 지식을 새롭거나 현저히 개량된 재료, 장치, 제품, 공정, 시스템이나 용역의 생산을 위한 계획이나 설계에 적용하는 활동을 말한다. 개발단계는 연구단계보다 훨씬 더 진전되어 있는 상태이기 때문에 무형자산을 식별할 수 있으며, 그 무형자산이 미래 경제적 효익을 창출할 것임을 제시할 수 있다.

개발활동(또는 내부 프로젝트의 개발단계)에서 발생한 지출이 무형자산의 인식조건을 충족하는 경우에만 개발비라는 무형자산으로 인식할 수 있으며, 그 외의 지출은 발생한 기간에 경상개발비라는 비용으로 인식한다.

| 표 8-5 | 연구 및 개발활동 관련 지출에 대한 회계처리

구분		회계처리
연구단계의 지출		발생한 기간에 연구비(비용)로 처리
개발단계의 지출	자산인식요건 미충족	발생한 기간에 경상개발비(비용)로 처리
	자산인식요건 충족	개발비(무형자산)로 인식

개발 관련 지출을 개발비로 인식한 후 관련 신기술에 대해 특허권을 취득한 경우 특허출원과 등록을 위해 지출한 금액은 개발비와 구분되는 별개의 무형자산(특허권 또는 산업재산권)으로 인식한다.

예제 8-12 **내부창출 무형자산**

㈜강남은 신제품의 연구 및 개발을 위하여 연구개발 활동에 착수하면서 다음과 같은 지출이 발생하였다. 회사는 이들 제비용 이외 추가로 5,000,000원을 지출하였는데, 이 지출은 연구단계와 개발단계로 구분하기 어렵다고 판단되었다. 한편, 개발단계에서 지출한 일부 비용 중 6,000,000원은 자산의 인식요건을 만족하지 못하고 있다.

구분	연구단계	개발단계
재료비	2,000,000원	8,000,000원
인건비	4,000,000원	12,000,000원
간접비	8,000,000원	20,000,000원
감가상각비	1,000,000원	1,600,000원
기타비용	2,000,000원	8,000,000원

(1) 연구비로 계상될 금액은 얼마인가?
(2) 무형자산(개발비)으로 계상될 금액은 얼마인가?
(3) 연구비와 개발비에 대한 회계처리를 하시오.

풀이
(1) 연구비
2,000,000 + 4,000,000 + 8,000,000 + 1,000,000 + 2,000,000 + 5,000,000 = 22,000,000원
(2) 개발비
8,000,000 + 12,000,000 + 20,000,000 + 1,600,000 + 8,000,000 − 6,000,000 = 43,600,000원
(3) 회계처리

(차) 연구비(판관비)	22,000,000	(대) 현 금	22,000,000
경상개발비(판관비)	6,000,000	현 금	6,000,000
개발비(무형자산)	43,600,000	현 금	43,600,000

제7절 무형자산의 상각과 평가

01 무형자산의 상각

(1) 무형자산의 상각과 내용연수

무형자산은 기대되는 미래 경제적 효익의 크기와 그 지속기간에 대한 불확실성이 크기 때문에 특정 기간의 가치감소와 내용연수를 추정하는 것이 어렵다. 따라서 대부분의 무형자산은 관련 법률이 규정하는 내용연수가 있다. 무형자산의 독점적·배타적 권리를 부여하고 있는 특정 법률이 있는 경우에는 그 법령이 정한 기간을 또는 독점적·배타적 권리를 부여하고 있는 관련 계약이 있는 경우에는 그 계약이 정한 기간에 걸쳐 상각한다. 관련 법령이나 계약에 유효기간이 없는 경우 그 경제적 내용연수에 걸쳐 상각한다.

(2) 내용연수에 따른 회계처리

무형자산의 상각은 내용연수에 따라 다르다. 내용연수가 유한한 무형자산은 상각하고, 내용연수가 비한정인 무형자산은 상각하지 아니한다.

① 내용연수가 유한한 무형자산

내용연수가 유한한 무형자산의 상각대상금액(취득원가 - 잔존가치)은 내용연수 동안 체계적인 방법으로 배분하여야 한다. 무형자산의 상각은 다음과 같은 특징 있다.

┃표 8-6┃ 무형자산의 상각

구분	내용
잔존가치	특별한 경우를 제외하고는 0으로 본다.
상각방법	정액법, 체감잔액법과 생산량비례법 중에서 선택한다.
회계처리	일반적으로 직접상각한다.

② 내용연수가 비한정인 무형자산

무형자산과 관련된 모든 요소의 분석에 근거하여, 그 자산이 순현금유입을 창출할 것으로 기대되는 기간에 대하여 예측가능한 제한이 없을 경우, 무형자산의 내용연수가 비한정인 것으로 본다. 내용연수가 비한정인 무형자산은 상각하지 아니한다. 감가상각하지 않는 대신 매 회계기간 말마다 자산손상검사를 실시하여 손상여부를 검토한 후 손상차손(또는 손상차손환입)을 인식하여야 한다.

02 무형자산의 제거와 평가

(1) 무형자산의 제거

무형자산을 처분하거나, 사용이나 처분을 통하여 미래 경제적 효익이 기대되지 않을 때 무형자산을 재무상태표에서 제거한다. 무형자산을 처분하는 경우 그 자산을 재무상태표에서 제거하고 순매각가액과 장부금액의 차이를 무형자산처분손익으로 처리하며, 당기손익으로 인식한다.

(2) 무형자산 손상차손의 인식

내용연수가 유한한 무형자산과 내용연수가 비한정인 무형자산에 대해서 매 회계기간 말마다 자산손상검사를 실시하여 손상여부를 검토하여 손상차손(또는 손상차손환입)을 인식하여야 한다.

(3) 무형자산의 재평가

원가모형은 최초인식 후에 취득원가에서 상각누계액을 차감한 금액을 장부금액으로 한다. 재평가모형은 재평가일의 공정가치에서 이후의 상각누계액을 차감한 재평가금액을 장부금액으로 한다. 재평가모형을 적용하여 무형자산을 회계처리하는 경우에는, 동일 분류별로 재평가를 수행하여야 하고, 재평가는 재무상태표일에 자산의 장부금액이 공정가치와 중요하게 차이가 나지 않도록 주기적으로 수행하여야 하며, 무형자산을 공정가치로 기록하고 공정가치와 장부금액의 차이를 조정하여야 한다. 무형자산의 재평가모형에 대한 기본적인 회계처리는 유형자산의 재평가모형 회계처리와 동일하다.

제8절 영업권

01 영업권의 의의와 특징

영업권(goodwill)은 특정 기업이 동종 산업의 유사한 다른 기업에 비하여 정상수익률 이상의 이익을 획득할 수 있는 초과이익창출능력(초과수익력)을 화폐가치로 인식한 것이다.

초과이익창출능력은 유리한 입지조건, 잘 알려진 상호와 상표, 효과적인 광고, 경영 및 제조상 노하우, 우수한 경영진, 뛰어난 판매조직, 양호한 신용상태, 원만한 노사관계, 기업의 좋은 이미지, 고정 단골고객의 확보 등 여러 가지 요인에서 발생할 수 있다.

영업권은 다른 무형자산과 달리 식별가능하지 않고, 개별적으로 판매되거나 교환될 수 없고, 기업(또는 사업) 전체와 관련되어서만 확인가능하다는 특징이 있다.

02 영업권의 유형과 회계처리

영업권은 발생원인에 따라 사업결합으로 취득한 영업권과 내부창출영업권으로 구분한다.

| 표 8-7 | 영업권의 유형과 회계처리

구분	내용	회계처리
사업결합으로 취득한 영업권	기업이 다른 기업이나 사업을 매입·합병하는 경우에 발생한 영업권	• 기업(또는 사업) 전체의 평가액에서 기업(또는 사업)을 구성하고 있는 식별가능한 순자산(=자산-부채)의 공정가치를 차감한 금액을 영업권으로 처리 • 상각을 하지 않고 매 회계기간 말마다 자산손상검사를 실시하여 손상차손을 인식
내부창출영업권	기업이 스스로 영업권을 계상하는 경우에 발생한 영업권	내부적으로 창출한 영업권은 자산으로 인식하지 아니함

합병이나 영업양수와 같은 사업결합의 경우 기업이 실제 대가를 지급하고 유상으로 취득한 부분 중에서 개별적으로 식별가능한 모든 무형요소를 분리하여 인식한 후 최종적으로 남는 식별불가능한 부분만을 영업권으로 인정한다. 따라서 영업권의 계산은 취득대가로 지급한 금액에서 피취득기업의 모든 식별가능한 순자산(자산-부채)의 공정가치를 차감하여 결정한다.

03 영업권의 상각

영업권은 내용연수를 결정하기 어려운 내용연수가 비한정인 무형자산이다. 내용연수가 비한정인 무형자산은 상각하지 않고 매 회계기간 말마다 자산손상검사를 실시하여 손상차손(또는 손상차손환입)을 인식한다.

단원별 연습문제

01 다음 중 유형자산의 취득원가를 구성하는 항목으로 틀린 것은?

① 취득 시 소요되는 운반비용
② 설치장소 준비를 위한 지출
③ 유형자산 취득과 관련하여 매입하는 국공채의 매입가액
④ 설계와 관련하여 전문가에게 지급하는 수수료

02 다음 중 유형자산에 대한 설명으로 틀린 것은?

① 유형자산은 재화의 생산, 용역의 제공, 타인에 대한 임대 또는 자체적으로 사용할 목적으로 보유하는 물리적 형태가 있는 자산이다.
② 유형자산 중 대지, 임야, 전답 등은 토지 계정을 사용하고 감가상각한다.
③ 감가상각은 수익과 비용 대응의 원칙에 의해 유형자산의 취득원가를 내용연수동안 비용으로 배분하는 절차를 말한다.
④ 건설회사가 판매를 목적으로 보유하고 있는 건물은 재고자산으로 분류한다.

03 다음 중 유형자산 취득 후 수익적지출을 자본적지출로 처리한 경우 자산, 비용, 당기순이익에 미치는 영향으로 바르게 표시한 것은?

① (자산): 과대계상, (비용): 과소계상, (당기순이익): 과대계상
② (자산): 과소계상, (비용): 과소계상, (당기순이익): 과대계상
③ (자산): 과소계상, (비용): 과대계상, (당기순이익): 과소계상
④ (자산): 과대계상, (비용): 과소계상, (당기순이익): 과소계상

04 ㈜서울은 20×1년 1월 1일 공장부지로 사용할 목적으로 토지를 100,000,000원에 매입하였다. 토지 위에 있던 건물을 철거한 후 공사를 시작하였고, 공장은 20×1년 말에 완공되었다. 관련된 지출이 다음과 같을 때 토지와 건물의 취득원가는 각각 얼마인가?

• 소유권 이전비용과 중개수수료	10,000,000원
• 설계비	30,000,000원
• 구긴물 철거비	20,000,000원
• 건설원가	200,000,000원

	토지	건물
①	100,000,000원	260,000,000원
②	110,000,000원	250,000,000원
③	130,000,000원	230,000,000원
④	160,000,000원	200,000,000원

05 유형자산의 측정, 평가 및 손상에 관한 설명으로 옳지 않은 것은?

① 최초 재평가로 인한 평가손익은 기타포괄손익에 반영한다.
② 유형자산의 취득 이후 발생한 지출로 인해 동 자산의 미래경제적 효익이 증가한다면, 해당 원가는 자산의 장부금액에 포함한다.
③ 유형자산의 장부금액이 순공정가치보다 크지만 사용가치보다 작은 경우 손상차손은 계상되지 않는다.
④ 과거기간에 인식한 손상차손은 직전 손상차손의 인식시점 이후 회수가능액을 결정하는 데 사용한 추정치에 변화가 있는 경우에만 환입한다.

06 당해연도 1월 1일에 취득원가가 5,000,000원이고, 잔존가치가 500,000원, 내용년수가 5년인 유형자산을 취득한 경우 연간 감가상각비는 얼마인가? 단, 유형자산의 감가상각방법은 정액법을 적용한다.

① 1,000,000원
② 900,000원
③ 800,000원
④ 500,000원

07 ㈜서초는 20×0년 7월 1일 정부로부터 국고보조금 20,000,000원을 지원받아 건물을 50,000,000원에 취득하였다. 건물의 잔존가치는 없으며 내용연수는 5년, 정액법으로 월할 상각할 경우, 20×1년도의 감가상각비는 얼마인가?

① 4,000,000원
② 5,000,000원
③ 6,000,000원
④ 7,000,000원

08 유형자산의 재평가에 대한 설명으로 옳은 것은?

① 재평가가 단기간에 수행되며 계속적으로 갱신된다면, 동일한 분류에 속하는 자산이라 하더라도 순차적으로 재평가할 수 없다.
② 특정 유형자산을 재평가할 때, 해당 자산이 포함되는 유형자산 분류 전체를 재평가한다.
③ 자산의 장부금액이 재평가로 인하여 감소된 경우에 그 자산에 대한 재평가잉여금의 잔액이 있더라도 재평가감소액 전부를 당기손익으로 인식한다.
④ 유형자산 항목과 관련하여 자본에 계상된 재평가잉여금은 그 자산이 제거될 때 이익잉여금으로 직접 대체할 수 없다.

09 20×1년 1월 1일 ㈜수원은 기계장치를 1,000,000원에 취득하여 사용하면서 정액법, 내용연수 5년, 잔존가치 100,000원으로 감가상각을 진행하였다. 이 기계장치를 20×2년 12월 31일 500,000원에 처분한 경우 기계장치의 처분손실은 얼마인가?

① 0원
② 100,000원
③ 140,000원
④ 300,000원

10 ㈜강남은 20×0년 초에 기계장치를 10,000,000원에 취득하였으며, 내용연수 5년, 잔존가치 500,000원, 정액법으로 감가상각하고 있다. 20×1년 말 이 기계장치에 대해서 손상이 발생하였고 회수가능액은 4,900,000원으로 추정되었다. ㈜강남이 20×1년 말에 인식할 손상차손은 얼마인가?

① 1,240,000원
② 1,300,000원
③ 1,350,000원
④ 1,420,000원

11 무형자산의 취득원가에 포함되지 않는 것은?

① 무형자산을 취득하기 위해 직접 지출한 원가
② 무형자산을 운용하는 직원의 교육훈련비
③ 무형자산을 본래 의도한 용도에 사용할 수 있도록 준비하기 위해 지출한 원가
④ 법적 권리를 등록하기 위해 지출한 수수료

12 다음 중 무형자산에 관한 설명으로 틀린 것은?

① 무형자산의 상각기간은 독점적, 배타적인 권리를 부여하고 있는 관계 법령이나 계약에 정해진 경우를 제외하고는 20년을 초과할 수 없다.
② 무형자산은 법적 권리기간과 경제적 내용연수 중 보다 짧은 기간 동안 상각한다.
③ 무형자산은 당해 사용가능한 시점부터 합리적 기간 동안 정액법으로만 상각한다.
④ 무형자산의 잔존가치는 원칙적으로 0으로 한다.

13 연구비와 개발비에 대한 설명으로 옳지 않은 것은?

① 연구단계에서 지출한 연구비는 모두 비용처리한다.
② 개발단계에서 지출한 비용중 자산인식요건을 충족하였더라면 개발비로 처리한다.
③ 개발비로 인식한 후 관련 신기술에 대해 특허권을 취득한 경우 개발비로 처리한다.
④ 개발단계에서 지출한 비용중 자산인식요건 미충족시 경상개발비(비용) 처리한다.

14 다음 중 내부적으로 창출한 무형자산에 대한 설명으로 틀린 것은?

① 내부적으로 창출한 영업권은 무형자산으로 인식하지 않는다.
② 연구단계에서 발생한 지출은 모두 발생한 기간의 비용으로 인식한다.
③ 개발단계에서 발생한 지출은 모두 무형자산으로 인식한다.
④ 무형자산에 대한 지출로서 과거 회계연도의 비용으로 인식한 지출은 이후 기간에 무형자산의 원가로 인식할 수 없다.

정답 및 풀이

1. ③ 유형자산의 취득과 관련하여 국·공채 등을 불가피하게 매입하는 경우 당해 채권의 매입금액과 일반기업회계기준에 따라 평가한 현재가치와의 차액이 취득원가에 가산된다.
2. ② 유형자산 중 토지는 감가상각대상자산에 해당하지 않는다.
3. ① 비용의 과소계상은 당기순이익의 과대계상 또한 비용을 자산으로 인식하였으므로 자산 과대계상(자산:과대계상, 비용:과소계상, 당기순이익:과대계상)
4. ③ · 토지 : 토지 구입비용 100,000,000원 + 소유권 이전비용과 중개수수료 10,000,000원 + 구건물 철거비 20,000,000원 = 130,000,000원
    · 건물 : 설계비 30,000,000원 + 건설원가 200,000,000원 = 230,000,000원
5. ① 최초 재평가로 인한 평가이익은 기타포괄손익에 반영하고, 평가손실은 당기손익에 반영한다.
6. ② 정액법에 의한 감가상각비는 취득가액에서 잔존가치를 차감한 금액을 내용년수로 나눈 금액이다. 따라서 감가상각비는 (5,000,000원 − 500,000원) ÷ 5년 = 900,000원이다.
7. ③ 6,000,000원
    = (건물 취득가액 − 국고보조금 20,000,000원) × 1/5
8. ② ① 재평가가 단기간에 수행되며, 계속적으로 갱신된다면 동일한 분류에 속하는 자산이라면 순차적으로 재평가할 수 있다.
    ③ 자산의 장부금액이 재평가로 인하여 감소된 경우에 그 자산에 대한 재평가잉여금의 잔액이 있다면 우선 상계하고 차액만 당기손익으로 인식한다.
    ④ 유형자산 항목과 관련하여 자본에 계상된 재평가잉여금은 그 자산이 제거될 때 이익잉여금으로 직접 대체한다.
9. ③ 140,000원
    = 처분가액 500,000원 − 장부가액 640,000원
    · 기계장치 장부가액 : 취득가액 1,000,000원 − 감가상각누계액 360,000원 = 640,000원
    · 감가상각누계액 : (취득가액 1,000,000원 − 잔존가치 100,000원) × 2/5 = 360,000원
10. ② 1,300,000원
    = 손상 전 장부금액 6,200,000원 − 회수가능액 4,900,000원
    · 2021년말 감가상각누계액 : (취득가액 10,000,000원 − 잔존가치 500,000원) × 2/5 = 3,800,000원
    · 손상 전 장부금액 : 취득가액 10,000,000원 − 감가상각누계액 3,800,000원 = 6,200,000원
11. ② 교육훈련비(비용)처리 한다.
12. ③ 무형자산의 상각방법은 정액법, 정률법, 연수합계법, 생산량비례법 등 합리적인 방법 중 한 가지를 선택한다.
13. ③ 개발비로 인식한 후 관련 신기술에 대해 특허권을 취득한 경우 개발비와 구분 되는 특허권으로 인식한다.
14. ③ 개발단계에서 발생한 지출은 요건을 모두 충족하는 경우에만 무형자산으로 인식하고, 그 외의 경우에는 발생한 기간의 비용으로 인식한다.
    ① 내부적으로 창출한 영업권은 원가를 신뢰성 있게 측정할 수 없을 뿐만 아니라 기업이 통제하고 있는 식별가능한 자원도 아니기 때문에 자산으로 인식하지 않는다.
    ② 프로젝트의 연구단계에서는 미래경제적효익을 창출할 무형자산이 존재한다는 것을 입증할 수 없기 때문에 연구단계에서 발생한 지출은 무형자산으로 인식할 수 없고 발생한 기간의 비용으로 인식한다.
    ④ 무형자산에 대한 지출로서 과거 회계연도의 재무제표나 중간재무제표에서 비용으로 인식한 지출은 그 후의 기간에 무형자산의 원가로 인식할 수 없다.

연습문제

문제 1

다음 거래를 분개하시오.

(1) 업무용 토지 ₩960,000을 구입하고, 대금은 수표를 발행하여 지급하다. 또한 등기료 및 중개수수료 ₩5,000을 현금으로 지급하다.
(2) 사무실용 책상과 의자 ₩400,000을 구입하고, 대금 중 반액은 현금으로 지급하고 잔액은 외상으로 하다.
(3) 업무용 건물 ₩4,000,000을 구입하고, 제수수료 및 기타비용 ₩85,000과 함께 10일후에 지급하기로 하다.
(4) 업무용 트럭 1대 ₩6,500,000에 매입하고, 대금은 수표를 발행하여 지급하다.

No	차 변 과 목	금 액	대 변 과 목	금 액
(1)				
(2)				
(3)				
(4)				

문제 2

다음 거래를 분개하시오.

(1) 취득원가 ₩800,000 (내용연수 20년 잔존가액 ₩0)의 건물을 감가상각하다. (정액법)
(2) 결산시 비품 ₩650,000 (감가상각누계액 ₩50,000)에 대하여 (정률 10%) 감가상각을 하다.
(3) 결산시 건물 ₩2,500,000에 대하여 감가상각을 하다. 단, 감가상각누계액계정의 누계액은 ₩500,000이며, 정률은 20%임.

No	차 변 과 목	금 액	대 변 과 목	금 액
(1)				
(2)				
(3)				

문제 3

다음 거래를 분개하시오.

(1) 취득가액 ₩800,000(감가상각누계액 ₩400,000)의 건물을 ₩500,000에 매각하고, 중개수수료 ₩20,000을 차감한 잔액은 현금으로 받다.
(2) 취득원가 ₩750,000의 업무용 토지를 ₩600,000에 매각하고, 대금은 외상으로 하다.
(3) 취득가액 ₩460,000의 금고를 ₩200,000에 매각하고, 대금은 현금으로 받아 즉시 당좌예입하다. 단, 감가상각누계액은 ₩300,000이 있음.
(4) 취득원가 ₩2,000,000의 트럭을 ₩1,500,000에 매각하고, 대금은 전일 당점이 발행한 수표로 받다. 단, 감가상각누계액은 ₩400,000이 있음.

No	차 변 과 목	금 액	대 변 과 목	금 액
(1)				
(2)				
(3)				
(4)				

문제 4

제조업을 영위하는 ㈜서초는 20×1년 1월 1일에 특수목적제품의 제조를 위한 기계장치를 취득하였고, 관련 내용은 다음과 같다. ㈜서초는 기계장치의 감가상각방법으로 정액법을 적용한다. ㈜서초의 20×1년 감가상각비는 얼마인가?

• 기계장치 구입원가	30,000,000원
• 최초의 운송 및 취급 관련 원가	4,000,000원
• 설치원가 및 조립원가	3,000,000원
• 기계장치의 정상적 작동 여부를 시험하는 과정에서 발생한 원가	2,000,000원
• 기계장치의 내용연수(5년) 및 잔존가치	4,000,000원

문제 5

㈜백석은 20×2년 1월 1일 내용연수 5년, 잔존가치 1,000,000원인 기계장치를 10,000,000원에 취득하였다. 이 기계장치을 사용하여 총 400,000시간의 작업시간으로 총 200,000개의 제품을 생산할 수 있을 것으로 추정된다. 20×2년과 20×3년의 총작업시간은 120,000시간에 60,000개의 제품과 100,000시간에 80,000개의 제품을 생산하였다. ㈜백석이 다음의 감가상각방법을 이용하여 20×2년과 20×3년에 인식할 감가상각비를 계산하시오.

1. 정액법	2. 정률법((감가상각률 : 0.369)	3. 이중체감법
4. 연수합계법	5. 작업시간비례법	6. 생산량비례법

문제 6

㈜한국은 사용하던 차량운반구(20×2년 1월 1일 취득원가 1,000,000에 취득, 정액법으로 상각하고 잔존가치 0, 내용연수 10년)를 20×5년 10월 1일 현금 500,000을 수령하고 처분하였다. ㈜한국이 20×5년 10월 1일에 차량운반구를 처분할 때 분개를 하시오. 단, ㈜한국은 20×4년 말까지 정상적으로 감가상각비를 인식하였다.

문제 7

㈜강남은 20×1년 초 기계장치(취득원가 2,000,000원, 잔존가액 0원, 내용연수 5년, 정액법 상각)를 취득하였다. 당사는 기계장치에 대해 원가모형을 적용한다. 20×2년 말 동 기계장치에 손상징후가 존재하는 것으로 판단하고 회수가능액을 결정하기 위해 다음과 같은 정보를 수집하였다. ㈜강남이 20×2년 포괄손익계산서에 인식할 유형자산손상차손은 얼마인가?

- 20×2년 말 현재 기계장치를 처분할 경우 처분금액은 980,000원이며 처분 관련 부대비용은 60,000원이 발생할 것으로 추정된다.
- ㈜강남이 동 기계장치를 계속하여 사용할 경우 20×3년 말부터 내용연수 종료시점까지 매년 말 450,000원의 순현금유입과 내용연수 종료시점에 30,000원의 기계 철거 관련 지출이 발생할 것으로 추정된다.
- 할인율은 연 10%이다.

기간	할인율 10%	
	단일금액 1원의 현재가치	정상연금 1원의 현재가치
3	0.75	2.49

문제 8

㈜백석은 20×2년 초에 20,000㎡의 토지를 200,000원에 취득하였다. 토지의 20×2년 말과 20×3년 말 현재 공정가치는 각각 240,000원과 228,000원이다. ㈜백석은 공장건물을 짓기 위한 용도로 토지를 취득하였다. 재평가모형을 적용하여 20×2년과 20×3년의 회계처리를 하시오.

문제 9

㈜백석은 20×1년부터 신기술의 연구개발활동을 시작하여 20×3년에 신기술 개발에 성공하여, 20×3년 7월 1일부터 신기술을 생산에 이용하기 시작하였다. 다음의 자료는 3년 동안 발생한 연구개발 지출 내역이다.

구분	20×1년	20×2년	20×3년
연구단계	400,000	200,000	–
개발단계	–	1,600,000	800,000

개발단계의 지출은 모두 무형자산의 인식조건을 충족한다. ㈜백석는 신기술에 대해서 20×3년 9월 1일 특허권을 등록하였으며, 특허권 등록과 관련된 직접비용은 60,000원이다. ㈜백석는 개발비의 내용연수를 5년, 특허권의 내용연수를 10년으로 추정하고, 정액법으로 상각한다. 20×1년부터 20×3년까지 ㈜백석의 회계처리를 하시오.

Chapter 09

금융자산

제1절 금융자산의 정의와 분류
제2절 상각후원가측정금융자산
제3절 기타포괄손익-공정가치측정금융자산
제4절 당기손익-공정가치측정금융자산
제5절 관계기업과 종속기업 투자
제6절 기타의 비유동자산
단원별 연습문제

Chapter 09 금융자산

제1절 금융자산의 정의와 분류

01 정의

기업의 경영활동을 유지하는데 필요한 현금보다 더 많이 보유하고 있는 경우, 이러한 초과 현금을 주식, 국채, 공채, 사채 등의 유가증권에 투자하여 수익을 얻고자 한다. 유가증권은 재산권을 나타내는 증권으로 회계상으로 유가증권은 크게 지분증권과 채무증권으로 분류된다. 지분증권(Equity securiteis)은 증권발행주식회사의 순자산에 대한 소유지분을 나타내는 유가증권으로 주식이 대표적이다. 채무증권(Debt securiteis)은 보유자가 발행자에게 약정에 의해 금전을 청구할 수 있는 권리를 표시하는 증권으로 국채, 공채, 사채 등이 있다.

채무증권을 보유하면 투자자는 계약상 현금흐름인 이자와 원금을 수취할 수 있는 반면 지분증권은 사전적으로 정해진 현금흐름이 없다는 특성이 있다. 물론 지분증권을 보유하면 배당금을 받을 수 있지만 배당금은 기업의 경영성과에 따라 받을 수 있는지의 여부와 그 금액이 사후적으로 결정되기 때문에 사전에 현금흐름을 예측할 수 없다. 지분증권에 대한 투자와 채무증권에 대한 투자의 차이를 비교하면 [표9-1]과 같다.

| 표 9-1 | 지분증권과 채무증권 투자의 차이

구분	종류	투자수익	만기	원금상환
지분증권	주식	배당금, 지분손익	없음	원금상환이 보장되지 않음
채무증권	사채, 국채, 공채	이자수익, 처분손익	있음	만기에 원금을 상환받음

한국채택국제회계기준에서 금융자산은 최초인식 시점에 공정가치(fair value)로 측정한다. 이후 후속 회계처리를 위해 금융자산을 크게 당기손익 공정가치측정 금융자산(financial asset at fair value through profit or loss, 이하 FVPL 금융자산), 기타포괄손익 공정가치측정 금융자산(financial asset at fair value through other comprehensive income, 이하 FVOCI 금융자산) 그리고 상각후원가측정금융자산(financial asset at amortized, 이하 AC 금융자산)으로 구분된다. 계약상 현금흐름인 이자와 원금으로 구성된 채무증권과 그렇지

않은 지분증권의 회계처리가 다르기 때문에 구분하여 분류할 필요가 있다.

지분증권은 원칙적으로 지분증권의 공정가치 변동을 당기손익으로 인식하는 FVPL 금융자산으로 분류한다. 한편 지분증권의 보유목적이 단기매매목적이 아니고 회사가 기타포괄손익공정가치측정 금융자산으로 선택하는 경우 지분증권의 공정가치 변동을 기타포괄손익으로 인식하는 FVOCI 금융자산으로 분류할 수 있다.

채무증권은 계약상 현금흐름인 이자와 원금을 수취할 목적으로 보유하는 사업모형을 갖고 있다면 채무증권의 공정가치 변동을 인식하지 않는 AC 금융자산으로 분류된다. 사업모형이 계약상 현금흐름 수취와 만기이전에 매도할 목적으로 채무증권을 보유한다면 FVOCI 금융자산으로 분류된다. 한편 채무증권을 만기이전에 매도할 목적으로 보유한다면 FVPL 금융자산으로 분류된다.

결국 회계처리 목적상 지분증권은 FVPL 금융자산이나 FVOCI 금융자산으로 분류할 수 있으며, 채무증권은 AC 금융자산, FVOCI 금융자산 그리고 FVPL 금융자산으로 분류될 수 있다.

FVPL 금융자산이나 FVOCI 금융자산은 회계기말에 공정가치로 해당 자산을 평가하여 평가손익을 인식하는데, 이때 평가손익을 재무제표에 반영하는 형태에 따라 FVPL 금융자산이나 FVOCI 금융자산으로 구분된다.

FVPL 금융자산은 회계기말에 공정가치로 평가하여 재무상태표에 보고하고 기말공정가치와 장부가액과의 차이로 측정되는 평가손익은 포괄손익계산서의 당기순이익에 반영되어 총포괄손익에 포함된다. FVOCI 금융자산으로 분류되는 금융자산은 공정가치로 평가하여 재무상태표에 보고되나, 평가손익은 FVPL 금융자산과는 달리 당기순이익에 반영되는 것이 아니라 기타포괄손익으로 보고되어 당기순이익에는 영향을 주지 않고 총포괄손익에 포함된다.

한편 포괄손익계산서에서 평가손익이 당기순이익에 반영되는 FVPL 금융자산의 평가손익은 궁극적으로 재무상태표의 자본 중 이익잉여금에 마감되나, 평가손익의 기타포괄손익으로 보고되는 FVOCI 금융자산의 평가손익은 자본 중 기타포괄손익누계액에 반영된다.

02 분류

순수 투자목적으로 취득한 주식이나 채권 등의 금융자산의 회계처리를 위해서는 우선 해당 금융자산을 적절한 항목으로 분류해야 하며, 어떤 항목으로 분류되느냐에 따라 매 회계연도말에 금융자산을 측정하는 방법이 달라진다.

회사가 금융자산을 취득하는 경우 계약상 현금흐름 특성 조건을 충족하는지의 여부와 기업의 사업모형(business model)에 따라 분류를 결정한다. 계약상 현금흐름 특성 조건은 원금 및 이자 지급만의 현금흐름이 특정일에 발생하는 특성을 말한다. 매출채권, 대여금, 채무상품 등은 계약상 현금흐름 특성 조건을 충족한다. 이에 반해 주식과 같은 지분상품은 원금이나 이자의 현금흐름이 특정일에 생기는 것이 아니므로 계약상 현금흐름 특성 조건을 충족하지 않는다.

한편 기업의 사업모형은 다음과 같이 3가지로 나눌 수 있다.

> 1. 계약상 현금흐름을 수취하기 위해 금융자산을 보유하는 것이 목적인 사업모형
> 2. 계약상 현금흐름의 수취와 금융자산의 매도 둘 다를 통해 목적을 이루는 사업모형
> 3. 기타의 사업모형(예: 금융자산의 매도를 통한 현금흐름 실현이 목적인 사업모형 등)

기업이 보유하는 금융자산이 계약상 현금흐름 특성 조건을 충족하는지와 기업의 사업모형이 무엇인지에 따라 금융자산의 분류가 달라진다.

이하에서는 채무상품을 취득한 경우의 분류방법을 살펴보고, 그 다음 지분상품에 대한 분류방법을 알아본다.

채무상품에 대한 분류는 [그림 9-1]다음과 같다.

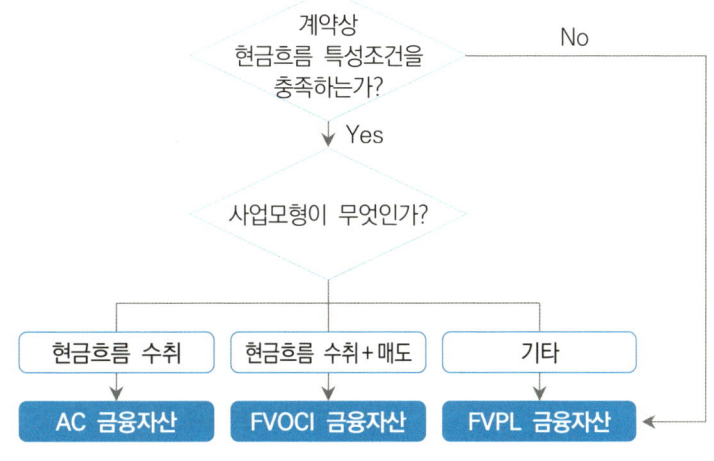

┃그림 9-1┃ **금융자산(채무상품)의 분류**

계약상 사전에 정해진 이자와 원금을 수취하기 위한 목적으로 채권을 매수하여 보유할 때는 AC 금융자산으로 분류한다. 예를 들어 투자자가 채권을 매수하여 만기까지 보유한다면, 만기 이전에는 사전에 정해진 이자를 수취하여 만기에는 원금을 돌려받을 수 있다. 투자자 입장에서 이러한 채권은 AC 금융자산으로 분류한다.

계약상 정해진 이자와 원금을 수취할 수도 있지만, 경우에 따라서는 특정시점에 금융자산을 매도하려는 목적으로 보유하는 채권의 경우에는 FVOCI 금융자산으로 분류한다. 예를 들어

투자자가 채권을 매수하여 보유기간 동안에 이자를 수취하다가 만기가 되기 이전의 특정시점에 이를 시장에서 매각하여 시세차익을 얻기 위하여 보유하고 있는 채권은 FVOCI 금융자산으로 분류한다.

위의 두 가지 분류에 해당되지 않는 채권의 경우 FVPL 금융자산으로 분류한다. 예를 들어 투자자가 단기간 동안 보유하다가 매도하여 시세차익을 얻으려는 목적으로 취득한 채권은 FVPL 금융자산으로 분류한다. AC 금융자산이나 FVOCI 금융자산으로 분류되는 채권이라도 일정조건을 만족하는 경우 기업의 선택에 따라 최초인식시점에서 FVPL 금융자산으로 분류할 수 있다.

지분상품에 대한 분류는 [그림 9-2]다음과 같다.

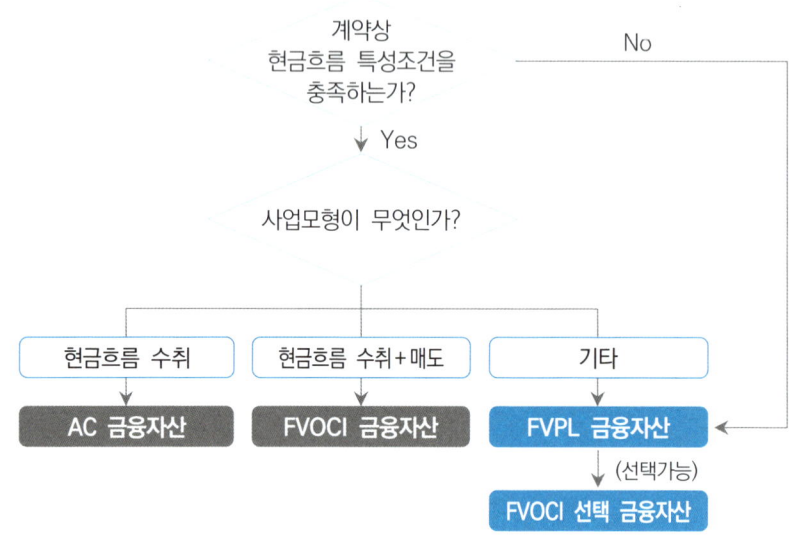

┃그림 9-2┃ **금융자산(지분상품)의 분류**

주식을 취득한 경우는 원칙적으로 FVPL 금융자산으로 분류한다. 다만 주식을 단기매매 이외의 목적으로 취득한 경우 회사의 선택에 의해서 해당 주식을 FVOCI 금융자산으로 분류할 수 있다. 따라서 주식은 어떻게 분류되는지 상관없이 취득 후 매 회계기간 말에 공정가치로 평가하며, 분류에 따라 평가손익을 기타포괄손익 또는 당기손익으로 인식하게 된다.

주식의 경우에는 사전적으로 정해진 현금흐름이 없고 정해진 만기도 없다. 주식을 보유한 주주는 배당금을 지급받을 수 있지만, 배당은 사전에 금액이 정해진 것이 아니다. 따라서 주식은 계약상 정해진 이자와 원금을 수취할 목적으로 취득하는 것이 아니므로 AC 금융자산으로 분류할 수 없다.

| 표 9-2 | 금융자산의 분류

구분	평가손익 인식방법	공정가치 변동분의 회계처리
AC 금융자산	상각후원가법	공정가치 변동을 장부에 인식하지 않음
FVOCI 금융자산	공정가치법	공정가치 변동에 의해 발생한 평가손익을 기타포괄손익으로 인식함
FVPL 금융자산	공정가치법	공정가치 변동에 의해 발생한 평가손익을 당기손익으로 인식함

연습문제

다음 중 금융자산의 분류에 대한 설명으로 옳지 않은 것은?

① 단기매매목적으로 보유하는 지분상품에 대한 공정가치 변동을 기타포괄손익으로 인식하기로 선택한 경우 기타포괄손익 공정가치측정 금융자산으로 분류한다.
② 원리금 수취와 매도의 목적을 모두 가지고 있는 경우 기타포괄손익 공정가치측정 금융자산으로 분류한다.
③ 원리금 수취만을 목적으로 보유하는 채무상품에 대해 최초 인식 시점에 당기손익 공정가치측정 금융자산으로 분류할 수 있다.
④ 지분상품은 어떠한 경우에도 상각후원가측정금융자산이 될 수 없다.

풀이 ①
단기매매 목적으로 보유하는 경우 기타포괄손익 공정가치측정 금융자산으로 분류할 수 없다.

금융자산에 대한 거래는 크게 금융자산을 취득하고, 회계기간말에 금융자산을 평가(후속측정)하고, 만기가 도래했거나 또는 금융자산을 더 이상 보유할 의사가 없어질 때 금융자산을 처분하는 순서로 발생할 것이다. 따라서 이하에서는 금융자산의 분류별로 취득, 평가, 처분과 관련된 회계처리를 순서대로 설명한다.

제2절 상각후원가측정금융자산

01 취득

AC 금융자산은 계약상 정해진 이자와 원금을 수취하기 위한 목적으로 취득하여 보유하는 금융자산이다. 고정된 투자기간 동안에 받을 이자와 원금이 사전에 확정되어 있는 채권이 대표적인 예다. 이때 투자자는 금융자산을 만기까지 보유할 적극적인 의도와 능력이 있어야 한다. 만약 투자자가 재무자원 및 법규 등의 제약 때문에 채권을 만기까지 보유할 의도나 능력이 없어서 만기 이전에 제3자에게 처분할 계획이라면 AC 금융자산으로 분류할 수 없다.

AC 금융자산을 최초로 인식할 때에는 공정가치(fair value)로 측정한다. 특정시점의 AC 금융자산의 공정가치는 특정시점 이후에 발생하는 미래현금흐름(이자 및 원금)을 해당 특정시점의 시장이자율로 할인한 현재가치로 결정된다. AC 금융자산은 해당 금융상품의 만기까지 남은 기간이 1년 이내라면 유동자산, 1년보다 길다면 비유동자산으로 분류한다.

02 평가

AC 금융자산을 보유한 투자자 입장에서 보면 해당 금융상품을 만기까지 보유할 것이므로, 보유기간 동안 공정가치가 일부 변한다고 해도 해당 금융상품(채권)의 발행사가 도산하지만 않는다면 만기가 되면 채권 액면금액을 상환받을 수 있다. 그래서 공정가치의 변동을 평가손익으로 인식하지 않는다. 대신 AC 금융자산을 취득한 이후에는 매 회계연도말에 유효이자율법을 사용하여 상각후원가를 측정한다. 상각후원가(amortized cost)란 취득시점의 공정가치를 최초 장부금액으로 인식한 후 매년 상환받은 원금을 차감하고, 최초 취득금액과 만기금액의 차액에 유효이자율법을 적용하여 계산된 상각액을 가감한 금액이다. 채권이 할증발행 또는 할인발행되면 취득금액과 만기금액이 일치하지 않는다. 따라서 보유기간 동안 유효이자율법(effective rate method)을 적용하여 AC 금융자산의 장부금액을 만기가 될 때까지 매년 조정한다.

유효이자율은 채권투자로부터 기대하는 예상현금흐름의 현재가치와 취득원가를 일치시키는 이자율이다. 유효이자율법에 의한 이자수익은 채권의 기초장부금액에 유효이자율을 곱한 금액이다. 즉, 채권발행회사의 이자비용과 채권을 매수하여 보유하고 있는 기업의 이자수익은 원칙적으로 서로 동일하다. 채권의 표시이자율에 의해 현금으로 수취하는 금액과 회계상의 이자수익의 차이만큼 채권의 장부금액을 조정한다. 채권발행회사의 현금이자 지급액과 회계상의 이자비용상의 차이를 채권의 장부금액에서 조정하는 방법과 동일한 방법이다.

> 유효이자율법에 의한 이자수익 = 채권의 기초장부금액 × 유효이자율

채권발행회사 입장에서의 회계처리시는 사채할인발행차금 또는 사채할증발행차금이라는 별도의 계정을 사용한다. 그러나 채권을 보유한 투자자 입장에서 채권에 대해 유효이자율법을 적용할 때는 별도의 차금계정을 사용하지 않고 AC 금융자산의 장부금액을 직접 조정한다.

03 처분

AC 금융자산은 계약상의 현금흐름을 수취할 목적으로만 보유한 금융자산이며, 현금흐름이 원금과 이자만으로 구성되어 있다. 따라서 일반적으로 투자자가 채권을 만기까지 보유할 의도와 능력이 있는 경우에 해당한다. 채권 보유자(투자자)는 만기일에 채권의 발행자로부터 액면금액을 지급받게 된다. 채권 보유기간 동안 유효이자율법에 의해 채권의 장부금액을 조정하기 때문에 만기일에는 AC 금융자산의 장부금액이 액면금액과 일치한다. 채권의 발행회사가 기록한 채권의 장부금액이 만기일이 되면 액면금액과 일치하는 것과 같다. 만기일에 액면금액을 상환받으면, 액면금액의 수취를 기록하고 AC 금융자산을 장부에서 제거한다. 따라서 별도의 처분비용이 발생하지 않는다면, 채권 만기로 원금을 상환받는 시점에서 처분손익이 발생하지 않는다.

예제 9-1 상각후원가측정금융자산(AC 금융자산)

㈜신한은행은 20×1년 1월 1일 ㈜한국타이어가 발행한 3년만기의 채권을 950,244에 취득하였다. 이 채권은 액면금액이 1,000,000이고 액면이자율이 8%이며 매년말에 이자가 지급되는 조건이다. 유효이자율은 10%이다. ㈜신한은행은 취득한 채권을 만기까지 보유하면서 계약상 정해진 원금과 이자만을 수취할 목적이다. ㈜신한은행의 취득일과 매 결산일의 회계처리를 하시오.

(1) 사채의 발행가격과 사채발행일의 회계처리를 하시오.
(2) 유효이자율법에 의한 사채할인발행차금상각표를 작성하시오.
(3) 20×1년 12월 31일의 회계처리를 하시오.
(4) 20×2년 12월 31일의 회계처리를 하시오.

풀이
- 20×1년 월 1일 : 채권의 취득

(차) AC 금융자산	950,244	(대) 현　　금	950,244

AC 금융자산의 취득원가 = 원금의 현가 + 이자의 현가 = 1,000,000 × 0.7513(3년, 10%, 현가계수) + 80,000 × 2.4868(3년, 10%, 연금현가계수) = 950,244
채권의 보유기간 동안 계약상 정해진 원금과 이자만을 수취할 목적으로 채권을 취득하였으므로 AC 금융자산으로 분류한다.

- 20×1년 12월 31일 :
20×1년에 해당하는 유효이자만큼을 이자수익으로 인식하고, 20×1년말에 수취한 현금이자와 유효이자의 차이만큼 채권의 장부금액을 조정한다. 채권의 상각표를 작성하면 다음과 같다.

일자	기초장부금액	유효이자(10%)	액면이자(8%)	상각액	기말장부금액
20×1년말	950,244	95,024	80,000	15,024	965,268
20×2년말	965,268	96,527	80,000	16,527	981,795
20×3년말	981,795	98,205	80,000	18,205	1,000,000
계		289,756		49,756	

(차) 현　　금	80,000	(대) 이자수익	95,024
AC 금융자산	15,024		

- 20×2년 12월 31일 :
20×2년에 인식할 유효이자는 채권의 기초장부금액 965,268에 유효이자율인 10%를 곱한 금액인 96,527이며, 현금이자 80,000과의 차이인 16,527만큼 채권의 장부금액에 가산한다.

(차) 현　　금	80,000	(대) 이자수익	96,527
AC 금융자산	16,527		

- 20×3년 12월 31일 :
20×3년에 인식할 유효이자는 채권의 기초장부금액 981,795과 액면금액 1,000,000의 차이인 18,205에 현금이자 80,000을 더 한 금액인 98,205이며, 18,205만큼 채권의 장부금액에 가산한다.

(차) 현　　금	80,000	(대) 이자수익	98,205
AC 금융자산	18,205		

만기일에는 채권의 장부금액이 액면금액 1,000,000과 일치하게 된다. 만기일에 액면금액을 상환받으면 다음과 같이 AC 금융자산을 장부에서 제거한다.

(차) 현　　금	1,000,000	(대) AC 금융자산	1,000,000

연습문제

> **상각후원가측정 금융자산에 대한 설명으로 옳지 않은 것은?**
> ① 상각후원가측정 금융자산 취득시 지출된 거래원가는 취득원가에 우선 가산한 후 유효이자율법에 의해 이자수익에 가감된다.
> ② 상각후원가측정 금융자산은 사업모형이 원리금을 수취하는 것인 금융자산을 의미한다.
> ③ 상각후원가측정 금융자산은 유효이자율법을 적용하여 상각후원가로 평가한다.
> ④ 원칙적으로 모든 채무증권은 상각후원가측정 금융자산으로 분류한다.
>
> **풀이** ④
> 원리금 수취와 매도가 목적인 채무상품은 기타포괄손익 공정가치측정 금융자산으로 분류한다.

제3절 기타포괄손익-공정가치측정금융자산

01 취득

　FVOCI 금융자산은 보유기간 동안 계약상 정해진 이자와 원금을 수취하는 것은 물론, 경우에 따라서는 특정시점에 금융자산을 매도하려는 목적으로 보유하는 채무증권을 포함한다. 단기매매 목적이 아닌 주식의 경우도 회사의 선택에 의해서 FVOCI 금융자산으로 분류할 수 있다. 예를 들어 은행, 증권사 또는 일반 기업이 채권에 투자하여 일정기간 동안 이자를 수취하다가, 만약 채권가격이 상승한다면 만기 이전에 채권을 시장에서 매도하려는 목적으로 보유하는 금융자산은 FVOCI 금융자산에 해당된다. FVOCI 금융자산을 최초로 인식할 때에는 공정가치로 측정하고 비유동자산으로 분류한다.

02 평가

　FVOCI 금융자산을 취득한 이후 매 회계연도말에 공정가치로 평가한다. 공정가치란 합리적인 판단력과 거래의사가 있는 독립된 당사자 사이의 거래에서 자산을 매각하거나 부채가 결제될 수 있는 금액을 말하는데, 대부분의 경우 현재 시장에서 거래되는 가격을 말한다. 이때 장부금액과 공정가치 간의 차이가 발생하면 FVOCI 금융자산평가손익으로 인식하며, 이는 기타포괄손익에 포함된다.

　FVOCI 금융자산을 보유하는 목적 중 하나는 만기 이전에 시장에서 매도하여 투자이익을 얻는 것이다. 따라서 매 회계연도말의 공정가치는 향후 실현될 현금에 대한 정보를 제공해준다. 한편 FVOCI 금융자산을 보유하는 또 다른 목적은 계약상 정해진 원리금(원금과 이자)을 계약기간 동안 수취하려는 것이다. 그래서 FVOCI 금융자산은 단기간에 매매하기보다는 비교적 장기간 보유할 가능성이 높다. 따라서 공정가치의 변동을 매 회계기간의 당기손익에 반영하는 것의 실익은 크지 않다. 이러한 이유로 FVOCI 금융자산을 매 회계연도말에 공정가치로 평가하여 정보이용자에게 유용한 정보를 제공하되, 공정가치의 변동은 당기손익이 아닌 기타포괄손익으로 반영하는 것이다.

　FVOCI 금융자산으로 분류한 채권을 공정가치로 평가하는 방법에 대해 살펴보면, AC 금융자산의 경우와 유사하게, 매 회계연도말에 유효이자율법을 적용하여 FVOCI 금융자산의 상각후원가를 계산한다. 이때 계산된 상각후원가는 FVOCI 금융자산의 취득금액을 유효이자율법을 이용하여 조정한 장부금액이다. 이 금액과 공정가치(즉 현재의 시가)의 차이를 비교하여,

양자의 차이를 평가손익으로 인식한다. 이 평가손익은 기타포괄손익에 포함한다.

> FVOCI 금융자산으로 분류한 채권의 평가
> (1단계) 유효이자율법을 적용하여 채권의 상각후원가 계산
> (2단계) 공정가치와 상각후원가를 비교하여 평가손익 계산
> -기타포괄손익으로 분류

FVOCI 금융자산으로 분류한 주식의 경우, 기말시점 주식의 현재 시가가 공정가치다. 공정가치와 장부가를 비교하여 평가손익을 인식하고, 이를 기타포괄손익에 포함한다.

03 처분

FVOCI 금융자산을 처분할 때는 우선 처분시점에 금융자산을 공정가치로 재측정하여 평가손익을 기타포괄손익으로 인식한다. 그 결과 FVOCI 금융자산의 장부금액이 공정가치와 일치된다. 그리고 공정가치로 측정된 장부금액을 제거하면서 수취한 현금을 기록한다. 만약 거래비용 등이 발생하여 공정가치와 수취한 현금 사이에 차이가 있다면, 채권(주식)의 경우 그 차이 금액은 처분손익으로 인식하고 당기손익(기타포괄손익)에 반영한다.

이때 처분시점까지 누적적으로 기타포괄손익으로 인식한 평가손익누계액이 있다면, 보유기간 동안 미실현 상태의 평가손익이던 것이 관련 자산의 처분으로 실현되었으므로 이를 회계처리해 주어애 한다. 채권의 처분시에는 기타포괄손익으로 인식한 평가손익누계액을 당기손익으로 인식하는데, 이를 재분류조정 또는 재순환이라고 한다. 결과적으로 채권의 경우 취득일로부터 처분시점까지 취득원가에 비해서 공정가치가 변동한 부분은 평가손익누계액으로 반영하였다가, 처분시점에 그 평가손익누계액을 재분류하여 당기손익에 반영하는 것이다.

해당 금융상품이 주식인 경우에는 FVOCI 금융자산으로 분류된 주식으로부터 발생한 미실현이익(평가손익누계액)은 관련 주식을 처분하더라도 당기손익으로 인식하지 않는다. 따라서 이미 처분된 주식의 미실현평가손익누계액은 자본항목 중 기타포괄손익누계액으로 남게 되는데 실무상 기업은 보통 이를 이익잉여금으로 대체한다. 이는 자본항목간의 대체이므로 총자본에 미치는 영향은 없다.

보유기간중 FVOCI 금융자산으로 지정한 주식(지분상품)으로부터 배당금을 수취하면 배당금수익으로 기록한다. 배당금수익은 당기순이익에 포함된다.

표 9-3 │ 기타포괄손익-공정가치측정금융자산의 회계처리

구분	회계처리
취득시	(차) FVOCI 금융자산 ×××　(대) 현　　금 ×××
결산시	공정가치와 장부금액의 차액을 FVOCI 금융자산평가손익(기타포괄손익)으로 처리 (차) FVOCI 금융자산 ×××　(대) 기타포괄이익 ××× (차) 기타포괄손실 ×××　(대) FVOCI 금융자산 ×××
배당금 수령시	(차) 현　　금 ×××　(대) 배당금수익 ×××
처분시	① 장부금액의 측정 : 금융자산을 재측정하여 장부금액을 처분시점의 공정가치로 조정하고, 장부금액과 공정가치의 차액은 FVOCI 금융자산평가손익으로 인식 (차) FVOCI 금융자산 ×××　(대) 기타포괄이익 ××× ② 처분거래의 기록 : 공정가치로 재측정된 금융자산의 장부금액을 제거하고, 수취한 현금과 공정가치의 차이는 처분손익으로 인식 (차) 현금 ×××　(대) FVOCI 금융자산 ××× 　　처분손실(당기손익)* ××× * 채권투자의 경우에만 해당한다. 지분투자의 경우라면 기타포괄손익으로 분류한다. ③ 재분류조정** : 제거된 금융자산에 해당되는 FVOCI 금융자산평가손익누계액은 당기손익으로 재분류 　** 채권투자의 경우에만 해당한다. 지분투자의 경우라면 당기손익에 반영하지 않고, 이익잉여금으로 대체하거나, 계속 기타포괄손익누계액으로 남겨 놓을 수 있다. (차) 기타포괄손익누계액 ×××　(대) 처분이익(당기손익) ×××

예제 9-2　기타포괄손익-공정가치측정금융자산(지분투자)

㈜한국투자증권은 20×1년 12월 20일에 ㈜네이버의 주식을 취득하고 현금을 지급하였다. ㈜한국투자증권은 이 주식을 장기간 보유하다가 매각하여 차액을 얻고자 한다. ㈜한국투자증권은 이 주식을 취득하고 최초에 인식할 때 FVOCI 금융자산으로 지정하고 공정가치의 변동분을 기타포괄손익으로 반영하기로 하였으며, 처분된 금융자산의 기타포괄손익누계액은 자본 내의 이익잉여금으로 대체하기로 하였다. ㈜한국투자증권은 동 주식을 20×3년 1월 1일에 처분하였다.
아래 내용을 참고하여, 각 날짜에 ㈜한국투자증권이 수행해야 하는 회계처리를 알아보자.

구분	취득원가 (20×1년 12월 20일)	공정가치 (20×1년 12월 31)	공정가치 (20×2년 12월 31일)	처분가격 (20×3년 1월 1일)
㈜네이버 주식	5,000,000	5,600,000	5,300,000	5,300,000

(1) 20×1년 12월 20일의 회계처리를 하시오.
(2) 20×1년 12월 31일의 회계처리를 하시오.
(3) 20×2년 12월 31일의 회계처리를 하시오.
(4) 20×3년 1월 1일의 회계처리를 하시오.

풀이 (1) 20×1년 12월 20일 : FVOCI 금융자산 취득

| (차) FVOCI 금융자산 | 5,000,000 | (대) 현　　　금 | 5,000,000 |

일반적으로 주식(지분상품)은 보유기간 동안 수취할 수 있는 현금흐름이 사전적으로 정해져 있지 않기 때문에 FVPL 금융자산으로 분류한다. 그러나 주식을 단기매매 목적으로 취득한 것이 아니라면, 회사가 주식을 FVOCI 금융자산으로 지정하고 공정가치의 변동분을 기타포괄손익으로 인식할 수 있다. 독립된 당사자간의 거래가격은 공정가치를 반영하므로 FVOCI 금융자산의 취득금액으로 최초 인식하였다.

(2) 20×1년 12월 31일 : FVOCI 금융자산 기말평가
평가손익 = 20×1년말 공정가치 − 취득원가
　　　　 = 5,600,000 − 5,000,000 = 600,000(이익)

| (차) FVOCI 금융자산 | 600,000 | (대) FVOCI 금융자산평가이익 | 600,000 |

FVOCI 금융자산평가이익은 마감분개를 통해 재무상태표에 기타포괄손익누계액으로 분류되고 포괄손익계산서의 기타포괄손익에 반영된다.

(3) 20×2년 12월 31일 : FVOCI 금융자산 기말평가
평가손익 = 20×2년말 공정가치 − 장부금액
　　　　 = 5,300,000 − 5,600,000 = 300,000(손실)

| (차) FVOCI 금융자산평가손실 | 300,000 | (대) FVOCI 금융자산 | 300,000 |

평가손실은 FVOCI 금융자산평가손실의 계정으로 처리하며, 마감분개를 통해 재무상태표상 FVOCI 금융자산평가손익누계액을 감소시킨다.

(4) 20×3년 1월 1일 : FVOCI 금융자산 처분
① 장부금액의 측정 : FVOCI 금융자산을 처분할 때에는 장부금액을 처분일의 공정가치로 재측정한다. 본 문제에서는 20×2년 12월 31일의 공정가치와 처분일의 공정가치가 일치하므로 추가로 회계처리할 사항은 없다.
공정가치의 재측정 = 처분시점의 공정가치 − 장부금액
　　　　　　　　 = 5,300,000 − 5,300,000 = 0(평가손익)
② 처분거래의 기록 : 본 문제에서는 처분과 관련된 거래비용이 별도로 언급되어 있지 않으므로 공정가치 전액을 현금으로 수취한 것으로 회계처리하며, 이때 FVOCI 금융자산의 장부금액도 제거된다.

| (차) 현　　　금 | 5,300,000 | (대) FVOCI 금융자산 | 5,300,000 |

③ 재분류조정 : 본 문제는 ㈜네이버의 주식에 투자한 것이다. 주식의 경우 금융자산의 취득일로부터 처분일까지 누적적으로 인식한 평가손익누계액(기타포괄손익누계액)은 당기손익으로 재분류하지 않고 자본 내의 이익잉여금으로 대체한다. 만약 채권에 투자한 경우라면 평가손익누계액을 처분시점에 당기손익으로 재분류한다.

| (차) FVOCI 금융자산평가손익 | 300,000 | (대) 이익잉여금 | 300,000 |

 연습문제

다음 중 기타포괄손익 공정가치측정 금융자산에 대한 설명으로 옳지 않은 것은?
① 기타포괄손익 공정가치측정 금융자산 취득시 지출된 거래원가는 금융자산의 취득원가에 가산한다.
② 기타포괄손익 공정가치측정 금융자산은 원칙적으로 공정가치로 평가하여 평가손익을 기타포괄손익으로 반영한다.
③ 기타포괄손익 공정가치측정 금융자산에 대한 손상차손은 인식하지 아니한다.
④ 기타포괄손익 공정가치측정 금융자산으로 분류되는 채무상품은 당기손익공정가치측정 금융자산으로 분류변경할 수 있다.

풀이 ③
채무상품으로 분류되는 기타포괄손익 공정가치측정 금융자산은 손상차손을 인식한다.

제4절 당기손익-공정가치측정금융자산

01 의의

AC 금융자산이나 FVOCI 금융자산에 해당하지 않는 금융자산은 FVPL 금융자산으로 분류한다. 단기간 내에 매도하여 시세차익을 얻을 목적으로 채권이나 주식을 취득하는 경우가 대표적인 예이므로 유동자산으로 분류한다.

채권은 단기간 동안 가격변동이 일어나는 경우가 드물기 때문에 단기간 동안만 보유할 목적으로 투자자들이 채권을 매수하는 경우는 드물다. 따라서 FVPL 금융자산의 대부분은 주식이다.

FVPL 금융자산을 취득하는 과정에서 직접적으로 발생한 부대비용은 당기비용으로 처리한다. 부대비용의 예로는 대리인 또는 중개인에게 지급하는 수수료, 감독기구와 증권거래소의 부과금, 양도세 등이 있다.

02 평가

FVPL 금융자산을 취득한 이후에는 매 회계연도말에 공정가치로 평가한다. 보유중인 FVPL 금융자산의 장부금액과 평가시점의 공정가치의 차이는 FVPL 금융자산평가손익으로 인식하고 당기손익에 반영한다.

FVPL 금융자산의 평가손익은 미실현된(즉 현금이 지출되거나 수취되지 않은) 평가손익이다. 즉 FVPL 금융자산의 가격이 취득시점에 비해서 상승하여 인식한 평가이익은 처분되어 현금화되기 전까지는 미실현된 것이며, 회계기간말 이후에 반대로 가격이 하락하여 발생한 평가손실도 처분되어 현금화되기 전까지는 미실현된 것이다.

이처럼 FVPL 금융자산의 미실현된 평가손익은 확정되지 않았음에도(즉 평가손익이므로 나중에 정확히 현금으로 얼마나 수취 또는 지불하게 될지를 아직 알지 못함에도) 불구하고 공정가치의 변동이 발생한 회계기간에 당기손익으로 인식한다. 처음부터 FVPL 금융자산은 시세차익을 얻기 위해서 취득한 것이다. 따라서 회사는 공정가치의 변동을 당기손익에 반영함으로써 투자자들이 경영성과를 판단하는 데 유용한 정보를 제공할 수 있다. FVOCI 금융자산의 미실현평가손익은 당기손익에 반영하지 않고 기타포괄손익에 반영한다.

03 처분

FVPL 금융자산을 처분할 때에는 우선 처분시점에 금융자산을 공정가치로 재측정하여 평가손익을 당기손익으로 인식한다. 그 결과 금융자산의 장부금액이 공정가치와 일치된다. 그리고 공정가치로 측정된 장부금액을 제거하면서 수취한 현금을 기록한다. 만약 거래비용 등이 발생하여 수취한 현금과 처분시점의 공정가치 사이에 차이가 있으면, 이 차이를 처분손익으로 인식하고 당기손익에 반영한다.

한편 FVPL 금융자산으로 분류한 주식을 보유하는 기간중에 주식의 발행사로부터 현금으로 배당금을 수령하는 경우에는 배당금수익으로 기록한다. 배당금수익은 당기순이익에 반영한다. 이점은 FVOCI 금융자산으로 분류한 주식의 배당금수익 회계처리와 동일하다.

┃표 9-4┃ 당기손익-공정가치측정금융자산의 회계처리

구분	회계처리
취득시	취득시점의 공정가치를 취득원가로 기록(취득시 부대비용을 당기비용으로 처리) (차) FVPL 금융자산　　×××　　(대) 현　　　금　　×××
결산시	공정가치와 장부금액의 차액을 FVPL 금융자산평가손익(기타포괄손익)으로 처리 (차) FVPL 금융자산　　×××　　(대) FVPL 금융자산평가이익　××× (차) FVPL 금융자산평가손실　×××　　(대) FVPL 금융자산　　×××
배당금 수령시	(차) 현　　　금　　×××　　(대) 배당금수익　　×××
처분시	① 장부금액의 측정 : 금융자산을 재측정하여 장부금액을 처분시점의 공정가치로 조정하고, 장부금액과 공정가치의 차액은 FVPL 금융자산평가손익으로 인식 (차) FVPL 금융자산　　×××　　(대) FVPL 금융자산평가이익　××× ② 처분거래의 기록 : 공정가치로 재측정된 금융자산의 장부금액을 제거하고, 처분부대비용 발생 때문에 수취한 현금과 공정가치 사이에 차이가 발생하면 처분손익으로 인식 (차) 현　　　금　　×××　　(대) FVPL 금융자산　　××× 　　처분손실(당기손익)　×××

예제 9-3 당기손익-공정가치측정금융자산

㈜키움증권은 20×1년 12월 20일에 ㈜효성의 주식을 현금으로 취득하고, 매입부대비용 50,000을 현금으로 지급하였다. ㈜키움증권은 이 주식을 단기간 내에 매각하여 투자이익을 얻고자 한다. ㈜키움증권은 20×2년 2월 20일 동 주식을 처분하였다.
아래 내용을 참고하여, 각 날짜에 ㈜키움증권이 수행해야 하는 회계처리를 알아보자.

구분	취득원가 (20×1년 12월 20일)	공정가치 (20×1년 12월 31일)	처분가격 (20×2년 2월 20일)
㈜효성 주식	5,000,000	5,600,000	5,500,000

(1) 20×1년 12월 20일의 회계처리를 하시오.
(2) 20×1년 12월 31일의 회계처리를 하시오.
(3) 20×2년 2월 20일의 회계처리를 하시오.

풀이

(1) 20×1년 12월 20일 : FVPL 금융자산 취득

(차) FVPL 금융자산	5,000,000	(대) 현 금	5,050,000
수수료비용	50,000		

단기간 내에 매각할 목적으로 취득한 주식은 FVPL 금융자산으로 분류한다. 일반적으로 은행이나 증권회사 등의 금융사는 주식과 채권의 거래를 빈번하게 하여 수익을 얻는다. 비금융기업이 금융사와 같이 빈번한 거래를 목적으로 주식이나 채권을 취득하는 경우는 드물다. FVPL 금융자산의 취득과 관련된 거래비용은 당기손익에 반영한다.

(2) 20×1년 12월 31일 : FVPL 금융자산 평가
기말에 FVPL 금융자산을 공정가치로 평가하고 그 차이를 당기손익에 반영한다.
평가손익 = 20×1년말 공정가치 – 취득원가
         = 5,600,000 – 5,000,000 = 600,000(이익)

(차) FVPL 금융자산	600,000	(대) FVPL 금융자산평가이익	600,000

(3) 20×2년 2월 20일 : FVPL 금융자산 처분
① 장부금액의 측정 : 장부금액을 처분일의 공정가치로 재측정한다.
   공정가치의 재측정 = 처분시점의 공정가치 – 장부금액
                    = 5,500,000 – 5,600,000 = 100,000(평가손실)

(차) FVPL 금융자산평가손실	100,000	(대) FVPL 금융자산	100,000

평가손실은 당기손익에 반영한다.

② 처분거래의 기록 : 처분과 관련된 거래비용이 발생하면 그만큼 처분시 수취한 현금에서 차감하여 기록한다. 만약 처분대가로 수취한 현금에서 처분부대비용을 차감한 금액이 FVPL 금융자산의 장부금액보다 높(낮)다면 처분이익(처분손실)을 기록하며, 동시에 FVPL 금융자산의 장부금액도 제거한다.

(차) 현 금	5,500,000	(대) FVPL 금융자산	5,500,000

 연습문제

다음 중 당기손익공정가치측정 금융자산에 관한 설명으로 옳은 것은?

① 단기매매 목적의 금융자산은 당기손익공정가치측정 금융자산으로 분류한다.
② 당기손익공정가치측정 금융자산은 취득 후 공정가치로 평가하여 당기손익에 반영한다.
③ 당기손익공정가치측정 금융자산 취득시 지출된 거래원가는 취득원가에 가산하여 측정한다.
④ 채무상품인 당기손익공정가치측정 금융자산은 사업모형이 변경되는 경우 다른 금융자산으로 재분류할 수 있다.

 풀이   ③
당기손익공정가치측정 금융자산 취득시 거래원가는 당기비용으로 처리한다.

제5절 관계기업과 종속기업 투자

01 지분상품 취득과 회계계정

　기업에서 타기업에서 발행한 주식 중 20% 이상 50% 미만을 보유하고 있다면, 이때 타기업과는 밀접한 관계라 할 수 있으며, 회계상 관계기업이라 한다. 만약 기업에서 타기업에서 발행한 주식 중 50% 이상을 보유하고 있다면, 이때 타기업과는 매우 밀접한 관계라 할 수 있으며, 회계상 종속기업이라 한다.

표 9-5 | 지분상품과 회계계정

지분율	피투자회사와의 관계	회계계정
20% 미만		단기매매증권 매도가능증권
20% 이상 50% 미만	관계기업	관계기업투자주식
50% 이상	종속기업	종속기업투자주식

02 관계기업투자

(1) 관계기업투자의 의의

　지금까지 살펴본 지분투자의 경우, 기업이 다른 기업의 지분을 취득하는 목적은 배당수익을 얻거나 추후에 재판매하여 시세차익을 얻기 위해서이다. 그런데 회사가 취득한 지분율이 일정 수준 이상일 때에는 피투자회사의 재무정책과 영업정책에 관한 의사결정에 참여할 수 있는 능력, 즉 유의적인 영향력을 갖게 된다. 이때의 지분투자는 단순한 투자수익을 얻기 위한 것이 아니라, 피투자회사의 경영에 참여하여 투자회사가 원하는 효익을 얻기 위한 것이다. 예를 들어, 컴퓨터회사인 A가 컴퓨터부품회사인 B의 지분 30%를 취득하였다면, A는 B의 거래처선정이나 임원선정, 판매조건 결정 등의 의사결정에 참여하여 A에게 유리한 방향으로 B를 운영할 수 있게 된다. 이처럼 지분투자의 결과로 투자기업이 유의적인 영향력을 행사할 수 있게 된 피투자회사를 관계기업이라고 한다. 일반적으로 투자기업이 직접 또는 간접으로 피투자회사의 의결권 있는 주식을 20% 이상 보유하고 있는 경우에는 피투자기업에 대하여 유의적인 영향력을 행사할 수 있는 것으로 본다. 관계기업투자 중 유의적인 영향력을 행사할 수 있는 경우라면 지분법을 적용하여 회계처리한다.

(2) 지분법의 적용

지분법은 지분증권을 최초로 취득한 때에는 원가로 인식하고, 취득시점 이후에 발생한 피투자회사의 순자산 변동액 중 투자자의 지분만큼을 해당 투자자산에 가감하여 보고하는 회계처리방법을 말한다.

- 관계기업투자주식의 취득
  관계기업투자주식의 취득원가는 지분의 매입금액에 관련 부대비용을 합한 금액으로 한다.

- 지분법손익의 인식과 배당금의 수취
  피투자회사가 당기순이익 또는 당기순손실을 보고하면, 투자자는 지분율에 해당하는 금액만큼을 지분법이익 또는 지분법손실로 기록하고 투자주식의 장부금액을 그만큼 증가 또는 감소시킨다.
  투자회사가 피투자회사로부터 배당금을 수령하게 되면 수령한 배당금만큼 투자주식의 장부금액을 감소시킨다. 피투자회사가 배당금을 지급하게 되면 그만큼 순자산금액이 감소되기 때문에, 이를 투자회사가 인식하는 것이다. 다만, 이때에는 현금을 수취하므로 지분법손익으로 인식하는 것이 아니라 바로 투자주식의 장부금액을 감소시킨다.

- 관계기업투자주식의 처분
  관계기업투자주식을 처분하면 처분시점의 장부금액과 처분금액의 차이를 투자자산처분이익이나 손실로 인식한다. 관계기업투자주식의 일부를 처분하게 되어 피투자기업에 대한 유의한 영향력을 상실하게 되면, 지분법적용을 중단하고 해당 주식을 단기매매증권이나 매도가능증권으로 재분류한다.

 연습문제

지분법 투자주식에서 투자회사와 피투자회사의 관계에서 지분증권을 지분법으로 평가할 필요가 없는 경우은?
① 투자회사가 피투자회사의 이사회에 참여하는 경우
② 투자회사가 피투자회사의 경영정책에 대한 의사결정과정에 참여하는 경우
③ 투자회사가 피투자회사간의 중요한 내부거래가 존재하는 경우
④ 피투자회사의 지분증권을 15% 취득한 경우

풀이 ④
기업에서 타기업에서 발행한 주식 중 20% 이상 50% 미만을 보유하고 있다면 지분법으로 평가한다.

03 종속기업투자

　투자회사가 피투자회사의 의결권의 50% 이상을 소유하는 경우, 투자회사는 유의적인 영향력을 미치는 수준을 넘어 피투자회사의 재무정책과 영업정책을 결정할 수 있는 능력을 갖게 된다. 이를 지배력을 가졌다고 표현한다. 이때 투자회사는 지배기업이라고 하고, 피투자회사는 종속기업이라고 한다.

　지배기업과 종속기업들은 법률적으로 별도의 회사들이지만, 실질적으로 하나의 경제적 실체라고 할 수 있다. 따라서 경제적인 실질을 반영하기 위해서 지배기업과 종속기업들의 경영성과인 재무제표는 세부항목별로 합산한 금액으로 표시하여 연결재무제표를 작성하게 된다.

제6절 기타의 비유동자산

01 투자부동산

투자부동산은 임대수익이나 시세차익 또는 두 가지 모두를 얻기 위하여 보유하고 있는 부동산(토지, 건물 등)을 말한다. 다만, 재화의 생산이나 용역의 제공 또는 관리목적에 사용하기 위하여 보유하고 있는 부동산은 유형자산으로 분류하고, 정상적인 영업과정에서 판매하기 위하여 보유하고 있는 부동산은 재고자산으로 분류한다.

투자부동산은 최초인식시점에 원가로 측정한다. 거래원가는 최초 측정에 포함된다. 최초인식 이후에는 투자부동산에 대하여 공정가치모형과 원가모형 중 하나를 선택하여 적용하도록 규정하고 있다.

투자부동산에 대하여 공정가치모형을 선택한 경우 최초인식 후 모든 투자부동산을 공정가치로 측정한다. 매 보고기간 말에 투자부동산의 공정가치 변동으로 발생하는 손익은 발생한 기간의 당기손익에 반영한다.

투자부동산에 대하여 원가모형을 선택한 경우 투자부동산의 취득, 보유, 감가상각과 처분에 대한 회계처리는 제8장 유형자산의 회계처리와 동일하다.

연습문제

> **투자부동산 계정으로 회계 처리하는 예로 옳지 않은 것은?**
> ① 영업활동에 사용하기 위한 자가사용부동산
> ② 장기간 보유하면서 시세차익을 얻기 위한 토지
> ③ 미래의 사용목적이 결정되지 않은 상태에서 보유하는 토지
> ④ 미래에 투자부동산으로 사용할 목적으로 건설중이거나 또는 개발 중인 부동산
>
> ①
> 유형자산으로 분류된다.

02 장기대여금

차용증서나 융통어음 등을 받고 보고기간말로부터 1년 이후의 기간에 걸쳐 현금 등을 대여하였을 경우 장기대여금(long-term loans) 계정에 기록한다. 일반기업회계기준의 장,단기의 구분은 1년 기준(one year rule)을 적용한다. 만약 정상적인 영업활동 과정과 관련하여 장기성어음을 받았다면 장기성매출채권 과목으로 하여 보고한다.

03 기타비유동자산

표 9-6 기타비유동자산의 종류

계정과목	내 용
보증금	보증금은 전세권, 전신전화가입권, 임차보증금, 영업보증금(거래보증금, 입찰보증금 등)
장기성매출채권	유동자산에 속하지 않는 일반적 상거래에서 발생한 장기(1년 이상)의 외상매출금 및 받을어음
장기선급비용	계속적 용역공급을 체결하고 선급한 비용 중 1년 이내에 비용화 되지 않는 선급비용
장기미수금	일반적인 상거래 이외의 거래에서 발생한 미수금으로 재무상태표일로부터 1년 이내에 만기가 도래하지 않는 미수금

 연습문제

> 다음 거래를 분개할 때 사용되지 않은 계정과목은?
>
> 비업무용 토지를 7,000,000원에 구입하였다. 먼저 지급한 계약금 700,000원을 차감한 잔액 중 50%는 타사가 발행한 당좌수표로, 나머지는 약속어음을 발행하여 지급하다.
>
> ① 선급금 ② 지급어음 ③ 미지급금 ④ 현금
>
> **풀이** ②
> 재고자산 외의 자산을 취득하면서 약속어음을 발행하는 경우, 비매입채무에 해당되기 때문에 약속어음의 발행은 '미지급금'으로 처리해야 한다. 또한 타인이 발행한 당좌수표는 '현금'으로 처리해야 하며, 계약금을 지급한 경우에는 '선급금'으로 처리해야 한다. 따라서 제시된 거래에 대한 회계처리는 다음과 같다.
>
> 차) 투자부동산 7,000,000원   대) 선 급 금   700,000원
>   현   금 3,150,000원
>   미지급금 3,150,000원

단원별 연습문제

01 금융상품의 분류에 대한 설명으로 옳지 않은 것은?

① 금융자산은 금융자산의 관리를 위한 사업모형과 계약상 현금흐름의 특성을 모두 고려하여 분류한다.
② 사업모형이 계약상 현금흐름 수취와 매도인 경우 기타포괄손익-공정가치 측정 금융자산(FVOCI 금융자산)으로 분류한다.
③ 사업모형이 계약상 현금흐름의 수취인 경우 상각후원가측정금융자산(AC 금융자산)으로 분류한다.
④ 금융자산은 최초인식 시 특정 조건을 충족하여 더 목적적합한 정보를 제공할 수 있는 경우라도 다른 항목으로 지정할 수 없다.

02 다음은 금융자산에 관한 내용이다. 옳지 않은 것은?

① 사업모형의 목적이 계약상 현금흐름을 수취하기 위해 금융자산을 보유하는 것인 경우 모든 금융상품을 만기까지 보유하여야 한다.
② 당기손익-공정가치로 측정되는 지분상품에 대한 특정 투자의 후속적인 공정가치 변동은 최초 인식시점이라도 기타포괄손익으로 표시하는 것을 선택 할 수 있다.
③ 기타포괄손익-공정가치 측정 금융자산의 손상차손은 당기손실로 인식하고, 손상차손환입도 당기손익으로 인식한다.
④ 금융자산의 현금흐름에 대한 계약상 권리가 소멸한 경우에는 금융자산을 재무상태표에서 제거한다.

03 당기손익-공정가치 측정 금융자산에 대한 설명으로 옳지 않은 것은?

① 당기손익-공정가치 측정 금융자산(FVPL 금융자산)은 AC 금융자산과 FVOCI 금융자산으로 분류되지 않는 경우의 금융자산을 말한다.
② 투자지분상품은 기타포괄손익으로 지정 선택하지 않는 한 당기손익-공정가치 측정 금융자산으로 분류하고 공정가치의 변동액을 당기손익으로 인식한다.
③ 투자지분상품은 원리금 회수개념 자체가 없으므로 사업모형과 계약상 현금흐름의 특성을 고려할 필요가 없다.
④ 단기매매목적이 아닌 경우 회계불일치를 제거하거나 유의적으로 줄이는 경우에는 다른 금융자산을 FVPL 금융자산으로 지정할 수 있다. 다만, 정당한 사유가 있으면 지정을 취소할 수 있다.

04

㈜백석은 20×1년 ㈜서초가 발행한 사채를 360,000원에 취득하였다. 취득한 사채는 사업모형이 매도를 목적(FVPL 금융자산)으로 하고 있다. 취득 시 발생한 거래 수수료는 8,000원이다. 20×1년 말에 ㈜백석은 액면이자 20,000원을 현금으로 수취하였으며, 20×1년 말 사채의 공정가치는 376,000원이다. ㈜백석의 20×1년 당기순이익에 미치는 영향으로 옳은 것은?

① 12,000원 증가
② 20,000원 증가
③ 24,000원 증가
④ 28,000원 증가

05

AC 금융자산에 대한 설명으로 옳지 않은 것은?

① AC 금융자산은 계약조건에 따라 만기 또는 특정일에 원금을 회수하고 보유기간 동안 이자를 받을 수 있는 채무상품 등을 만기(또는 특정일)까지 보유할 목적으로 취득한 금융자산이다.
② AC 금융자산은 계약 조건에 따라 특정일에 원금과 원금잔액에 대한 이자지급만으로 구성되어 있는 현금흐름이 발생한다.
③ AC 금융자산의 매입과 직접 관련이 있는 거래원가는 금융자산의 취득원가에 포함하지 않고 당기비용으로 처리한다.
④ AC 금융자산을 처분 시 처분일까지 유효이자율법에 따라 이자수익을 계상한 후의 처분금액과 상각 후 원가와의 차액을 처분손익으로 인식한다.

06

금융자산의 최초인식 및 측정에 대한 설명으로 옳지 않은 것은?

① 당기손익-공정가치 측정 금융자산(FVPL 금융자산)의 취득원가는 취득시점의 공정가치로 측정하고, 취득과 관련하여 발생한 거래원가는 금융자산의 원가에 포함하여 측정한다.
② 당기손익-공정가치 측정 금융자산(FVPL 금융자산)은 공정가치로 측정하여 재무상태표에 표시하고, 공정가치의 변동에 의한 평가손익은 당기손익에 반영한다.
③ AC 금융자산의 최초인식은 취득시점의 공정가치로 측정하여 인식한다. 취득시점의 공정가치는 시장이자율(유효이자율)에 의한 미래현금흐름의 현재가치로 결정된다.
④ AC 금융자산은 보고기간말 유효이자율법을 적용하여 상각 후 원가로 측정하여 재무상태표에 표시한다.

07 투자부동산의 분류에 관한 설명으로 옳지 않은 것은?

① 통상적인 영업과정에서 단기간에 판매하기 위하여 보유하지 않고 장기 시세차익을 얻기 위하여 보유하고 있는 토지는 투자부동산으로 분류한다.
② 종업원으로부터 시장가격에 해당하는 임차료를 받고 있는 경우에도 종업원이 사용하는 부동산은 자가사용부동산이며 투자부동산으로 분류하지 않는다.
③ 건물의 소유자가 그 건물 전체를 사용하는 리스이용자에게 보안과 관리용역을 제공하는 경우에는 당해 건물을 투자부동산으로 분류한다.
④ 장래 자가사용할지 또는 통상적인 영업과정에서 단기간에 판매할지를 결정하지 못한 토지는 자가사용부동산에 해당하므로 투자부동산으로 분류하지 않는다.

08 ㈜서초는 20×1년 초 ㈜강남의 보통주식을 취득하면서 매매수수료 5,000원을 포함하여 총 100,000원을 지급하였다. 20×1년 말 현재 ㈜강남의 보통주식 공정가치는 110,000원이다. ㈜서초가 ㈜강남의 보통주식을 당기손익-공정가치 측정 금융자산으로 분류한 경우와 기타포괄손익-공정가치 측정 금융자산으로 분류한 경우 위 거래가 ㈜서초의 당기손익에 미치는 영향(순액)은 각각 얼마인가?

	당기손익-공정가치 측정	기타포괄손익-공정가치 측정
①	10,000원 이익	10,000원 이익
②	15,000원 이익	10,000원 이익
③	10,000원 이익	영향 없음
④	15,000원 이익	영향 없음

09 투자부동산 계정으로 회계 처리하는 예로 옳지 않은 것은?

① 영업활동에 사용하기 위한 자가사용부동산
② 장기간 보유하면서 시세차익을 얻기 위한 토지
③ 미래의 사용목적이 결정되지 않은 상태에서 보유하는 토지
④ 미래에 투자부동산으로 사용할 목적으로 건설중이거나 또는 개발 중인 부동산

10 다음 자료에서 20×1년 결산 시 ㈜서울의 보유 자산에 대한 투자부동산평가이익은 얼마인가?

- 20×1년 1월 1일 임대목적의 건물 ₩100,000,000 취득
- 투자부동산으로 분류(공정가치모형 적용)
- 내용연수 10년, 잔존가치 ₩0
- 20×1년 12월 31일 결산 시 공정가치 ₩150,000,000

① ₩0   ② ₩50,000,000   ③ ₩10,000,000   ④ ₩100,000,000

1. ④ 금융자산은 최초인식 시 특정 조건을 충족하여 더 목적적합한 정보를 제공할 수 있는 경우에는 다른 항목으로 지정할 수 있다고 규정하고 있다. 다만, 한번 지정하면 이를 취소할 수 없다.
2. ① 모든 금융상품을 만기까지 보유할 필요는 없다.
3. ④ 단기매매목적이 아닌 경우 회계불일치를 제거하거나 유의적으로 줄이는 경우에는 다른 금융자산을 FVPL 금융자산으로 지정할 수 있다. 다만, 한번 지정하면 이를 취소할 수 없다.
4. ④ 취득시 발생한 거래수수료 8,000원은 비용으로 처리
   20×1년 말 액면이자 20,000원 현금수취액은 이자수익
   20×1년 말 공정가치의 변동액 16,000원은 평가이익
   20×1년 말 당기순이익은 28,000원 증가
5. ③ AC 금융자산의 매입과 직접 관련이 있는 거래원가는 금융자산의 취득원가에 포함한다.
6. ① 당기손익-공정가치 측정 금융자산(FVPL 금융자산)의 취득원가는 취득시점의 공정가치로 측정하고, 취득과 관련하여 발생한 거래원가는 금융자산의 원가에 포함하지 않고 당기의 비용으로 처리한다.
7. ④ 토지를 자가사용할지, 통상적인 영업과정에서 단기간에 판매할지를 결정하지 못한 경우에 해당 토지는 시세차익을 얻기 위하여 보유한다고 보아 투자부동산으로 분류한다.
8. ③ (1) 당기손익-공정가치 측정 금융자산 : 금융자산평가이익 15,000원[주1] − 수수료비용 5,000원[주2]
   = 10,000원
   주1) 금융자산평가이익 : 2021년말 공정가치 110,000원 − 취득가액(총 지급액 100,000원 − 수수료비용 5,000원)
   = 15,000원
   주2) 수수료비용 : 당기손익-공정가치 측정 금융자산의 최초인식 시 발생하는 거래원가는 당기비용으로 인식한다.

   (2) 기타포괄손익-공정가치 측정 금융자산 : 당기손익 영향 없음
   • 금융자산 취득가액 : 100,000원[주3]
   주3) 기타포괄손익-공정가치 측정 금융자산의 최초인식 시 발생하는 거래원가는 최초인식 공정가치에 가산한다.
   • 기타포괄평가이익 : 2021년 말 공정가치 110,000원 − 취득가액 100,000원 = 10,000원(재평가잉여금)[주4]
   주4) 기타포괄손익-공정가치 선택 지분상품의 후속측정에 따른 미실현보유손익은 포괄손익계산서에 기타포괄손익으로 인식한다.
9. ① 유형자산으로 분류된다.
10. ② 100,000,000원에 취득 → 결산시 150,000,000으로 공정가치로 평가 = 50,000,000평가이익

연습문제

문제 1

다음 거래를 분개하시오.

(1) 단기보유 목적으로 (주)미래 발행 주식 500주(1주액면 ₩5,000)를 @₩7,000에 구입하고, 대금은 수표를 발행하여 지급하다.
(2) 위의 주식 중 200주를 @₩7,500에 매각처분하고, 대금은 현금으로 받다.
(3) 단기자금 운용목적으로 (주)나눔의 사채 액면 ₩3,000,000을 액면 @₩10,000에 대하여 @₩9,700에 구입하고, 대금은 현금지급하다.
(4) 위의 사채 중 액면 ₩2,000,000을 액면 @₩10,000에 대하여 @₩9,500으로 매각처분하고, 대금은 현금으로 받다.

No	차 변 과 목	금 액	대 변 과 목	금 액
(1)				
(2)				
(3)				
(4)				

문제 2

다음 거래를 분개하시오.

(1) 결산시 단기적 보유목적의 사채액면 ₩500,000 (장부가격 ₩350,000)을 공정가액 ₩400,000으로 평가하다.
(2) 결산시 단기적 보유목적의 사채권 장부가액 ₩800,000을 공정가액 ₩650,000으로 평가하다.
(3) 결산시 단기적 보유목적의 시장성 있는 주식 장부가액 ₩400,000을 공정가액 ₩350,000으로 평가하다.
(4) 결산시 단기적 보유목적의 주식 취득원가 ₩460,000을 공정가액 ₩500,000으로 평가하다.

No	차 변 과 목	금 액	대 변 과 목	금 액
(1)				
(2)				
(3)				
(4)				

문제 3

다음 거래를 분개하시오.

(1) (주)부평산업으로부터 소유하고 있는 사채에 대한 1년분 이자 ₩800,000을 현금으로 받다.
(2) (주)녹색상사로부터 소유하고 있는 주식에 대한 배당금 ₩1,000,000이 당사 보통예금계좌로 입금되다.

No	차 변 과 목	금 액	대 변 과 목	금 액
(1)				
(2)				

문제 4

㈜백석은 20×1년 3월 1일 ㈜서초의 주식 1,000주를 주당 7,000에 취득하고, 거래수수료 20,000을 현금으로 지급하였다. 각각의 상황에 맞게 회계처리 하시오.

(1) ㈜백석이 당기손익-공정가치 측정 금융자산(FVPL 금융자산)으로 분류하는 경우

(2) ㈜백석이 기타포괄손익-공정가치 측정 금융자산(FVOCI 금융자산)으로 분류하는 경우

문제 5

㈜서초는 20×1년 1월 1일 액면금액 100,000원인 사채(3년 만기, 표시이자율 10%, 매년 말 후급)를 95,200원에 취득하였다. 사채 취득일 현재 유효이자율은 12%이다. 위 사채를 당기손익-공정가치측정(FVPL)금융자산으로 분류할 경우 해당 사채의 취득이 미치는 ㈜서초의 당기손익효과로 옳은 것은? 단, ㈜서초의 회계기간은 20×1년 1월 1일부터 20×1년 12월 31일까지이다.

- 20×1년 12월 31일 표시이자 수령액 : 10,000원
- 20×1년 사채할인발행차금상각액 : 1,424원
- 사채 공정가치

20×1년 12월 31일	20×2년 12월 31일
98,000원	99,000원

문제 6

㈜강남은 20×0년 초 ㈜수원가 발행한 액면금액 250,000원(만기 20×4년말, 표시이자율 4%, 매년 말 이자 지급)인 사채를 취득하고 상각후원가측정금융자산(AC)으로 분류하였다. 사채발행일의 시장이자율은 5%였으며, 동 사채의 취득원가는 239,300원이었다. ㈜수원의 재무상태 악화로 ㈜강남은 20×1년분 이자를 받지 못하였다. 20×1년 말 현재 남은 기간의 이자도 회수가 불가능하고 액면금액의 75%만 회수가 가능할 것으로 추정된다. 따라서 ㈜강남은 이 금융자산의 신용이 손상된 것으로 판단하였다. 20×1년에 인식할 손상차손은 몇 원인가? 단, 이자율 5%일 때 3년 후 받는 1원의 현재가치는 0.864원이다. 단, 20×0년 말과 20×1년 말 동 사채의 공정가치는 240,000원과 180,000원이다.

문제 7

20×1년 1월 1일 ㈜대한은 ㈜민국이 동일자로 발행한 회사채를 취득하고, 상각후원가측정금융자산(AC 금융자산)으로 분류하여 회계처리하였다. 동 사채의 액면금액은 3,000,000원, 만기 5년, 표시이자는 연 1%, 매년 말 후급 조건이며, 취득 당시 유효이자율은 연 3%이다. ㈜대한은 20×3년 12월 31일 ㈜민국의 회사채를 매각했으며, 매각가액은 사채 액면금액의 95%이다. ㈜대한이 동 금융상품과 관련하여 20×3년 포괄손익계산서에 인식할 당기 손익효과는 얼마인가? 단, 단수차이가 생기는 경우 가장 근사치를 답으로 선택한다.

• 연 이자율 3% 현가계수

기간	단일금액 1원의 현가계수	정상연금 1원의 현가계수
1	0.97087	0.97087
2	0.94260	1.91347
3	0.91514	2.82861
4	0.88849	3.71710
5	0.86261	4.57971

문제 8

20×2년 초 ㈜천안은 건물 1,500,000원을 취득하고, 투자부동산으로 분류하였다. 이 건물은 취득원가의 10%를 잔존가치로 하여 10년간 정액법으로 상각한다. 20×2년 말 동 건물의 공정가치는 1,330,000원이다. 20×2년 말 원가모형을 적용할 경우와 공정가치모형을 적용할 경우의 20×2년도 세전이익의 차이을 계산하시오.

Chapter 10

비유동부채

제1절 부채의 의의와 분류
제2절 사채
제3절 충당부채와 우발부채
제4절 기타 비유동부채
단원별 연습문제

Chapter 10 비유동부채

제1절 부채의 의의와 분류

01 부채의 의의와 특징

부채(liabilities)는 과거 거래나 사건에 의하여 발생하였으며, 미래에 경제적 효익을 갖는 자원이 기업으로부터 유출됨으로써 이행될 것으로 기대되는 현재의무이다.
이러한 부채의 정의에 포함된 특징을 살펴보면 다음과 같다.

> 1. 부채의 본질적인 특징은 기업이 현재의무(present obligation)를 가지고 있다는 것이다. 기업이 현재의무를 이행하기 위해서는 미래 경제적 효익을 갖는 자원을 희생(유출)(future sacrifice of economic resiurces)하게 된다.
> 2. 부채도 과거의 거래나 그 밖의 사건에서 발생한다.
> 3. 부채를 인식하기 위해서 지급시기, 지급대상과 지급금액이 반드시 확정될 필요가 없다. 현재의무를 수반하며 부채의 정의를 충족한다면 금액을 추정하더라도 부채를 인식해야 하며, 이러한 부채를 충당부채라 한다.

02 부채의 분류

부채는 상환기간, 성격, 지급금액과 시기의 불확실성 정도에 따라 다음과 같이 분류할 수 있다.

(1) 유동부채와 비유동부채

부채는 원칙적으로 지급시기(또는 상환시기)에 따라 유동부채와 비유동부채로 구분한다. 부채는 기업의 정상영업주기 또는 보고기간(재무상태표일) 후 1년 내에 결제(또는 상환)될 것으로 예상되는 경우에는 유동부채(current liabilities)로 분류하고, 정상영업주기 또는 보고기간 후 1년 이후에 상환될 것으로 예상되는 경우에는 비유동부채(non-current liabilities)로 분류한다.

비유동부채는 상환기일이 재무상태표일로부터 1년 이내에 도래하면 유동부채로 재분류한다. 이를 유동성장기부채(current portion of long-term debt)라 한다.

| 표 10-1 | 유동부채와 비유동부채의 분류

구 분	내용
유동부채	매입채무, 단기차입금, 미지급금, 선수금, 선수수익, 미지급비용 등
비유동부채	사채, 충당부채, 장기차입금, 장기매입채무 등

(2) 확정부채, 충당부채와 우발부채

부채는 지급금액과 시기의 확실성에 따라 확정부채와 충당부채로 구분한다. 확정부채(determinable liabilities)는 재무상태표일 현재 부채의 존재와 금액이 확정되어 있는 부채를 말한다. 충당부채(provisions for charges)는 지급금액과 지급시기가 불확실하나 그 존재는 확정되어 있는 부채를 말하며, 제품보증충당부채, 소송관련 손해배상충당부채 등이 있다. 우발부채(contingent liabilities)는 부채의 존재, 지급금액과 지급시기가 미래 일정한 사건의 발생에 따라 확정되는 부채를 말한다.

(3) 금융부채와 비금융부채

국제회계기준에서는 거래상대방에게 현금 등 금융자산을 인도하기로 한 계약상의 의무를 금융부채(financial liabilities)로 정의하고 있다. 따라서 계약상의 의무가 아닌 의제의무나 지출의 시기 또는 금액이 불확실한 미확정부채는 비금융부채로 분류한다.

| 표 10-2 | 금융부채와 비금융부채의 분류

구 분	내용
금융부채	매입채무, 차입금, 미지급금, 미지급비용, 사채 등
비금융부채	선수금, 선수수익, 충당부채, 우발부채, 퇴직급여부채 등

03 부채의 인식과 평가

부채는 현재의무의 이행에 따라 경제적 효익을 갖는 자원의 유출가능성이 높고, 결제될 금액을 신뢰성 있게 측정할 수 있을 때 재무상태표에 인식한다.

부채의 평가에 있어, 유동부채는 상환기간이 단기간이므로 미래에 상환할 금액을 그대로 표시한다. 이에 비하여 비유동부채는 상환기간이 장기간이므로 미래에 상환할 금액을 적절한 할인율로 할인하여 재무제표일의 현재가치로 측정·표시하여야 한다.

제2절 사채

01 사채의 의의와 종류

(1) 사채의 의의

기업이 자금을 조달하는 방법은 크게 자기자본과 타인자본을 이용하는 것으로 구분할 수 있다. 자기자본을 이용하는 것은 주식을 발행하여 주식시장에서 자금을 조달하는 것이며, 회계상 자본으로 처리한다.

한편, 회계상 부채로 표시되는 타인자본을 이용하는 방법으로는 크게 두 가지가 있는데, 은행 등 금융기관으로부터 대출을 받는 방법(차입금)과 다수의 일반투자자에게 사채를 발행하여 판매하는 방법이 있다. 사채(bonds)란 이자와 원금상환 등 확정채무 사항이 표시되어 있는 증권(사채권)을 발행하여 자금을 조달하는 것을 말한다.

일반적으로 사채의 권면에는 액면금액(face value), 액면이자율(coupon interest rate, 또는 표시이자율, stated interest rate), 이자지급일, 만기일(상환일)과 상환방법이 기재되어 있다. 사채발행회사는 사채의 권면에 기재되어 있는 조건에 따라 이자를 지급하고 원금을 상환한다.

(2) 사채의 종류

기업의 환경이 복잡해지고 투자자의 선호가 다양화됨에 따라 다양한 종류의 사채가 발행되고 있다. 사채는 발행할 때 사채권(권면)에 표시되는 계약조건에 따라 다음과 같이 분류할 수 있다.

표 10-3 사채의 종류

구 분	사채	내용
담보 여부	담보부사채	발행회사가 원금지급에 대비하여 구체적인 자산을 담보물로 제공하고 발행하는 사채
	무담보사채	발행회사의 신용만으로 발행하는 사채
만기와 상환조건	만기상환사채	만기일에 일시불로 상환하는 사채
	연속상환사채	자금부담을 줄이기 위하여 정해진 여러 만기일마다 액면금액을 분할하여 상환하는 사채
	수의상환사채	만기일 이전에 약정된 조건으로 발행회사가 자유롭게 상환할 수 있는 사채
이자 지급방법	기명사채	발행기업이 이름과 주소 등이 기록된 사채권자에게 이자를 지급하는 사채
	무기명사채	사채권에 이자의 지급일과 금액 등이 표시된 쿠폰(이표)이 이자지급횟수만큼 첨부되어 있어 이자지급일에 쿠폰을 제시하고 이자를 지급받는 사채
주식으로의 전환가능성	전환사채	사채권자의 청구에 따라 일정한 조건으로 사채발행회사의 보통주로 전환할 수 있는 권리(전환권)가 부여된 사채
신주인수권의 여부	신주인수권부사채	일정한 기간에 정해진 가격으로 사채발행회사의 보통주를 매입할 수 있는 권리가 부여된 사채

02 사채의 발행금액의 결정

(1) 사채의 발행금액

대부분의 사채는 액면금액으로 발행(액면발행)되며, 이자비용은 액면금액에 액면이자율을 곱하여 결정된다. 만일 사채의 액면이자율이 사채 이외의 다른 자산에 투자하여 얻을 수 있는 투자수익률보다 낮다면 투자자는 액면금액으로 발행된 사채에 투자하지 않을 것이다. 따라서 사채발행회사는 사채를 액면금액보다 낮은 금액으로 발행(할인발행, bonds issued at a discount)할 것이다.

이와 반대로, 만일 사채의 액면이자율이 다른 자산의 투자수익률보다 높다면 투자자는 액면금액으로 발행된 사채에 경쟁적으로 투자하려 할 것이다. 따라서 사채발행회사는 사채를 액면금액보다 높은 금액으로 발행(할증발행, bonds issued at a premium)하려 할 것이다.

이와 같이 사채의 발행금액은 사채의 액면이자율과 투자자가 시장에서 실제 얻을 수 있을 것으로 기대되는 시장이자율(market interest rate)을 비교하여 결정된다. 사채발행회사 입장에서는 두 가지 이자율의 차이만큼 투자자에게 보상해주기 위하여 할인발행하거나 투자자에게 보상받기 위하여 할증발행하는 것이다. 사채를 발행할 때의 시장이자율은 사채발행회사가 실질적으로 부담하는 이자율이 되기 때문에 이를 유효이자율(effective interest rate) 또는 실질이자율이라 한다.

액면이자율과 시장이자율의 관계에 따라 사채는 다음과 같이 발행된다.

| 표 10-4 | 액면이자율과 시장이자율의 관계에 따른 사채의 발행

구 분	이자율간의 관계	액면가액과 발행가액의 관계
액면발행	표시이자율 = 시장이자율	액면금액 = 발행금액
할인발행	표시이자율 < 시장이자율	액면금액 > 발행금액
할증발행	표시이자율 > 시장이자율	액면금액 < 발행금액

(2) 사채발행금액의 계산

사채는 최초인식할 때 공정가치로 인식한다. 사채의 경우 최초인식시 공정가치는 미래현금흐름의 현재가치(사채의 발행금액)이다. 사채의 발행금액은 사채에서 발생하는 미래현금흐름인, 이자지급과 원금상환을 사채발행일 현재 유효이자율로 할인한 현재가치이다.

> 사채의 발행금액 = 사채이자지급액의 현재가치 + 원금상환액의 현재가치

현재가치요소(현가계수)가 주어져 있다면 사채발행금액은 다음과 같이 계산한다.

> 사채의 발행금액 = 사채이자지급액 × 연금의 현재가치요소 + 원금상환액 × 일시금의 현재가치요소

(3) 사채발행비

사채를 발행할 때 사채의 발행과 관련하여 사채권 인쇄비, 사채모집 광고비, 금융회사에 대한 수수료 등이 발생하는데, 이를 사채발행비(debenture issuance cost)라 한다. 사채발행비는 사채의 발행금액에서 차감(사채할인발행차금을 증가시키거나 사채할증발행차금을 감소)한다.

> 사채의 발행금액 = 사채발행으로 받은 현금금액 − 사채발행비

│표 10-5│ 사채의 발행과 사채발행비 회계처리

구분	액면발행	할인발행	할증발행
발행시	(차) 현 금 ××× 　(대) 사 채 ×××	(차) 현 금 ××× 　사채할인발행차금 ××× 　(대) 사 채 ×××	(차) 현 금 ××× 　(대) 사 채 ××× 　사채할증발행차금 ×××
사채발행비 지급시	(차) 사채할인발행차금 ××× 　(대) 현 금 ×××	(차) 사채할인발행차금 ××× 　(대) 현 금 ×××	(차) 사채할증발행차금 ××× 　(대) 현 금 ×××

예제 10-1 사채의 발행가격

다음 각각의 경우 사채의 발행가격을 결정하시오. 단, 사채발행비는 없는 것으로 한다.
(1) 20×1년 1월 1일, 3년 만기, 액면이자율 연 10%의 액면금액 1,000,000원의 사채를 발행하려고 한다. 이자지급일은 매년 12월 31일이고, 시장이자율은 10%이다.
(2) 20×1년 1월 1일, 3년 만기, 액면이자율 연 10%의 액면금액 1,000,000원의 사채를 발행하려고 한다. 이자지급일은 매년 12월 31일이고, 시장이자율은 12%이다.
(3) 20×1년 1월 1일, 3년 만기, 액면이자율 연 10%의 액면금액 1,000,000원의 사채를 발행하려고 한다. 이자지급일은 매년 12월 31일이고, 시장이자율은 8%이다.

풀이 (1) 액면발행
　　발행가격 = 1,000,000 × 0.7513(10%, 3년, 일시금의 현가계수)
　　　　　　 + 1,000,000 × 0.1 × 2.4868(10%, 3년, 연금의 현가계수) = 1,000,000원
(2) 할인발행
　　발행가격 = 1,000,000 × 0.7118(12%, 3년, 일시금의 현가계수)
　　　　　　 + 1,000,000 × 0.1 × 2.4018(12%, 3년, 연금의 현가계수) = 951,980원
(3) 할증발행
　　발행가격 = 1,000,000 × 0.7938(8%, 3년, 일시금의 현가계수)
　　　　　　 + 1,000,000 × 0.1 × 2.5771(8%, 3년, 연금의 현가계수) = 1,051,510원

03 사채발행의 회계처리

(1) 사채발행 회계처리의 요약

사채는 액면이자율과 시장이자율의 관계에 따라 액면금액으로 발행할 수 있으며, 액면금액보다 낮게 할인하거나 액면금액보다 높게 할증하여 발행할 수 있다. 이 경우 각각의 회계처리는 다음과 같이 요약할 수 있다.

|표 10-6| 사채발행의 회계처리

구 분		회계처리				
액면 발행	발행시	(차) 현　　금	×××	(대) 사　　채	×××
	이자지급시	(차) 이자비용	×××	(대) 현　　금	×××
할인 발행	발행시	(차) 현　　금 　　 사채할인발행차금	××× ×××	(대) 사　　채	×××
	이자지급시	(차) 이자비용	×××	(대) 현　　금 　　 사채할인발행차금	××× ×××
할증 발행	발행시	(차) 현　　금	×××	(대) 사　　채 　　 사채할증발행차금	××× ×××
	이자지급시	(차) 이자비용 　　 사채할증발행차금	××× ×××	(대) 현　　금	×××

사채를 발행하면 사채계정은 만기에 상환하여야 할 액면금액으로 기록한다. 할인(할증) 발행할 경우 액면금액과 발행금액의 차액을 사채할인발행차금계정(사채할증발행차금계정)에 기록한다. 사채의 액면금액에 사채할인발행차금계정(사채할증발행차금계정)을 가산(차감)한 금액을 사채의 장부금액(carrying amount)이라 한다.

> 사채의 장부금액 = 사채 액면금액 + 사채할인발행차금 − 사채할증발행차금

회사는 사채발행기간 동안 사채의 이자를 지급하기 위한 회계처리를 한다. 할인발행(할증발행)한 경우 할인액(할증액)인 사채할인발행차금(사채할증발행차금)을 상각(환입)해야 한다. 사채할인발행차금(사채할증발행차금)계정은 사채에 차감(가산)하는 평가계정으로 재무상태표에는 사채에서 차감(가산)하는 형식으로 표시한다.

(2) 사채의 할인발행

사채의 시장이자율이 액면이자율보다 큰 경우 사채는 액면금액 이하로 발행된다. 만약, 사채의 액면이자율이 시장이자율보다 낮다면 사채를 매입하려는 투자자는 없을 것이다. 따라서 사채발행자는 액면이자율을 최소한 시장이자율만큼 다시 올려주든지, 아니면 사채의 발행가격

을 낮추어 투자자의 투자수익률을 시장이자율에 맞추어 줄 수밖에 없을 것이다. 즉, 투자원금이 적어지면 투자수익률은 커진다. 그렇지 않으면 사채가 발행되지 않을 수도 있다.

액면이자율보다 시장이자율이 더 높은 경우에 액면금액보다 발행금액을 낮게 발행되는 경우를 할인발행이라고 한다. 사채가 할인발행되면 발행가격과 액면금액 간의 차이를 사채할인발행차금(discount on bonds payable)이라고 한다. 사채할인발행차금은 액면이자율이 시장이자율보다 낮기 때문에 그 차액을 미리 보전해 주는 선급이자 성격으로 보면 되고, 사채할인발행차금은 사채에 차감하는 부채의 평가계정으로 재무상태표에는 사채에서 차감하는 형식으로 표시한다.

재무상태표(부분)

㈜서울   20×1년 1월 1일 현재   (단위: 원)

자산	부채	
	비유동부채	
	사채	×××
	사채할인발행차금	(×××) ×××

따라서 사채발행자는 사채의 발행기간 동안 매년도에 인식할 이자비용은 유효이자율법을 적용하여 인식하고, 유효이자와 액면이자의 차이(사채할증발행차금 상각액)만큼 사채의 장부금액을 조정(감소)한다.

> 이자비용(유효이자) = 기초시점의 사채장부금액 × 유효이자율
> 현금이자(액면이자) = 액면금액 × 액면이자율
> 사채할증발행차금 상각(환입)액 = 현금이자 − 이자비용

연습문제

㈜강남은 액면금액 1,000,000원(표시이자율 연 8%, 사채권면상 발행일 20×1년 1월 1일, 만기 3년, 매년말 이자지급)인 사채를 20×1년 1월 1일에 발행하였다. 사채권면상 발행일인 20×1년 1월 1일의 시장이자율은 연 10%이다. 현가계수는 아래 표를 이용한다.

현가계수표

기간	할인율	단일금액 1원의 현재가치		정상연금 1원의 현재가치	
		8%	10%	8%	10%
3년		0.7938	0.7513	2.5771	2.4868

㈜강남의 20×1년 12월 31일에 상각될 사채할인 발행차금은 얼마인가?
(단, 단수차이로 인해 오차가 있다면 가장 근사치를 선택한다.)

① 15,024원   ② 19,996원   ③ 20,901원   ④ 25,151원

풀이 ①
20×1년 1월 1일 사채의 현재가치 : 1,000,000원 × 0.7513 + 80,000원 × 2.4868 = 950,244원
20×1년 말 사채할인발행차금 : 950,244원 × 10% − 80,000원 = 15,024원

> **예제 10-2** 사채의 할인발행

㈜강남은 20×1년 1월 1일에 3년 만기, 액면금액 1,000,000원, 액면이자율 10%의 사채를 발행하려고 한다. 이자는 매년말 1회 지급되며 동 사채의 시장이자율은 12%라고 가정하며, 사채발행비는 없는 것으로 한다.

(1) 사채의 발행가격과 사채발행일의 회계처리를 하시오.
(2) 유효이자율법에 의한 사채할인발행차금상각표를 작성하시오.
(3) 20×1년 12월 31일의 회계처리를 하시오.
(4) 20×2년 12월 31일의 회계처리를 하시오.

풀이 (1) 사채의 발행가격 = 1,000,000 × 0.7118(12%, 3년, 일시금의 현가계수)
  + 1,000,000 × 0.1 × 2.4018(12%, 3년, 연금의 현가계수) = 951,980원

(차) 현금	951,980	(대) 사채	1,000,000
사채할인발행차금	48,020		

(2) 유효이자율법에 의한 사채할인발행차금상각표

일자	유효이자(12%)	액면이자(10%)	할인차금상각액	장부금액
20×1년초				951,980
20×1년말	114,238	100,000	14,238	966,218
20×2년말	115,946	100,000	15,946	982,164
20×3년말	117,836	100,000	17,836	1,000,000
계	348,020	300,000	48,020	-

(3) 20×1년 12월 31일의 회계처리

(차) 이자비용	114,238	(대) 현금	100,000
		사채할인발행차금	14,238

(4) 20×2년 12월 31일의 회계처리

(차) 이자비용	115,946	(대) 현금	100,000
		사채할인발행차금	15,946

(3) 사채의 할증발행

사채는 액면이자율보다 시장이자율이 더 낮은 경우에 액면금액보다 발행금액을 높게 할증발행한다. 사채를 할증발행할 때 발행금액과 액면금액의 차액을 사채할증발행차금(premium on bonds payable)이라 하며, 이는 시장이자율을 초과하여 지급하게 될 이자 차이에 대한 공제(선회수분)에 해당한다. 사채할증발행차금은 사채에 가산하는 부채의 평가계정으로 재무상태표에는 사채에 가산하는 형식으로 표시한다.

<table>
<tr><td colspan="4" align="center">재무상태표(부분)</td></tr>
<tr><td>㈜서울</td><td colspan="2" align="center">20×1년 1월 1일 현재</td><td align="right">(단위 : 원)</td></tr>
<tr><td>자산</td><td colspan="3">부채
　비유동부채
　　사채　　　　　　　×××
　　사채할증발행차금　×××　　×××</td></tr>
</table>

따라서 사채발행자는 사채의 발행기간 동안 매년도에 인식할 이자비용은 유효이자율법을 적용하여 인식하고, 유효이자와 액면이자의 차이(사채할인발행차금 상각액)만큼 사채의 장부금액을 조정(증가)한다.

> 이자비용(유효이자) = 기초시점의 사채장부금액 × 유효이자율
> 현금이자(액면이자) = 액면금액 × 액면이자율
> 사채할인발행차금 상각액 = 이자비용 − 현금이자

예제 10-3 사채의 할증발행

㈜강남은 20×1년 1월 1일에 3년 만기, 액면금액 1,000,000원, 액면이자율 10%의 사채를 발행하려고 한다. 이자는 매년말 1회 지급되며 동 사채의 시장이자율은 8%라고 가정하며, 사채발행비는 없는 것으로 한다.

(1) 사채의 발행가격과 사채발행일의 회계처리를 하시오.
(2) 유효이자율법에 의한 사채할인발행차금상각표를 작성하시오.
(3) 20×1년 12월 31일의 회계처리를 하시오.
(4) 20×2년 12월 31일의 회계처리를 하시오.

풀이 (1) 사채의 발행가격 = 1,000,000 × 0.7938(8%, 3년, 일시금의 현가계수)
　　　　　　　　　　+ 1,000,000 × 0.1 × 2.5771(8%, 3년, 연금의 현가계수) = 1,051,510원

(차) 현금	1,051,510	(대) 사채	1,000,000
		사채할증발행차금	51,510

(2) 유효이자율법에 의한 사채할인발행차금상각표

일자	유효이자(8%)	액면이자(10%)	할증차금환입액	장부금액
20×1년초				1,051,510
20×1년말	84,121	100,000	(15,879)	1,035,631
20×2년말	82,850	100,000	(17,150)	1,018,541
20×3년말	81,519	100,000	(18,481)	1,000,000
계	248,490	300,000	51,510	−

(3) 20×1년 12월 31일의 회계처리

(차) 이자비용	84,121	(대) 현금	100,000
사채할증발행차금	15,879		

(4) 20×2년 12월 31일의 회계처리

(차) 이자비용	82,850	(대) 현금	100,000
사채할증발행차금	17,150		

04 사채의 상환

사채의 상환은 만기에 상환하는 만기상환과 만기 이전에 상환하는 조기상환으로 구분한다. 사채를 상환할 때 장부금액과 상환금액이 차이날 때 사채상환이익(사채상환손실)이 발생한다.

(1) 사채의 만기상환

만기상환은 만기일에 장부금액과 일치하는 액면금액으로 상환하며, 사채상환에 따른 손익이 발생하지 않는다. 만기일에는 사채할인발행차금이나 사채할증발행차금의 잔액이 0이므로 액면금액(원금)에 해당하는 현금을 지급하고 액면금액으로 표시되어 있는 사채를 감소시키는 회계처리를 한다.

(차) 사 채	×××	(대) 현 금	×××

(2) 사채의 조기상환

사채의 발행회사는 자금사정이 나아지고 사채의 시장가격이 하락하면 증권(사채)시장에서 만기일 이전에 매입하여 사채를 상환할 수 있다. 사채를 만기일 이전에 조기상환하는 경우에는 상환시 사채의 장부금액과 상환금액이 일치하지 않을 수 있으며, 그 차이를 사채상환에 따른 당기손익(사채상환손익)으로 인식한다.

사채의 장부금액은 이자지급일에 사채를 상환한다면 사채의 액면금액에 사채할증(할인)발행차금을 가감한 금액이 되며, 이자지급일 사이에 사채를 상환한다면 직전 이자지급일의 장부금액에 상환일까지의 발생이자(유효이자)가 가산된 금액이 된다.

표 10-7 | 사채상환의 회계처리

구 분	회계처리				
장부금액＜상환금액	(차) 사　　채	×××	(대) 현　　금	×××	
	사채할증발행차금	×××	사채할인발행차금	×××	
	사채상환손실	×××			
장부금액＞상환금액	(차) 사　　채	×××	(대) 현　　금	×××	
	사채할증발행차금	×××	사채할인발행차금	×××	
			사채상환이익	×××	

사채를 조기상환할 경우 다음과 같은 회계처리를 한다.

① 상환일 현재 사채발행차금계정의 잔액을 갱신하는 회계처리를 한다. 직전 이자지급일부터 상환일까지의 유효이자와 액면이자를 계산하여 상환시점의 사채할인발행차금의 미상각(사채할증발행차금의 미환입) 잔액을 구한다.
② 상환되는 사채계정과 사채발행차금계정을 제거하고 경과이자를 반영하는 회계처리를 한다.
③ 사채의 장부금액과 상환금액의 차이를 사채상환손익으로 인식한다.

연습문제

㈜강남은 20×1년 1월 1일에 아래와 같이 사채를 발행하였으며, 동 사채를 20×1년 12월 31일 980,000원에 조기 상환하였다. 20×1년 인식할 사채상환손실은 얼마인가?
(사채할인발행차금은 유효이자율법에 따라 상각하고 소수점 이하는 절사한다)

- 액면가액 : 1,000,000원
- 액면이자율 : 8%
- 이자는 매년 말 후급
- 만기 : 3년
- 사채 발행 시 유효이자율 : 10%
- 발행가액 : 950,263원

① 14,711원　② 15,026원　③ 95,026원　④ 109,737원

[풀이] ①
20×1.12.31 사채 장부가액 : 950,263원 + (950,263원 × 10% − 80,000원) = 965,289원

(차) 이자비용	95,026	(대) 현금	80,000
		사채할인발행차금	15,026
(차) 사채	1,000,000	(대) 사채할인발행차금	34,711
사채상환손실	14,711	현금	980,000

제3절 충당부채와 우발부채

01 충당부채의 의의, 인식조건

(1) 충당부채의 의의

충당부채(provisions for charges)는 당기의 수익에 대응하는 비용으로서 장래에 지출될 것이 확실하나, 그 지출금액이나 지출시기가 확정되어 있지 않은 부채를 말한다. 충당부채는 그 지출금액이나 지출시기가 확정되지 않았기 때문에 추정을 해야 한다는 점에서 확정부채와 차이가 있다.

충당부채의 예에는 제품보증충당부채, 공사보증충당부채, 소송관련 손해배상충당부채 등이 있다. 예를 들어, 회사가 제품을 판매할 때 일정기간 내에 결함 등이 발견되는 경우 이를 교환 또는 수리해 주기로 제품보증(product warranty)을 한 경우, 언제, 누구에게, 얼마나 보증서비스를 제공할지 정확하게 알 수 없다. 그러나 수익·비용의 대응원칙에 따라 미래에 특정되지 않은 소비자에게 보증서비스를 제공할 가능성이 높고 금액을 신뢰성 있게 추정할 수 있다면, 제품의 판매시점에서 미래에 발생할 것으로 예상되는 보증서비스 비용을 추정하여 차변에 제품보증비라는 비용을 계상하고 대변에 제품보증충당부채라는 충당부채로 인식하여야 한다. 이후 실제 보증서비스를 제공할 때 제품보증충당부채를 감소시키면서 현금이나 재고자산의 감소(제품을 교환해 주거나 수리에 부품을 사용하는 경우)로 회계처리한다.

충당부채 중 그 전부 또는 일부의 사용시기를 합리적으로 예측할 수 없는 경우에는 비유동부채로 분류할 수 있으며, 1년 이내에 사용되는 경우에 한하여 유동부채로 분류한다.

(2) 충당부채의 인식조건

다음의 3가지 조건을 충족하는 경우 충당부채를 재무상태표에 부채로 인식하도록 규정하고 있다.
① 과거사건이나 거래의 결과로 현재의무가 존재한다.
② 해당 의무를 이행하기 위하여 경제적 효익이 내재된 자원이 유출될 가능성이 높다. 유출가능성이 높다는 의미는 일반적으로 발생가능성이 50%를 초과하는 경우를 의미한다.
③ 해당 의무의 이행에 소요되는 금액을 신뢰성 있게 추정할 수 있다. 이러한 추정치는 과거의 경험, 전문가의 의견 등을 참고한 최선의 추정치로 측정한다.

표 10-8 충당부채와 우발채무의 비교

금액의 추정 가능성 자원의 유출가능성	신뢰성 있게 추정할 수 있는 경우	신뢰성 있게 추정할 수 없는 경우
가능성이 높은 경우 (probable)	충당부채로 인식	우발부채로 주석으로 공시
가능성이 높지 않은 경우 (possible)	우발부채로 주석으로 공시	
가능성이 거의 없는 경우 (remote)	공시하지 않음	

연습문제

다음 중 충당부채로 인식할 수 있는 요건이 아닌 것은?
① 과거사건의 결과로 현재 법적의무 또는 의제의무가 존재 한다.
② 당해 의무를 이행하기 위하여 경제적효익이 내재된 자원이 유출될 가능성이 높다.
③ 지출의 시기 및 금액을 확실히 추정할 수 있다.
④ 당해 의무의 이행에 소요되는 금액을 신뢰성 있게 추정할 수 있다.

풀이 ③
지출의 시기 및 금액이 불확실하다.

02 우발부채

(1) 우발부채의 의의와 인식요건

우발부채(contingent liabilities)는 부채의 존재, 금액과 지급시기가 미래 일정한 사건의 발생에 따라 확정되는 부채를 말한다. 우발부채는 충당부채와 성격이 유사하나 충당부채의 인식조건을 충족하지 못하여(자원의 유출가능성이 높지 않거나 금액을 신뢰성 있게 추정할 수 없는 경우) 재무상태표에 부채로 인식할 수 없는 부채이다. 따라서 우발부채는 주석으로 공시한다. 그리고 자원의 유출가능성이 거의 없는 경우에는 주석으로도 공시할 필요가 없다.

(2) 소송 관련 손실의 회계처리

기업이 손해배상소송에 피소되어 재무상태표일 현재 소송에 계류 중일 경우 패소할 가능성이 크다면(자원의 유출가능성이 높고 금액을 신뢰성 있게 추정할 수 있는 경우) 충당부채로 인식하여 다음과 같이 회계처리한다.

| (차) 손해배상손실 | ××× | (대) 손해배상충당부채 | ××× |

그러나 패소할 가능성이 높지 않거나 패소가능성이 높더라도 배상금액을 신뢰성 있게 추정할 수 없는 경우에는 우발채무로 관련 소송의 내용만 주석으로 공시한다.

연습문제

다음은 충당부채 및 우발부채에 관한 설명이다. 잘못된 것은?
① 충당부채로 인식하기 위해서는 현재의무가 존재하여야 할 뿐만 아니라, 그 의무의 이행을 위한 자원의 유출 가능성이 매우 높아야 한다.
② 충당부채의 명목금액과 현재가치의 차이가 중요한 경우에는 의무를 이행하기 위하여 예상되는 지출액의 현재가치로 평가한다.
③ 우발부채는 부채로 인식하여야 한다.
④ 현재의무를 이행하기 위하여 소요되는 지출 금액에 영향을 미치는 미래사건이 발생할 것이라는 충분하고 객관적인 증거가 있는 경우에는, 그러한 미래사건을 감안하여 충당부채 금액을 추정한다.

풀이 ③
우발부채는 부채로 인식하지 아니한다. 의무를 이행하기 위하여 자원이 유출될 가능성이 아주 낮지 않는 한, 우발부채를 주석에 기재한다.

03 제품보증충당부채

상품 또는 제품의 판매시 제품보증 약정으로 인한 보증기간은 이후 여러 회계연도에 걸치게 된다. 이는 제품 등의 결함은 판매시점에서 존재할 것으로 추정할 수 있지만 결함이 발견되는 시점은 판매시점 이후일 가능성이 높기 때문이다.

따라서 제품보증 약정을 이행하는데 있어 미래의 현금지출과 같은 경제적 자원의 유출가능성이 높고, 그 금액을 신뢰성 있게 추정할 수 있으면 충당부채를 인식해야 한다. 제품보증은 일반적으로 판매와 동시에 제공되며 제품과 분리될 수 없는 성질을 가지고 있기 때문에 판매대금을 전액 수익으로 인식하고, 보증비용을 추정하여 판매기간의 비용으로 대응시키면서 설정되는 부채를 제품보증충당부채라고 한다.

예제 10-4 　제품보증충당부채

가전제품을 판매하는 ㈜강남은 제품판매 후 1년간 무상으로 수리해 주고 있다. 과거의 경험에 따라 매출액 중 5%의 서비스비용이 발생하는 것으로 추정하였다. ㈜강남의 20×1년의 매출액은 10,000,000원이고, 전액 현금판매하였다. 20×2년에 실제로 200,000원의 제품보증비를 지출하였다.

(1) ㈜강남이 20×1년에 제품보증충당부채를 설정하는 회계처리를 하시오.
(2) ㈜강남이 20×2년에 보증서비스비용을 지출할 때의 회계처리를 하시오.

풀이 (1) 제품보증충당부채의 설정

(차) 제품보증비	500,000	(대) 제품보증충당부채	500,000

* 10,000,000 × 0.05 = 500,000원

(2) 제품보증비의 지출

(차) 제품보증충당부채	200,000	(대) 현금	200,000

04 퇴직급여부채

(1) 퇴직급여와 퇴직급여부채

퇴직급여(post-employment benefit)는 종업원이 퇴직할 때(퇴직일시금을 지급) 또는 퇴직한 후(퇴직연금을 지급)에 기업이 종업원의 과거 근무용역에 대한 대가로 지급하는 종업원급여이다. 퇴직급여에는 퇴직일시금, 퇴직연금과 퇴직후 의료급여 등이 포함된다.

퇴직급여부채는 기업이 종업원의 미래 퇴직급여와 관련하여 인식하는 충당부채이다. 퇴직급여부채는 근무용역을 제공한 기간의 비용으로 인식하고 장래 퇴직시점에 지급할 의무를 현재가치로 평가하여 확정급여채무로 계상한다.

(2) 퇴직급여제도

퇴직급여제도(post-employment benefit plans)는 확정기여제도(확정기여형 퇴직연금, defined contribution plans, DC)와 확정급여제도(확정급여형 퇴직연금, defined benefit plans, DB)가 있다.

표 10-9 확정기여제도와 확정급여제도

구분	확정기여제도	확정급여제도
의의	회사가 부담할 기여금을 사전에 확정한 후 종업원이 자기 책임으로 적립금을 운용하여 그 운용결과에 따라 일정 연령에 도달하면 연금이 지급된다.	종업원이 연금으로 받을 금액을 노사가 사전에 확정한 후 근로자가 일정 연령에 도달하면 확정된 연금을 지급한다.
운영방법 및 책임	종업원이 적립금의 운용방법을 결정하고 책임을 진다.	회사가 적립금의 운용방법을 결정하고 책임을 진다.
퇴직급여	운영실적에 따라 퇴직급여가 변동한다.	확정한다.
기업부담	기업부담금은 근로자 임금의 일정비율로 확정된다.	적립금의 운용결과에 따라 기업부담이 변동한다.

① 확정기여제도의 퇴직급여부채 회계처리

확정기여제도는 기업의 부담금이 사전에 확정되고, 종업원이 받을 퇴직급여는 기업의 부담금으로 조성된 기금(fund)의 운용실적에 따라 달라진다. 따라서 회사는 정해진 부담금을 종업원이 정하는 펀드와 금융기관에 입금하는 것으로 퇴직급여에 대한 의무가 끝난다.

확정기여제도를 채택하고 있는 회사는 부담금을 당기비용으로 인식하는 다음과 같은 회계처리를 한다.

표 10-10 확정기여제도의 퇴직급여부채 회계처리

구분	회계처리			
퇴직급여의 인식	(차) 퇴직급여	×××	(대) 현금	×××
퇴직급여의 지급	회계처리 없음			

예제 10-5 확정기여형 퇴직급여

확정기여형 퇴직연금제도를 채택하고 있다. ㈜서울은 20×1년 중 종업원과 합의한 규약에 의거하여 개별 종업원별로 약정한 총부담금 합계액 20,000,000원을 납입하였다. 이에 대한 ㈜서울의 20×1년 회계처리를 하시오.

| (차) | 퇴직급여 | 20,000,000 | (대) | 현금 | 20,000,000 |

② 확정급여제도의 퇴직급여부채 회계처리

확정급여제도는 노사 간 협약에 따라 기업이 종업원에게 퇴직 이후에 사전에 약정된대로 퇴직급여를 지급할 수 있도록 퇴직급여의 규모와 내용을 먼저 확정하고, 이렇게 확정된 퇴직급여를 회사가 모두 부담할 책임을 진다.

확정급여제도를 채택하고 있는 회사는 매 회계연도마다 퇴직률, 미래임금상승률, 할인율 등

을 추정하여 장래 퇴직시점에 지급할 의무를 현재가치로 평가한 후 퇴직급여(당기비용)와 확정급여채무를 부채로 계상하기 위하여 다음과 같은 회계처리를 한다.

표 10-11 확정급여제도의 퇴직급여부채 회계처리

구분		회계처리			
퇴직급여의 인식	1차 연도	(차) 퇴직급여	×××	(대) 확정급여채무	×××
	2차 연도 이후	(차) 퇴직급여 퇴직급여	××× ×××	(대) 확정급여채무	×××
퇴직급여의 지급		(차) 확정급여채무	×××	(대) 사외적립자산	×××

- 확정급여채무는 종업원이 당기까지 근로제공의 대가로 퇴직하여 수령할 퇴직금채무를 결제하는 데 필요한 예상 미래지급액의 현재가치
- 사외적립자산은 확정급여채무의 결제에 대비하여 기업으로부터 분리되게 적립한 자산

연습문제

> 다음 중 K-IFRS 하의 종업원급여(퇴직급여)에 관한 설명으로 가장 올바르지 않은 것은?
> ① 퇴직연금은 확정기여제도(DC)와 확정급여제도(DB)로 나뉜다.
> ② 확정기여제도에서 기업은 금융기관에 정해진 금액을 입금하는 것으로 의무가 종료된다.
> ③ 확정급여제도는 지급시 비용으로 처리하고 의무를 종결한다.
> ④ 확정급여제도란 운용에 대한 책임을 종업원이 부담하는 제도이다.
>
> 풀이 ④
> 확정기여제도는 운용에 대한 책임을 종업원이 부담한다.

예제 10-6 확정급여형 퇴직급여

확정급여형 퇴직연금제도를 채택하고 있는 ㈜서초는 20×1년초 퇴직급여충당부채 잔액은 22,000,000원이었으며, 기말현재 전 종업원에게 일시 지급해야 할 퇴직금추계액은 24,000,000원이다. 금년 중 퇴직한 종업원에 대한 퇴직금은 2,000,000원이었으며, 기여금의 추가납부액 1,500,000원이다. 한편, 기말 현재 사외에 적립한 퇴직연금운용자산은 21,000,000원으로 나타났다.

(1) 20×1년 퇴직금 지급 및 기여금 납부, 퇴직급여 설정에 대한 회계처리를 하시오.
(2) 20×1년말 재무상태표상 사외적립자산 및 퇴직급여관련 순부채는 각각 얼마인가?

 (1) 퇴직급 지급 등

(차) 퇴직급여충당부채	2,000,000	(대) 퇴직연금운용자산	2,000,000
퇴직연금운용자산	1,500,000	현　　　　금	1,500,000
퇴 직 급 여	4,000,000	퇴직급여충당부채	4,000,000

(2) 사외적립자산 = 21,000,000 − 2,000,000 + 1,500,000 = 20,500,000원
　재무상태표상 순부채 = 24,000,000 − 20,500,000 = 3,500,000원

제4절 기타 비유동부채

비유동부채는 사채, 충당부채, 퇴직급여채무, 장기차입금, 장기매입채무, 장기미지급금 등이 있다. 다음에서는 장기차입금, 장기매입채무와 장기미지급금, 퇴직급여부채에 대해 설명한다.

01 장기차입금

장기차입금(long-term borrowings)은 금융회사나 다른 기업 등으로부터 자금을 차입하고, 재무상태표일부터 1년 이후의 일정시점에 상환하기로 한 채무를 말한다. 장기차입금 중 상환기일이 1년 이내에 도래한 경우 유동성장기차입금(current maturities of long-term debt, 또는 유동성장기부채)으로 재분류하여 유동부채에 포함시켜 보고한다.

02 장기매입채무와 장기미지급금

장기매입채무(long-term trade payables, 또는 장기성매입채무)는 일반적 상거래에서 발생한 미지급채무로 재무상태표일부터 1년 이후에 지급일이 도래하는 채무를 말한다. 장기매입채무는 장기외상매입금(장기성외상매입금)과 장기지급어음(장기성지급어음)으로 구분할 수 있다.

장기미지급금은 비품, 토지, 건물 등의 외상매입과 같이 일반적 상거래 이외의 거래에서 발생한 미지급채무로, 재무상태표일부터 1년 이후에 지급일이 도래하는 채무를 말한다.

장기매입채무와 장기미지급금은 미래에 지급할 액면금액과 시장이자율로 할인한 현재가치의 차이가 크면 현재가치로 평가하여야 한다. 액면금액과 장부금액 간의 차이는 차감계정(평가계정)인 현재가치할인차금(present value discount)으로 기록한 후 상환기간 동안 유효이자율법으로 상각하여 비용화한다. 장기매입채무와 장기미지급금에 대한 회계처리는 사채의 할인발행에 대한 회계처리와 기본적으로 동일하다.

 단원별 연습문제

01 다음 설명 중 밑줄 친 (나)와 관련 있는 계정으로만 나열된 것은?

> 부채는 타인 자본을 나타내는 것으로 미래에 기업 외부의 권리자에게 현금이나 서비스를 지급해야할 채무를 말하며, (가)유동 부채와 (나)비유동 부채로 분류한다.

① 외상매입금, 지급어음
② 사채, 장기차입금
③ 선수금, 미지급금
④ 예수금, 단기차입금

02 다음 중 부채에 대한 설명으로 틀린 것은?

① 부채는 기업실체가 현재 시점에서 부담하는 경제적 의무이다.
② 부채는 과거의 거래나 사건으로부터 발생한다.
③ 부채는 금액이 반드시 확정되어야 한다.
④ 부채는 채권자의 권리의 포기 또는 상실 등에 의해 소멸되기도 한다.

03 다음 중 사채에 대한 설명으로 틀린 것은?

① 사채발행비용은 사채의 발행가액에서 차감한다.
② 유효이자율법 적용시 사채할증발행차금 상각액은 매년 증가한다.
③ 유효이자율법 적용시 사채할인발행차금 상각액은 매년 감소한다.
④ 사채할인발행차금은 당해 사채의 액면가액에서 차감하는 형식으로 기재한다.

04 다음 자료에서 비유동부채 금액은?

> • 외상매입금 : 6,000,000원
> • 미지급비용 : 1,000,000원
> • 장기차입금 : 2,000,000원
> • 퇴직급여충당부채 : 5,000,000원

① 5,000,000원
② 7,000,000원
③ 8,000,000원
④ 11,000,000원

05 사채발행에 대한 설명 중 옳지 않은 것은?

① 사채발행가액 = 만기사채원금의 현재가치 + 표시이자액의 현재가치
② 할인발행 : 표시이자합계 > 유효이자합계
③ 할증발행 : 표시이자율 > 시장이자율
④ 할인발행 : 액면가액 > 발행가액

06 다음 중 사채에 대한 설명으로 옳지 않은 것은?

① 액면이자율이 시장이자율과 같으면 사채는 액면발행된다.
② 사채가 할증발행된 경우 유효이자율법에 따라 이자비용으로 인식되는 금액은 매년 감소한다.
③ 사채가 할인발행된 경우 유효이자율법에 따른 사채할인발행차금 상각액은 매년 증가한다.
④ 사채가 할인발행된 경우 손익계산서에 이자비용으로 인식되는 금액은 현금으로 지급하는 이자(표시이자)보다 작다.

07 다음 자료에 의하여 20×1년 12월 31일 이자지급일의 회계처리로 올바른 것은? (단, 이전까지의 회계처리는 정상적으로 이루어진 것으로 가정하며, 원 단위 미만은 반올림한다)

- 사채발행일 : 20×1년 1월 1일(만기 5년)
- 액면가액 : 1,000,000원
- 사채의 표시이자율 : 10%
- 이자지급일 : 매년 12월 31일
- 발행시 현재가치 : 927,910원
- 사채의 유효이자율 : 12%

① (차) 이자비용 111,349원 (대) 현금 20,000원
　　　사채할증발행차금 8,651원
② (차) 이자비용 111,349원 (대) 현금 100,000원
　　　　　　　　　　　　　　　　사채할인발행차금 11,349원
③ (차) 이자비용 100,000원 (대) 현금 88,651원
　　　　　　　　　　　　　　　　사채할인발행차금 11,349원
④ (차) 이자비용 88,651원 (대) 현금 100,000원
　　　사채할인발행차금 11,349원

08 ㈜서울은 액면금액 1,000,000원(표시이자율 연 8%, 사채권면상 발행일 20×1년 1월 1일, 만기 3년, 매년말 이자지급)인 사채를 20×1년 1월 1일에 발행하였다. 사채권면상 발행일인 20×1년 1월 1일의 시장이자율은 연 10%이다. 현가계수는 아래 표를 이용한다.

현가계수표

기간 \ 할인율	단일금액 1원의 현재가치		정상연금 1원의 현재가치	
	8%	10%	8%	10%
3년	0.7938	0.7513	2.5771	2.4868

㈜서울의 20×1년 12월 31일에 상각될 사채할인발행차금은 얼마인가?(단, 단수차이로 인해 오차가 있다면 가장 근사치를 선택한다.)

① 15,024원   ② 19,996원   ③ 20,901원   ④ 25,151원

09 ㈜서초는 아래와 같은 사채를 발행하였다. 20×3년 12월 31일에 사채의 장부가액은 얼마인가?(단, 사채할인발행차금은 유효이자율법에 따라 상각하고 소수점 이하는 절사한다.)

- 발행일 : 20×1년 1월 1일   • 만기일 : 20×5년 12월 31일   • 액면가액 : 1,000,000원
- 액면이자율 : 10%   • 발행가액 : 927,880원   • 유효이자율 : 12%
- 이자지급일 : 매년 12월 31일

① 961,915원   ② 966,163원   ③ 1,000,000원   ④ 1,038,283원

10 다음은 사채의 상환과 관련된 내용이다. 옳지 않은 것은?

① 채무상품의 발행자가 해당 금융상품을 재매입한다면 발행자가 그 금융상품에 대한 시장조성자이거나 그 금융상품을 단기간에 재매도할 의도가 있더라도 해당 금융부채는 소멸한다.
② 사채를 발행한 시점보다 시장이자율이 상승하여 사채가 조기상환이 된다면 사채가격은 상승하고 사채상환손실이 발생한다.
③ 사채를 만기 시점에 상환하게 된다면 사채상환손익은 발생하지 않는다.
④ 이자 지급일 사이에 조기상환이 이루어지면 먼저 직전 이자 지급일부터 상환일까지 이자비용을 인식한 후 상환에 대한 회계처리를 하여야 한다.

11 다음 중 충당부채, 우발부채 및 우발자산과 관련된 설명으로 틀린 것은?

① 충당부채는 과거사건이나 거래의 결과에 의한 현재의무로서 모두 부채로 인식한다.
② 우발부채는 부채로 인식하지 아니한다.
③ 우발자산은 자산으로 인식하지 아니하고 자원의 유입가능성이 매우 높은 경우에만 주석에 기재한다.
④ 충당부채의 명목금액과 현재가치의 차이가 중요한 경우에는 의무를 이행하기 위하여 예상되는 지출액의 현재가치로 평가한다.

12 퇴직급여제도와 관련한 설명 중 틀린 것은?

① 확정기여형퇴직연금제도를 설정하면, 기업이 부담하는 퇴직금 납입액 전액을 당기비용으로 처리한다.
② 확정급여형퇴직연금제도에서 운용되는 자산은 기업이 직접 보유하고 있는 것으로 보아 회계처리한다.
③ 확정급여형퇴직연금제도에서 퇴직급여와 관련된 자산과 부채를 재무상태표에 표시할 때에는 퇴직급여와 관련된 부채에서 퇴직급여와 관련된 자산을 차감하는 형식으로 표시한다.
④ 확정급여형퇴직연금제도에서 퇴직급여와 관련된 자산이 관련 부채를 초과하는 경우, 그 초과

1. ② 회계에서는 1년 또는 정상 영업주기 내에 현금으로 결제할 부채를 유동 부채, 그 외의 부채를 비유동 부채라고 한다.
   비유동 부채는 사채, 장기차입금, 퇴직급여충당부채, 이연법인세부채 등이 있다.

2. ③ 일반적으로 부채의 액면금액은 확정되어 있지만 제품보증을 위한 충당부채와 같이 그 측정에 추정을 요하는 경우도 있다. 따라서, 부채의 정의를 만족하기 위해서는 금액이 반드시 확정되어야 함을 의미하는 것은 아니다.

3. ③ 유효이자율법 적용시 사채할증발행차금 상각액과 사채할인발행차금 상각액 모두 매년 증가한다.

4. ② 7,000,000원 = 2,000,000원(장기차입금) + 5,000,000원(퇴직급여충당부채)

5. ② 할인발행 : 표시이자율 > 유효이자율

6. ④ 사채가 할인발행된 경우 손익계산서에 이자비용으로 인식되는 금액은 현금으로 지급하는 이자(표시이자)보다 크다.

7. ② • 사채 액면이자 : 1,000,000원 × 10% = 100,000원
   • 사채 유효이자 : 927,910원 × 12% = 111,349원
   • 사채할인발행차금상각액 : 유효이자 111,349원 - 액면이자 100,000원 = 11,349원

8. ① 15,024원
   20×1년 1월 1일 사채의 현재가치 : 1,000,000원 × 0.7513 + 80,000원 × 2.4868 = 950,244원
   20×1년 말 사채할인발행차금 : 950,244원 × 10% - 80,000원 = 15,024원

9. ② ×1년 말 장부가액 : 927,880원 + (927,880원 × 0.12 - 100,000원) = 939,225원
   ×2년 말 장부가액 : 939,225원 + (939,225원 × 0.12 - 100,000원) = 951,932원
   ×3년 말 장부가액 : 951,932원 + (951,932원 × 0.12 - 100,000원) = 966,163원

10. ② 사채의 조기상환시 사채상환가액은 잔여 미래현금흐름을 상환일의 현행시장이자율로 할인한 금액과 같다. 따라서 사채 발행일 이후 시장이자율이 상승하면 미래현금흐름을 발행시의 시장이자율로 할인한 금액보다 상환시의 시장이자율로 할인한 금액이 더 작아지므로 사채상환이익이 발생한다.

11. ① 충당부채는 ① 과거사건이나 거래의 결과로 현재의무가 존재하고, ② 당해 의무를 이행하기 위하여 자원이 유출될 가능성이 매우 높고, ③ 그 의무의 이행에 소요되는 금액을 신뢰성 있게 추정할 수 있을 때 부채로 인식한다.

12. ④ 확정급여형퇴직연금제도에서 퇴직급여와 관련된 자산이 관련 부채를 초과하는 경우, 그 초과액은 투자자산의 과목으로 표시한다.

연습문제

문제 1

다음의 사채발행과 관련하여 괄호 안에 각각 유효이자율과 액면이자율의 적절한 값을 기입하시오.

- 사채의 액면금액 : 100,000원
- 만기 : 3년
- 액면이자율 : (　　)%
- 유효이자율 : (　　)%
- 사채발행일자 : 20×1년 1월 1일(이자지급 : 매년 말 1회)

일자	유효이자	액면이자	상각액	장부금액
20×1년 1월 1일				94,842
20×1년 12월 31일	?	7,588	1,588	−

문제 2

㈜서초는 20×1년 1월 1일에 발행된 사채의 액면금액은 1,000,000원, 액면이자율 10%를 매년 말 지급하는 사채를 발행하였다. 사채의 만기일은 20×3년 12월 31일이다.

(12% 현가계수)

기간	일시금의 현가계수	연금의 현가계수
1	0.8929	0.8929
2	0.7929	1.6901
3	0.7118	2.4018

(1) 시장이자율이 12%라고 할 때 발행일의 사채발행가격을 구하시오.
(2) 아래의 사채발행차금상각표를 작성하시오.

일자	유효이자	액면이자	상각액	장부금액
20×1. 1. 1				
20×1. 12. 31				
20×2. 12. 31				
20×3. 12. 31				
계				

(3) 사채발행과 관련된 각 연도별 회계처리를 해 보시오.

문제 3

㈜서초는 20×1년 1월 1일에 발행된 사채의 액면금액은 1,000,000원, 액면이자율 10%를 매년 말 지급하는 사채를 발행하였다. 사채의 만기일은 20×3년 12월 31일이다.

(8% 현가계수)

기간	일시금의 현가계수	연금의 현가계수
1	0.9259	0.9259
2	0.8573	1.7833
3	0.7938	2.5771

(1) 시장이자율이 8%라고 할 때 발행일의 사채발행가격을 구하시오.
(2) 아래의 사채발행차금상각표를 작성하시오.

일자	유효이자	액면이자	상각액	장부금액
20×1. 1. 1				
20×1. 12. 31				
20×2. 12. 31				
20×3. 12. 31				
계				

(3) 사채발행과 관련된 각 연도별 회계처리를 해 보시오.

문제 4

㈜서초는 20×1년 1월 1일 ㈜강남이 동 일자에 발행한 사채를 구입하고 만기보유증권으로 분류하였다. 20×2년 말 ㈜서초의 재무상태표에 표시되는 만기보유증권은 얼마인가? (소수점 미만 금액 발생 시 소수점 첫째 자리에서 반올림한다.)

- 사채 액면가액 1,000,000원
- 만기 3년
- 사채발행가액 971,712원
- 표시이자율 2%, 이자는 매년 말 후급
- 사채발행 시 시장이자율 3%

문제 5

㈜방배는 다음과 같이 사채를 발행하였다. 이를 토대로 사채할인발행차금을 구하시오.

- 사채 1좌당 액면금액 100,000원을 97,000원에 발행하였다. (총 200좌, 상환기간 5년, 표시이자율 10%, 이자지급 연 1회)
- 사채발행에 따른 납입금은 보통예금으로 입금되었으며, 이와 별도로 사채발행비 200,000원은 현금으로 지급하였다.

문제 6

㈜서초은 20×1년 1월 1일 투자목적으로 액면금액 100,000원인 ㈜강남의 사채(만기 3년, 표시이자율 10%)를 취득하였다. 이 사채의 유효이자율은 12%이다. 이 사채의 이자수취일은 매년 12월 31일이다. 현가표가 다음과 같을 때 사채의 취득가격은 얼마인가?

현가계수표

기간	할인율	단일금액 1원의 현재가치		정상연금 1원의 현재가치	
		10%	12%	10%	12%
3년		0.751	0.712	2.487	2.402

문제 7

20×1년 12월 말 현재 ㈜서초의 재무상태표상에 표시된 회사채 장부가액은 570,000원이다. 해당 회사채의 액면가액은 600,000원이며, 발행 당시 유효이자율은 연 12%, 표시이자율은 연 10%로 할인발행되었다. ㈜서초는 동 회사채와 관련된 할인발행차금을 유효이자율법에 따라 상각하며 이자지급은 매년 6월 30일과 12월 31일이다. 20×2년 7월 1일 ㈜서초가 동 회사채 전부를 액면가액의 102%로 조기상환하였다면 조기상환으로 발생하는 사채상환손익은 얼마인가? 단, 단수차이가 생기는 경우 가장 근사치를 답으로 선택한다.

문제 8

다음은 제품보증충당부채와 관련된 거래 내역이다. 일자별 회계처리를 하시오.

1. 20×3년 12월 31일 품질보증조건을 매출한 상품 200,000에 대해 5%의 제품보증충당부채를 설정하다.
2. 20×4년 중 제품보증비용으로 현금 15,000을 지출하다.
3. 20×4년 12월 31일 품질보증조건으로 매출한 상품 500,000에 대해 3%의 제품보증충당부채를 설정하다.
4. 20×4년 중 제품보증비용으로 현금 10,000을 지출하다.

문제 9

다음 내용을 토대로 ㈜방배의 홍길동 씨에 대한 퇴직금 지급 시 회계처리를 하시오.

- ㈜방배은 사내적립식 퇴직일시금제도를 운영하고 있다.
- 홍길동 씨의 퇴직 전 ㈜방배의 퇴직급여충당부채 잔액은 12,000,000원이다.
- ㈜방배은 퇴사한 종업원 홍길동 씨에게 퇴직금 15,000,000원을 보통예금으로 지급하였다.

Chapter 11

자 본

제1절 자본의 의의와 분류
제2절 자본금
제3절 자본잉여금
제4절 자본조정과 기타포괄손익누계액
제5절 이익잉여금
제6절 자본변동표
단원별 연습문제

Chapter 11 자본

제1절 자본의 의의와 분류

01 자본의 의의

　기업이 경영활동을 하기 위해서는 많은 자금을 필요로 한다. 그런데 기업이 내부에서 자금을 조달하는 데 한계가 있기 때문에 대부분의 필요한 자금을 외부로부터 조달한다.
　기업은 은행과 같은 대여자로부터 자금을 빌리기도 하고, 주식시장에서 주식을 발행하여 자금을 조달하기도 한다. 이렇게 조달된 자금 중 대여자로부터 조달된 자금은 재무상태표의 부채(liabilities)로 표시되고, 주주로부터 조달된 자금은 자본(equity)에 표시된다.
　자본에는 주주 등 소유주로부터 출자받은 금액뿐만 아니라 기업의 경영활동을 통해 가득한 이익(이익잉여금 및 기타포괄손익누계액)도 포함한다. 또한 자기주식 거래 등 다양한 자본거래에서 발생한 차손익(자본잉여금)도 자본에 포함된다.
　일반적으로 채권자지분(부채)을 타인자본이라 하고, 주주지분(자본)을 자기자본 또는 소유주지분(owner's equity)이라고 한다. 회계등식에서 설명한 바와 같이 자본은 자산에서 부채를 차감한 잔여분을 의미하며, 국제회계기준에서도 동일한 개념으로 자본을 정의하고 있다.

02 자본의 분류

　국제회계기준에서는 재무상태표에 표시되는 자본으로 자본금과 적립금만 언급하고 있다. 다만 자본금과 적립금은 납입자본, 주식발행초과금, 적립금 등과 같이 다양한 분류로 세분화할 수 있도록 규정하고 있다. 국제회계기준은 재무상태표의 자산이나 부채의 표시뿐만 아니라 자본의 표시에 있어서도 기업에게 상당한 재량권을 부여하고 있기 때문에 실제 공표되는 재무상태표의 자본은 기업마다 그 분류가 동일하지 않다.
　우리나라에서 국제회계기준을 적용하지 않는 기업은 일반기업회계기준을 적용해야 하는데, 동 기준은 자본의 분류 및 표시에 대해서 통일된 지침을 제시하고 있다. 따라서 본장에서는 편의상 일반기업회계기준에 따라 [표11-1]과 같이 자본을 자본금, 자본잉여금, 자본조정, 기타포괄손익누계액 및 이익잉여금(또는 결손금)으로 분류하여 설명한다.

|표 11-1| 자본의 분류

구 분		내 용
자본금		보통주자본금, 우선주자본금
자본잉여금		주식발행초과금, 감자차익, 자기주식처분이익 등
자본조정	차감계정	자기주식, 감자차손, 자기주식처분손실 등
	가산계정	미교부주식배당금 등
기타포괄손익누계액		매도가능증권평가손익, 재평가잉여금 등
이익잉여금		법정적립금, 임의적립금, 미처분이익잉여금(또는 미처리결손금)

연습문제

다음은 일반기업회계기준에 따른 자본에 대한 설명이다. 가장 틀린 것은?

① 액면금액을 초과하여 주식을 발행하는 경우 그 액면금액을 초과하는 금액은 주식발행초과금으로 하여 자본잉여금으로 계상한다.
② 일반기업회계기준의 자본은 자본금, 자본잉여금, 자본조정, 기타포괄손익누계액, 이익잉여금(또는 결손금)으로 구성된다.
③ 자기주식은 자본조정에 표시하고 자본의 가산항목이다.
④ 자기주식처분손실은 자기주식처분이익이 있는 경우 우선 상계처리하고, 잔액은 자본 조정으로 계상한다.

풀이 ③
자기주식은 자본의 차감항목이다.

제2절 자본금

01 자본금의 의의

회사가 발생하는 주식 1주의 금액이 정관에 정해져 있는 주식을 액면주식(par value shares)이라 하고, 1주의 금액이 정해져 있지 않은 주식을 무액면주식(no-par shares)이라 한다.

자본금은 발행주식이 액면주식인지 아니면 무액면주식인지에 따라 다르게 결정된다. 액면주식의 자본금은 발행주식수에 액면금액을 곱한 금액을 말한다. 예를 들어 회사가 발행한 주식수가 1,000주이고 1주당 액면금액이 1,000원이면 회사의 자본금은 1,000,000원이다.

우리나라 상법은 회사의 정관에 규정이 있는 경우 무액면주식의 발행을 허용하고 있다. 다만, 무액면주식을 발행하는 경우에는 액면주식을 발행할 수 없다. 회사가 무액면 주식을 발행할 경우 자본금은 주식 발행가액 중 1/2 이상의 금액으로 이사회(또는 주주총회)에서 결정한다. 예를 들어 회사가 무액면주식 1,000주를 1,000,000원에 발행할 경우 이 중에서 적어도 500,000원 이상을 자본금으로 결정해야 하며, 나머지 금액은 후술할 자본잉여금 중 주식발행초과금으로 회계처리한다.

02 주식의 종류

(1) 보통주

우리나라 상법에서는 이익이나 이자의 배당 또는 잔여재산의 분배에 관하여 내용이 서로 다른 여러 종류의 주식을 발행할 수 있도록 규정하고 있다. 보통주(common stock)는 이익 및 잔여재산분배 등의 재산적 내용에 있어서 표준이 되는 주식이다. 이는 기업이 여러종류의 주식을 발행한 경우 다른 종류의 주식과 구별하기 위해서 보통주라고 부른다. 물론 기업이 한 종류의 주식만 발행하였다면 이는 보통주가 된다.

보통주의 주주는 기업이 발행한 총 주식에서 자신이 소유한 비율 즉, 지분율만큼 주주총회에서 의결권을 행사할 수 있으며 기업의 이익을 분배받을 권리가 있다. 또한 기업이 자금조달을 위해 추가로 주식을 발행하는 경우 신주를 인수할 권리(신주인수권)를 갖는다. 하지만 기업의 청산시에는 잔여재산에 대한 청구권이 채무자나 후술할 우선주주에 비해 후순위로 밀려난다.

(2) 우선주

우선주(peferred stock)는 이익배당이나 잔여재산분배에 있어서 보통주보다 우선하는 권리를 갖는 주식을 말한다. 우선주는 누적적 우선주(cumulative preferred stock)와 비누적적 우선주(non-cumulative preferred stock)로 구분할 수 있다. 특정 연도에 배당가능이익이 부족하여 받지 못한 배당을 다음 연도로 이월하여 받을 수 있는 우선주를 누적적 우선주라고 하며, 특정 연도에 받지 못한 배당을 다음 연도로 이월할 수 없는 우선주를 비누적적 우선주라고 한다.

우선주는 참가적 우선주와 비참가적 우선주로 구분할 수 있다. 우선주가 우선적 배당을 받은 후 보통주가 배당을 받을 때 다시 배당에 참여할 수 있는 우선주를 참가적 우선주(participating preferred stock)라고 하며, 다시 배당에 참여할 수 없는 우선주를 비참가적 우선주(non-participating preferred stock)라고 한다.

그 밖에 우선주에는 특별한 권리를 부여하기도 한다. 특정 시점에 특정 금액으로 발행회사가 상환할 수 있는 권리를 갖는 우선주를 상환우선주(callable preferred stock)라 한다. 그런데 우선주의 상환권리를 주주에게 부여한 상환우선주(redeemable preferred stock)도 있는데, 법적 형식은 자본이지만 발행회사가 주주의 상환청구에 따라 우선주를 상환해야 할 의무를 부담하기 때문에 국제회계기준에서는 이를 금융부채로 분류한다. 한편, 보통주로 전환할 수 있는 권리가 부여되어 있는 우선주를 전환우선주(convertible preferred stock)라고 한다.

03 자본금의 증가

자본금의 증가는 유상증자와 무상증자로 구분된다. 유상증자는 자본금이 증가하면서 현금 등 자산이 유입되는 실질적 증자이며, 무상증자는 자본금이 증가하더라도 현금 등 자산이 유입되지 않는 형식적 증자를 말한다.

(1) 유상증자

회사가 신주를 발행할 때는 주주가 되고자 하는 자로부터 주식청약을 받으면서 일정액의 청약증거금을 납입받고 주식을 발행한다. 주식발행시의 회계처리는 발행주식이 액면주식인지 아니면 무액면주식인지에 따라 다르다. 발행하는 주식에 따라 보통주자본금 또는 우선주자본금 계정을 사용하여야 하나, 본장에서는 이를 구분하지 않고 설명의 편의상 자본금 계정을 사용하기로 한다.

① 액면주식의 발행

회사가 액면주식을 발행할 경우에는 주당 발행가액이 액면금액과 동일한지의 여부에 따라 회계처리가 상이하다. 주당 발행가액이 액면금액과 동일한 경우를 액면발행이라 하고, 주당 발행가액이 액면금액보다 높은 경우를 할증발행이라고 한다. 우리나라 상법에서는 자본 충실의 원칙에 따라 특별한 경우가 아니라면 주당 발행가액이 액면금액보다 낮은 할인발행을 제한하고 있으므로 실무상 할인발행의 사례는 거의 없다.

현금을 납입받고 주식을 발행할 경우 액면발행, 할증발행 및 할인발행시 발행 회사의 분개는 다음과 같다.

〈액면발행의 경우〉
(차) 현　　　　금　　×××　　(대) 자　본　금　　×××

〈할증발행의 경우〉
(차) 현　　　　금　　×××　　(대) 자　본　금　　×××
　　　　　　　　　　　　　　　　주식발행초과금　×××
　　　　　　　　　　　　　　　　(자 본 잉 여 금)

〈할인발행의 경우〉
(차) 현　　　　금　　×××　　(대) 자　본　금　　×××
　　주식할인발행차금　×××
　　(자　본　조　정)

주식발행과 직접 관련하여 발생한 원가(등록 및 감독관련 수수료, 법률 및 회계자문수수료, 주권 수수료, 주권인쇄비 등)는 비용으로 인식하는 것이 아니라 주식의 발행가액에서 차감한다. 따라서 주식발행 직접 원가만큼 주식발행초과금이 감소하거나 주식할인발행차금이 증가한다.

예제 11-1 　주식의 발행

㈜강남은 20×1년 1월 1일에 액면금액 5,000원인 보통주 1,000주를 발행하여 회사를 설립하였다. 발행금액에 따른 회계처리를 하시오.

(1) 1주당 발행금액이 5,000원인 경우
(2) 1주당 발행금액이 8,000원인 경우
(3) 1주당 발행금액이 4,000원인 경우

풀이 (1) 1주당 발행금액이 5,000원인 경우
주식의 발행금액과 액면금액이 동일하므로 액면발행에 해당한다. 액면금액을 자본금계정으로 처리한다.

| (차) 현금 | 5,000,000 | (대) 자본금 | 5,000,000 |

(2) 1주당 발행금액이 8,000원인 경우

주식의 발행금액과 액면금액보다 높으므로 할증발행에 해당한다. 할증발행시에는 발행금액과 액면금액의 차이를 주식발행초과금으로 처리한다.

(차) 현 금	8,000,000	(대) 자본금	5,000,000
		주식발행초과금	3,000,000

* 주식발행초과금 = 발행금액−액면금액 = 8,000×1,000주−5,000×1,000주 = 3,000,000

(3) 1주당 발행금액이 4,000원인 경우

주식의 발행금액이 액면금액보다 낮으므로 할인발행에 해당한다. 발행금액과 액면금액의 차이를 차감계정인 주식할인발행차금으로 처리한다.

(차) 현 금	4,000,000	(대) 자본금	5,000,000
주식할인발행차금	1,000,000		

② **무액면주식의 발행**

회사가 무액면주식을 발행할 경우에는 이사회(또는 주주총회)에서 신주발행가액의 1/2 이상을 자본금으로 결정해야 한다. 이때 발행가액에서 자본금으로 결정한 금액을 차감한 잔액을 주식발행초과금으로 인식한다. 예를 들어 주식의 총발행가액이 1억원인데 이사회에서 이 중 8천만원을 자본금으로 결정했다면 나머지 2천만원이 주식발행초과금이다. 따라서 무액면주식을 발행할 경우에는 주식할인발행차금이 인식될 수 없다.

연습문제

㈜강남의 20×1년 1월 1일 자본금은 30,000,000원(주식수 30,000주, 액면가액 1,000원)이다. 20×1년 7월 1일에 주당 1,200원에 10,000주를 유상증자하였다. 20×1년 기말 자본금은 얼마인가?

① 12,000,000원 ② 40,000,000원 ③ 50,000,000원 ④ 62,000,000원

 ②

기말 자본금 : (30,000주 + 10,000주) × 1,000원 = 40,000,000원

(2) 무상증자

주식발행초과금 등 자본잉여금과 후술할 이익잉여금 중 법정적립금을 자본금으로 전입하고, 주식을 발행하는 것을 무상증자라고 한다. 유상증자를 할 경우 주주는 현금을 주식발행회사에 납입하고 주식을 수령하는 반면, 무상증자를 할 경우 주주는 현금 등의 납입 없이 자신의 보유 지분율에 비례하여 무상으로 주식을 수령한다. 무상증자(주식발행초과금의 자본전입 가정)시 발행회사의 회계처리는 다음과 같다.

| (차) 주식발행초과금 ××× | (대) 자 본 금 ××× |

무상증자를 하면 주식발행회사의 발행주식수는 증가하지만 자본 총계는 변동되지 않는다. 왜냐하면 무상증자는 주주로부터의 현금불입 없이 자본 항목간의 대체에 불과하기 때문이다. 한편, 주주의 입장에서도 보유주식수는 증가하지만 보유주식 전체의 가치는 변동되지 않으며, 1주당 가치만 감소할 뿐이다. 따라서 주주는 무상증자로 주식을 수령 하더라도 아무런 회계처리를 하지 않는다.

04 자본금의 감소

기업은 사업규모를 축소하거나 결손보전을 위해 자본금을 감소시킬 수 있다. 자본금의 감소는 주주에게 피해를 줄 수 있기 때문에 상법에서는 자본감소의 방법과 절차를 엄격하게 규정하고 있다. 자본감소는 크게 유상감자와 무상감자로 구분된다.

(1) 유상감자(실질적 감자)

유상감자란 현금 등의 대가를 주주에게 지급하고 주주로부터 주식을 회수하여 이를 소각하는 것으로서 실질적 감자라고도 한다. 우리나라에서 유상감자를 하려면 주주총회의 특별결의를 거쳐야 하는 등 상법상 자본금 감소규정을 따라야 한다. 유상감자시 회계처리는 다음과 같다.

| (차) 자 본 금 ×××   (대) 현 금 ××× |
| (감자차손) (×××)   (감자차익) (×××) |

유상감자시 감소하는 주식의 액면금액보다 지급하는 대가가 더 적으면 감자차익(자본잉여금)으로 회계처리하고, 지급하는 대가가 더 많으면 감자차손(자본조정)으로 회계처리 한다. 유상감자시 감자차손이 발행할 경우 이미 인식한 감자차익이 있다면 감자차익과 우선 상계하고, 잔액이 있으면 자본조정으로 처리한다. 자본조정으로 회계처리한 감자차손은 이익잉여금의 처분 과정에서 미처분이익잉여금과 상계한다. 자본의 감소에서 발생하는 감자차익이나 감자차손은 자본거래로부터 비롯된 차액이므로 당기손익에 포함시키지 않는다.

이는 유상증자시 발생하는 차액(즉, 주식발행초과금이나 주식할인발행차금)을 당기손익에 포함시키지 않은 것과 동일한 이치이다.

예제 11-2 유상감자

㈜강남은 액면금액 5,000원인 보통주 2,000주를 주당 6,000원에 발행하였다. 주주총회의 특별결의에 따라 50주를 현금으로 매입하여 소각하기로 하였다. 다음 각각의 독립된 상황에 따른 회계처리를 하시오.
(1) 1주당 취득가격이 4,000원인 경우
(2) 1주당 취득가격이 7,000원인 경우

풀이 (1) 1주당 취득가격이 4,000원인 경우

(차) 자본금	250,000	(대) 현 금	200,000
		감자차익	50,000

(2) 1주당 취득가격이 7,000원인 경우

(차) 자본금	250,000	(대) 현 금	350,000
감자차손	100,000		

(2) 무상감자(형식적 감자)

무상감자란 자본금은 감소하나 회사의 순자산이 감소하지 않는 감자로서 주로 거액의 결손금이 있어서 장기간 이익배당을 할 수 없는 경우에 이루어진다. 즉, 무상감자는 자본금과 미처리결손금을 상계하는 것이며, 이를 형식적 감자라고도 한다. 무상감자의 회계처리는 다음과 같다.

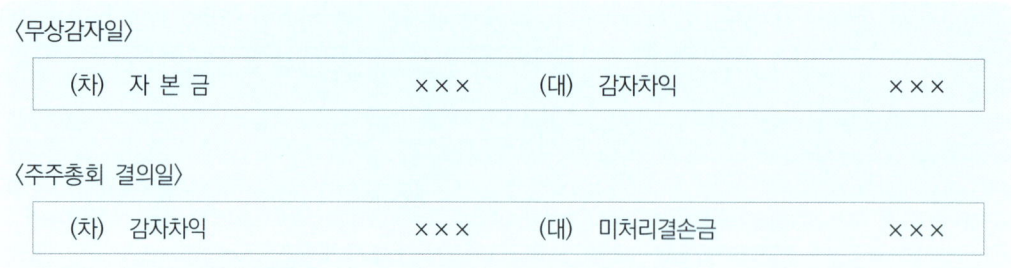

기중 무상감자일에 자본금을 감소기키면서 감자차익(자본잉여금)을 인식한다. 그리고 주주총회 결의일에 감자차익과 미처리결손금을 상계한다. 미처리결손금이 없는 기업도 무상감자를 할 수 있으나, 실익은 없다.

무상증자와 마찬가지로 무상감자의 경우에도 회사의 발행주식수는 감소하지만 자본총계는 변동이 없다. 주주의 입장에서도 보유주식수는 감소하지만 전체 보유주식의 가치는 변동하지 않으므로 아무런 회계처리도 하지 않는다.

 **연습문제**

㈜강남은 주식 1,000주, 액면금액 5,000원인 주식을 3,000원에 매입하여 즉시 소각하였다. 재무상태표에 계상될 감자차익은 얼마인가?

① 5,000,000원 ② 7,000,000원
③ 2,000,000원 ④ 12,000,000원

풀이 ③

(차) 자 본 금	5,000,000	(대) 현　　금	3,000,000
		감자차익	2,000,000

제3절 자본잉여금

주주에 의한 불입자본에서 자본금을 제외한 부분을 자본잉여금이라고 한다. 자본잉여금은 증자 및 감자활동, 기타 자본과 관련된 거래에서 발생된 잉여금으로서 영업활동과 관련되어 발생된 이익잉여금과 구별되어야 한다. 왜냐하면 주주에 대한 배당은 이익잉여금에 국한되어야 하며, 자본잉여금은 회사의 자본유지를 위하여 배당 등으로 사외유출될 수 없기 때문이다.

01 자본잉여금의 종류 및 증가

(1) 주식발행초과금

액면주식을 유상증자하는 경우 주식발행가액이 액면금액을 초과할 때 그 초과한 금액을 주식발행초과금으로 인식한다. 한편, 무액면주식을 유상증자하는 경우에는 주식발행가액에서 이사회가 자본금으로 결정한 금액을 차감한 금액을 주식발행초과금으로 인식한다. 이때 주식발행과 관련하여 직접 발생한 원가는 주식발행가액에서 차감하므로 그 만큼 주식발행초과금이 감소된다.

(2) 감자차익

감자차익은 유상감자 또는 무상감자시 발생할 수 있다. 유상감자시에는 감소하는 자본금보다 지급하는 대가가 적을 때 발생하며, 무상감자시에는 감소하는 자본금보다 상계하는 미처리결손금이 적을 때 발생한다.

(3) 자기주식처분이익

자기주식을 취득한 후 취득원가보다 더 많은 대가를 수령하고 이를 매각한 경우 차액을 자기주식처분이익이라고 한다. 자기주식처분이익은 자본거래에서 발생한 차익이므로 당기손익이 아니라 자본잉여금으로 분류한다.

02 자본잉여금의 감소

자본잉여금은 배당 등에 의해 사외유출될 수 없다. 따라서 자본잉여금은 자본전입(즉, 무상증자) 및 결손보전(즉, 미처리결손금과 상계)에만 사용할 수 있다.

(1) 자본전입

자본잉여금의 자본전입이란 무상증자를 의미한다. 즉, 자본잉여금을 감소시키고 자본금을 증가시키면서 증가된 자본금에 해당되는 주식을 기존주주에게 무상으로 교부한다. 자본전입의 회계처리는 무상증자의 회계처리와 동일한다. 예를 들어 자본잉여금 중 주식발행초과금을 자본전입할 경우에는 다음과 같이 회계처리한다.

(차) 주식발행초과금	×××	(대) 자 본 금	×××

(2) 결손보전

미처리결손금이 있는 기업의 경우 이를 제거할 수 있는 방법은 두 가지가 있다. 그 중 하나가 무상감자로서 자본금과 미처리결손금을 상계하는 것이다.

미처리결손금을 제거하는 또 다른 방법이 결손보전인데, 이는 미처리결손금을 다른 이익잉여금 및 자본잉여금과 상계하는 것이다. 이를 결손금의 처리라고 하는데, 이익잉여금의 처분과 반대의 개념이다.

제4절 자본조정과 기타포괄손익누계액

01 자본조정

(1) 자본조정의 의의

자본조정(capital adjustment)은 납입자본 중 자본금이나 자본잉여금에 속하지 않는 주주와의 자본거래에서 발생하는 임시적인 자본항목을 말한다. 즉 자본조정은 그 항목의 성격으로 보아 자본거래에 해당하나 최종적으로 납입된 자본으로 볼 수 없거나 자본의 가감(가산 또는 차감) 성격으로 자본금이나 자본잉여금으로 분류할 수 없는 항목이다.

자본조정항목 중 발생하였을 때 차변으로 계상하는 과목은 자본조정에서 차감하는 형식으로 표시한다.

(2) 자본조정의 분류

표 11-2 자본조정의 분류

구분		내용
차감계정	자기주식	회사가 이미 발행한 주식을 소각 또는 재발행 목적으로 재취득한 주식을 말한다.
	자기주식 처분손실	자기주식을 매각할 때 처분금액이 취득금액보다 적은 경우(자기주식처분이익과 상계하고 부족한 경우) 그 차액을 말한다.
	감자차손	유상감자나 자기주식을 소각할 때 최초발행금액이 취득금액보다 적은 경우(감자차익과 상계하고 부족한 경우) 그 차액을 말한다.
	주식할인 발행차금	주식을 할인발행한 경우 발행금액이 액면금액보다 적은 경우 그 차액을 말한다.
가산계정	미교부주식 배당금	이익잉여금처분과정에서 주식배당을 결의한 경우 미처분이익잉여금이 감소하고 미교부주식배당금을 인식한다.

02 자기주식

(1) 자기주식의 의의

자기주식(treasury stock)이란 주식시장에서 투자자들에게 매각한 주식 중 일부를 추후에 재취득하여 보유하고 있는 주식을 말한다. 기업들은 주가상승, 경영권 방어 또는 종업원들에게 성과보상 형태로 주식을 분배하기 위해 자기주식을 취득하기도 하며, 기업 내부에 현금이 과도하게 축적된 경우에 주주들에게 현금을 돌려주기 위해 자기주식을 취득하기도 한다. 자기주식은 주주총회에서 열리는 투표에 참여할 권한(의결권)이 없으며 배당금을 받을 권리(배당권)도 없다. 다시 말해 자기주식은 주주로서의 권한을 행사하지 못한다.

자기주식의 취득은 그 성질상 주주에게 납입자본을 환급한 것이므로 자본거래에 해당된다. 자기주식 취득시에는 취득원가로 기록한다. 취득한 자기주식은 자본조정항목으로 분류하여 자본에서 차감하는 형식으로 표시한다. 취득한 자기주식은 보유하다가 추후에 재발행하거나 소각할 수 있다.

(2) 자기주식의 재발행

자기주식을 재발행하여 주식시장에서 매각하는 경우, 재발행금액이 취득원가를 초과하면 초과금액을 자기주식처분이익(기타자본잉여금)계정의 대변에 기록한다. 반면 재발행금액이 취득원가보다 낮은 경우 차액을 자기주식처분이익의 잔액이 있다면 우선적으로 차감하고, 잔여분을 자기주식처분손실(자본조정)계정의 차변에 기록한다.

(3) 자기주식의 소각

자기주식을 소각한다는 것은 주식을 없앤다는 뜻이다. 이때에는 자기주식의 취득원가와 액면금액을 비교하여 취득원가가 액면금액보다 낮은 경우에는 차액을 감자차익(기타자본잉여금)계정의 대변에 기록하고, 취득원가가 액면금액보다 높은 경우에는 차액을 감자차손(자본조정)계정의 차변에 기록한다. 후자의 경우 감자차익 잔액이 있다면 감자차익에서 우선적으로 차감한다. 소각하는 주식의 액면금액만큼 자본금이 감소한다.

자기주식을 재발행하거나 소각할 때 이익이 발생하면 자본잉여금으로 분류하고, 손실이 발생하면 자본조정으로 분류하는 것을 유의해야 한다.

예제 11-3 자기주식

㈜서초는 20×1년 4월 1일 보통주 1,000주(액면금액 5,000원)를 7,000원에 발행하여 회사를 설립하였다. 20×1년 4월 6일 자기주식 30주를 주당 6,000원에 취득하였다. 10주는 20×1년 4월 10일 주당 6,500원에 재발행하였으며, 10주는 20×1년 4월 15일 주당 5,000원에 재발행하였다. 나머지 10주는 20×1년 4월 20일에 소각하였다. 자기주식 관련 회계처리는 다음과 같다.

1. 20×1년 4월 6일 : 자기주식 30주를 주당 6,000원에 취득

| (차) 자 기 주 식 | 180,000 | (대) 현 금 | 180,000 |

취득원가로 자기주식을 기록한다. 자기주식은 자본의 차감항목(자본조정)으로 표시한다.

2. 20×1년 4월 10일 : 자기주식 10주를 주당 6,500원에 재발행

(차) 현　　　　　금	65,000	(대) 자　기　주　식	60,000
		자기주식처분이익	5,000

자기주식의 취득금액보다 재발행금액이 크므로 자기주식처분이익 5,000원이 발생하였다. 자기주식처분이익은 자본잉여금으로 분류한다.

3. 20×1년 4월 15일 : 자기주식 10주를 주당 5,000원에 재발행

(차) 현　　　　　금	50,000	(대) 자　기　주　식	60,000
자기주식처분이익	5,000		
자기주식처분손실	5,000		

자기주식의 취득금액이 재발행금액보다 10,000원만큼 크다. 20×1년 4월 10일의 거래로 발생한 자기주식처분이익 5,000원에서 먼저 차감하고, 남은 금액 5,000원을 자기주식처분손실로 처리한다. 자기주식처분손실은 자본조정항목으로 분류한다.

4. 20×1년 4월 20일 : 자기주식 10주를 소각

(차) 자　본　　금	50,000	(대) 자　기　주　식	60,000
감　자　차　손	10,000		

자기주식의 액면금액과 취득금액의 차이를 감자차손으로 처리한다. 감자차손은 자본조정항목으로 분류한다.

 연습문제

㈜강남은 자기주식(취득원가 50,000,000원), 20,000,000원에 처분하고 처분대금은 보통예금으로 입금받았으며, 처분당시 자기주식처분이익 계정잔액은 13,000,000원 이었다. 자기주식처분손익은 얼마인가?

① 자기주식처분손실　30,000,000원　　② 자기주식처분이익　13,000,000원
③ 자기주식처분손실　17,000,000원　　④ 자기주식처분이익　17,000,000원

(차) 보　통　예　금	20,000,000	(대) 자　기　주　식	50,000,000
자기주식처분이익	13,000,000		
자기주식처분손실	17,000,000		

03 기타포괄손익누계액

포괄손익(comprehensive income)이란 일정기간 동안 주주와의 거래를 제외한 모든 거래나 사건의 결과로 인식된 자본의 변동을 말한다. 포괄손익은 당기순손익과 기타포괄손익으로 구분할 수 있다. 기타포괄손익(other comprehensive income)이란 손익거래를 통해 자본의 변동을 가져오지만 당기순손익 계산에는 반영되지 않는 항목을 말한다. 기타포괄손익은 매년 증감액이 발생하므로 증감액을 포괄손익계산서에 표시하고, 재무상태표에는 이 증감액을 모두 누계시킨 기타포괄손익누계액을 표시한다.

기타포괄손익누계액 항목의 예로는 매도가능증권평가손익, 현금흐름위험회피파생상품평가손익, 해외사업장환산손익, 재평가잉여금, 지분법자본변동 등이 있다.

연습문제

> **다음 중 기타포괄손익누계액에 해당하는 것을 모두 고른 것은?**
>
> (가) 매도가능증권평가손익　　(나) 재평가잉여금
> (다) 해외사업환산손익　　　　(라) 자기주식처분이익
> (마) 현금흐름위험회피 파생상품평가손익　　(바) 주식할인발행차금
>
> ① (가),(나), (바)　　　　② (가), (나), (다), (라)
> ③ (가), (나), (다), (마)　　④ (가), (나), (다), (마), (바)
>
> **풀이** ③
> 자기주식처분이익-자본잉여금, 주식할인발행차금-자본조정

제5절 이익잉여금

01 이익잉여금의 의의

　이익잉여금(retained earnings)은 회사의 정상적인 영업활동, 유형자산 및 투자자산의 처분 및 기타 일시적인 손익거래에서 발생한 이익을 원천으로 하여 회사 내의 유보되어 있는 잉여금을 의미한다. 잉여금을 자본잉여금과 이익잉여금으로 구분하는 이유는 배당가능잉여금과 배당불능잉여금에 관한 정보를 제공하기 위해서이다. 즉, 배당할 수 있는 잉여금은 손익거래로부터 발생한 이익잉여금에 국한한다.

　이익잉여금과 자본잉여금이 명확하게 구분되지 않는다면 자본잉여금이 배당의 형태로 주주에게 환급되어 기업재정의 기초를 위태롭게 할 우려가 있고, 이익잉여금이 자본잉여금에 포함된다면 주주에게 배당가능한 금액이 과소 계상된다. 따라서 잉여금을 발생원천에 따라 분류함으로써 투자자에게 보다 유용한 정보를 제공하게 된다.

02 이익잉여금의 종류

　회사가 가득한 이익을 모두 주주에게 배당할 수 있는 것은 아니다. 모든 이익을 배당하게 되면 기업이 미래에 사업을 위하여 재투자할 재원이 부족하게 되며, 채권자 보호도 제대로 이루어질 수 없을 것이다. 따라서 법령에서 이익의 일부를 강제로 유보하도록 요구하기도 하고(법정적립금), 기업이 자발적으로 이익의 일부를 유보하기도 한다(임의적립금).

　기업이 가득한 이익 중 감자차손 등 자본조정과 상계처리하고, 일부를 법정적립금이나 임의적립금으로 유보한 후에 남는 금액을 배당가능이익이라고 한다. 기업은 배당가능이익의 범위 내에서 주주에게 배당하는 것이며, 배당 후에도 남는 금액이 있다면 이를 차기이월미처분이익잉여금이라고 한다. 이와 같이 이익잉여금과 자본조정을 상계처리하고, 이익잉여금 중 일부를 법정적립금 등으로 유보하거나 배당을 통해 사외유출할 금액을 결정하는 것을 이익잉여금의 처분이라고 하며, 이익잉여금의 처분에 대한 회계처리는 주주총회 결의일에 한다.

(1) 법정적립금

　법정적립금(regal reserves) 중 가장 대표적인 적립금이 이익준비금이다. 상법에 따르면 주식회사는 자본금의 1/2에 달할 때까지 매 결산기에 이익배당(주식배당 제외)액의 1/10 이상의 금액을 이익준비금으로 적립하여야 한다. 이익준비금의 적립에 대한 회계처리는 다음과 같다.

⟨주주총회 결의일의 분개⟩
    (차) 미처분이익잉여금　　　　×××　　　(대) 이익준비금　　　　×××

최소한의 표시 항목을 제외하고는 재무상태표의 표시를 기업이 재량적으로 결정할 수 있기 때문에 이익준비금을 별도로 표시할 수도 있고 법정적립금 등 다른 과목으로 표시할 수도 있다.

(2) 임의적립금

임의적립금(voluntary reserves)은 정관이나 주주총회 결의에 의하여 이익잉여금 중 사내에 유보한 이익잉여금을 말한다. 임의적립금은 적립목적이나 금액 등을 기업이 재량적으로 결정할 수 있다. 임의적립금의 적립에 대한 회계처리는 다음과 같다.

⟨주주총회 결의일의 분개⟩
    (차) 미처분이익잉여금　　　　×××　　　(대) 임의적립금　　　　×××

임의적립금은 사업확장적립금, 감채기금적립금, 재해손실적립금 등 다양한 목적에 따라 기업이 임의로 적립할 수 있다. 그런데 임의적립금의 적립은 위의 회계처리에서 보는 바와 같이 이익잉여금 간의 대체에 불과하다. 그럼에도 불구하고 기업이 임의적립금을 적립하는 이유는 임의적립금을 적립함으로써 배당가능이익을 감소시켜 배당으로 사외유출되는 재원을 줄일 수 있기 때문이다.

(3) 미처분이익잉여금

미처분이익잉여금(unappropriated retained earnings)은 유보이익 중 그 사용목적이 정하여져 있지 않은 이익잉여금을 말한다. 미처분이익잉여금은 전기이월미처분이익잉여금에 당기순이익(또는 당기순손실) 등을 가감한 금액이다. 또한 차기이월미처분이익잉여금은 미처분이익잉여금을 여러 가지 형태로 처분한 후의 잔액을 말한다. 미처리결손금은 손실이 누적되어 자본의 감소항목으로 기록된 금액을 말한다.

연습문제

> 다음은 ㈜강남의 20×1년도 말 재무상태표에서 추출한 자본과 관련된 자료이다. 이익잉여금의 합계를 계산한 금액으로 옳은 것은?
>
> - 자본금 : 50,000,000원
> - 이익준비금 : 400,000원
> - 감자차익 : 250,000원
> - 자기주식 : 1,000,000원
> - 임의적립금 : 150,000원
> - 주식발행초과금 : 500,000원
>
> ① 400,000원　　② 550,000원　　③ 800,000원　　④ 1,050,000원
>
> **풀이** ②
> 이익잉여금은 영업활동의 결과 발생한 순이익을 사내에 유보한 금액으로 이익준비금, 임의적립금등이 있다. 따라서 이익잉여금의 합계는 이익준비금(400,000원)+임의적립금(150,000원)을 합한 550,000원이다.

03 이익잉여금의 처분

(1) 이익잉여금 처분의 의의

회사가 영업을 수행한 결과 당기순이익이 발생하면 이를 주주에게 배당으로 지급할 것인지 아니면 사내에 유보할 것인지 등을 결정하여야 한다. 물론 이와 같은 의사결정은 주주총회의 승인 하에 이루어지는데, 상법을 비롯한 여러 법규에서는 회사의 이익이 제한 없이 사외유출되는 것을 방지하기 위해서 회사의 이익 중 일정 부분을 회사 내부에 유보시키도록 요구하고 있다. 이익잉여금의 처분이란 회사의 이익 중 내부로 유보할 부분, 사외로 유출할 부분 등을 결정하고 차기로 이월시킬 미처분이익잉여금을 산출하는 과정을 말한다.

(2) 이익잉여금의 처분형태

이익잉여금은 다음과 같은 3가지 형태로 처분된다.

① 특정 자본조정과 상계 : 주식할인발행차금, 자기주식처분손실, 감자차손 등과 상계
② 사내유보 : 법정적립금 및 임의적립금 등의 적립
③ 사외유출 : 배당 등으로 처분하여 사외유출

회사는 상법에 따른 주주총회의 결의가 있기 전까지 이익잉여금 처분에 대한 회계처리를 장부에 반영할 수 없다. 예를 들어 결산일이 20×1년 12월 31일인 경우 20×1년도 주주총회는 20×2년 2월이나 3월 중에 개최되어 20×1년도 이익잉여금의 처분을 승인한다. 따라서 20×1년도 이익잉여금 처분에 대한 회계처리는 20×2년 2월이나 3월 중 주주총회 결의일에

이루어진다.

이익잉여금의 처분에 대한 장부기록을 주주총회 결의일에 하기 때문에 당기말 현재 재무상태표에 계상되는 이익잉여금은 처분 전의 금액이다.

(3) 이익잉여금 처분의 회계처리

전기이월미처분이익잉여금에 당기순이익을 가산한 금액에서 자본조정과 상계, 사내유보, 사외유출 등을 통해서 이익잉여금을 처분하고 남은 금액이 차기이월미처분이익잉여금이다. 여기에 대한 일련의 거래를 분개로 표시하면 다음과 같다.

〈결산시 당기순이익의 미처분이익잉여금 대체〉
(차) 집합손익　　　　　　　×××　　(대) 미처분이익잉여금　　×××

〈주주총회 결의일에 미처분이익잉여금의 처분〉
(차) 미처분이익잉여금　　×××　　(대) 법정적립금　　　　　×××
　　　　　　　　　　　　　　　　　　　　임의적립금　　　　　×××
　　　　　　　　　　　　　　　　　　　　주식할인발행차금　　×××
　　　　　　　　　　　　　　　　　　　　미지급배당금　　　　×××

 연습문제

다음은 ㈜강남의 주주총회일에 대한 처분내역이다. 이에 대한 회계처리로 옳은 것은?

ㄱ. 현금배당 : 500,000원
ㄴ. 이익준비금 : 이익배당(주식배당 제외)액의 1/10 적립하고자한다.

① (차) 미처분이익잉여금　　500,000원　　(대) 미지급배당금　　5,000,000원
② (차) 미처분이익잉여금　　550,000원　　(대) 미지급배당금　　500,000원
　　　　　　　　　　　　　　　　　　　　　　이익준비금　　　50,000원
③ (차) 미처분이익잉여금　　550,000원　　(대) 현금　　　　　500,000원
　　　　　　　　　　　　　　　　　　　　　　이익준비금　　　50,000원
④ (차) 자본금　　　　　　　500,000원　　(대) 현금　　　　　500,000원

 ②

> **예제 11-4** 이익잉여금의 처분

20×2년 2월 25일에 개최된 ㈜천안의 20×1년도 주주총회에서 결의된 내용한 반영한 직후 ㈜천안의 재무상태표상 자본은 다음과 같다.

- 보통주자본금 10,000,000원
- 주식발행초과금 1,000,000원
- 이익준비금 2,000,000원
- 임의적립금 400,000원
- 차기이월미처분이익잉여금 100,000원

㈜천안의 20×2년도 당기순이익은 3,000,000원이며, 20×2년도 이익잉여금의 처분은 20×2년 2월 20일에 개최된 주주총회일에 다음과 같이 결의되었다.

- 현금배당 2,000,0000원
- 이익준비금적립 400,000원
- 임의적립금적립 300,000원

20×2년도 결산일 및 주주총회일에 ㈜천안이 해야 할 분개를 하라.

풀이 〈결산일 분개〉
당기순이익의 미처분이익잉여금 대체

| (차) 집합손익 | 3,000,000 | (대) 미처분이익잉여금 | 3,000,000 |

〈주주총회일 분개〉

(차) 미처분이익잉여금	2,700,000	(대) 미지급배당금	2,000,000
		이익준비금	400,000
		임의적립금	300,000

04 결손금의 처리

영업활동의 결과 당기순손실이 발생할 수도 있다. 이때 회사는 당기순손실을 포함한 결손금을 다른 잉여금과 상계하여 제거할 수 있고, 차기로 이월시킬 수도 있다. 결손금의 처리란 미처리결손금을 이익잉여금(임의적립금과 법정적립금) 또는 자본잉여금과 상계하여 장부에서 제거하는 것을 말하며, 이를 결손보전이라고도 한다. 결손금은 자본금과 상계할 수도 있는데, 이를 무상감자라고 한다.

이익잉여금의 처분과 마찬가지로 결손금의 처리도 주주총회의 승인을 받아야 하기 때문에 당기말 재무상태표에는 처리하기 전의 결손금이 표시되며, 결손금처리에 대한 회계처리는 주주총회일에 이루어진다.

결산일부터 주주총회 결의일까지 당기순손실이 발생한 후 미처리결손금을 처리하고 차기이월미처리결손금이 확정되는 일련의 거래를 분개로 표시하면 다음과 같다.

```
〈결산시 당기순손실의 미처리결손금 대체〉
    (차) 미처리결손금              ×××        (대) 집합손익              ×××
〈주주총회 결의일에 미처리결손금의 처리〉
    (차) 임의적립금                ×××        (대) 미처리결손금          ×××
        법정적립금                ×××
```

미처리결손금 중 얼마를 처리해야 하는지는 기업이 결정할 문제이다. 미처리결손금을 전액 다른 잉여금과 상계할 수도 있고 일부만 상계할 수도 있으며, 전혀 상계하지 않고 차기로 이월할 수도 있다. 미처리결손금을 처리할 때 상계대상 잉여금은 자본잉여금, 법정적립금 및 임의적립금이 될 수 있으며, 상법에서는 상계의 순서를 규정하고 있지 않다. 따라서 기업의 선택에 따라 미처리결손금을 상계하면 될 것이다.

05 배당금

(1) 배당의 의의와 종류

기업은 주주총회의 결의에 따라 주주에게 배당을 지급한다. 배당(dividends)은 기업이 영업활동을 통해 얻은 이익을 주주에게 분배하는 것을 말한다. 배당을 어느 정도 지급할 것인지는 배당가능이익과 현금지급능력을 고려하여 결정하여야 한다.

배당의 종류는 현금배당(cash dividends)과 주식배당(stock dividends)으로 구분할 수 있다. 기업은 일반적으로 현금으로 배당을 지급한다. 현금배당은 기말배당과 회계기간 중에 배당금을 지급하는 중간배당으로 구분할 수 있다.

주식배당은 주주의 지분비율에 비례하여 신주를 발행하여 배당을 지급하는 것을 말한다. 상법에 따르면 주식배당은 배당가능이익이 있고, 주주총회의 결의를 거쳐야 하며, 발행가액은 주식의 액면금액으로 하고 이익배당 총액의 1/2을 초과하지 않아야 한다.

(2) 배당의 회계처리

배당에 대한 회계처리와 관련하여 배당기준일, 배당선언일, 배당지급일에 대해 알아야 한다. 배당기준일(결산일)은 배당을 받을 권리가 결정되는 날로, 기말 배당에서는 보통 회계연도의 말일이다. 배당선언일(주주총회 결의일)은 주주총회에서 배당의 의사를 공식적으로 밝히는 날로, 기말배당에서는 다음 회계기간 초의 주주총회일이 된다. 배당지급일은 배당기준일(결산일) 현재 주주명부에 등록된 주주에게 실제로 배당금을 지급하는 날이다.

현금배당과 주식배당은 배당기준일, 배당선언일과 배당지급일에 다음과 같이 회계처리하여야 한다.

표 11-3 현금배당과 주식배당의 회계처리

구분	현금배당	주식배당
배당기준일 (결산일)	회계처리 없음	회계처리 없음
배당선언일 (주주총회 결의일)	(차) 미처분이익잉여금 ××× 　　(대) 미지급배당금 ×××	(차) 미처분이익잉여금 ××× 　　(대) 미교부주식배당금 ×××
배당지급일	(차) 미지급배당금 ××× 　　(대) 현금 ×××	(차) 미교부주식배당금 ××× 　　(대) 자본금 ×××

연습문제

주식발행회사의 입장에서 주식배당을 함으로 인한 효과로 가장 적절한 것은?
① 미지급배당금만큼 부채가 증가한다.
② 자본총액이 주식배당액만큼 감소한다.
③ 자본금은 증가하지만 이익잉여금은 감소한다.
④ 주식배당은 배당으로 인한 회계처리가 불필요하므로 자본항목간의 변동도 없다.

풀이 ③
주식배당 일에 [(차) 미처분이익잉여금 ××× (대) 자본금 ×××]으로 회계처리를 하므로, 자본금은 증가하고 이익잉여금은 감소한다. 자본항목간의 변동만 있음.

예제 11-5 주식배당과 현금배당

㈜서울은 주당 액면금액 5,000원인 주식 2,000주가 유통 중이다. 20×1년말 1,000,000원의 현금배당과 5%의 주식배당을 결의하였다. 다음 각 시점별 회계처리를 하시오.
(1) 배당기준일
(2) 배당결의일
(3) 배당지급일

풀이 (1) 배당기준일 : 분개없음
(2) 배당결의일

(차) 미처분이익잉여금	1,500,000	(대) 미지급배당금	1,000,000
		미교부주식배당금	500,000

(3) 배당지급일

(차) 미지급배당금	1,000,000	(대) 현금	1,000,000
미교부주식배당금	500,000	자본금	500,000

제6절 자본변동표

01 자본변동표의 의의

자본변동표(statement of changes in equity)는 한 회계기간 동안 발생한 자본(소유주 지분)의 변동을 표시한 재무제표로, 자본의 변동을 주주의 입장에서 포괄적으로 표시한다. 자본변동표는 자본을 구성하고 있는 자본금, 자본잉여금, 자본조정, 기타포괄손익누계액과 이익잉여금의 변동에 관한 포괄적인 정보를 제공한다.

자본변동표는 재무제표 간의 연계성을 제고시키며 재무제표 간의 이해가능성을 높여준다. 재무상태표에 표시되어 있는 자본의 기초잔액과 기말잔액을 제시하여 재무상태표와 연결할 수 있고, 자본의 변동내용은 손익계산서와 현금흐름표에 표시된 정보와 연결할 수 있어 정보이용자들이 재무제표 간의 관계를 더 명확하게 파악할 수 있도록 해준다.

02 자본변동표의 양식

자본변동표의 양식은 [그림 11-1]과 같다.

자본변동표

㈜백석　　20×1년 1월 1일부터 12월 31일까지　　(단위: 원)

	자본금	자본잉여금	자본조정	기타포괄손익누계액	이익잉여금	총계
20×1.1(보고금액)	×××	×××	-	×××	×××	×××
회계정책변경누적효과					×××	×××
전기오류수정이익					×××	×××
수정후이익잉여금					×××	×××
기타이익잉여금처분액					(×××)	(×××)
처분후이익잉여금					×××	×××
중간배당					(×××)	(×××)
유상증자	×××	×××				×××
당기순이익					×××	×××
자기주식취득			(×××)			(×××)
매도가능금융자산평가이익				×××		×××
20×1.12.31	×××	×××	×××	×××	×××	×××

|그림 11-1| 자본변동표

 연습문제

다음 사례 중 재무상태표 상 자본금 총액이 변동하는 경우가 아닌 것은?
① 회사가 보유하고 있던 자기주식을 유상으로 소각한 경우
② 주주총회 결의로 유상감자를 실시한 경우
③ 주주총회 결의로 주식액면분할을 실시한 경우
④ 주주총회 결의로 유상증자를 실시한 경우

 ③

자기주식 소각이나 유상감자의 경우 자본금이 감소하며, 유상증자의 경우는 자본금이 증가한다. 그러나 주식액면분할의 경우 자본금 총액은 변동 없으며 단지 발행주식수만 증가한다.

단원별 연습문제

01 20×1년 재무상태표 상의 자본에 대한 설명으로 틀린 것은?

① 자본은 기업의 자산에서 모든 부채를 차감한 후의 잔여지분을 나타내며, 주주로부터의 납입자본에 기업활동을 통하여 획득하고 기업의 활동을 위해 유보된 금액을 가산하고, 기업활동으로부터의 손실 및 소유자에 대한 배당으로 인한 주주지분 감소액을 차감한 잔액이다.
② 자본금은 법정 납입자본금으로서 발행주식수에 액면가액을 곱한 금액이므로 무액면주식을 발행하거나 현물을 제공받고 주식을 발행할 수 없다.
③ 자본잉여금은 자본과 관련된 거래에서 발생하여 자본을 증가시키는 잉여금을 말한다.
④ 자본조정은 당해 항목의 성격으로 보아 자본거래에 해당하나 최종 납입된 자본으로 볼 수 없거나 자본의 가감 성격으로 자본금이나 자본잉여금으로 분류할 수 없는 항목이다.

02 다음 자료에 의하여 2기 기말자본금을 계산하면 얼마인가?(자본거래는 없음)

구분	기초자본금	기말자본금	총수익	총비용	순이익
1기	20,000원	( )	40,000원	( )	10,000원
2기	( )	( )	60,000원	40,000원	( )

① 20,000원　　　　② 30,000원
③ 40,000원　　　　④ 50,000원

03 다음 중 자본에 대한 설명으로 옳지 않은 것은?

① 자본은 자산에서 부채를 차감한 후에 남는 잔여지분을 말하며, 순자산 또는 소유주지분이라고 한다.
② 자본잉여금은 자본거래활동에서 발생한 잉여금으로 주식발행초과금, 감자차익, 자기주식처분이익이 있다.
③ 주식할인발행차금은 주식발행초과금과 우선상계하고, 우선상계할 것이 없으면 이익잉여금처분 시 미처분이익잉여금과 상계한다.
④ 자본금은 법률에 의하여 정해진 납입자본금을 의미하는데, 발행주식수에 발행가액을 곱한 금액이다.

04 다음 중 자본잉여금에 해당하는 계정과목으로만 짝지어진 것은?

| 가. 주식할인발행차금 | 나. 이익준비금 | 다. 매도가능증권평가이익 |
| 라. 자기주식처분이익 | 마. 전환권대가 | 바. 주식발행초과금 |

① 가, 나, 다 ② 라, 마, 바 ③ 가, 다, 마 ④ 나, 라, 바

05 자본변동표는 자본의 크기와 그 변동에 관한 정보를 제공하는 재무제표에 해당한다. 다음 항목 중 자본변동표에 영향을 줄 수 없는 것은?

① 매도가능증권평가손익 ② 당기순이익
③ 충당부채 ④ 감자차손

06 다음 중 자본감소의 원인이 되는 계정과목인 것은?

① 상품매출 ② 이자수익
③ 수수료수익 ④ 상품매출원가

07 커피 전문점을 운영하는 개인사업자의 거래 중 인출금 계정을 사용하는 거래가 아닌 것은?

① 기업주 개인의 집 이사비 지출 ② 기업주 가족의 보험료 지출
③ 커피 원두 수입금액 지출 ④ 기업주 아파트 취득 자금 지출

08 다음 중 주식의 발행가액에 대한 설명으로 틀린 것은?

① 현금을 납입받고 액면주식을 발행한 경우 주식의 발행가액은 납입받은 현금의 금액으로 한다.
② 현금을 납입받고 무액면주식을 발행한 경우 주식의 발행가액은 이사회 또는 주주총회에서 결정한 금액으로 한다.
③ 현물을 제공받고 주식을 발행한 경우에는 제공받은 현물의 공정가치를 주식의 발행금액으로 한다.
④ 자본잉여금 또는 이익잉여금을 자본금에 전입하여 기존의 주주에게 무상으로 신주를 발행하는 경우에는 주식의 공정가치를 주식의 발행금액으로 한다.

09 다음 중 이익잉여금처분계산서 작성 시 미처분이익잉여금에 가감하여 표시하는 항목이 아닌 것은?

① 전기이월이익잉여금 ② 당기순이익
③ 중간배당액 ④ 현금배당과 주식배당

10 다음 자료를 바탕으로 자본잉여금의 금액을 계산하면 얼마인가?(단, 각 계정과목은 독립적이라고 가정한다.)

- 감자차익 : 300,000원
- 사업확장적립금 : 300,000원
- 자기주식처분이익 : 300,000원
- 자기주식처분손실 : 100,000원
- 이익준비금 : 100,000원
- 주식발행초과금 : 500,000원
- 감자차손 : 250,000원
- 주식할인발행차금 : 150,000원

① 800,000원   ② 900,000원   ③ 1,100,000원   ④ 1,300,000원

11 다음은 ㈜방배의 20×2년도 말 재무상태표에서 추출한 자본과 관련된 자료이다. 이익잉여금의 합계를 계산한 금액으로 올바른 것은?

- 자본금 50,000,000원
- 자기주식 1,000,000원
- 이익준비금 400,000원
- 임의적립금 150,000원
- 감자차익 250,000원
- 주식발행초과금 500,000원

① 400,000원   ② 550,000원   ③ 800,000원   ④ 1,050,000원

12 ㈜서초는 보통주 10주(주당 액면가액 5,000원, 주당 발행가액 8,000원)를 45,000원에 매입 소각하였다. ㈜서초가 보통주 매입소각과 관련하여 손익계산서에 미치는 영향은?

① 0원   ② 손실 5,000원   ③ 이익 5,000원   ④ 이익 35,000원

13 ㈜서울의 20×2년 말 자본구성항목이 다음과 같을 때 기말 재무상태표에 자본잉여금과 자본조정으로 표시될 금액은 얼마인가?

- 이익준비금 : 350,000원
- 출자전환채무 : 600,000원
- 자기주식처분이익 : 700,000원
- 주식발행초과금 : 500,000원
- 감자차익 : 350,000원
- 매도가능증권평가이익 : 150,000원

	자본잉여금	자본조정
①	1,550,000원	600,000원
②	1,250,000원	750,000원
③	1,150,000원	500,000원
④	1,050,000원	850,000원

14 다음은 ㈜수원의 유상증자 관련 자료이다. 이에 대한 회계처리로 올바른 것은?

- ㈜수원은 유상증자를 위하여 보통주 500주를 1주당 11,000원(1주당 액면금액 10,000원)에 발행하고, 주금은 현금으로 납입받았다.
- 유상증자일 현재 주식할인발행차금의 장부금액은 300,000원이다.

① (차) 현금　　　　　　5,500,000원　　(대) 자본금　　　　　　5,000,000원
　　　　　　　　　　　　　　　　　　　　　　주식할인발행차금　　500,000원

② (차) 현금　　　　　　5,500,000원　　(대) 자본금　　　　　　5,000,000원
　　　　　　　　　　　　　　　　　　　　　　주식할인발행차금　　300,000원
　　　　　　　　　　　　　　　　　　　　　　주식발행초과금　　　200,000원

③ (차) 현금　　　　　　4,500,000원　　(대) 자본금　　　　　　5,000,000원
　　　주식할인발행차금　　300,000원
　　　주식발행초과금　　　200,000원

④ (차) 현금　　　　　　5,500,000원　　(대) 자본금　　　　　　5,000,000원
　　　　　　　　　　　　　　　　　　　　　　주식발행초과금　　　500,000원

정답 및 풀이

1. ② • 주주로부터 현금을 수령하고 주식을 발행하는 경우 주식(상환우선주 등 포함)의 발행금액이 액면금액(무액면주식의 경우 발행금액 중 이사회 또는 주주총회에서 자본금으로 정한 금액, 이하 같음)보다 크다면 그 차액을 주식발행초과금으로 하여 자본잉여금으로 회계처리한다.
   • 기업이 현물을 제공받고 주식을 발행한 경우에는 제공받은 현물의 공정가치를 주식의 발행금액으로 한다.

2. ④ 1기에서 기초자본금과 1기 순이익을 합산하면 1기기말자본금 30,000원으로 집계된다. 1기 기말자본금은 2기 기초자본금으로 반영되고 2기 순이익 20,000원을 집계하여 기초자본금 30,000원과 합산하면 기말자본금 50,000원으로 집계한다.

3. ④ 법정자본금은 발행주식수에 액면금액을 곱한 금액이다.

4. ② 자본잉여금에는 주식발행초과금, 자기주식처분이익, 전환권대가, 감자차익 등이 있다.

5. ③ • 자본변동표는 자본항목의 영향을 받는다. 충당부채는 부채항목으로 자본변동표에 영향을 주지 않는다.
   • 매도가능증권평가손익, 감자차손은 자본조정항목이고, 당기순이익은 이익잉여금에 영향을 준다.

6. ④ 비용계정과목 자본감소
   ①, ②, ③수익 계정과목 자본증가

7. ③ 개인의 사적 사용은 인출금 계정을 사용하고, 원료 구입은 사업과 무관한 사적 사용이 아닌 원재료 매입에 해당하므로 인출금 계정이 아닌 매입 계정을 사용한다.

8. ④ • 자본잉여금 또는 이익잉여금을 자본금에 전입하여 기존의 주주에게 무상으로 신주를 발행하는 경우에는 주식의 액면금액을 주식의 발행금액으로 한다.
   • 주주로부터 현금을 수령하고 주식을 발행하는 경우에 주식(상환우선주 등 포함)의 발행금액이 액면금액(무액면주식의 경우 발행금액 중 이사회 또는 주주총회에서 자본금으로 정한 금액, 이하 같음)보다 크다면 그 차액을 주식발행초과금으로 하여 자본잉여금으로 회계처리한다. 발행금액이 액면금액보다 작다면 그 차액을 주식발행초과금의 범위내에서 상계처리하고, 미상계된 잔액이 있는 경우에는 자본조정의 주식할인발행차금으로 회계처리한다. 이익잉여금(결손금) 처분(처리)으로 상각되지 않은 주식할인발행차금은 향후 발생하는 주식발행초과금과 우선적으로 상계한다.
   • 기업이 현물을 제공받고 주식을 발행한 경우에는 제공받은 현물의 공정가치를 주식의 발행금액으로 한다. 다만, 다른 장에서 별도로 정하는 경우에는 그에 따른다. 주식의 발행금액과 액면금액의 차액은 문단 15.3에 따라 회계처리하되, 법령 등에 따라 이익준비금 또는 기타 법정준비금을 승계받는 경우 동 승계액을 주식발행초과금에서 차감하거나 주식할인발행차금에 가산한다.

9. ④ 현금배당과 주식배당은 이익잉여금처분액에 표시된다.

10. ③ 1,100,000원 = 감자차익 300,000원 + 주식발행초과금 500,000원 + 자기주식처분이익 300,000원

11. ② 550,000원
    = 이익준비금 400,000원 + 임의적립금 150,000원
    • 이익잉여금은 영업활동의 결과 발생한 순이익을 사내에 유보한 금액으로 이익준비금, 임의적립금 등이 있다.

12. ① 자본금을 감소시킬 때 발생한 감자차익은 자본잉여금 계정에 속한다. 보통주 매입소각과 관련하여 회사는 감자차익 5,000원을 인식하기 때문에 매입소각으로 손익계산서에 미치는 영향은 없다.

13. ① • 자본잉여금 : 감자차익 350,000원 + 주식발행초과금 500,000원 + 자기주식처분이익 700,000원
    = 1,550,000원
    • 자본조정 : 출자전환채무 600,000원

14. ② 주식의 발행금액이 액면금액보다 큰 경우 그 차액을 주식발행초과금으로 회계처리한다. 다만, 상각되지 않은 주식할인발행차금은 주식발행초과금과 우선적으로 상계한다.

연습문제

문제 1

다음 거래를 분개하시오.

(1) 미래주식회사는 사업확장을 위하여 이사회의 결의에 따라 4,000주를 1주액면 ₩5,000으로 평가발행하고, 납입금은 당좌예금하다.

(2) 사업자금의 조달을 위하여 이사회의 결의에 따라 5,000주(1주액면 ₩5,000)를 1주당 ₩6,000으로 할증발행하고, 납입금은 당좌예금하다.

(3) 이사회의 증자결의에 의하여 10,000주(1주액면 ₩5,000)를 법정절차에 따라 1주당 ₩4,500으로 할인발행하고, 납입금은 당좌예금하다.

No	차변과목	금 액	대변과목	금 액
(1)				
(2)				
(3)				

문제 2

다음 거래를 분개하시오.

(1) 회사 설립에 있어서 1주 액면금액 ₩5,000의 주식 10,000주를 액면금액으로 발행하여 납입금은 당좌예금하고, 주식발행비 ₩250,000은 현금으로 지급하다.

(2) 이사회 결의에 의하여 증자시 1주 액면금액 ₩5,000의 주식 10,000주를 주당 ₩5,600에 발행하여 납입금은 당좌예금하고, 주식발행비 ₩250,000은 현금으로 지급하다.

(3) 이사회 결의에 의하여 증자시 1주 액면금액 ₩5,000의 주식 10,000주를 주당 ₩4,500에 발행하여 납입금은 당좌예금하고, 주식발행비 ₩250,000은 현금으로 지급하다.

No	차변과목	금 액	대변과목	금 액
(1)				
(2)				
(3)				

문제 3

㈜백석은 당기 중에 주식을 추가 발행하였으며 관련 자료는 다음과 같다. 주식발행과 관련된 회계처리를 하고, 재무상태표에 표시될 주식발행초과금 또는 주식할인발행차금의 잔액은 얼마인가?

- 추가로 발행한 주식 수는 100주이며, 주당 액면금액은 5,000원이다.
- 주당 발행가액은 6,000원이며, 신주발행 직접원가 20,000원이 발생하였다.
- 주식을 추가 발행하기 전 재무상태표 상 주식할인발행차금의 잔액은 50,000원이다.

문제 4

다음은 감자와 관련된 거래를 분개하시오.

1. 사업규모 축소를 위하여 주당 액면금액 5,000원인 보통주 100주를 감소시키면서 현금 500,000원을 주주에게 반환하였다.
2. 결손금 400,000원을 보전하기 위하여 주당 액면금액 5,000원인 보통주 20주를 무상감자하였다.
3. 감자의 목적으로 주당 액면금액 5,000원인 보통주 10주를 주당 6,000원에 매입하여 소각하였다.

문제 5

다음은 20×1년 당기 중에 발생한 ㈜백석의 자기주식 관련 거래이다. 일자별로 ㈜백석의 거래를 분개하시오.

- 2월 1일 ㈜백석이 발행한 보통주(주당 액면금액 5,000원) 중 100주를 9,000원에 취득하였다.
- 6월 1일 자기주식 중 30주를 주당 10,000원에 매각하였다.
- 10월 1일 자기주식 중 50주를 주당 7,000원에 매각하였다.
- 12월 1일 자기주식 중 나머지 20주를 모두 소각하였다.

문제 6

㈜백석은 20×2년 12월 31일을 기준일로 하여 보통주 1주당 4,000원의 현금배당과 보통주 40주당 1주의 주식배당을 내부적으로 결정하였다. 관련 자료는 다음과 같다.

- 20×2년 당기순이익   20,000,000원
- 20×2년 12월 31일 현재 보통주 주식수   2,000주(주당 액면금액 5,000원)

그러나 20×3년 2월 28일 주주총회에서 현금배당액이 주당 1,000원으로 확정되었고, 20×3년 4월 1일 현금배당과 주식배당을 실시하였다. ㈜백석의 배당과 관련된 거래를 회계처리하시오.

문제 7

20×3년 2월에 개최된 ㈜백석의 20×2년도 주주총회 결의일 직후 작성된 재무상태표상의 자본은 다음과 같다.

• 보통주자본금	4,000,000원
• 주식발행초과금	1,600,000원
• 이익준비금	40,000원
• 임의적립금	60,000원
• 차기이월미처분이익잉여금	200,000원

㈜백석의 20×3년 이익잉여금의 변동사항은 다음과 같다.

1. 20×3년도 당기순이익은 1,000,000원으로 보고하였다.
2. 20×4년 2월에 개최된 20×3년도 주주총회일에 다음과 같이 20×3년도 이익잉여금 처분을 결의하였다.
   - 현금배당   400,000원   • 주식배당   200,000원
   - 이익준비금적립 100,000원   • 임의적립금적립 160,000원

20×3년도 결산일 및 주주총회일에 ㈜백석의 분개를 하고, 결산일과 주주총회일 현재 재무상태표에 표시될 미처분이익잉여금 잔액을 각각 계산하시오.

연습문제 정답편

제2장 재무제표

[문제 1]
(1) 기업이 소유하는 모든 재화 및 채권을 총칭해서 (자산)이라 한다.
(2) 기업이 일정시점 타인에게 갚아야 할 채무를 (부채)라 한다.
(3) (자산) - (부채) = (자본) 을 자본등식이라한다.
(4) 기업의 일정시점의 재무상태를 나타내는 일람표를 (재무상태표)라 한다.
(5) (자산) = (부채) + (자본) 을 재무상태표등식이라 한다.

[문제 2]
(1) 매입채무 (L)　　　(2) 단기매매증권 (A)　　　(3) 받을어음 (A)
(4) 자본금 (C)　　　　(5) 지급어음 (L)　　　　　(6) 건물 (A)
(7) 단기대여금 (A)　　(8) 미수금 (A)　　　　　　(9) 차량운반구 (A)
(10) 비품 (A)　　　　 (11) 미지급금 (L)　　　　　(12) 상품 (A)
(13) 단기금융상품 (A) (14) 외상매입금 (L)　　　　(15) 선급금 (A)
(16) 매출채권 (A)　　 (17) 선수금 (L)　　　　　　(18) 인출금 (C)
(19) 단기차입금 (L)　 (20) 토지 (A)　　　　　　　(21) 소모품 (A)
(22) 보통예금 (A)　　 (23) 외상매출금 (A)　　　　(24) 당좌예금 (A)

[문제 3]

재 무 상 태 표
미래상회　　　　　　　　　　　20×2년 1월 1일 현재　　　　　　　　　　단위 : 원

자　산	금　액	부 채 · 자 본	금　액
현 금 및 현 금 성 자 산	550,000	매　입　채　무	580,000
매　출　채　권	220,000	미　지　급　금	120,000
단 기 매 매 증 권	160,000	단 기 차 입 금	220,000
상　　　　　품	190,000	자　본　금	900,000
건　　　　　물	700,000		
	1,820,000		1,820,000

※ 현금 및 현금성자산(현금, 당좌예금), 매출채권(외상매출금, 받을어음), 매입채무(외상매입금, 지급어음)

[문제 4]

재 무 상 태 표
나눔상회　　　　　　　　　　　20×2년 1월 1일 현재　　　　　　　　　　단위 : 원

자　산	금　액	부 채 · 자 본	금　액
현 금 및 현 금 성 자 산	520,000	매　입　채　무	720,000
매　출　채　권	430,000	단 기 차 입 금	280,000
단 기 대 여 금	730,000	자　본　금	1,500,000
단 기 매 매 증 권	250,000		
미　수　금	120,000		
상　　　　　품	150,000		
건　　　　　물	300,000		
	2,500,000		2,500,000

[문제 5]
(1) 기업의 경영활동으로 인해, 순자산의 증가를 가져오는 원인을 (수익)이라 한다.
(2) 기업의 수익의 창출을 위해, 순자산의 감소를 가져오는 원인을 (비용)이라 한다.
(3) 기업의 일정기간의 경영성과를 나타내는 일람표를 (손익계산서)라 한다.
(4) 손익계산서의 차변에는 (비용)을, 대변에는 (수익)을 기입한다.
(5) 손익계산서의 대변합계금액이 많으면 (당기순이익)이 발생하고, 차변합계금액이 많으면
    (당기순손실)이 발생한다.

[문제 6]
(1) 세금과공과 (E)   (2) 여비교통비 (E)   (3) 유형자산처분손실 (E)
(4) 단기매매증권 처분이익 (R) (5) 잡손실 (E)   (6) 보험료 (E)
(7) 잡비 (E)   (8) 급 여 (E)   (9) 수수료수익 (R)
(10) 상품매출이익 (R)   (11) 광고선전비 (E)   (12) 유형자산처분이익 (R)
(13) 통신비 (E)   (14) 이자비용 (E)   (15) 단기매매증권처분손실 (E)
(16) 소모품비 (E)   (17) 이자수익 (R)   (18) 수수료비용 (E)
(19) 운반비 (E)   (20) 도서인쇄비 (E)   (21) 임대료 (R)

[문제 7]

손익계산서

구미상회　　　　　20×2년 1월 1일부터 12월 31일까지　　　　　단위 : 원

비 용	금 액	수 익	금 액
급　　　　　　여	450,000	상 품 매 출 이 익	980,000
통　신　비	30,000	임　　대　　료	320,000
보　험　료	130,000	이　자　수　익	250,000
수　선　비	130,000		
수 도 광 열 비	220,000		
세 금 과 공 과	50,000		
소 모 품 비	110,000		
여 비 교 통 비	150,000		
잡　　　　비	30,000		
당 기 순 이 익	250,000		
	1,550,000		1,550,000

[문제 8]

손익계산서

강남상회　　　　　20×2년 1월 1일부터 12월 31일까지　　　　　단위 : 원

비 용	금 액	수 익	금 액
급　　　　　여	380,000	상 품 매 출 이 익	750,000
임　차　료	150,000	수 수 료 수 익	250,000
보　험　료	180,000	이　자　수　익	320,000
광 고 선 전 비	260,000	당 기 순 손 실	250,000
수 도 광 열 비	250,000		
세 금 과 공 과	60,000		
소 모 품 비	110,000		
잡　　　　비	150,000		
잡　손　실	30,000		
	1,570,000		1,570,000

제3장 거래의 인식과 측정

[문제 1]

(1)	(2)	(3)	(4)	(5)	(6)	(7)	(8)	(9)	(10)	(11)	(12)	(13)
○	○	×	○	×	×	○	○	○	○	×	○	×

[문제 2]

(1)	(2)	(3)	(4)	(5)	(6)	(7)
교	손	혼	교	손	교	손

[문제 3]

No	거래요소의 결합관계		거래의 종류
	차변	대변	
(1)	자산의 증가	자본의 증가	교환거래
(2)	자산의 증가	부채의 증가	교환거래
(3)	부채의 감소	자산의 감소	교환거래
(4)	자산의 증가	자산의 감소	교환거래
(5)	비용의 발생	자산의 감소	손익거래
(6)	비용의 발생	자산의 감소	손익거래
(7)	자산의 증가	수익의 발생	손익거래
(8)	자산의 증가	자산의 감소 수익의 발생	혼합거래
(9)	부채의 감소 비용의 발생	자산의 감소	혼합거래
(10)	자산의 증가	자산의 감소 수익의 발생	혼합거래

[문제 4]

No	차변과목	금액	대변과목	금액
(1)	현 금	5,000,000	자 본 금	5,000,000
(2)	비 품	150,000	현 금	150,000
(3)	상 품	3,500,000	현 금 외상매입금	2,000,000 1,500,000
(4)	급 여	700,000	현 금	700,000
(5)	현 금 외상매출금	500,000 1,000,000	상 품 상품매출이익	1,200,000 300,000
(6)	수도광열비	155,000	현 금	155,000
(7)	외상매입금	500,000	현 금	500,000
(8)	현 금	1,000,000	단기차입금	1,000,000
(9)	받을어음	500,000	외상매출금	500,000
(10)	보 험 료	350,000	현 금	350,000

[문제 5]

No	차변과목	금액	대변과목	금액
(1)	현 금	1,000,000	단기차입금 자 본 금	300,000 700,000
(2)	상 품	1,500,000	현 금 외상매입금	1,000,000 500,000
(3)	소모품비	50,000	현 금	50,000

No	차변과목	금액	대변과목	금액
(4)	임 차 료	500,000	당 좌 예 금	500,000
(5)	세 금 과 공 과	320,000	현 금	320,000
(6)	현 금	1,560,000	단 기 대 여 금 이 자 수 익	1,500,000 60,000
(7)	단 기 차 입 금 이 자 비 용	200,000 20,000	현 금	220,000
(8)	현 금	40,000	잡 이 익	40,000
(9)	통 신 비	65,000	현 금	65,000
(10)	현 금 받 을 어 음	850,000 1,000,000	상 품 상 품 매 출 이 익	1,500,000 350,000

[문제 6]

번호	차변	금액	대변	금액
1	현 금 건 물 상 품	1,500,000 5,000,000 3,000,000	단 기 차 입 금 자 본 금	400,000 9,100,000
2	당 좌 예 금	2,000,000	현 금	2,000,000
3	비 품	500,000	미 지 급 금	500,000
4	외 상 매 입 금	300,000	현 금	300,000
5	상 품	1,500,000	현 금 외 상 매 입 금	750,000 750,000
6	당 좌 예 금	900,000	상 품 상 품 매 출 이 익	750,000 150,000
7	소 모 품 비	50,000	미 지 급 금	50,000
8	도 서 인 쇄 비	16,000	현 금	16,000
9	현 금	500,000	단 기 차 입 금	500,000
10	상 품	1,500,000	당 좌 예 금	1,500,000
11	이 자 비 용	40,000	현 금	40,000
12	받 을 어 음	600,000	외 상 매 출 금	600,000
13	미 수 금	200,000	비 품	200,000
14	상 품	1,000,000	지 급 어 음	1,000,000
15	세 금 과 공 과	200,000	현 금	200,000
16	단 기 매 매 증 권	7,500,000	보 통 예 금	7,500,000
17	지 급 어 음 외 상 매 출 금	700,000 1,300,000	상 품 상 품 매 출 이 익	1,700,000 300,000
18	통 신 비 수 도 광 열 비	45,000 130,000	현 금	175,000
19	복 리 후 생 비	50,000	현 금	50,000
20	현 금	200,000	선 수 금	200,000
21	현 금	300,000	단 기 매 매 증 권 단기매매증권처분이익	250,000 50,000
22	분 개 없 음			
23	차 량 운 반 구	5,000,000	현 금 미 지 급 금	1,500,000 3,500,000
24	받 을 어 음 당 좌 예 금 현 금	1,000,000 700,000 300,000	외 상 매 출 금	2,000,000
25	임 차 료	300,000	현 금	300,000
26	단 기 대 여 금	1,500,000	현 금	1,500,000
27	현 금	18,000	잡 이 익	18,000
28	현 금	2,000,000	미 수 금	2,000,000
29	통 신 비	90,000	현 금	90,000

월일	차변과목	금액	대변과목	금액
2월 1일	현 금	2,000,000	자 본 금	2,000,000
2월 5일	현 금	700,000	단 기 차 입 금	700,000
2월 9일	상 품	800,000	현 금 외 상 매 입 금	100,000 700,000
2 16일	비 품	200,000	현 금	200,000
2 19일	외 상 매 입 금	100,000	현 금	100,000
2 20일	외 상 매 출 금	760,000	상 품 상 품 매 출 이 익	500,000 260,000
2 21일	단 기 차 입 금 이 자 비 용	300,000 25,000	현 금	325,000
2 23일	현 금	400,000	외 상 매 출 금	400,000
2 25일	급 여	650,000	현 금	650,000

현금

2/1	자 본 금	2,000,000	2/9	상 품	100,000
2/5	단 기 차 입 금	700,000	2/16	비 품	200,000
2/23	외 상 매 출 금	400,000	2/19	외 상 매 입 금	100,000
			2/21	제 좌	325,000
			2/25	급 여	650,000

외상매출금

2/20	제 좌	760,000	2/23	현 금	400,000

상품

2/9	제 좌	800,000	2/20	외 상 매 출 금	500,000

비품

2/16	현 금	200,000			

외상매입금

2/19	현 금	100,000	2/9	상 품	700,000

단기차입금

2/21	현 금	300,000	2/5	현 금	700,000

자본금

			2/1	현 금	2,000,000

상품매출이익

			2/20	외 상 매 출 금	260,000

급여

2/25	현 금	650,000			

이자비용

2/21	현 금	25,000			

[문제 7]

No	거래내역
(1)	현금 ₩1,000,000을 출자하여 영업을 시작하다.
(2)	상품 ₩500,000을 매입하고, 대금 중 ₩150,000은 현금으로 지급하고, ₩350,000은 외상으로 하다.
(3)	현금 ₩600,000을 차입하다.
(4)	상품 ₩750,000(원가 ₩500,000)을 매출하고, 대금 중 ₩350,000은 현금으로 받고 ₩400,000은 외상으로 하다.
(5)	급여 ₩750,000을 현금으로 지급하다.

[문제 8]

No	차변과목	금액	대변과목	금액
3월 1일	현　　　　금	900,000	자　　본　　금	900,000
10일	상　　　　품	290,000	외 상 매 입 금	290,000
12일	당 좌 예 금	500,000	현　　　　금	500,000
15일	현　　　　금	350,000	상　　　　품 상품매출이익	315,000 35,000
20일	비　　　　품	400,000	당 좌 예 금	400,000
25일	외 상 매 입 금	250,000	현　　　　금	250,000
30일	급　　　　여	450,000	현　　　　금	450,000

[문제 9]

(1) 손익계산서의 대변합계금액이 많으면 (당기순이익)이 발생하고, 차변합계금액이 많으면 (당기순손실)이 발생한다.
(2) 순손익을 계산하는 방법에는 (재산법)과, (손익법)이 있다.
(3) 기말자본 - 기초자본 = (당기순이익)을 재산법 등식이라 한다.
(4) 총수익 - (총비용) = 당기순이익을 손익법 등식이라 한다.
(5) 자본의 추가출자 없이 기업의 영업활동의 결과로 자본의 증가를 가져오는 것을 (수익)이라 한다.

[문제 10]

No	기초 자산	기초 부채	기초 자본	기말 자산	기말 부채	기말 자본	총수익	총비용	순손익
1	35,000	15,000	(20,000)	80,000	55,000	(25,000)	35,000	(30,000)	(5,000)
2	(140,000)	90,000	50,000	(138,000)	82,000	56,000	(32,000)	26,000	(6,000)
3	89,000	34,000	(55,000)	96,000	(44,000)	(52,000)	68,000	(71,000)	△3,000

[문제 11]

재무상태표(기초)
중동상회　　　　　　　　　　20×2년 1월 1일　　　　　　　　　　(단위 : 원)

자　산	금　액	부채·자본	금　액
현금및현금성자산	450,000	매 입 채 무	300,000
단 기 매 매 증 권	60,000	미 지 급 금	160,000
매 출 채 권	540,000	단 기 차 입 금	140,000
상　　　　품	350,000	자 본 금	1,000,000
비　　　　품	200,000		
	1,600,000		1,600,000

손익계산서
중동상회　　　　　　　　　20×2년 1/1~12/31　　　　　　　　　(단위 : 원)

비　용	금　액	수　익	금　액
급　　　　여	330,000	상품매출이익	560,000
수 도 광 열 비	160,000	임 대 료	240,000
세 금 과 공 과	90,000	이 자 수 익	130,000
여 비 교 통 비	130,000		
보 험 료	30,000		
잡　　　　비	40,000		
당 기 순 이 익	150,000		
	930,000		930,000

재무상태표(기말)

중동상회　　　　　　　　　　20×2년 12월 31일　　　　　　　　　　(단위 : 원)

자　산	금　액	부채·자본	금　액
현금및현금성자산	760,000	매　입　채　무	270,000
단 기 매 매 증 권	70,000	미　지　급　금	230,000
매　출　채　권	660,000	단 기 차 입 금	250,000
상　　　　품	260,000	자　본　금	1,150,000
비　　　　품	150,000	(당기순이익 ₩150,000)	
	1,900,000		1,900,000

(1) 기초자본금은 얼마인가?　　(₩ 1,000,000)
(2) 기말부채는 얼마인가?　　　(₩　 750,000)
(3) 기말자본금은 얼마인가?　　(₩ 1,150,000)
(4) 당기 총비용은 얼마인가?　　(₩　 780,000)
(5) 당기순손익은 얼마인가?　　(₩　 150,000)
(6) 재산법 : (₩1,150,000) – (₩1,000,000) = (₩150,000)
(7) 손익법 : (₩930,000) – (₩780,000) = (₩150,000)

제4장　회계순환과정과 재무제표 작성

[문제 1]

No	차변과목	금액	대변과목	금액
(1)	매　　　　입	250,000	이　월　상　품	250,000
	이　월　상　품	150,000	매　　　　입	150,000
(2)	단기매매증권평가손실	30,000	단 기 매 매 증 권	30,000
(3)	가　수　금	50,000	외　상　매　출　금	50,000
(4)	대　손　상　각　비	17,000	대　손　충　당　금	17,000
(5)	여　비　교　통　비	50,000	가　지　급　금	50,000
(6)	잡　손　실	2,000	현　금　과　부　족	2,000
(7)	소　모　품	6,000	소　모　품　비	6,000
(8)	감　가　상　각　비	100,000	건물감가상각누계액	100,000
(9)	감　가　상　각　비	15,000	비품감가상각누계액	15,000
(10)	선　급　보　험　료	2,000	보　험　료	2,000
(11)	이　자　비　용	5,000	미　지　급　비　용	5,000
(12)	임　대　료	3,000	선　수　임　대　료	3,000
(13)	미　수　수　익	9,000	수　수　료　수　익	9,000

 참고

(4번풀이)
매출채권(외상매출금 + 받을어음)
1,300,000–50,000(3번분개) = 1,250,000×2% = 25,000(예상액)
25,000–8,000(대손충당금잔액) = 17,000

[문제 2]

No	차변과목	금액	대변과목	금액
(1)	급 여	200,000	미 지 급 비 용	200,000
(2)	선 급 보 험 료	100,000	보 험 료	100,000
(3)	이 자 수 익	250,000	선 수 수 익	250,000
(4)	단 기 매 매 증 권	400,000	단기매매증권평가이익	400,000
(5)	대 손 상 각 비	150,000	대 손 충 당 금	150,000
(6)	감 가 상 각 비	500,000	건물감가상각누계액	500,000
(7)	감 가 상 각 비	1,000,000	차량감가상각누계액	1,000,000
(8)	이 월 상 품	10,000,000	매 입	10,000,000

[문제3]

No	차변과목	금액	대변과목	금액
(1)	단기매매증권평가손실	6,000	단 기 매 매 증 권	6,000
(2)	대 손 상 각 비	22,500	대 손 충 당 금	22,500
(3)	매 입 이 월 상 품	460,000 350,000	이 월 상 품 매 입	460,000 350,000
(4)	감 가 상 각 비	30,000	감 가 상 각 누 계 액	30,000
(5)	이 자 비 용	10,000	미 지 급 비 용	10,000
(6)	선 급 보 험 료	14,000	보 험 료	14,000
(7)	미 수 수 익	15,000	이 자 수 익	15,000
(8)	임 대 료	15,000	선 수 임 대 료	15,000

재 무 상 태 표
20×2년 12월 31일   단위 : 원

현금및현금성자산	611,000	매 입 채 무	725,000
단 기 매 매 증 권	520,000	단 기 차 입 금	400,000
단 기 대 여 금	800,000	미 지 급 금	100,000
매 출 채 권	450,000	미 지 급 비 용	10,000
미 수 수 익	15,000	선 수 임 대 료	15,000
선 급 보 험 료	14,000	대 손 충 당 금	22,500
상 품	350,000	감 가 상 각 누 계 액	30,000
건 물	600,000	자 본 금	2,057,500
		당기순이익(₩327,500)	
	3,360,000		3,360,000

손익계산서
20×2년 1월 1일부터 12월 31일까지   단위 : 원

매 출 원 가	1,460,000	매 출	1,890,000
보 험 료	14,000	이 자 수 익	40,000
영 업 비	90,000	임 대 료	45,000
대 손 상 각 비	22,500		
감 가 상 각 비	30,000		
단기매매증권평가손실	6,000		
이 자 비 용	25,000		
당기순이익	327,500		
	1,975,000		1,975,000

제5장 현금및현금성자산

[문제 1]

No	차변과목	금액	대변과목	금액
(1)	현　　　　　금	800,000	상　　　　　품	800,000
(2)	현　　　　　금	500,000	상　　　　　품	500,000
(3)	상　　　　　품	750,000	현　　　　　금	750,000
(4)	보 통 예 금 현　　　　　금	200,000 100,000	외 상 매 출 금	300,000

[문제 2]

No	차변과목	금액	대변과목	금액
(1)	현 금 과 부 족	17,000	현　　　　　금	17,000
(2)	수 도 광 열 비	9,000	현 금 과 부 족	9,000
(3)	잡　　손　　실	8,000	현 금 과 부 족	8,000
(4)	잡　　손　　실	2,000	현　　　　　금	2,000
(5)	현　　　　　금	8,000	현 금 과 부 족	8,000
(6)	현 금 과 부 족	5,000	임　　대　　료	5,000
(7)	현 금 과 부 족	3,000	잡　　이　　익	3,000
(8)	현　　　　　금	500	잡　　이　　익	500

[문제 3]

No	차변과목	금액	대변과목	금액
(1)	소 액 현 금	160,000	당 좌 예 금	160,000
(2)	통　신　비 수 도 광 열 비 잡　　　　비	45,000 20,000 71,000	소 액 현 금	136,000
(3)	소 액 현 금	136,000	현　　　　　금	136,000

[문제 4]

No	차변과목	금액	대변과목	금액
(1)	특정현금과예금 당 좌 예 금	10,000,000 1,200,000	현　　　　　금	11,200,000
(2)	비　　　　　품	500,000	당 좌 예 금	500,000
(3)	당 좌 예 금 외 상 매 출 금	250,000 200,000	상　　　　　품	450,000
(4)	당 좌 예 금	700,000	상　　　　　품	700,000

[문제 5]

No	차변과목	금액	대변과목	금액
(1)	정 기 예 금	1,200,000	현　　　　　금	1,200,000
(2)	당 좌 예 금	1,320,000	정 기 예 금 이 자 수 익	1,200,000 120,000
(3)	단 기 금 융 상 품	10,000,000	보 통 예 금 이 자 수 익	9,700,000 300,000
(4)	보 통 예 금	10,000,000	단 기 금 융 상 품	10,000,000

[문제 6]

은행계정조정표

회 사 측 잔 액	650,000	은 행 측 잔 액	560,000
미 통 지 예 금	(+)22,000	미 기 입 예 금	(+)45,000
은 행 수 수 료	(-)15,000	미 인 출 수 표	(-)52,000
장 부 오 기	(+)5,000		
	662,000		662,000

* 회사 측 잔액과 은행 측 잔액의 차이(횡령액) : 662,000-553,000 = 109,000

제6장 채권과 채무

[문제 1]

No	차변과목	금액	대변과목	금액
(1)	매 입	350,000	당 좌 예 금 외 상 매 입 금	100,000 250,000
(2)	외 상 매 출 금 운 반 비	424,000 3,000	매 출 현 금	424,000 3,000
(3)	현 금	200,000	외 상 매 출 금	200,000
(4)	매 입	255,000	외 상 매 입 금 현 금	250,000 5,000
(5)	외 상 매 입 금	100,000	당 좌 예 금	100,000
(6)	당 좌 예 금 외 상 매 출 금	100,000 300,000	매 출	400,000

총 계 정 원 장

외상매입금

| 당좌예금 | 100,000 | 매 입 | 250,000 |
| | | 매 입 | 250,000 |

외상매출금

| 매 출 | 424,000 | 현 금 | 200,000 |
| 매 출 | 300,000 | | |

(매입처원장)

구미상점

| | | 매 입 | 250,000 |

스마트상점

| 당좌예금 | 100,000 | 매 입 | 250,000 |

(매출처원장)

삼일상점

| 매 출 | 424,000 | 현 금 | 200,000 |

소우상점

| 매 출 | 300,000 | | |

[문제 2]

No	상점명	차 변 과 목	금 액	대 변 과 목	금 액
(1)	희망상점	매 입	230,000	지 급 어 음	230,000
	절망상점	받 을 어 음	230,000	매 출	230,000
(2)	희망상점	지 급 어 음	230,000	당 좌 예 금	230,000
	절망상점	현 금	230,000	받 을 어 음	230,000

[문제 3]

No	차변과목	금액	대변과목	금액
(1)	매 입	210,000	지 급 어 음	210,000
(2)	외 상 매 입 금	230,000	지 급 어 음	230,000
(3)	지 급 어 음	345,000	당 좌 예 금	345,000
(4)	받 을 어 음	130,000	매 출	130,000

[문제 4]

No	차변과목	금액	대변과목	금액
(1)	단 기 대 여 금	770,000	현 금	770,000
(2)	현 금	450,000	단 기 대 여 금 이 자 수 익	430,000 20,000
(3)	당 좌 예 금	540,000	단 기 차 입 금	540,000
(4)	단 기 차 입 금 이 자 비 용	450,000 3,000	당 좌 예 금	453,000

[문제 5]

No	차변과목	금액	대변과목	금액
(1)	미 수 금	76,000	비 품	76,000
(2)	현 금	360,000	미 수 금	360,000
(3)	소 모 품 비	53,000	미 지 급 금	53,000
(4)	미 지 급 금	230,000	당 좌 예 금	230,000

[문제 6]

No	차변과목	금액	대변과목	금액
(1)	선 급 금	80,000	현 금	80,000
(2)	매 입	640,000	선 급 금 당 좌 예 금	40,000 600,000
(3)	현 금	200,000	선 수 금	200,000
(4)	선 수 금 당 좌 예 금	170,000 400,000	매 출	570,000

[문제 7]

No	차변과목	금액	대변과목	금액
(1)	종업원단기대여금	280,000	현 금	280,000
(2)	급 여	750,000	종업원단기대여금 당 좌 예 금	280,000 470,000
(3)	급 여	960,000	종업원단기대여금 예 수 금 현 금	45,000 55,000 860,000
(4)	예 수 금	15,000	현 금	15,000

[문제 8]

No	차변과목	금액	대변과목	금액
(1)	가 지 급 금	80,000	현 금	80,000
(2)	여 비 교 통 비 현 금	76,000 4,000	가 지 급 금	80,000
(3)	현 금	210,000	가 수 금	210,000
(4)	가 수 금	210,000	외 상 매 출 금 선 수 금	110,000 100,000

[문제 9]

No	차변과목	금액	대변과목	금액
(1)	대 손 상 각 비	18,000	대 손 충 당 금	18,000
(2)	대 손 상 각 비	3,000	대 손 충 당 금	3,000
(3)	대 손 충 당 금	7,000	대손충당금 환입	7,000
(4)	분 개 없 음			

[문제 10]

No	차변과목	금액	대변과목	금액
(1)	대 손 충 당 금 대 손 상 각 비	150,000 50,000	외 상 매 출 금	200,000
(2)	대 손 충 당 금	200,000	외 상 매 출 금	200,000
(3)	대 손 상 각 비	200,000	외 상 매 출 금	200,000

[문제 11]

No	차변과목	금액	대변과목	금액
(1)	매 출 현 금 대 손 충 당 금 대 손 상 각 비	150,000 100,000 180,000 120,000	외 상 매 출 금	550,000
(2)	대 손 충 당 금 대 손 상 각 비	200,000 270,000	외 상 매 출 금	470,000
(3)	현 금	200,000	대 손 충 당 금	200,000
(4)	현 금	150,000	대 손 충 당 금	150,000
(5)	당 좌 예 금	60,000	대 손 충 당 금	60,000

[문제 12]

- 만기금액 : 480,000 + (480,000 × 5% × 5/12) = 490,000
- 할인료 : 490,000 × 8% × 3/12 = 9,800
- 실수금 : 490,000 − 9,800 = 480,200
- 어음의 장부금액 : 480,000 + 보유기간 이자수익(4,000) = 484,000
- 처분손실 : 480,200 − 484,000 = 3,800(처분손실)

[문제 13]

연체기간	총장부금액	기대신용손실률	손실액
연체되지 않음	200,000	0.3%	600
1일~30일	130,000	1%	1,300
31일~60일	60,000	5%	3,000
61일~90일	40,000	7%	2,800
91일 이상	10,000	10%	1,000
합계	440,000	−	8,700

손상차손환입 : 추정액(8,700) − 잔액(10,000) = 1,300(환입)

제7장 재고자산

[문제 1]
[분기법]

No	차변과목	금액	대변과목	금액
(1)	상 품	285,000	외 상 매 입 금 현 금	280,000 5,000
(2)	외 상 매 입 금	35,000	상 품	35,000
(3)	외 상 매 출 금	380,000	상 품 상 품 매 출 이 익	300,000 80,000
(4)	상 품 상 품 매 출 이 익	15,000 5,000	외 상 매 출 금	20,000

```
              상 품
전기이월    243,000 | 외상매입금    35,000
제좌        285,000 | 외상매출금   300,000
외상매출금   15,000 |

           상품매출이익
외상매출금   5,000 | 외상매출금   80,000
```

[총기법]

No	차변과목	금액	대변과목	금액
(1)	상 품	285,000	외 상 매 입 금 현 금	280,000 5,000
(2)	외 상 매 입 금	35,000	상 품	35,000
(3)	외 상 매 출 금	380,000	상 품	380,000
(4)	상 품	20,000	외 상 매 출 금	20,000

```
              상 품
전기이월    243,000 | 외상매입금    35,000
제좌        285,000 | 외상매출금   380,000
외상매출금   20,000 |
```

[문제 2]

일자	차변과목	금액	대변과목	금액
5/7	상 품	450,000	현 금 외 상 매 입 금	150,000 300,000
13	외 상 매 입 금	20,000	상 품	20,000
18	외 상 매 출 금 운 반 비	575,000 20,000	상 품 미 지 급 금	575,000 20,000
24	상 품	60,000	외 상 매 출 금	60,000
27	당 좌 예 금 현 금	140,000 140,000	상 품	280,000
31	상 품	256,000	상 품 매 출 이 익	256,000
31	상 품 매 출 이 익	256,000	손 익	256,000

상 품

5/1	전기이월	325,000	5/13	외상매입금		20,000
5/7	제 좌	450,000	5/18	외상매출금		575,000
5/24	외상매출금	60,000	5/27	제 좌		280,000
5/31	상품매출이익	256,000	5/31	차기이월		216,000
		1,091,000				1,091,000

상품매출이익

5/31	손 익	256,000	5/31	상 품	256,000

손익

		5/31	상품매출이익	256,000

[문제 3]

No	차변과목	금액	대변과목	금액
(1)	매 입	174,000	외 상 매 입 금	174,000
(2)	외 상 매 입 금	25,000	매 입	25,000
(3)	외 상 매 출 금	250,000	매 출	250,000
(4)	매 출	50,000	외 상 매 출 금	50,000

[문제 4]

제1법 [대체분개]

No	차변과목	금액	대변과목	금액
(1)	매 입	145,000	이 월 상 품	145,000
(2)	이 월 상 품	190,000	매 입	190,000
(3)	손 익	417,000	매 입	417,000
(4)	매 출	828,000	손 익	828,000

이월상품

전 기 이 월	145,000	매 입		145,000
매 입	190,000	차 기 이 월		190,000
	335,000			335,000

매 입

총 매 입 액	520,000	환출, 매입에누리	58,000
이 월 상 품	145,000	이 월 상 품	190,000
		매 출 원 가	417,000
	665,000		665,000

매 출

환입·매출에누리	22,000	총 매 출 액	850,000
순 매 출 액	828,000		
	850,000		850,000

손 익

매 출 원 가	417,000	순 매 출 액	828,000

제2법 [대체분개]

No	차변과목	금액	대변과목	금액
(1)	매 출 원 가	417,000	상　　　　품	417,000
(2)	손　　　　익	417,000	매 출 원 가	417,000
(3)	매　　　　출	828,000	손　　　　익	828,000

상 품

전 기 이 월	145,000	외상매입금	27,000
외 상 매 입 금	520,000	외상매입금	31,000
		매출원가	417,000
		차기이월	190,000
	665,000		665,000
전 기 이 월	190,000		

매출원가

상　　　품	417,000	손　익	417,000
	417,000		417,000

매출

외 상 매 출 금	7,000	외상매출금	850,000
외 상 매 출 금	15,000		
손　　　　익	828,000		
	850,000		850,000

손익

매　　입	417,000	매　출	828,000

[문제 5]

① 278,000　② 69,000　③ 203,000　④ 293,000　⑤ 80,800　⑥ 464,100　⑦ 18,800　⑧ -9,400
⑨ 205,600　⑩ 536,200

[문제 6]

상 품 재 고 장

선입선출법　　　　　　　　　품명 : A상품　　　　　　　　　(단위 : 개)

월일		적요	인 수			인 도			잔 액		
			수량	단가	금액	수량	단가	금액	수량	단가	금액
3	4	매 입	100	140	14,000				100	140	14,000
	8	에 누 리	-	-	△3,000				100	110	11,000
	16	매 출				80	110	8,800	20	110	2,200
	23	매 출				15	110	1,650	5	110	550
	24	환 입				△5	110	550	10	110	1,100
	31	차월이월				△10	110	1,100			
			100		11,000	100		11,000			
4	1	전월이월	10	110	1,100				10	110	1,100

[문제 7]

상 품 재 고 장

선입선출법　　　　　　　　　　　　품명 : 갑상품　　　　　　　　　　　　　　(단위 : 개)

월일		적요	인 수			인 도			잔 액		
			수량	단가	금액	수량	단가	금액	수량	단가	금액
10	1	전월이월	200	200	40,000				200	200	40,000
	3	매 입	200	220	44,000				200	200	40,000
									200	220	44,000
	5	매 출				200	200	40,000			
						100	220	22,000	100	220	22,000
	11	환 입				△20	220	4,400	120	220	26,400
	21	매 입	100	250	25,000				120	220	26,400
									100	250	25,000
	24	환 출	△15	250	3,750				120	220	26,400
									85	250	21,250
	24	매 출				120	220	26,400			
						30	250	7,500	55	250	13,750
	31	차월이월				△55	250	13,750			
			485		105,250			105,250			
11	1	전월이월	55	250	13,750				55	250	13,750

[문제 8]

상 품 재 고 장

후입선출법　　　　　　　　　　　　품명 : 연필　　　　　　　　　　　　　　(단위 : 개)

월일		적요	인 수			인 도			잔 액		
			수량	단가	금액	수량	단가	금액	수량	단가	금액
7	1	전월이월	20	550	11,000				20	550	11,000
	3	매 입	40	650	26,000				20	550	11,000
									40	650	26,000
	5	매 출				40	650	26,000	20	550	11,000
	8	매 입	20	660	13,200				20	550	11,000
									20	660	13,200
	11	환 출	△5	660	3,300				20	550	11,000
									15	660	9,900
	17	매 출				15	660	9,900			
						10	550	5,500	10	550	5,500
	19	환 입				△2	550	1,100	12	550	6,600
	31	차월이월				△12	550	6,600			
			75		46,900	75					
8	1	전월이월	12	550	6,600				12	550	6,600

[문제 9]

상 품 재 고 장

이동평균법   품명 : A상품   (단위 : 개)

월일		적요	인 수			인 도			잔 액		
			수량	단가	금액	수량	단가	금액	수량	단가	금액
5	1	전월이월	20	500	10,000				20	500	10,000
	5	매 입	50	710	35,500				70	650	45,500
	7	환 출	△10	710	7,100				60	640	38,400
	9	매 출				40	640	25,600	20	640	12,800
	10	환 입				△5	640	3,200	25	640	16,000
	28	매 입	5	760	3,800				30	660	19,800
	31	차월이월				△30	660	19,800			
			65		42,200	65		42,200			
6	1	전월이월	30	660	19,800					660	19,800

[문제 10]

25,340,000원 = 판매가능재고 29,000,000원 - 기말재고 3,450,000원 - 비정상 재고자산감모손실 210,000원
- 판매가능재고 : 기초재고 5,000,000원 + 당기 순매입액 24,000,000원 = 29,000,000원
- 기말재고 : A상품 900개 × Min(1,000원, 1,100원) + B상품 1,700개 × Min(2,000원, 1,500원) = 3,450,000원
- 비정상 재고자산감모손실 : A상품 100개 × 1,000원 × 30% + B 상품 300개 × 2,000원 × 30% = 210,000원

[문제 11]

매출원가 270,000원 증가 = 재고자산감모손실(정상) 90,000원 + 재고자산평가손실 180,000원
- 재고자산감모손실(정상분) : (장부 수량 1,000개 - 실지 수량 900개) × 단위당 원가 1,000원
                 × (1 - 비정상감모 0.1) = 90,000원
- 재고자산평가손실 : 실지 수량 900개 × (단위당 취득원가 1,000원 - 시가 800원) = 180,000원
- 재고자산평가손실과 재고자산감모손실(정상분)만 매출원가로 처리한다. 재고자산감모손실(비정상분)은 영업외비용으로 처리한다.

[문제 12]

190,500원 = 재고자산감모손실 45,000원 + 재고재산평가손실 145,500원
- 재고자산감모손실 : 재고자산감모 수량 15개 × 단위당 취득원가 3,000원 = 45,000원
- 재고자산평가손실 : 기말재고자산 수량 485개 × [단위당 취득원가 3,000원 - MIN(①, ②)] = 145,500원
   ① 단위당 취득원가 3,000원
   ② 단위당 순실현가능가치 2,700원

제8장　유형자산과 무형자산

[문제 1]

No	차변과목	금액	대변과목	금액
(1)	토　　　　지	965,000	당 좌 예 금 현　　　　금	960,000 5,000
(2)	비　　　　품	400,000	현　　　　금 미 지 급 금	200,000 200,000
(3)	건　　　　물	4,085,000	미 지 급 금	4,085,000
(4)	차 량 운 반 구	6,500,000	당 좌 예 금	6,500,000

[문제 2]

No	차변과목	금액	대변과목	금액
(1)	감 가 상 각 비	40,000	감 가 상 각 누 계 액	40,000
(2)	감 가 상 각 비	60,000	감 가 상 각 누 계 액	60,000
(3)	감 가 상 각 비	400,000	감 가 상 각 누 계 액	400,000

[문제 3]

No	차변과목	금액	대변과목	금액
(1)	감 가 상 각 누 계 액 현　　　　금	400,000 480,000	건　　　　물 유 형 자 산 처 분 이 익	800,000 80,000
(2)	미 　수　 금 유 형 자 산 처 분 손 실	600,000 150,000	토　　　　지	750,000
(3)	감 가 상 각 누 계 액 당 좌 예 금	300,000 200,000	비　　　　품 유 형 자 산 처 분 이 익	460,000 40,000
(4)	감 가 상 각 누 계 액 당 좌 예 금 유 형 자 산 처 분 손 실	400,000 1,500,000 100,000	차 량 운 반 구	2,000,000

[문제 4] 유형자산의 처분

7,000,000원 = (기계장치 취득원가 39,000,000원 - 잔존가치 4,000,000원) ÷ 5년
- 기계장치의 취득원가 : 구입원가 30,000,000원 + 운송 및 취급원가 4,000,000원 + 설치 및 조립원가 3,000,000원 + 시운전비 2,000,000원 = 39,000,000원
- 유형자산의 취득원가는 구입원가에 해당 유형자산을 사용 가능한 상태에 이르게 하는데 직접 관련되어 지출한 비용(운송비, 설치비, 조립비, 시운전비 등)을 가산하여 산정한다.

[문제 5] 유형자산의 재평가

1. 정액법
   20×2년도 감가상각비 = (10,000,000 - 1,000,000) ÷ 5 = 1,800,000원
   20×3년도 감가상각비 = (10,000,000 - 1,000,000) ÷ 5 = 1,800,000원

2. 정률법
   20×2년도 감가상각비 = (10,000,000 × 0.369) = 3,690,000원
   20×3년도 감가상각비 = (10,000,000 - 3,690,000) × 0.369 = 2,328,390원

3. 이중체감법

    감가상각률 = 1/5 × 2 = 0.4
    20×2년도 감가상각비 = (10,000,000 × 0.4) = 4,000,000원
    20×3년도 감가상각비 = (10,000,000−4,000,000) × 0.4 = 2,400,000원

4. 연수합계법

    20×2년도 감가상각비 = (10,000,000−1,000,000) × 5/15 = 3,000,000원
    20×3년도 감가상각비 = (10,000,000−1,000,000) × 4/15 = 2,400,000원

5. 작업시간비례법

    20×2년도 감가상각비 = (10,000,000−1,000,000) × 120,000/400,000 = 2,700,000원
    20×3년도 감가상각비 = (10,000,000−1,000,000) × 100,000/400,000 = 2,250,000원

6. 생산량비례법

    20×2년도 감가상각비 = (10,000,000−1,000,000) × 60,000/200,000 = 2,700,000원
    20×3년도 감가상각비 = (10,000,000−1,000,000) × 80,000/200,000 = 3,600,000원

[문제 6] 무형자산의 인식 및 취득원가

1. 20×5년 1월 1일부터 20×5년 9월 30일까지 감가상각비 계산

    | (차) 감가상각비 | 75,000원* | (대) 감가상각누계액 | 75,000원 |

    * 1,000,000 × (1/10) × (9/12) = 75,000원

2. 20×5년 10월 1일 매각시 회계처리

    | (차) 현금 | 500,000원 | (대) 기계장치 | 1,000,000원 |
    | 감가상각누계액 | 375,000원* | | |
    | 유형자산처분손실 | 125,000원 | | |

    * 처분시까지 감가상각누계액
      1,000,000 × (3/10) + 75,000원 = 375,000원

[문제7] 무형자산의 인식 및 상각

102,000원 = 장부가액 1,200,000원 − 회수가능액 1,098,000원
· 2022년 말 기계장치 장부가액 : 2,000,000원 × 3/5 = 1,200,000원
· 2022년 말 회수가능액 : Max[① 순공정가치, ② 사용가치] = 1,098,000원
   ① 처분가능가액 980,000원 − 처분부대비용 60,000원 = 920,000원
   ② 매년 말 순현금유입액 450,000원 × 2.49 − 철거비용 30,000원 × 0.75 = 1,098,000원

[문제8] 투자부동산의 회계처리

[20×2년 1월 1일]

| (차) 토지 | 200,000원 | (대) 현금 | 200,000원 |

[20×2년 12월 31일]

| (차) 토지 | 40,000원 | (대) 재평가잉여금 | 40,000원 |

* 240,000−200,000 = 40,000원(재평가잉여금은 기타포괄손익으로 분류)

[20×3년 12월 31일]

| (차) 재평가잉여금 | 12,000원 | (대) 토지 | 12,000원* |

* 228,000−240,000 = (−)12,000원

토지의 공정가치 하락시 전년도에 인식한 재평가잉여금을 우선 감소시킨다. 만약 토지의 공정가치 하락이 40,000원을 초과하면 초과액을 당기손익(재평가손실)으로 인식한다.

[문제9]

[20×1년]

(차) 연구비	400,000원	(대) 현금	400,000원

[20×2년]

(차) 연구비	200,000원	(대) 현금	200,000원
개발비	1,600,000원	현금	1,600,000원

20×2년 말 현재 개발활동이 종료되지 않았으므로 개발비는 상각하지 않는다.

[20×3년]

(차) 개발비	800,000원	(대) 현금	200,000원
산업재산권	60,000원	현금	60,000원
무형자산상각비	242,000원	개발비	240,000원*
		산업재산권	2,000원**

* (1,600,000 + 800,000) ÷ 5년 × 6/12 = 240,000원
** 60,000 ÷ 10년 × 4/12 = 2,000원

제9장 금융자산

[문제 1]

No	차변과목	금액	대변과목	금액
(1)	단기매매증권	3,500,000	당좌예금	3,500,000
(2)	현금	1,500,000	단기매매증권 단기매매증권처분이익	1,400,000 100,000
(3)	단기매매증권	2,910,000	현금	2,910,000
(4)	현금 단기매매증권처분손실	1,900,000 40,000	단기매매증권	1,940,000

[문제 2]

No	차변과목	금액	대변과목	금액
(1)	단기매매증권	50,000	단기매매증권평가이익	50,000
(2)	단기매매증권평가손실	150,000	단기매매증권	150,000
(3)	단기매매증권평가손실	50,000	단기매매증권	50,000
(4)	단기매매증권	40,000	단기매매증권평가이익	40,000

[문제 3]

No	차변과목	금액	대변과목	금액
(1)	현금	800,000	이자수익	800,000
(2)	보통예금	1,000,000	배당금수익	1,000,000

[문제 4]

1. FVPL 금융자산으로 분류하는 경우

(차) FVPL 금융자산	7,000,000	(대) 현금	7,020,000
수수료비용	20,000		

2. FVOCI 금융자산으로 분류하는 경우

(차) FVOCI 금융자산	7,020,000	(대) 현금	7,020,000

[문제 5]

12,800원 증가 = 이자수익 10,000원 + 금융자산평가이익 2,800원

⟨회계처리⟩

2021. 12. 31.	(차) 현금	10,000원	(대) 이자수익	10,000원[주1]
2021. 12. 31.	(차) FVPL 금융자산	2,800원	(대) FVPL 금융자산평가이익	2,800원[주2]

주1) 당기손익인식 채무상품은 표시이자만을 이자수익으로 인식한다.
주2) 2021년 말 공정가치 98,000원 − 취득가액 95,200원 = 2,800원

[문제 6]

91,328원 = 2021년 말 장부가액 253,328원 − 추정현금흐름의 현재가치 162,000원

- 2020년 말 상각후원가측정금융자산(AC)의 장부가액 = 239,300원 × (1 + 5%) − 10,000원 = 241,265원
- 2021년 말 상각후원가측정금융자산(AC)의 장부금액 = 241,265원 × (1 + 5%) = 253,328원
- 추정미래현금흐름의 현재가치 = 회수가능액(250,000원 × 75%) × 0.864 = 162,000원

[문제 7]

49,713원 이익 = 이자수익 84,909원 − 금융자산처분손실 35,196원

- 이자수익 : 2022년 말 장부가액 2,830,287원 × 유효이자율 3% = 84,909원
- 금융자산처분손실 : 2023년 말 장부가액 2,885,196원 − 처분가액 2,850,000원 = 35,196원
- 금융자산처분가액 : 액면금액 3,000,000원 × 95% = 2,850,000원
- 금융자산 취득가액 : 액면금액 3,000,000원 × 0.86261 + 표시이자 30,000원 × 4.57971 = 2,725,221원
- 유효이자율 상각표

일자	유효이자	액면이자	상각액	장부가액
21년 초				2,725,221원
21년 말	81,757원	30,000원	51,757원	2,776,978원
22년 말	83,309원	30,000원	53,309원	2,830,287원
23년 말	84,909원	30,000원	54,909원	2,885,196원
		이하생략 −		

⟨회계처리⟩

2023. 12. 31.	(차) 현금	30,000원	(대) 이자수익	84,909원
	AC금융자산	54,909원		
	(차) 현금	2,850,000원	(대) AC금융자산	2,885,196원
	금융자산처분손실	35,196원		

[문제 8]

공정가치모형에 의한 세전이익이 원가모형보다 35,000원이 작다.

- 원가모형 적용 시 감가상각비 : (취득가액 1,500,000원 − 잔존가치 150,000원) × 1/10 = 135,000원
- 공정가치 모형 적용 시 평가손실 : 취득가액 1,500,000원 − 공정가치 1,330,000원 = 170,000원

제10장 비유동부채

[문제1]

- 사채의 액면금액 : 100,000원
- 액면이자율 : (6)%
- 사채발행일자 : 20×1년 1월 1일(이자지급 : 매년 말 1회)
- 만기 : 3년
- 유효이자율 : (8)%

일자	유효이자	액면이자	상각액	장부금액
20×1년 1월 1일				94,842
20×1년 12월 31일	6,000	7,588	1,588	–

- 액면이자율 = (7,588 − 1,588) ÷ 100,000 = 6%
- 유효이자율 = 7,588 ÷ 94,842 = 8%

[문제2]

(1) 시장이자율이 12%라고 할 때 발행일의 사채발행가격을 구하시오.

사채의 발행가격 = 1,000,000 × 0.7118(12%, 3년, 일시금의 현가계수) + 100,000 × 2.4018(12%, 3년, 연금의 현가계수)
= 951,980원

(차) 현금	951,980	(대) 사채	1,000,000
사채할인발행차금	48,020		

(2) 아래의 사채발행차금상각표를 작성하시오.

일자	유효이자(12%)	액면이자(10%)	상각액	장부금액
20×1. 1. 1				951,980
20×1. 12. 31	114,238	100,000	14,238	966,218
20×2. 12. 31	115,946	100,000	15,946	982,164
20×3. 12. 31	117,836	100,000	17,836	1,000,000
계	348,020	300,000	48,020	

(3) 사채발행과 관련된 각 연도별 회계처리를 해 보시오.

〈회계처리〉

20×1. 12. 31	(차) 이자비용	114,238	(대) 현금	100,000
			사채할인발행차금	14,238
20×2. 12. 31	(차) 이자비용	115,946	(대) 현금	100,000
			사채할인발행차금	15,946
20×3. 12. 31	이자비용	117,836	현금	100,000
			사채할인발행차금	17,836

[문제 3]

(1) 시장이자율이 12%라고 할 때 발행일의 사채발행가격을 구하시오.

사채의 발행가격 = 1,000,000 × 0.7938(8%, 3년, 일시금의 현가계수) + 100,000 × 2.5771(8%, 3년, 연금의 현가계수)
= 1,051,510원

(차) 현금	1,051,510	(대) 사채	1,000,000
		사채할증발행차금	51,510

(2) 아래의 사채발행차금상각표를 작성하시오.

일자	유효이자(8%)	액면이자(10%)	상각액	장부금액
20×1. 1. 1				1,051,510
20×1. 12. 31	84,121	100,000	15,879	1,035,631
20×2. 12. 31	82,850	100,000	17,150	1,018,481
20×3. 12. 31	81,519	100,000	18,481	1,000,000
계	248,449	300,000	51,510	

(3) 사채발행과 관련된 각 연도별 회계처리를 해 보시오.

〈회계처리〉

20×1. 12. 31	(차) 이자비용	84,121	(대) 현금	100,000
	사채할증발행차금	15,879		
20×2. 12. 31	(차) 이자비용	82,850	(대) 현금	100,000
	사채할증발행차금	17,150		
20×3. 12. 31	(차) 이자비용	81,519	(대) 현금	100,000
	사채할증발행차금	18,481		

[문제 4]

990,289원 = 20×1년 말 장부가액 980,863원 + 20×2년 현재가치할인차금 상각액 9,426원

• 사채 현재가치할인차금 상각표

구분	유효이자	표시이자	상각액	장부가액
20×1.01.01.				971,712원
20×1.12.31.	29,151원	20,000원	9,151원	980,863원
20×2.12.31.	29,426원	20,000원	9,426원	990,289원
20×3.12.31.	29,711원	20,000원	9,711원	1,000,000원

[문제 5]

800,000원 = 200좌 × (액면금액 100,000원 − 발행가액 97,000원) + 사채발행비 200,000원

[문제 6]

95,220원 = 액면금액 100,000원 × 0.712 + 표시이자 10,000원 × 2.402 = 95,220원

[문제 7]

사채상환손실 37,800원 = 조기상환액 612,000원 − 사채 장부가액 574,200원

• 조기상환 직전 회사채 장부가액

570,000원 + [(570,000원 × 12% × 6/12) − (600,000원 × 10% × 6/12)] = 574,200원

[문제 8]

1. (차) 제품보증비	10,000	(대) 제품보증충당부채	10,000
* 200,000 × 0.05 = 10,000			
2. (차) 제품보증충당부채	10,000	(대) 현금	15,000
제품보증비	5,000		
3. (차) 제품보증비	15,000	(대) 제품보증충당부채	15,000
* 500,000 × 0.03 = 15,000			
4. (차) 제품보증충당부채	10,000	(대) 현금	10,000

[문제 9]

(차)	퇴직급여충당부채	12,000,000원	(대)	보통예금	15,000,000원
	퇴직급여	3,000,000원			

퇴직금 지급액은 퇴직급여충당부채 잔액에서 먼저 차감하고, 부족한 금액은 퇴직급여로 비용 처리한다.

제11장 자본

[문제 1]

No	차변과목	금액	대변과목	금액
(1)	당 좌 예 금	20,000,000	자 본 금	20,000,000
(2)	당 좌 예 금	30,000,000	자 본 금 주 식 발 행 초 과 금	25,000,000 5,000,000
(3)	당 좌 예 금 주 식 할 인 발 행 차 금	45,000,000 5,000,000	자 본 금	50,000,000

[문제 2]

No	차변과목	금액	대변과목	금액
(1)	당 좌 예 금 주 식 할 인 발 행 차 금	50,000,000 250,000	자 본 금 현 금	50,000,000 250,000
(2)	당 좌 예 금	56,000,000	자 본 금 현 금 주 식 발 행 초 과 금	50,000,000 250,000 5,750,000
(3)	당 좌 예 금 주 식 할 인 발 행 차 금	45,000,000 5,250,000	자 본 금 현 금	50,000,000 250,000

[문제 3]

③ 주식발행초과금 30,000원
  = (발행가액 6,000원 − 액면가액 5,000원) × 100주 − 신주발행 직접원가 20,000원 − 주식할인발행차금 50,000원

〈회계처리〉 유상증자시

(차)	현 금	580,000원	(대)	자본금	500,000원
				주식할인발행차금	50,000원
				주식발행초과금	30,000원

[문제 4]

1. (차) 자본금   100,000   (대) 현금   100,000
2. [무상감자일]
   (차) 자본금   50,000   (대) 감자차익   50,000
   [주주총회 결의일]
   (차) 감자차익   40,000   (대) 미처리결손금   40,000
   * 감자차익 50,000 중 40,000을 미처리결손금과 상계하므로 감자차익 10,000원
3. (차) 자본금   100,000   (대) 현금   105,000
       감자차손   5,000

[문제 5]

[2월 1일]
| (차) 자기주식 | 900,000원 | (대) 현금 | 900,000원 |

[6월 1일]
| (차) 현금 | 300,000원 | (대) 자기주식 | 270,000원 |
| | | 자기주식처분이익 | 30,000원 |

[10월 1일]
(차) 현금	350,000원	(대) 현금	450,000원
자기주식처분이익	30,000원		
자기주식처분손실	70,000원		

[12월 1일]
| (차) 자본금 | 100,000원 | (대) 자기주식 | 180,000원 |
| 감자차손 | 80,000원 | | |

[문제 6]

[배당기준일] 20×2년 12월 31일 : 분개없음

[주주총회일] 20×3년 2월 28일
| (차) 미처분이익잉여금 | 450,000원 | (대) 미지급배당금 | 200,000원 |
| | | 미교부주식배당금 | 250,000원 |

* 현금배당 : 1,000×2,000주 = 200,000원
  주식배당 : 2,000주/40주×5,000원 = 250,000원

[배당지급일] 20×3년 4월 1일
| (차) 미지급배당금 | 200,000원 | (대) 당좌예금 | 200,000원 |
| 미교부주식배당금 | 250,000원 | 자본금 | 250,000원 |

[문제 7]

[결산일] 당기순이익의 처분전이익잉여금 대체
| (차) 집합손익 | 1,000,000원 | (대) 미처분이익잉여금 | 1,000,000원 |

[주주총회일] 미처분이익잉여금의 처분
(차) 미처분이익잉여금	860,000원	(대) 미지급배당금	400,000원
		미교부주식배당금	200,000원
		이익준비금	100,000원
		임의적립금	160,000원

[배당지급일] 현금배당과 주식배당 지급
| (차) 미지급배당금 | 400,000원 | (대) 당좌예금 | 400,000원 |
| 미교부주식배당금 | 200,000원 | 자본금 | 200,000원 |

* 결산일 현재 미처분이익잉여금 잔액
  = 200,000원(차기이월미처분이익잉여금) + 1,000,000원(당기순이익) = 1,200,000원
* 주주총회일 현재 미처분이익잉여금 잔액
  = 200,000원(차기이월미처분이익잉여금) + 1,000,000원(당기순이익) − 860,000(미처분이익잉여금) = 340,000원

김광용

약력
경기대학교 대학원 경영학박사
백석예술대학교 경영행정학부 세무회계전공 주임교수
반포세무서 납세자보호위원회 위원장
한국세무사회 기업회계 출제위원
한국회계정책학회 부회장

저서
병원회계 및 재무관리, 계축문화사
Easy전산회계, 산문출판
엑셀을 이용한 경영자료처리, 신론사
FAT 회계실무 1,2급, 나눔에이엔티
TAT 세무실무 2급, 나눔에이엔티
스타트 회계원리, 나눔에이엔티

강희일

약력
고려대학교 대학원 경영학과 졸업(경영학석사)
제34회 공인회계사시험 합격(KICPA)
前 삼일회계법인 근무
現 백석예술대학교 경영행정학부 세무회계전공 교수

저서
스타트 회계원리, 나눔에이엔티

K-IFRS 회계원리

발행일	2022년 12월 2일
저자	김광용·강희일
발행처	나눔에이엔티
발행인	이윤근
주소	서울시 성북구 보문로35길 39
전화	02-924-6545
팩스	02-924-6548
등록	제307-2009-58호
ISBN	978-89-6891-398-3
정가	**22,000원**

나눔에이엔티는 정확하고 신속한 지식과 정보를 독자분들게 제공하고자 최선의 노력을 다하고 있습니다. 그럼에도 불구하고 모든 경우에 완벽성을 갖출 수 없기에 본 서의 수록내용은 특정사안에 대한 구체적인 의견제시가 될 수 없으며, 적용결과에 대하여 당사가 책임지지 않으니 필요한 경우 전문가와 상담하시기 바랍니다.

이 책은 저작권법에 의해 보호를 받는 저작물이므로 당사의 서면허락 없이는 어떠한 형태로도 무단 전재와 복제를 금합니다.

※ 파본은 구입하신 서점이나 출판사에서 교환해 드립니다.